南大案例研究精粹

第二辑

主 编　史有春

南京大学出版社

南大案例中心使命

立足管理实践　探索管理新知

提高学员能力　启发管理创新

地　　址:南京大学安中楼 1109 室

邮　　编:210093

电　　话:86 25 83621358

传　　真:86 25 83686203

E - mail:njualzx@gmail.com

新浪微博:南大案例中心(http://weibo.com/u/2396454772)

中心网页:http://nubs.nju.edu.cn/intro.php/80

自我反省和组织变革

　　为了学习和改进,人们总是愿意并且能够做到自我反省,包括根据完美有效的标准来严格检查自己的行为和表现结果,识别能够使自己得到更大改进的区域以及制订改进计划。研究发现,在人们对已有表现和可能达到更好的结果进行比较反思,更加严于律己及更希望把自身置于困难之中的情况下,人们会学得更多并且学得更好。在中国,有强调自我反省重要性的文化传统。为了成为君子,孔子教育他的弟子要"吾日三省吾身"。在现代商业领域,自我反省不仅对自身修养很重要,而且也是自我管理的一种手段。一个不愿意且不能够做到自我反省的人可能会成为一个难以驾驭自己的人。这种人认识不到自身的偏好、偏见和弱点,因而会成为一个失败的自我管理者。

　　把自我反省的概念延伸到群体和组织领域。如果群体或组织的领导者和成员拒绝自我反省的话,他们将无法看到问题背后的原因或改进能够带来的机会。没有自我反省,群体和组织就无法对自身的优势和劣势做出客观评价,因而也无法寻求持续的改进和提高。实际上,有研究证明,团队的自我反省能力越高,组织的有效性就越好。这是因为团队的反省能力会使得成员检查成果,识别问题和错误。一些管理学者认为,在更倾向于知识和创新导向的现代商业经济环境中,群体和组织必须学会采用自我反省的视角,这意味着愿意挑战,并从传统的思考和行为模式中脱离出来。为做到破旧革新,自我反省不仅对个人很重要,而且对群体和组织也是很重要的。

　　关于文化和社会又是如何呢? 在整个社会层面上,文化上的自我反省对社会的、经济的甚至是政治的变革和创新是可行和有用的吗? 带着此疑问,我们最近进行了一项关于人们态度与关系行为的跨国研究,即基于个人关系而非某些中立于决定方的目标准则来做出决定。从来自巴西、中国、德国、美国的经理和员工的数据来看,一方面,在社会和私人场合,巴西和中国人相比于德国和美国人表现出明显的社会和文化独立主义(例如,他们更倾向有利于个人关系而不是遵循正式标准);另一方面,巴西和中国人也对关系行为有不好的看法。与德国和美国人相比,巴西和中国人认为关系行为对组织和社会产生不好的结果,因而是有害的。但值得注意的有趣现象是,巴西和中国人中,独立主义越强的人越对关系表示不满,这对德国和美国人是不适用的。对德国和美国人来说,独立主义越强的人越对关系行为表示肯定。我们将此结果作为巴西和中国人在文化上自我反省的表现,即巴西和中国人对独立主义的结果更加不满而非捍卫文化准则和独立主义的个人价值观。更进一步来说,我们把这些作为文化改变愿望的特征,即被认为的不好结果和对关系不满的态度是巴西和中国人看到他们文化准则中不好的方面和这样的文化反省带来文化变革机会的特征。当然,组织变革并不仅仅是识别当前实践中的问题。我们的观点是文化上的自我反省是有可能的,并且它是变革的认知基础。这取决于改变领导者和支持者,使其在此基础上进行建构,以便描述变革的需要,营造美好未来的愿景和提供通往未来的路径。

　　总体而言,随着世界的联系越来越紧密,竞争越来越强烈以及知识和创新日益成为生存繁荣的主要方式,个人、群体、组织和社会更加需要进行自我反省。自我反省使人们严格检查自己的成果和问题,使人们包容多种视角和多条路径,并且使人们持续进行自我改正、自我改进和自我创新。

南京大学商学院院长(国际)　陈昭全　教授
2012 年 12 月 10 日

经济危机的周期性与化解途径

——网络、正反馈、政府干预与企业适应力

当前经济形势的不确定性,令许多管理者们感到困惑和迷茫,"未来经济会怎样发展呢?"这是近期被提到最多的一个问题。对此问题,包括经济学家在内的各类专家学者已经有了很多论断,有诸如"V"字形、"W"字形、"WMW"波浪形等,也有根据经济周期的长波理论、中周期理论、建筑周期理论和行业景气理论等提出未来15年衰退、明年上半年经济回升等等观点,它们也都有各自的道理,只是读者会感到莫衷一是、无所适从。在此我不想"添油加醋",而是试图从经济系统演化的视角,阐述经济危机形成的周期性,从宏观经济层面和微观企业层面提出减弱经济危机震荡幅度、缩短衰退期的途径,以期能帮助读者感悟经济发展的未来和自己的企业该做些什么。

大家不难想象,在社会发展不发达时期,企业还不多,少数的这些企业也是相对独立地进行经济活动,就如图1-(1)所示的那样,空间为抽象的地理位置,圆圈象征企业及其大小,连线及其粗细表示企业之间关系及强弱。在这一时期,每一个企业的兴衰成败,对其他企业几乎没有影响,或者说影响不大。然而,随着技术进步和交通运输的发展,比较优势和资源、能力禀赋显现出来,经济交换日益频繁,一些企业也随之发展壮大,企业之间的相互联系和相互影响渐渐增强起来,如图1-(2)所示,一个企业的兴衰成败对与之相关的企业产生影响,但这种影响还是局部化的,或者区域性的。随着专业化分工和协作化程度进一步提高,企业相互之间联系和影响的范围扩大,如图1-(3)所示,经济国际化程度提高。

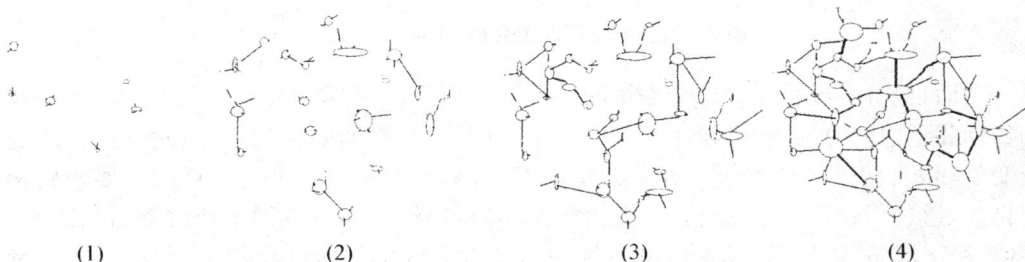

(1)   (2)   (3)   (4)

图1 经济系统不断发展的"正向"正反馈过程
(说明:圆圈象征企业及其大小,连线及其粗细表示企业之间关系及强弱)

信息通讯技术和物流运输业已经高度发达的今天,越来越多的企业已经成为整个经济系统中的"节点",专注于自己擅长的、有效率的"专业化"生产或服务,企业与企业之间

的联系越来越紧密,它们在整体上共同构成了经济网络系统,如图1-(4)所示,其中一个企业的生存与发展情况影响着与之相联系的其他企业的生存与发展,反过来其他企业的生存与发展也对此企业产生影响。

经济网络的发达,会刺激身居其中的企业加强专业化分工和密切相互协作,强化相互之间的联系。随着经济网络越来越复杂和庞大,信息通讯和物流运输业的发展就会得到进一步发展,这又促使作为网络中"节点"的每个企业与其他企业之间的关系更加动态化,即每个企业在实现市场机会的时候,可选择的合作伙伴(比如供应商和销售商)的机会大大增加,合作主体之间的行为更多地受市场规则和法律约束,而不是靠相互忠诚和诚信。所以,这时候的经济网络主要是依靠规则和法律运行的"动态网络"。

经济网络系统从无到有、由弱到强的形成过程,是一个企业数量上不断增加、能力上不断壮大的"正向"的正反馈过程,经济发展在宏观层面上呈现出"越来越好"的繁荣景象。

但是,经济网络发展到其"动态性"高到一定程度的时候,其中的一些企业或因为其技术落后和效率不高,受市场规律支配而被淘汰;或因为政策法律制约(比如国际贸易中的保护主义政策),由经济网络中的"节点"转变为"孤岛",如图2-(1)中方框中的"圆圈"所示,结果是与之有业务关联的其他企业就会受到牵连,如图2-(2)中方框中的"圆圈"所示,后者如果不能迅速找到"孤岛"的替代者作为自己的供应商或消费者,它们中的一些企业也会形成新的"孤岛",更多的"经济链条"断裂,如图2-(3)所示,整个经济系统陷入退化进程,最后再引致更多的企业"孤岛"产生,如图2-(4)所示,经济发展在宏观层面上呈现出"越来越差"的危机景象。这是经济系统不断退化的"负向"正反馈过程。

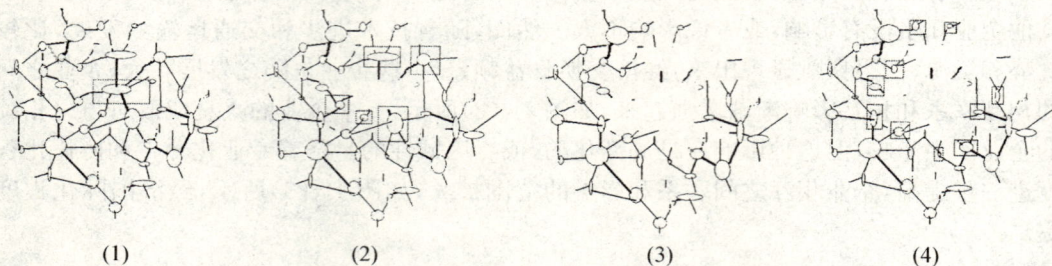

| (1) | (2) | (3) | (4) |

图2 经济系统不断退化的"负向"正反馈过程

然而,经济系统是人类社会系统的一个组成部分,人们在认识到经济发展违背了预期的目标和意愿的时候,就会设法干预经济系统的运行,在实际生活中体现为政府干预、企业变革和人们消费行为变化。从宏观层面看,政府会根据社会经济发展的主要矛盾和发展目标,通过行政行为、法律行为、政治行为和经济行为等,"激活"企业或创造新的企业,促使"经济链条"修复,结果是经济系统的演化方向发生逆转,向着"正向"的正反馈过程演化。

从微观层面看,企业只能根据有限信息进行决策,结果常常是与企业发展预期不吻合的,因此,企业家们更多的是将政府行为、消费者行为作为企业变革的决策依据。当政府政策多变、不明朗的时候,企业家们就会感到迷茫、无所适从和焦虑不安,他们就会更多地关心政治和政策,而不是技术创新、创业创造——这也可以解释为什么企业家对经济学家的兴趣高于对管理学家,社会上也很少有人把自己称之为管理学家而宁愿声称经济学家。反之,在政府政策明确、稳定不变的情况下,大多数企业就能够逐渐通过业务重构、股权重构和组织管理架构的重构,来提高自身对复杂变化环境的适应能力,这样一来,经济系统也会因为企业的适应能力提高而向着"正向"的正反馈过程演化。

上述分析可见,经济发展就是经济网络系统中的企业之间不断"结网"和不断"破网"的周而复始过程。经济网络系统的"结网"过程就是经济发展就处于繁荣昌盛的时期,经济网络系统"破网"过程就是经济危机形成、经济衰退的时期。所以说,经济危机是经济技术规律和政府干预所共同导致的一种经济发展中的周期性规律。

但是,人们对于经济现象的观察和做出响应对策行动之间有时间延迟,而且不同政府、不同企业、不同消费者的延迟时间不同,因此,从客观上讲,人们只能预见到经济危机而不能避免危机;人们只能较早地、适当地应对危机,而使危机发生的范围和幅度控制在一定范围内。

简单来说,政府要做的工作就是"结网"——激活企业活力、促进更多数量的企业创立,或称"补网"——避免企业"孤岛"出现,一旦出现企业"孤岛"的时候,政府能迅速地帮助其他企业找到弥补"孤岛"企业的办法,并利用经济系统的正反馈性特点,促使经济繁荣起来。至于从经济系统的哪里(行业、地区、产品)入手采取"结网"行为能使得经济效果最好,这是一个数量经济分析问题,可以通过产业链中"前向联系"和"后向联系"程度的分析、经济网络分析来得到答案;至于政府究竟从哪个行业、地区、产品入手刺激经济,这是一个政治问题,也是一个社会问题;至于采用什么手段、办法、步骤,是通过投资还是鼓励消费来刺激经济,这是一个策略问题。企业要做的工作就是避免自己成为经济网络系统"破网"过程中的"孤岛"企业——要不被别人抛弃,就得增强适应能力:一是努力降低交易成本,二是提高工作效率,三是不断创新创造,增强别的企业、消费者对自己的依赖性,与其他企业建立起共生进化的关系,而不是千方百计地"内部成本外部化"①。

总而言之,社会发展造就了经济网络的发展,经济正反馈特性在经济技术规律和政府干预的共同作用下,使得经济在宏观上呈现出危机与发展的周期性间隙变换;经济危机只能预见,不能避免,但政府可通过"干预"、企业可通过"适应"来降低经济危机幅度和缩短经济衰退时间。目前,政府要做的就是强烈而持续的"干预",企业要做的就是最大而共生的"适应"。

管理学院院长、商学院副院长　刘　洪　教授

2012 年 8 月 20 日

---

① 企业内部成本外部化,即由社会和其他企业来承担本企业的成本,比如,众所周知的窗口排队现象、公有土地资源被少数企业低价使用、监管部分在环境污染上睁一只眼闭一只眼等。企业内部成本外部化也是我国社会经济发展的效率低下的重要根源——大家都很忙,但没有效率,因为更多人的付出只是为了少数人降低一点成本。如果没有政府政策保护的话,最终这些企业将为成为经济网络中的"孤岛"。因此,政府应该制定政策和严格法律法规,以保证企业行为能够实现社会福利最大化,而不是帮助少数企业"内部成本外部化"来实现自身利润最大化。

感受案例教学

提起案例教学，人们往往会提到哈佛大学商学院和加拿大西安大略大学的毅伟管理学院，这两所学院是国际公认的在案例开发和教学方面的佼佼者。笔者有幸分别参加了这两所学院的案例教学培训（研讨班），获益匪浅。在此，回顾片段与读者分享。

1998 年夏天，参加了 MBA 教育指导委员会在复旦大学管理学院举办的由毅伟管理学院教授讲授的案例教学培训班，第一次较为正式地接触到如何讲授案例。2 周的时间里，James A. Erskine 和 Paul W. Beamith 教授非常认真细致地介绍了从课前准备、课堂分享、归纳点评到时间安排、分组讨论等教学方法，参加培训的来自 10 多所内地大学的教师们先当学生，领教由毅伟教授带来的原汁原味的案例教学，然后分别走向讲台，实战体验。14 年过去了，现在回想起来，那次培训依然记忆犹新，感受至深的有两点：① 案例的准备：无微不至！教授除了对所分析的案例内容了如指掌外，对学生的情况也非常在意，如提前与某位对此案例分析可能有较多贡献的学生联系，请该学生就某个问题提前准备，届时教授会有意让这位同学发言；对于平时不常发言的同学，教授也可能会提前告知"明天的案例分析请你做好准备哦"等等。② 还是案例的准备：现身说法！也就是请当事人到案例分析的课堂来分享。记得当时分析一个本土案例，是生产用于空调中的铜制盘管、即邦迪管的合资企业，案例分析开始时有一位"不速之客"在教室里坐定，一直不动声色，直到案例分析到最后阶段，教授介绍说那位客人就是案例的主人公，大家才反应过来，报以掌声，请"客人"就刚才我们的分析做出说明、点评和解释，一些之前不明确的问题自然迎刃而解。那次案例研讨的收获感觉非常大、印象非常深。当然也不是每次都请案例的主人公来的，还有别的形式。如分析 KFC 的案例，教授就叫了外卖，我们一边分析一边品尝（当然是教授买的单）；分析特富龙不粘锅的案例时，教授竟然拎了两口锅到教室……

2003 年夏天，参加了哈佛商学院举办的以参与者为中心的案例教学研讨会（CPCL，Colloquium on Participant-centered Learning），接受全球最具影响的案例教学培训。同样 2 周的时间，来自世界各地的 50 多位商学院的教师们，实实在在地做了 2 周的学生。由于受非典影响，刚到哈佛就开始上课了。我们一边倒着时差、适应着波士顿盛夏的炎热，一边阅读案例到深夜、清晨起来小组讨论、上课时候听讲、再讨论，当晚再撰写分析报告……这简直就是炼狱般的生活，难怪有传说在美国攻读 MBA 得脱层皮。近 10 年过去了，感受依然颇深，而印象最深、自己感到最受用而最难企及的就是："爱岗敬业"，即哈佛教授对学生的关爱和对教学的敬重！我们从每一位教授对整个案例分析进程的掌控、对案例细节的把握，从每位教授上课提前至少 15 分钟到教室和早到的同学聊天，从与授课进程同步的个性化板书，从课间耐心地解答同学的问题、愉悦地和同学合影，从教授们张弛有度、抑扬顿挫的明星范儿，还有案例分析完毕后写得满满当当的几块黑板等等，我们真切地感受到了这些为师者对这份事业的敬重！也正因为如此，当最后一次课结束时，我们全体自发起立为教授们鼓掌,不夸张地讲,足足有 1 分钟!

　　本月初,商学院名家讲坛请徐小跃教授解读国学精粹,当徐教授大笔一挥写下"经师易遇、人师难遇"几个字时,同样为师的笔者似有顿悟。

　　　　　　　　　　　　南京大学商学院院长助理　韩顺平　教授
　　　　　　　　　　　　2012 年 12 月 18 日

《庖丁解牛》与案例教学

教学案例最能打动读者的，应该是案例在夹叙夹议中所反映的案例开发者探究真理的过程和能力，让读者分享到探究问题本质的快感；在案例教学中，教师最能打动学员的，也应该是引导学员逐层解剖、追求真理的过程和能力，让学员获得峰回路转和顿悟的快感。

所有教师都会追求这种境界，但不知有多少教师能达到这种境界。这让我们想到了庖丁解牛所到达的境界。庖丁"解牛之时，所见无非全牛者；三年之后，未尝见全牛也；方今之时，臣以神遇而不以目视，官知止而神欲行。"

庖丁是如何到达出神入化境界的？此境界的实质是什么呢？细加分析可认为：第一，其途径是循环往复的长期实践、认识和再实践活动。第二，是庖丁的天赋和造化，为何其他无数解牛者未能达此境界？只能用庖丁的天赋和造化解释之。第三，出神入化境界的实质，是庖丁了解并熟知牛的内部肌理筋骨，也掌握了事物的客观规律，做到了"懂、会、熟"。

理论观点就是试图对事物客观规律所作的描述，按照学者们的说法，理论是最为实用的，而高校教师最擅长的就是理论及其推演。由此，教师也有可能根据其学到的理论得心应手地"解牛"。可在现实中许多年轻教师并不擅长案例分析，往往只能浅尝即止，案例教学实际是举例教学。为何许多教师似乎掌握了客观规律，却未必能很好分析管理问题和提出解决方案？主要原因显然在于两者掌握客观规律的途径和要求都不同。

庖丁是通过长期的实践和认识活动逐步掌握客观规律的，是在充分感性认识或丰富经验基础上完成理性认识的。同时，庖丁熟知牛的内部肌理筋骨并非是其最终目的，最终目的是要解决实际问题也即"解牛"。这种以实践和经验为基础的对客观规律的认识途径和以解决实际问题为目的的要求，使庖丁熟知的不是完全单一、而是丰富多样和立体的牛的内部肌理筋骨，从而最终在面对小牛大牛壮牛瘦牛等各种各样的牛时，都能从容解剖之。

教师主要是通过书本到书本的方式直接了解理论观点的，一般缺乏丰富的感性认识和经验基础。由于职业要求，教师主要以掌握更多理论以及有理论贡献为目的，而不是直接付之于实践。在案例教学中，无论对教师还是学员来说也都不是为了直接付之于实践，而主要限于能否更好地分析管理问题，提出更有想象力和说服力的解决方案，本质上仍是纸上谈兵、棋盘推演。

由此，当案例分析对象成败得失原因刚巧符合一般理论归纳时，就会显得教师已经掌握了客观规律，但如果由于情境影响的原因或现有理论观点本身存在缺陷，或者是问题分析和解决方案需要借助于更多细节和经验，那么教师仍用这种理论去分析具体问题就可能难以自圆其说，就难以洞察和预测现象背后的深层原因与趋势，就难以提出富有想象力、说服力和令人惊喜的观点与方案。

教师不可能成为庖丁天天从事实践活动，而且只是通过实践来提高认识水平显然太过漫长。通过掌握现有理论仍然是了解客观规律的一条捷径，关键问题是理论研究与管理实践之间如何平衡与相互促进，若加之天赋与造化，就有可能更快地达到庖丁解牛的境界。

在理论研究方面，教师应强调问题导向型的研究理念，而不是主要奉行文献导向的研究理念。案例教学的目的，从根本上说是要提高学员分析和解决问题的能力，把他们培养成解决问题的高手，显然，只有重视中国管理实践中存在的问题，强调问题导向型的研究，教师才可能使自己的能力和研究成果与应追求的案例教学目的更为匹配。同时，教师还应研究在多种情境下相应管理问题及解决方案的特殊性，也即不仅要研究一般性问题也要研究比较具体的问题，从而使自己的研究更切合中国管理实践，更能有助于解决各种实际问题。

在管理实践方面，丰富感性认识和经验的途径可以是多样化的。企业考察和座谈、开发案例、进行管理咨询、直接在企业兼职等都可认为是实践活动，而经常阅读财经类杂志和畅销书也有助于了解管理现实问题，迅速丰富感性认识。某知名教授在一个大型民企担任CEO的消息受到了热议，显然，完全进入角色的管理实践显然要比管理咨询更能带来深切感受。因此，如果管理学院教师有多次担任企业实职的经历，那么他就可能成为管理领域中的庖丁。

理论研究和管理实践是能相互促进的。一方面，理论观点和实践经验之间有一定替代性，理论一般都是运用有关方法对常识和经验的归纳与检验，而常识和经验一般也就是尚未被很好验证的潜在理论，因此，无论是理论修养还是实践经验的提高，都能在一定程度上相互转化；另一方面，理论研究与案例分析方法之间也有相通之处，例如在理论研究中经常使用的自变量、中介变量和结果变量的分析框架也可用于案例问题的原因分析中，反过来说，案例分析中经常使用的由个别上升到一般的研究方法，也是一种理论研究方法。

具有较深双重修炼的教师，将会在案例分析中得到极大快感，就如同庖丁那样"动刀甚微，謋然已解，如土委地。提刀而立，为之四顾，为之踌躇满志，善刀而藏之。"但由于管理的复杂性，即使是具有丰富经验的教授，当看到一个新事物时也要像庖丁那样"每至于族，吾见其难为，怵然为戒，视为止，行为迟，动刀甚微。"

我们期待出现一大批具有较深双重修炼的教师。

南京大学商学院案例中心主任　史有春　教授
2013 年 8 月 6 日

目　录

案例选登

人物专访

创业天地

职场乾坤

研究动态

活动集锦

商业模式创新:为何举足轻重又并非是唯一法宝?

本刊研究小组[*]

摘要:不同于学者的复杂界定,企业家认为商业模式就是一种可用若干要素及其关系表述的可复制的商业构想。商业模式创新具有多方面意义,核心是巧用资源,但仍不足以给企业带来持续成功,新的商业模式只有建立在具有庞大规模的市场基础上才有用武之地,同时商业模式的成功运行还得依靠企业是否具有比较全面的综合竞争力;另一方面,仅仅考虑GE模型中市场吸引力和相对竞争力两方面问题,现在也变得远远不够,这因为商业模式的创新可能会扩大市场规模、推动市场发展,还能在一定程度上改变消费模式和行业游戏规则,从而使自己在一个有利地位上开展竞争。本文结论是:市场吸引力和相对竞争力,仍是决定企业能否在一个特定行业获得持续成功的根本原因,由于商业模式创新可能同时推动市场发展和改变游戏规则,这使商业模式的创新变得举足轻重。但商业模式可能会被模仿,如果大量企业都按相同游戏规则开展竞争,巧用有限资源的优势就会逐步消失。因此,商业模式还需要不断创新。

五星控股的汪建国和江苏一德的陈俊都是在中国企业界颇有名气的人物,近期案例中心对他们进行了专访。汪建国在谈到"孩子王"这个项目时说,"孩子王"是他们最早决定进入母婴市场而创立的品牌。中国母婴市场容量近7 000亿,而且每年能保持20%~30%的增长率,但位居前三位的三个品牌合计市场份额还不到10%。整个行业蕴藏着商业模式创新的机会,现在商品零售完全可由电子商务完成,零售在未来将会积聚在顾客体验的基础之上。因此,对"孩子王"的商业模式做出了颠覆性变革,创新性地提出深度经营顾客关系的理念,用经营顾客代替经营商品,以创造满足代替提供满足。

陈俊是富有创新精神的企业家,他认为企业所选择进入的行业的市场规模要足够大。他说,我国婚庆产业预计总规模可以达到6 000亿元,是汽车租赁产业180亿元规模的30多倍,如果在婚庆产业有10%的市场份额,利润额就非常可观;其次,是要创建现金流量巨大、企业内部可以标准化复制,而企业外部却不能简单的复制商业模式;最后,要建立企业的核心能力,一定是竞争者所不可复制的。

这两位企业家都数次谈到市场吸引力、商业模式和竞争优势,尤其是商业模式的创新。难道德鲁克所说的当今的竞争,主要是商业模式之间的竞争的论断,已经深入人心?

* 文章撰写人:史有春,南京大学商学院营销与电子商务系教授,案例中心主任;朱春蕾、王晓燕,南京大学商学院管理学院全日制硕士研究生。同时也感谢全日制硕士研究生滕宏磊和于龙提供资料。

商业模式到底意味着什么？市场吸引力、商业模式和竞争优势之间到底是一种什么关系呢？

一、正确理解商业模式

一个最简单的流行表述，商业模式就是公司通过什么途径或方式来赚钱，但学者们倾向于把概念复杂化。Morris 给商业模式下的定义是，商业模式是一种简单的陈述，旨在说明企业如何对战略方向、运营结构和经济逻辑等方面一系列具有内部关联性的变量进行定位和整合，以便在特定的市场上建立竞争优势。

商业模式到底指什么，还必须首先回到模式本身的概念上。当人们把解决某类问题的方法总结归纳到理论高度，那么相应的方法、方案就可称之为模式。模式强调的是形式上的规律，而非实质上的规律，是人们从不断重复出现的事件中发现和抽象出的规律，是解决问题形成经验的高度归纳总结。只要是一再重复出现的事物，就可能存在某种模式。

在以上对模式内涵的描述中可归纳出如下几个要点：其一，模式是为了解决某类问题而采取的、且是被归纳到理论高度的方法，模式在实践之前就可能被设计好，先有认识，后有实践；其二，模式也可以已存在于某些不断重复出现的事物中，通过归纳发现某种模式，也即先有实践，后有认识；其三，既然模式在本质上是解决某类问题的方法，强调的是形式上的规律，那么模式在本质上是可以被复制的，只是能否被很好复制；其四，模式是为了解决某类问题而形成的，由于问题形形色色，因此相应模式也就千变万化。

再回到商业模式。商业模式着重是为了解决企业活动中的各种问题，一方面，由于企业既有全局性的战略、运营性问题，也有局部性的比如品牌策略、渠道管理问题，因而商业模式可分为运营性商业模式和策略性商业模式两大类；另一方面，虽然企业活动最终都是为了获取盈利，但各种问题被解决的直接结果或所要达到的目的也各种各样，商业模式着力点或意义也就是多样的。因此，商业模式是解决任何企业问题的被抽象化的方法，是一种包含了一系列要素及其关系的概念性工具，用以阐明某个特定实体以及特定问题的商业逻辑。

由此，我们要强调如下几个观点：

第一，既然存在运营性和策略性两大类商业模式，而且各种问题被解决的直接结果或所要达到的目的也各种各样，那么把商业模式等同于盈利模式，或商业模式只在特定的市场上建立竞争优势（Morris 等，2003）的表述就是片面的。

第二，既然商业模式是解决任何企业问题的被抽象化的方法，那么它必然可以被本企业复制以及被其他企业模仿，只是会存在能否很好复制和模仿的问题，即使是涉及核心能力的商业模式，也只是难以模仿而已。正因为可能模仿，所以企业家们迫切需要了解各种新的商业模式，希望获取灵感。

第三，虽然商业模式是包含一系列要素及其关系的概念性工具，是围绕一个特定问题的整体解决方案，但在描述一个商业模式时只要抓住其基本构成要素即可，不必也很难穷尽其所有潜在构成要素。不断增加商业模式构成要素，实际已不是在剖析商业模式，而是在剖析企业；把"整合"、"高效率"、"系统"、"核心竞争力"等要素也纳入到商业模式中，实际是把能持久成功的商业模式要求当成了商业模式的构成要素本身。这些,都会冲淡商业模式创新的关键内容。

调查表明,这也是大部分企业家所持有的观点。学者们对商业模式的解读应该基本符合实践者的理解,如果对一个在实践中产生的名词解读远离实践者们的认识,那么这种解读就没有多大意义。

二、商业模式创新的意义

很多人以为商业模式创新就是为了提高竞争力,或是为了增加收入来源。其实,商业模式创新的意义是多方面的。全面理解商业模式的意义,有助于更好理解商业模式本身。

对于一个饭店宾馆来说,率先使用信用卡可能会增加其竞争力,但发明信用卡本身就是一种商业模式的创新,进而催生了一个新的品类和产业。麦克纳马拉发明信用卡的灵感来自于一次自己忘带钱包和支票簿的尴尬午餐经历,并创建了发放信用卡片(当时卡片是用厚纸板制作的)的大莱俱乐部。这一商业模式的价值主张和盈利模式在开始时很简单:持卡人只要在餐馆记账用餐就行,而餐馆对由此得到的方便及食客增加的光顾次数心存感激;餐馆要向大莱俱乐部支付食客每次用餐费用的7%,后来麦克纳马拉还要求持卡人每年支付5美元的年费。麦克纳马拉这一关于便于商家和消费者之间进行交易的卡片的商业模式,引发了一个庞大的全球产业,这一产业提供世界范围内被广泛接受的信用流通工具,并为它的许多参与者带来了巨大利润。

在制造行业,最终在消费者面前呈现的就是物质产品本身,同一产品背后可能存在不同的商业模式,但不同商业模式似乎不能创造出不同的品类,比如耐克和李宁的商业模式肯定有差别,但生产的仍然是运动服饰。在服务行业,最终在消费者面前呈现的可以是一系列产品和服务,这意味着商业模式创新可能会创造出不同的服务品类。

回到文章开头。汪建国的"孩子王"整合了与孩子相关的资源,将购物场所和游乐场融入一体,目标顾客定位为准妈妈和0~14岁婴儿和儿童,满足消费者购物、休闲、咨询、早教培训、娱乐等"一站式购物"及全方位增值服务的需求;陈俊创建的"艾米1895影院"提出了多元化的概念,除了由传统影厅、主题影厅、"iBOX点播包厢"构成主要观影区,还配备了别具特色的电影街区、电影会所、咖啡吧等。在这里不仅能看当下热播的大片,还能在海量影库里随意点播几十年前的老电影……可见在服务行业,商业模式创新就可能是品类创新。

在制造行业,商业模式创新也具有许多重大意义。耐克由小作坊起家,最终超越阿迪达斯、彪马等制鞋巨头,就得益于奇妙的"虚拟经营"或"借鸡生蛋"模式,同时获得了多种好处。其一,耐克按扬长避短、"留强去弱"原则,仅建立或保留关键职能机构——产品设计和市场营销,把非强项业务外包出去,由此可强化专业能力,提高核心竞争力;其二,生产外包可以借鸡生蛋,迅速扩大生产能力;其三,当遭遇经济危机和行业波动时,充分利用外部资源的方式还能极大地降低企业经营风险;其四,耐克的当地化战略,例如成立耐克日本公司,还能克服贸易壁垒,使其轻松进入他国市场。

目前,国内许多企业采取的商业模式,已使其所发挥的作用几乎达到极致。云南有一家台资企业,在国内一个总经理的设计和操作下,该公司的全部管理人员只有 20 多人,但公司营业额达到十个亿,其奥妙就在于层层外包的商业模式,把管理杠杆发挥到极致,使其经营风险降到了最低。苏州的阿仕顿男装初创于 2003 年,从一家零售店发展到如今三百多家品牌连锁店,计划至 2015 年超出 2 000 家连锁店,2020 年超出 5 000 家连锁店。它们的渠道倍增速度来自于零风险、全托管的渠道倍增模式,吸引那些手头有些钱、但未必懂行的人加盟,借鸡生蛋的模式已达到空手套白狼的程度。

另一些商业模式创新强调的是增加收入来源。莱恩航空是一家来自都柏林的低价航空公司,飞往欧洲各线的票价可以低到仅 20 美元。这家航空公司为了节省成本,只走比较不热门的机场,但票价这么低,谁会抱怨呢? 一旦你买了机票,他们再针对优先登机、行李、机上食物或使用信用卡收费。莱恩航空也开始在机舱内放广告,未来莱恩航空还会有机上赌博,这将会带来一大财源。目前,我国大部分主题公园的日子并不好过,其中一个重要原因是盈利模式不健全。经过近百年的发展,迪斯尼的盈利模式逐步完善,盈利来源主要有动漫影视、迪斯尼乐园、特许经营和衍生消费品以及媒体网络四大块,但我国大部分主题公园收入结构单一,主要以"门票"的形式来回收成本。现在许多门户网站的日子也不太好过,完善其盈利模式也是他们最为关心的问题。

三、商业模式创新的局限

商业模式创新具有以上多方面意义,但仍不足以给企业带来持续成功。一方面,新的商业模式只有建立在具有庞大规模的市场基础上才有用武之地;另一方面,商业模式的成功运行还得依靠企业是否具有比较全面的竞争优势或综合竞争力。

先回到信用卡。信用卡是商业模式创新的产物,但最终引发了一个庞大的全球产业的原因不是信用卡这一创意,而是使用信用卡的市场规模。麦克纳马拉意识到,每天都有无数消费者在和无数商家进行交易,而消费者忘记或不方便携带现金和支票簿的情境实在是太多了! 在麦克纳马拉忘记带支票簿的 55 年后,美国消费者使用他们的 9.6 亿张借记卡或信用卡,在 490 万家商业机构,记账消费达 2.5 万亿之多。

原来是信用卡的潜在市场规模让信用卡大行其道! 那么,进入市场规模巨大的信用卡业务领域的银行等机构,是否都能获利呢? 也不是。

在整个 20 世纪 50 年代,大莱俱乐部经营状况良好,但当它的成功吸引了诸如美国运通公司这样更有创新性的进入者时,它渐渐失去了优势。麦克纳马拉当年设计了 7/0 盈利模式,即从商家那里收取 7% 的费用,却并不向持卡人收取费用,1 年后才要求持卡人每年支付 5 美元的年费。但大莱俱乐部信用卡的盈利模式和营销能力,使其难以发展壮大。运通公司也曾经历现金枯竭的窘境,但把持卡人的年费从 6 美元提高到 8 美元后,使其既能有利可图又不至于赶走持卡人,运通公司主导支付卡行业的状况得以继续。

现在,信用卡盈利来源包括利息、刷卡回佣、年费、提现手续费、惩罚性收入、增值服务收入,盈利来源已今非昔比。盈利模式在不断完善和趋同,但并非每家机构都能赚钱。信用卡业务在国外成熟市场被称为"最赚钱的银行业务",年利率高达 18%～23%,花旗银行的年利率更是超过 30%。反观我国的信用卡业务成长态势,情况却不容乐观。我国信用卡发行量已逾亿张,但是除了招商银行、广东发展银行等几家中小银行宣布信用卡部门盈利以外,其他行的信用卡业务单元基本处于亏损状态。

大莱俱乐部和运通公司之间以及我国各银行之间在信用卡绩效方面的差别,已经不能用商业模式来解释,只能说不同机构的信用卡业务竞争力的差别导致了它们的成与败。

PPG 的失败更能说明仅有商业模式创新是不够的。

PPG 自己没有工厂、没有实体的分销渠道、没有店铺,省掉了传统服装企业大部分的固定资产投资,却将 PPG 品牌衬衫交给位于长三角地区的七家合作企业贴牌生产,PPG 只负责供应链和呼叫中心的管理,消费者通过广告和邮件目录获得产品信息,然后通过无店铺的在线直销和呼叫中心订购产品。这样,PPG 就实现了不通过传统的零售渠道,而直接将产品交到消费者手里,其最直接的结果就是降低了产品成本并减小了库存压力,在给企业自身减轻了负担、形成了优势的同时,也把真正的实惠留给了消费者。

PPG 颠覆了传统服装行业中以七匹狼为代表的代理制、以雅戈尔为代表的直营制和以美特斯邦威为代表的特许加盟制这三大渠道模式。在该商业模式中,最核心的优势是减少了中间商的环节,并通过 IT 技术控制住了上游供应商,打造出一条快速发展的供应链,下游是轻资产的无店铺的营销方式。虽然 PPG 走的是大大缩减了自己的产业链条的路线,但对于整条产业链的控制,通过控制核心环节,最终实现对整条产业链的控制,这是 PPG 必须要具备的核心能力。

PPG 在生产和渠道方面减了重,但有三个核心问题轻不得,即产品、服务和营销。其中产品最为重要。在这一点上,PPG 做出了一些成功的尝试。PPG 的许多创始人,都是从国外归国的海归派,借鉴美国职场人士的穿着推出的牛津纺衬衫,以实在的品质、洋派的概念和 99 元的价格,赢得了消费者的喜爱。但是,牛津纺衬衫之后,PPG 的衬衫新品再难取得像牛津纺衬衫一样的佳绩,这就看出了 PPG 在产品体系打造方面的缺陷。

消费者反应,PPG 产品在质量上存在比较大的问题,网络上对 PPG 产品质量的指责主要表现在四个方面:一是 PPG 衬衫袖口短,下摆短,搭配西裤容易掉出来,有碍形象;二是产品颜色的不协调,根据红、黄、绿等亮色裤子能占到美国 10% 销售量的情况,在中国也推出这些亮色裤子,却几乎无人问津;三是版型宽,领围尺码偏大,欧版的式样让身材偏瘦的人穿着特显肥松;四是衬衫还有很多线头,显得质量都不过关。

造成这些产品质量的原因,就是 PPG 轻产品的恶果。而正是因为 PPG 在产品质量上的问题,以及 PPG 在 2007 年底的低价抛售库存,成为公众和媒体质疑 PPG 的导火索,最终将 PPG 推上绞索。

再来看看前面提到的"孩子王"和"艾米 1895 影院"。"孩子王"提供的是少儿消费品、咨询、早教培训和娱乐等服务,市场需求规模巨大,然而,家长们到了"孩子王"的门店,如果发现"孩子王"不能给自己更好的引导和体验,只是少儿消费品比较齐全和品牌档次较高,那么他们是否愿意支付高价就值得怀疑。以点播为主的"艾米 1895 影院"的确是一种新的商业模式和服务品类,但这并不意味着就能在全国迅速复制,成为炙手可热的新型影视业态。一方面,还取决于相应的市场到底有多大,到底有多少消费者经常愿意支付较高价格到小包厢点播老片子;另一方面,还取决于艾米影院能给消费者带来全新或更好的体验,也即相对于传统影院的竞争力到底如何。

这些,都说明只有商业模式创新是不够的。

四、商业模式需要不断创新

根据 GE 模型,只是考虑市场吸引力和相对竞争力,是否就足够了呢?也不够。这是因为商业模式创新的意义可以归纳为两个方面:一方面,商业模式的创新和完善可能会扩大市场规模、推动市场发展;另一方面,商业模式的创新可能在一定程度上改变消费模式和行业游戏规则,使自己在一个有利地位上开展竞争。这都使商业模式的创新变得举足轻重。

首先看商业模式的创新和完善对扩大市场规模、推动市场发展的影响。

这方面的例子比比皆是,这主要得益于运营性商业模式中的两个关键要素:客户价值实现模式和企业盈利模式。麦克纳马拉当年设计的 7/0 盈利模式,让众多消费者迅速加入到持卡人队伍,而美国运通公司如果把年费提的过快过高,就会吓跑持卡人。现在,信用卡在不断增加盈利来源的同时,提供的客户价值也随之提高了,所以信用卡市场还能持续增长。

商业模式在促进行业发展上,利乐公司可以很好地说明这个问题。利乐公司所生产的利乐枕、利乐包、利乐砖几乎成了中国所有主流乳业公司的首选包装材料,凉茶公司、果汁公司也都在使用利乐的包装材料。利乐早年是一个卖包装设备的公司,如今它的商业模式早就不靠卖设备赚钱了,它把设备送给乳业、果汁、凉茶等需要包装设备和包装材料的公司,让它们免费使用。那么,利乐包装靠什么赚钱? 表面上看是靠包装材料、靠耗材赚钱。

但利乐公司能够成长到今天如此巨大的规模,甚至成为一个可怕的企业,不仅仅是因为它送设备、靠耗材赚钱,更重要的是它建立了一整套方法推动了下游企业的发展,从而使这些企业把耗材使用量提高到历史性的高度。在 15 年前,中国人还在喝豆浆的时候,利乐就进入中国,当时利乐包装定的目标就是 10 年以后让中国人从喝豆浆改为喝牛奶,如今,这个目标已经基本实现了。中国的乳业为什么在过去几年里,迎来了极为迅猛的发展。利乐公司帮助中国乳业公司制订市场营销规划,中国乳业公司的分销渠道网络是利乐公司协助谈判建立的,中国乳业公司的零售终端是利乐公司协助建立的,把世界级的零售管理方案拿过来供中国乳业公司使用。更重要的是,中国乳业公司的人员培训早期基本都是由利乐公司完成。如果没有利乐商业模式中提供的独特价值和盈利模式,就不会有今天液态奶包装行业和中国乳业的迅猛发展。

其次,再看商业模式创新对提高相对竞争力的影响。

许多行业的市场规模虽然十分巨大,但行内竞争者林立,进入壁垒高,后进者即使有比较强的基本资源和能力,如果不在一定程度上改变游戏规则,要迅速占领一席之地仍是困难重重;反之,如果后进者能创新商业模式,率先改变消费模式和行业游戏规则,就可能利用有限资源迅速崛起。

"孩子王"零售门店和"艾米 1895 影院"实际是把满足许多需求的服务整合起来并努力加以优化,率先改变了消费模式,这就在引导消费、培育能力和建立品牌方面先胜一筹,实际就提高了自身的相对竞争力。如果汪建国和陈俊不去设计新的商业模式,去创建"孩子王"零售门店和"艾米1895影院",那么要在传统的少儿消费品零售市场、电影院线市场取得优异绩效就会变得十分困难。这是因为有关需求实际已经以各种方式得到一定程度的满足,比如通过专门的早教机构也可接受培训,在家中也可通过机顶盒来随意点播老电影,以及在传统电影院线观看热播大片。因此,如果他们只是办一个早教机构、老电影吧或传统院线,就很难脱颖而出。

许多商业模式的创新都涉及消费模式的创新,例如信用卡改变了消费者的支付方式,B2C改变了消费者的购物方式,"剃刀+刀片"模式改变了消费者的支出结构。更符合消费需要和心理特点的消费模式创新,会使相应企业具有更强竞争力,运通、淘宝、利乐和施乐等企业就都得益于这种消费模式的创新。

当然,消费模式的创新一般会同时影响从供应者角度而言的行业游戏规则。例如,美国的旅游服务网站Priceline创立了"Name Your Own Price"(客户自我定价)商业模式,它一方面改变了企业定价、消费者被动付钱的传统消费模式,节约了消费者的搜寻成本;另一方面,由Priceline负责从自己的数据库或供应商网络中寻找愿意以消费者所定的价格出售该种产品的供应商,深入挖掘"淡季"客户资源,让提供者能更有针对性地提供产品,提高了产品使用效率,因而也改变了该行业的供应模式或游戏规则。

有些商业模式创新未必会影响消费模式,比如,许多消费者根本不知道耐克运动鞋并非是耐克自己生产的。由耐克等企业的商业模式创新可知,涉及行业游戏规则的商业模式创新具有多方面意义,或是能借鸡生蛋,或是能发挥和提高专长,或是能降低经营风险,或是运营更有效率和效果,或是兼而有之。说到底,商业模式创新有助于巧用有限资源,起到四两拨千斤的作用,总体竞争力自然能得以提高。

但商业模式是可能被模仿的。当某种商业模式被广泛模仿后,大量企业都按相同的行业游戏规则开展竞争,巧用有限资源的优势也就会逐步消失。Priceline在电子商务行业对商业模式的创新掀起了C2B模式的风潮,近期天猫将联合达能与雀巢直供全进口奶粉,在此次联合销售中,天猫将更多尝试C2B预售方式来销售。试想一下,提供旅游服务的其他网站如果都使用和Priceline相同C2B模式,那么谁是巧用有限资源的企业呢?

只有新的、还只有少量企业使用的商业模式才可能给使用者带来特殊意义。因此,商业模式需要不断创新。不过,当这里说商业模式需要不断创新时,请不要忘记前文说过的,只有商业模式创新也是不够的。

本文的基本结论是:市场吸引力和相对竞争力,仍然是决定企业能否在一个特定行业获得持续成功的根本原因,但由于商业模式创新可能同时推动市场发展和改变游戏规则,对市场规模和竞争力有调节作用,这使得商业模式的创新变得举足轻重。但商业模式可能会被模仿,如果大量企业都按相同游戏规则开展竞争,巧用有限资源的优势就会逐步消失。因此,商业模式还需要不断创新。

"五道":能否借传统文化之力行销当代?

本刊研究小组[*]

摘要:"五道"指茶道、琴道、花道、书道和香道。五道是人们在相应消费活动中有助于充分挖掘潜在物质价值、领略生活情趣、达到修身养性的一门学问、程式和艺术,是古人休闲生活的结晶、中国传统文化的瑰宝、中国历代盛世的写照。追根寻源问"五道"后,我们开始在浮尘俗世寻"五道",采访了几家典型企业和会所。调查表明,五道产业正在一定范围复兴,能借传统文化之力行销当代并获得溢价。五道在一定程度上的复兴是有深刻社会和经济原因的。一些强势群体的心态似乎平和了一点,除了继续在不同领域残酷竞争外,还希望在佛教和国学中修身养性,给自己的心灵增加一点敬畏、安宁和退路。践行五道,相关消费群体不仅可以享受和展现自己的高品质生活,还可以在精神世界上建立自己的制高点,获得更多优越感。由此,营销者应充分重视传统文化的力量,要善于利用多种方式提高相关产品的文化含量,善于知识营销,善于引导体验……

一、国香馆里初闻"道"

绿衣捧砚催题卷,红袖添香夜读书。

一支素香在屋角静静燃起,一袭淡绿旗袍娉娜于前;一双纤手翻飞,香勺、香拓、储香罐……一众雅具一字排开;一曲古琴隐隐缠绕,屏气凝神,行云流水,一缕沉香轻轻散开,如怨如慕,如泣如诉,较之琴曲更扣心弦。

不要恍惚,您也没有穿越,此处虽名国香馆,跨出门,却是钢筋水泥,而非亭台楼阙……

这是在南京熙南里街区一家国香馆见到的场景。宣传资料把人们如何利用香的生活艺术称之为香道,属于"五道"之一。体验过足道,天天尝试茶道,香道还是难得见识。对香道的进一步认识是在"甄嬛传"里,麝香与后宫阴谋的关系给人留下了深刻印象。

在国香馆的宣传资料里,方知有"五道"之说。"五道"指茶道、琴道、花道、书道和香道,但足道、酒道不在其列。喝茶、弹琴、插花、写字、闻香本属平常事,中国古人却能把其

---

* 文章撰写人:史有春,南京大学商学院营销与电子商务系教授,案例中心主任;徐兢,南京大学商学院 MBA 教育中心 2010 级学员,扬子晚报记者;吴倜,南京大学商学院 2011 级硕士研究生。同时也感谢 2011 级硕士研究生林静、李然和葛鹏为本文提供材料和数据。

发展到一个极高境界,充分体现了中国人的生活智慧。林语堂说,中国人在政治上是荒谬的,在社会上是幼稚的,但他们在闲暇时却是最聪明、最理智的,才会显示出自己的最佳性格——亲切、友好和温和。把闲暇生活发展到极致,不仅是因为古人有足够的闲暇,还在于中华民族的性格偏向于含蓄、内敛,善于在方寸之中表达无限意境和博大胸怀。五道,就是中国古人休闲生活的一个华丽结晶。

五道不仅是在提供物质层面的使用价值,同时还提供精神层面的文化价值。因此开"国香馆"、"江南会",不仅是一种经营行为,也是一种文化现象。

许多学者认为,文化消费主要是指人们为了满足自己的精神文化生活需要、采取不同的方式来消费精神文化产品和精神文化服务的行为。其实,许多物质产品和服务都富含文化内涵,如果消费者也在追求其中的文化价值,那么相应的消费也就是一种文化消费。一般而言,一个产品或品牌含有的文化越丰富、这种文化越是具有吸引力,那么这种产品或品牌的附加价值就越高、对消费者总体吸引力就越大。例如,近期大拉菲、小拉菲、甚至是山寨拉菲的流行,就更多应归功于法国文化的魅力。

五道已经重现江湖。那么五道的主要内容到底是什么呢? 它能否凭借传统文化的魅力征服现代消费者呢? 这些就是本文关心的主要问题。

二、追根寻源问"五道"

"道可道,非常道",老子所说的道,是指世界的本原、本体、规律或原理。"五道",则是人们在相应消费活动中有助于充分挖掘潜在物质价值、领略生活情趣、达到修身养性的一门学问、程式和艺术。在古代,茶道、香道、花道、琴道、书道共同融会成了上流社会优雅生活中怡情养性的"四般闲事",受到文人墨客、达官贵人、皇亲贵胄的追捧。虽说中国是五道文化发源地,但日本也早已将香道、茶道和花道并称为三雅道,成为上流社会及市民阶层都乐于接受的修身养性的生活方式,许多方面有过之无不及。书道与琴道在日本也颇为盛行。五道源远流长、内容异常丰富,这里只能简单介绍之。

1. 茶道

茶道,是指通过品茶活动来表现一定的礼节、人品、意境、美学观点和精神思想的一种行为艺术。它兴于中国唐代,在宋、明时期达到鼎盛。当今的茶道流行于世界各地,最为著名的是中国茶道和日本茶道。中国茶道主要内容讲究五境之美,即茶叶、茶水、火候、茶具、环境,同时配以情绪等条件,以求"味"和"心"的最高享受。日本茶道继承唐宋遗风,讲究和、敬、清、寂,被称为美学宗教。

茶道最早起源于中国,与中国的文明史一样久远,至今已有 5 000 年的历史。中国人在唐以前,就首先将茶饮作为一种修身养性之道。唐朝《封氏闻见记》中就有这样的记载:"茶道大行,王公朝士无不饮者。"这是现存文献中对茶道的最早记载。在唐宋年间人们对饮茶的环境、礼节、操作方式等饮茶仪程都已很讲究,有了一些约定俗称的规矩和仪式,茶宴已有宫廷茶宴、寺院茶宴、文人茶宴之分。对茶饮在修身养性中的作用也有了相当深刻的认识。具体来说,中国茶道按构成要素,分为环境、礼法、茶艺、修行四大要素。

(1) 环境。茶道是在一定的环境下所进行的茶事活动,旨在通过环境来陶冶、净化人的心灵,因而茶道对环境的选择和营造尤其讲究。茶道环境有三类,一是自然环境,如松间竹下,泉边溪侧,林中石上;二是人造环境,如僧寮道院、亭台楼阁、画舫水榭、书房客厅;三是特设环境,即专门用来从事茶道活动的茶室。茶室包括室外环境和室内环境,茶室的室外环境是指茶室的庭院,茶室的庭院往往栽有青松翠竹等常绿植物及花木。室内环境则往往有挂画、插花、盆景、古玩、文房四宝等。总之,茶道的环境要清雅幽静,使人进入到此环境中,忘却俗世,洗尽尘心,熏陶德化。

(2) 礼法。茶道活动是要遵照一定的礼法进行,礼既礼貌、礼节、礼仪,法即规范、法则。也就是说,茶道礼法是整个茶事过程中的一系列规范与法度,涉及到人与人、人与物、物与物之间一些规定,如位置、顺序、动作、语言、姿态、仪表、仪容等。茶道的礼法随着时代的变迁而有所损益,与时偕行。

唐代的茶道礼法为克服九难,即造、别、器、火、水、炙、末、煮、饮。宋代为三点与三不点品茶,"三点"为新茶、甘泉、洁器为一,天气好为一,风流儒雅、气味相投的佳客为一;反之,是为"三不点"。明代为十三宜与七禁忌。"十三宜"为一无事、二佳客、三独坐、四咏诗、五挥翰、六徜徉、七睡起、八宿醒、九清供、十精舍、十一会心、十二鉴赏、十三文僮;"七禁忌"为一不如法、二恶具、三主客不韵、四冠裳苛礼、五荤肴杂味、六忙冗、七壁间案头多恶趣。

(3) 茶艺。茶艺即饮茶艺术,有备器、择水、取火、候汤、习茶五大环节。茶艺首先以习茶方式划分,古今茶艺可划分为煎茶茶艺、点茶茶艺、泡茶茶艺;其次以主茶具来划分,将泡茶茶艺分为壶泡茶艺、工夫茶艺、盖碗泡茶艺、玻璃杯泡茶艺、工夫法茶艺;再次则以所用茶叶来划分,如工夫茶艺依发源地又可划分为武夷工夫茶艺、武夷变式工夫茶艺、台湾工夫茶艺、台湾变式工夫茶艺。

其中,煎茶最早记述于宋代,流行于唐代。茶叶经烘干后碾成粉末,和水一起煮,在煮茶时有时会加入盐等调料,喝茶时与茶叶一起喝下,所以又叫"吃茶"。唐代的煎茶,是茶的最早艺术品尝形式。工夫茶是唐、宋以来品茶艺术的流风余韵,流行于清朝时期,盛行于福建的汀州、漳州、泉州,广东的潮州和安徽的祁门等地区。工夫茶讲究品饮工夫,饮工夫茶,有自煎自品和待客两种,特别是待客,更为讲究。最有趣的还有所谓斗茶。斗茶又称为茗战,兴于唐代末,盛于宋代,是指古代文人雅士各携带茶与水,通过比茶面汤花和品尝鉴赏茶汤以定优劣的一种品茶艺术。斗茶是古代品茶艺术的最高表现形式,其最终目的是品尝,特别是要吸掉茶面上的汤花,最后斗茶者还要品茶汤,做到色、香、味三者俱佳,才算斗茶的最后胜利。

(4) 修行。修行是茶道的根本,也是茶道的宗旨,茶人通过茶事活动怡情悦性、陶冶情操、修心悟道。中国茶道的修行为"性命双修"。修命即修身,也谓养生,在于祛病健体、延年益寿;修性即修心,在于志道立德、怡情悦性、明心见性。中国茶道的理想是养生、怡情、修性、证道。证道是修道的结果,是茶道的理想,是茶人的终极追求,是人生的最高境界。

总之,中国茶道是中国传统文化的一种具体表现,茶道思想融合了儒、道、佛诸家的精华。其中,作为主体的儒家主张在饮茶中沟通思想,创造和谐气氛,增进友情,各家茶文化精神都是以儒家的中庸为前提。清醒、达观、热情、亲和与包容,构成儒家茶道精神的欢快格调。佛教强调"禅茶一味",以茶助禅,以茶礼佛,在从茶中体味苦寂的同时,也在茶道中注入佛理禅机,这对茶人以茶道为修身养性的途径,借以达到明心见性的目的有好处。而道家的学说则为茶人的茶道注入了"天人合一"的哲学思想,树立了茶道的灵魂。同时,道家还提供了崇尚自然,崇尚朴素,崇尚真的美学理念和重生、贵生、养生的思想。

2. 琴道

中国拥有三千多年的音乐历史,在这漫长的时光中,所产生的乐器不胜枚举。其中,作为"八音之首"的古琴已建立起自己一套完整的美学、乐律、记谱法、指法等体系,故历来有"琴道"或"琴学"之称。简言之,中国传统的"琴道"思想是中国古琴文化的精粹,是中华传统儒、道两家学术思想在音乐艺术上的具体体现。

中国传统的"琴"文化深刻地表现了中华传统文化精神。"琴"由其丰富的情感、精神领域出发,将个体的生命感受与人类直观的生活世界相互交融,于是,"琴"就由"器"走向了"艺",继而走向了"道"的路程。"琴道"的发生、发展轨迹是以激发与舒张情感的脉动走进人们的生活中,它是以一种生活的文化性超越来印证人类生存的诗性特征。

"琴道"最初的思想源于儒家,是在儒家乐教的思想体系中形成的。西汉时期,"罢黜百家,独尊儒术",这为"琴道"传统的确立营造了思想氛围。按照孔子"兴于诗,立于礼,成于乐"的教育理念,君子理想人格的形成离不开音乐的熏陶。"琴道"一词是在汉光武时期,由经学家、琴家桓谭(《新论·琴道》)提出。此后不久,在汉章帝的主持下,由班固根据儒家经典《白虎通义》以"琴者,禁也。所以禁止淫邪,正人心也"的命题进一步发展了桓谭"琴之言禁"的"琴道"理论,并以官方文献的形式使"琴道"理论得以强化,使"琴道"传统得以正统化。后世琴人对"琴道"的丰富和发展,一直没有离开这个核心命题。无论是魏晋时期道家思想的介入,还是后来佛家思想的影响,"琴道"始终追随着"禁"的传统,而这一点也正是儒、道、佛相通相融之处。

具体来说,"琴道"体系主要包括美学、乐律、记谱法、指法等方面:

(1)美学。琴乐主要受儒家的中正平和、温柔敦厚和道家的顺应自然、大音希声、清微淡远等思想的影响。传统琴曲主要用五声音阶,即五正声,这是对儒家中和雅正思想在音乐上的落实;而琴乐清虚淡静的风格和意境则主要为道家思想的反映。

(2)乐律。主要包括音色、音域、律制三个方面。古琴共有三种音色:一为散音,即右手弹空弦所发的声音;二为按音(实音),即右手弹弦,左手同时按弦所发的声音;三为泛音,即左手对准徽位,轻点弦上,而右手同时弹弦时所发清越的声音。古琴音域共有四组又一个二度,计有散音七个,泛音九十一个和按音一百四十七个。律制分纯律和简律两种:纯律是将弦长以二分法、三分法以及五分法算出的泛音音位;简律(三分损益法),将弦长分别以三分损(减)一、三分益(加)一方法算出的按音音位。

(3)指法。分为右手和左手指法两个部分。右手指法主要为擘、托、抹、挑、勾、踢、打、摘及其不同的组合,如:轮、锁、叠涓、撮、滚、拂、历、双弹、打圆等;左手指法主要分为按音与滑音两种:按音有跪、带起、罨、推出、爪起、掐起、同声等;滑音有吟、猱、撞、唤、进复、退复、分开等。

(4)记谱法。分为文字谱和减字谱。文字谱为一篇详细说明弹奏法的文字,不直接记音高和节奏。今世仅存的文字谱为南朝梁丘明所传的《碣石调幽兰》,现存于日本东京国立博物馆。现今演奏的《碣石调幽兰》就是根据该谱打出的。减字谱相传为唐代曹柔根据文字谱简化、缩写而成。减字谱的每一字块为由汉字减少笔画后组合而成的复合字,一个字块通常可以分为上下两大部分:上半部表示左手指法及徽位,下半部表示弦次及右手指法。这种谱式主要只记指法动作和弦序、徽位而不记音高和节奏,所以属于指法谱(Tablature)。

3. 花道

所谓"花道",是指适当地截取树木花草的枝、叶、花朵插入花瓶等花器中,能给人以艺术和美的享受的方法和技术。简言之,"花道"即插花艺术。当前,日本花道在国际插花界处于领先地位,影响广泛深远,是亚洲花艺的集大成者。

其实,中国才是花道文化的发源地。中华插花艺术有源远流长的历史文化背景。早在春秋战国时期,民间、宫廷已广泛应用切花装饰自身或馈赠亲友,传递感情,已有形容花之词与诗歌。《诗经》以及《楚辞》中都有大量的以花传情、装饰仪容的歌谣。发展到东汉,将花插水贮养是完全合情合理的事,汉人以圆盘放置树、楼、鸭等陶制品象征大自然的无限生机。据考古发现,在河北望都发掘的一座东汉古墓的壁画上,画有一件陶质卷沿盆,内插等长、等距、同形的六枝红花枝,酷似人为插作而成。说明早在 1 900 多年前的东汉时期已有了原始插花的意念和雏形。

佛教与插花艺术也有极深厚的渊源。隋唐时代,中国有向佛祖"供奉鲜花"的习俗,后来这习俗和佛教一起传入日本,这就是原始的日本花道。日本现存最古老的史书《古事记》记载有当时供花的记述,花枝要向着天空摆放,以表示诚与信。《万叶集》、《古今集》中也有"大宫人戴花冠"、"瓶中斜插花"的描述。至江户时代,插花艺术正式命名为"花道",提升成为艺道文化。这不仅是一种获得观赏性的美的享受,而且会有精神上修炼的意义。

随着时代的推移,具有悠久传统的花道产生了种种样式。这种样式一般叫"花形",主要包括"立花"、"生花"、"盛花·投入"及"自由花"等。

(1)立花。立花,即将花立起来,是指在瓶中表现山岭及平原上多彩的花草树木,所以立花的特点是雄伟、华丽而端庄。它是以一枝直立的枝子为中心,在它下方周围的固定位置上配上各种花枝而组成的一大瓶花。立花构造比较复杂。一般多用数种甚至十数种花材构成。

(2)生花。江户时代的花道名手大树院以信,不满足于逐渐形式化了的立花,创出了将花简单地投入瓶中的样式,称为"生花"。生花主要有两个特点:一是花器的水面象征着大地或池沼的水面,为了表示植物的生长,所以在花器的水面以上七、八公分的部分基本上只能看到一个枝子;二是主要的三个枝子要构成三角形。此外由于预想阳光从右或左上方射下,所以从观赏者的角度看,似乎可以看到植物的侧面,即能看到花的向阳及背阴的两面。

(3)盛花·投入。"盛花"原意是花形像是用盘子盛着许多花。"投入"是将花枝投入细高的瓶中(花枝靠在瓶口而直立)的意思。明治维新后,大量色彩绚丽的洋花输入日本。花道界不满足于旧有的生花形式,开始用洋花寻求新的样式。曾是池坊流的小原云心从盆景中受到启发,利用洋花在盘子形状的花器——"水盘"中,插出式样新颖的"盛花"。区别于"盛花"所使用的盘状的广口花器,"投入"使用形状细高的花器。两者最初都由三个主要的枝子构成,分别称为"主、副、客位"。

(4)自由花。自由花也称"前卫花",是从"盛花·投入"派生出来的现代花形。自由花没有立花和生花在花材等方面的种种制约,各流派只要合乎本派的基本型,可以大胆创新,它的特点除了色彩本位与自然本位外,也很注意造型,是这三者结合起来的的有现代化感觉的花形。在形态上,自由花可以是直态,也可以是斜态或垂态。吊在檐前或天花板上的"吊花"或挂在柱上的"挂花"都属于自由花。自由花不仅花器多种多样,花材上也引进了人工的物质。如在花中配上金银的纸捻或金属物。有时还人工使某种花材脱色。

除了花形外,花道还有其详细的方法和技巧:选择合适的花材。不同的花材呈现出不同的精神,如蔷薇花象征美丽与纯洁,百合花代表圣洁与纯真,梅花象征高洁与坚毅等等;选择合适的花器。花器不仅仅只是插花的工具,它也是花道作品不可分割的一部分;突出自然美。在做任何作品的起始阶段,插花者都必须了解每一种植物在自然状态下是什么样子,尊重并展现花材最初的美。

可以说,花道是花艺与思想的结合,花道思想是天、地、人三位一体的和谐统一,是东方特有的自然观念和哲学观念。这种思想,贯穿于花道的仁义、礼仪、言行以及插花技艺的基本造型、色彩、意境和神韵之中。花道通过线条、颜色、形态和质感的一致性来追求"静、雅、美、真、和"的意境。花道并非植物或花型本身,而是一种表达情感的创造。从深处看,花道首先是一种道意,它逐步培养从事插花的人身心和谐、有礼;其次花道又是一种综合艺术,它采用园艺、美术、雕塑、文学等人文艺术手段;花道还是一种技艺,可用来服务于家庭和社会,是一种易为为大众所接受、可以深入浅出的文化活动。

4. 书道

书道的含义基本等同于书法,但它不单纯强调书写的技法,也包括修身、养生、悟道等方面的含义。在唐以前,人们称书法艺术为书道,后因唐人尚法,为强调法度以利于文字规范和传播,所以改称书法。但到了当代,实用性逐渐剥离,书法的主要目的更多的是修身、养生、悟道,更多的是艺术性的诉求,要求人们更重道,而不是更重法,由此延续书法的称谓就有些狭隘了。所以书道逐渐成为中国当代书家对书写运动的一种更贴切的称谓。另外,由于文化传播主要在唐朝的原因,书道一词也一直是日本对书法的称谓。

书法是中国特有的艺术,虽然书法艺术的自觉化至东汉末才发生,但书法艺术当于汉字的萌生。为学术界公认的我国最早的古汉字资料,是商代中后期的甲骨文和金文。从书法的角度审察,这些最早的汉字已经具有了书法形式美的众多因素,如线条美,单字造型的对称美,变化美以及章法美,风格美等。从商代后期到秦统一中国(公元前221年),汉字演变的总趋势是由繁到简。这种演变具体反映在字体和字形的嬗变之中。西周晚期金文趋向线条化,战国时代民间草篆向古隶的发展,都大大削弱了文字的象形性,然而书法的艺术性却随着书体的嬗变而愈加丰富起来。

书法作品的美分为表现美(运笔、结构、墨色、布局等)与内容美(风格、意境)。林语堂认为,书法提供给中国人以基本的美学,中国人是通过书法才学会线条和形体的基本概念的。中国牌楼、亭子、庙宇等各种建筑的和谐感和形式美,无一不是源于某种中国书法的风格。所以,如果不懂中国的书法及其艺术灵感,就无法看懂中国艺术。而欣赏中国书法,重在欣赏它的线条、构造而不是字面内容。由此,中国人在这只追求形式的绝对自由的天地里，各种各样的韵律和结构都能得以尝试，人们可在任何大自然现象中捕捉灵感，比如梅花的枝丫、摇曳着几片残叶的枯藤、斑豹的跳跃、猛虎的利爪、麋鹿的捷足、骏马的遒劲、苍老多皱的松枝、大蛇的争斗，结果是许多匪夷所思的创造都能得到人们的接纳甚至尊崇，比如乍看摇摇欲坠、细看则安如磐石的结构。

书法不同的韵律和结构同时还是书法家人格的体现，能打动鉴赏者心灵的作品就成为佳作。不同书体表现的人格特征往往有某种差别，比如楷书也叫正楷、真书、正书。为什么叫"楷书"？《辞海》解释说它形体方正，笔画平直、可作楷模，故名。楷书长盛不衰的根本原因，就在于它的楷模作用。相反，草书"存字之梗概，损隶之规矩，纵任奔逸，赴速急就，因草创之意，谓之草书"。初期的草书打破隶书方整规矩严谨，是一种草率的写法，称为"章草"。汉末，章草进一步"草化"，脱去隶书笔画行迹，上下字之间笔势牵连相通，偏旁部首也做了简化和互借，称为"今草"。到了唐代，今草写得更加放纵，笔势连绵环绕，字形奇变百出，称为"狂草"，亦名大草。行书则是介于楷书与草书之间的一种书体，书写自由，字体随和，极赋诗意的同时，又不失个性的体现。

5. 香道

人类生活在无限的气味之中，经过感性和理性的选择，逐步知道如何应用生活周遭的香料，渐渐地演变成情操教育的一环——香道。所谓香道，就是有关"香气的艺术"，这是人类由嗅觉官能的享受到精神层面修身养性的诉求，所产生的一门生活艺术。具体而言，就是从香料的熏点、涂抹、喷洒所产生的香气、烟形，令人愉快、舒适、安详、兴奋、感伤等等的气氛之中，配合富于艺术性的香道具、香道生活环境的布置、香道知识的充实，再加上典雅清丽的点香、闻香手法，经由以上种种引发回忆或联想，创造出相关的文学、哲学、艺术的作品，使人们的生活更丰富、更有情趣的一种修行法门。

中国香文化源远流长，早在记载夏、商、周三代历史的《尚书》之中就已谈到"香的精神层面"，所谓"至治馨香，感于神明。"又说"黍稷非馨，明德惟馨。"古人董说（若雨）在其《非烟香记》中说："……振灵香屑，是能熏蒸草木，发扬芬芳……振灵之香成，则四海内外百草木之有香气者，皆可以入蒸香之鬲矣！振草木之灵，化而为香，故曰振灵。"由此可知，古人对于香气的阐释，已经不只是物质、官能层面的东西而已。

真正的香料并不产于中国，而远在西域诸国。宋代以前，除了朝贡以外，香料来源和种类都有限，除了祭祀和宗教用香外，香的使用并不广泛。魏晋南北朝以前，香多为宫中贵族之家焚熏涂傅，平民百姓是无福享用的。宋明以来，在朝贡的基础上海外贸易扩大，各种香料通过海上之舟大量运入中国，民间各种修合之香也颇为盛行，香在人们生活中起了越来越重要的作用，香的使用也更为广泛和多样化，极大地丰富着人们的生活。纵观中国古代生活中的用香，大体有这么几个方面：

熏燃之香：中国古代的达官贵人早就注意到了香的妙用，通过熏燃香料来驱逐异味。石崇家的厕所因为焚香曾经声名显著，成为一时笑谈。熏香也最早成为宫中的习俗，大多用来熏炙衣被，用香熏烤衣被是宫中的定制，并且有专门用来用香熏烤衣被的曝衣楼。当时熏香的器具很多，主要有熏炉和熏笼。文字描述和考古挖掘的熏笼、熏炉，往往都非常精致。一般来说，相对于北方而言，南方熏香更为普遍，主要原因是南方多瘴疠，用熏香驱邪辟秽去疾的观念非常普遍，熏香还是驱除蚊虫的好办法。

悬佩之香：古代很早就有佩带香的风俗。古诗中有"香囊悬肘后"的句子，大概是佩带香囊的最早反映。魏晋之时，佩带香囊更成为雅好风流的一种表现，东晋谢玄就特别喜欢佩紫罗香囊。后世香囊则成为男女常佩的饰物。还有一种拂手香，用阿胶化成糊，加入香末，捏成饼子，穿一个孔，用彩线悬挂于胸前。不仅仅身体佩带香囊，香还被用来散撒或悬挂于帐子之内。宋代贵夫人的车里也悬挂香囊，成为一时的风尚。陆游在《老学庵笔记》里特别记下了当时的这种风尚："京师承平时，宋室戚里岁时入禁中，妇女上犊车皆用二小鬟持香毬在旁，二车中又自持两小香毬，驰过，香烟如云，数里不绝，尘土皆香。"

涂傅之香：此类香的种类很多。其一是傅身香粉，一般是把香料捣碎，罗为末，以生绢袋盛之，浴罢傅身；其二是用来傅面的和粉香。有调色如桃花的十和香粉，还有利汗红粉香，调粉如肉色，涂身体香肌利汗。其三是香身丸，据载是"把香料研成细末，炼蜜成剂，杵千下，丸如弹子大，嚼化一丸，便觉口香五日，身香十日，衣香十五日，他人皆闻得香，又治遍身炽气、恶气及口齿气。"此外还有香发木樨香油，亦可为面脂，乌发香油，此油洗发后用最妙。合香泽法，既可润发，又可作唇脂。唐代妇女的化妆品中，已经出现了补鬓油和润面油，蜀地贡给宫中，也用到了乌沉香、白脑香，宫中称锦里油，此后经宦官之手传到民间，富人家大多称之为西蜀油。

印篆之香：一般的香粉，为了便于燃点，合香粉末，用模子压印成固定的字型或花样，然后点燃，循序燃尽，这种方式称之为"香篆"。印香篆的模子称为"香篆模"，多以木头制成。《百川学海》"香谱"条中说："镂木之为范，香为篆文。"这是说香篆模子是用木头雕成，香粉被压印成有形有款的花纹。篆香又称百刻香。它将一昼夜划分为一百个刻度，寺院常用其作为计时器来使用。元代著名的天文学家郭守敬就曾制出过精巧的"屏风香漏"，通过燃烧时间的长短来对应相应的刻度以计时。这种篆香，不仅是计时器，还是空气清新剂和夏秋季的驱蚊剂，在民间流传很广。

香文化并不限于中国。在《圣经·出埃及记》之中，上帝指导摩西制作"圣香"，吩咐他要把香制成"纯洁和神圣"的东西，将它当成"圣物"看待，由此可以看出古希伯来人对于"香"的重视程度，香已经超越了官能享受的范围，成为一种精神的象征。《维摩诘经·香积佛品第十》还提到一个可称为"香道的理想国"的遥远地方，众香国里的如来，佛号"香积"。在这个佛土里，亭台楼阁充满着香气，土地是香的，花草园林也都会产生香气，佛菩萨们所吃的是香气，毛孔也散发着妙香，是一个完全笼罩着香气的"清净乐土"。

既然称之为香道，必然还有一些程序化的用香活动，这主要体现在香道演示上。日本的香文化也很发达，他们的香道演示包括香具和香灰演示、和服薰香以及"闻香"演示，其中香具和香灰演示最为隆重。

三、浮尘俗世寻"五道"

中国古人生活节奏缓慢、闲暇时间多、娱乐消遣方式少，是五道得以充分发展的肥沃土壤。然而近现代以来，人们的工作和生活环境和方式发生了巨大变化，这些悠闲生活的华丽结晶还能传承多少？在无意中撞见的国香馆似乎是五道复活的一个征兆。五道虽然有许多实用功能，但五道得以充分发展后，更多属于领略生活情趣、品味历史积淀、发思古之幽情、表达精神思想和人生追求、达到修身养性的一门学问、程式和艺术,因此,五道的价值更多属于文化消费价值。问题是,在这心急气燥的浮尘俗世中,有关五道企业能否借传统文化之力更好地吸引消费者,进而让五道成为当今社会应有的多元文化中的一个重要方面?

为此,我们寻访了南京市的一些著名五道企业,根据这些企业实例并结合其他资料,以求证五道能否借传统文化之力行销当代。

1. "秦淮茶都"品茶道

从名气和定位层次讲,秦淮茶都并不如天福茗茶等全国著名的连锁茶企,然而它却是建成于1996年的南京第一家茶叶市场,很有代表性。一进到秦淮茶都,我们就被各种或浓或淡的茶香所包围,茶都内各个茶店林立,让人感受到的是一种浓重的茶文化氛围。在秦淮茶都市场的负责人吴文生先生的带领下,我们来到了六礼茶店,这是秦淮茶都的一个代表性茶店。走进店内,首先看到的是一个巨大的根雕茶几,茶几上摆放着琳琅满目的茶具,包括盖碗,茶海,闻香杯,茶杯,茶滤,茶夹,茶托,茶盘等。刚入座,接待人员为我们展示了一套完整的泡茶工艺:洗杯,落茶,冲茶,刮沫,倒茶,点茶,一系列动作一气呵成。很快,我们面前就摆上了一杯香气扑鼻的铁观音,接待人员进而向我们展示了如何品茶,先看茶,闻其香,后尝其味,边啜边闻,浅斟细饮。

浅斟细饮间,开始了这次对茶市场的访谈,这次访谈的对象正是秦淮茶都市场的负责人吴文生先生。除了是三家茶叶市场的负责人以及安溪铁观音协会江苏省分会的会长外,吴先生还是一位高级品茶员。吴先生首先向我们介绍了茶叶的类别、生长环境以及养生功能等。针对我们茶店能否借传统文化之力来营销的问题,他又开始侃侃而谈:

> 从茶店的店内装饰看,一般都要突出中国茶文化特点,否则难以吸引打动顾客。不过装饰的档次仍有差别,相比于天福茗茶等品牌连锁店的豪华装修和礼仪小姐的茶道表演,秦淮茶都注重的是简约营销,市场内的茶店大部分采取的都是比较素雅的装饰以降低成本。

> 除了批发外,秦淮茶都也是终端消费者的首选之一。在终端消费者中,有80%的消费者是将其作为赠送礼品的,价格较为昂贵,相应的包装要求华美、古色古香,说明送礼和受礼者都还讲究茶叶的文化元素;剩下20%的购买者才是自己喝的,价格较为便宜,购买者比较强调茶叶的养生功能和口味,而茶叶的养生功能和品味是茶文化的重要部分。

> 消费者对茶道的构成要素也越来越感兴趣。各家茶店还会搭配销售各类茶具、茶几等,整套茶道工具价格从几百元到上万元不等,主要销售给有装修需求的家庭。店里会免费教茶道,客户学会后在家里自行操作,体验茶道的乐趣。天福茗茶有专门的礼仪小姐向客人进行茶道表演,这种文化、知识营销具有很大吸引力。

> 茶文化促销往往效果很显著。在我国,自古有茶叶入菜的传统。2011年9月6日,吴先生利用秋茶和螃蟹同时上市的时机,巧妙策划了一个"铁观音蒸螃蟹"的营销事件,邀请了南京各大媒体前来采访报道。由于活动新奇、有时效性,

次日《扬子晚报》刊登了《铁观音蒸螃蟹，去腥还有茶香》报道，图文并茂。促销效果不错，用于蒸螃蟹的极品铁观音销量明显超过往年，同时也极大地提高了秦淮茶都的知名度。

针对零售商，吴先生利用茶道文化策划了种茶树的"活体"营销方式。据2011年6月20日《扬子晚报》报道，"一夜之间种起了数百株各式各样的茶树苗，而这还没有卖茶叶就先种茶树的'活体'营销方式引发了市民的阵阵热议，有人说这是作秀，有人则认为这种眼见为实的方式至少表明了商家的诚信经营态度。""别人开茶叶城一年都招不到租，我做了营销活动后，很快就招满了。当然，那些茶树很快就不种了。"

天色已晚，吴先生还在侃侃而谈。茶文化作用的结论已很明显，我们起身告辞了。

2. "古琴馆"内听琴道

与我们谈琴道的是桂世民先生，中国古琴专业委员会理事、省级非物质文化遗产古琴金陵派传承人，南京大学古琴社指导老师，南京大学客座教授。

桂世民出生在南京的一个书香门第，从小耳濡目染，琴棋书画样样精通，对古琴更是情有独钟。桂世民于1971年拜古琴家梅曰强先生为师，成为金陵古琴界一代宗师夏一峰先生的再传弟子，完整地继承了金陵派传统的风格技法、代表曲目和独特的风范气度。在早期学艺期间，还得到各地老一辈琴家的指点，由此兼习川、浙、广陵等派经典曲目。在梅曰强老师的指导下，桂世民很快成为当时琴界年轻人中的佼佼者。

桂先生长期于秦淮河畔乌衣巷金陵古琴馆授课，因此王谢故居内经常会传来悠扬的古琴声。轻轻推开琴馆的木门，呈现在我们眼前的是一个朴素而幽静的小天地，琴舍四壁挂着一排排形制各异的古琴，水墨山水画、文竹、紫砂茶具、青花瓷器、蓝色线装曲谱点缀在琴舍的每个角落，散发出浓厚的文人气息，而端坐在其中的，便是桂世民先生。在让我们听完一曲《广陵散》后，开始介绍他对琴道的理解：

古琴文化是琴道的代表，是最能体现和承载中国传统文化的乐器。南京曾是古琴重镇，但古琴很长时期处于衰败状态，一门国粹几乎濒临灭绝。好在大难不死，2003年，联合国教科文组织宣布古琴艺术为世界第二批"人类口头和非物质遗产"，古琴复兴有望，桂先生也就特意在夫子庙景区王谢故居内开设金陵古琴馆，传授金陵派的技艺，同时在南京大学仙林校区开设古琴公选课，在考棚小学等学校担任民间艺术老师。

古琴列入世界非遗名录后，在国内掀起了一股古琴热，于是很多人开馆教琴。在桂世民的学生中，最小的才5岁，大学生占一半，很多人是老师和商业成功人士，还有七八个老外固定在桂世民琴馆学琴。桂先生认为，在古代，古琴仅在上流社会流行，现在则是大众都感兴趣，是古琴传承最为辉煌的时候，培训费也就比较高。

他曾问一些弟子为何学习古琴的原因。有人说是因为喜欢传统文化，发现古琴在传统文化中具有崇高地位，所以想要接触一下古琴；有人是看了武侠小说,被书中描写的侠客们抚琴舞剑笑傲江湖的意境所吸引,想学习古琴;有人是看了影视作品中的人物抚琴的镜头,觉得很古朴很美,想尝试一下。等真正开始学习了,他们都被古琴音乐所特有的深沉、委婉、优美的音色所感染,都觉得很美、很动人。由此看来,了解、体验和继承中国传统文化,修身养性,是学习古琴的根本原因。

例如,二十九中语文老师莫春雷从 2006 年接触古琴,之前毫无音乐基础,今年 41 岁的她觉得古琴入门容易,给了她另外一个世界,世界很喧嚣,古琴很宁静。她爱文学,在语文课文里有写到孔子去学琴的片段,她学古琴后更能理解文章的境界了。她有个大胆的想法,等练得更熟练些,可以在课堂上一边教课文,一边弹古琴。

也有听众市场。今年 9 月 8 日,桂先生在紫金大戏院举办了古琴传承音乐会,音乐会上表演的共有 90 多个学生。从小耳濡目染,其儿子桂震宇也对古琴颇有造诣,如今已经是古琴市级传承人,当晚独奏一曲《广陵散》,并参演了古琴、民乐伴奏的《蝶恋》。散场后向他索要签名合影的"粉丝"多如潮水,这让桂世民倍感欣慰。演出结束后,古琴传承"父子档"与古琴爱好者们进行了交流……

3. "卡骐娜"中赏花道

"卡骐娜"鲜花工作室位于汉中路上,门面很小,毫不起眼,但一走进店里就会被琳琅满目无数叫不出名字的鲜花攫住眼球。店主陈昊是一位 80 后理工科男孩,他和老板娘一起打理着这家花店。陈昊和老板娘同时接受了我们的采访,但他们对我们所关心的花道问题并无多少概念。不过,她说自己的花店之所以取名为工作室,就是表明不是简单卖花,与其他一般花店有明显区别:

卡骐娜的第一个特点是,有多达 80 多种的花材,乒乓菊,矢车菊,重瓣郁金香等数十种南京市面上几乎见不到的各种珍奇花卉都能在这里瞥到芳影,而一般花店仅有玫瑰,郁金香等常见花十数种,花店的优势仅从花材上便能窥斑见豹。

第二个特点是,通过用 80 多种包括进口鲜花在内的花材为客人进行设计和搭配,按照客人想表达的意思再精心设计组成花盒或花束,卡骐娜总能给顾客制造惊喜,感叹花的魅力。卡骐娜给每一个客人的花都是像作品一样,花盒就像画纸,在上面用各种颜色的花来作画。比如有人来要送给一位情绪低落的朋友一束花,他们就会选择明快鲜亮的色系。还有的客户要放在餐桌上,他们使用五六种橙色系的鲜花来搭配,组成一束提高食欲的花卉。花店内目前大约有 80 多种花卉,其中至少一半是进口花卉,光是绣球花就有七八种颜色,所以花束搭配起来色彩缤纷,游刃有余。

还有一个特点是在包装和命名上。一般的花店里,一朵鲜花要包上两三层包装纸,再加上外包装,基本上花都是用纸衬托起来的。"卡骐娜"创新推出了花盒、小花瓶水养插花等新品。最后,老板娘会根据设计理念给每束花起名,例如:

"一起走过的日子"、"美丽的时光"、"遇见"、"清凉一夏"、"有你的快乐"……同时还将花、花名、花语以及哲理性的感悟发布在微博上,与粉丝互动。

　　除了为一般消费者定制花束外,卡骐娜还有定制插花服务,即还向婚庆、企业庆典等场合提供定制插花服务。

他们的介绍让我们听得津津有味,周边的鲜花令我们赏心悦目。陈昊说,不知道刚才讲的是否就是你们要了解的花道。他进一步介绍道:

　　现在喜欢花的人还是很多的。熟客里有很多外国人或者经常出国的人,他们习惯家里一定要摆花,这里的很多花是他们喜欢并熟知的,很多人来一买就是很多。一束花按花材、大小、要求从 300 到 1 000 元不等。通过微博营销,卡骐娜现在已有五千粉丝,很多顾客都是通过微博了解到花店的,而且有很多订单都是微博私信直接网上购买,老板娘会不定期的将一些新的作品传到微博以吸引人气。

　　不过一般客人都不是很懂如何选配,主要只是提要求。因此,花店必须精心选聘和培训优秀花艺师,使得他们能够按照不同的要求、特定企业的文化、场合氛围量身订做花篮、花瓶和花盆等观赏装饰;对于喜欢在家里摆花的顾客,他们也能量体裁衣、满足要求。

4. "一璞居"里观书道

一璞居位于河西龙江新城市广场,由拥有南京艺术学院动画设计和书法双学士学位的 80 后女士姜华创建,旨在为各个年龄层的书法爱好者提供一个学习、会友的平台。如同我们所预料的,一璞居内装饰古色古香,中式家具、花瓶、字画、加上挂满大小各异毛笔的精致笔架都给人一种宁静致远的感觉。铺着素白桌布的书桌或挨悬有字画的墙、或临镂空细致的窗,随意摆放,错落有致,每个书桌都拥有一小片独特风景和情调。

姜华说,她从来没有把一璞居定位为书法培训机构,因为学习书法的最终目的并不是要让你成为一个比别人字写得好看的人。她对书道的理解是:

　　书道,就是在一遍又一遍的笔与纸的揣摩和交流中,学到教养、耐心和趣味,而更珍贵的还有学会去欣赏万千笔墨,欣赏这功利世界里难得的具象与抽象之美。针对青少年开设的书法课堂,"夫质者朴也",以朴质之书法陶冶孩童自然天成之本性。

　　相应的,一璞居不只是单单提供技法的教学,还会对学员进行国学、国画、诗词歌赋等一系列的熏陶。这可以提升学员的思想和精神境界,从而更加利于书法的提高。

　　书道也有某些实用功能,例如手书。"手书抵万金",练好书法给亲朋好友写个手书,一定是件特别珍贵的礼物。现代人离手书越来越远了,我们发短信、发微博、发邮件,形象的汉字在脑海中变得支离破碎。世界进步得似乎只需要会写自己的名字。重温手书,有纪念个性的意义。

目前对书法感兴趣的人群大多是小孩,此外还有对书画、玉石等感兴趣的教师、企业家和政府官员等。小孩学书法的目的比较单纯,家长主要是为了让孩子得到中国传统文化的熏陶,而后一类群体来一璞居学书法,还有以文会友的目的。学习书画是要相互交流的,一璞居通过不定期地举行聚会和专题文化活动,向他们提供了一个斗画、交流、鉴赏玉石的平台。他们通过加入这个小型群体既能交流各自的爱好和心得,达到娱乐放松的效果还能结识各路人士,达到构建人脉、积累社会资源的目的。

由此,一璞居的盈利模式一方面通过提供书法教学服务来收取一定费用;另一方面是利用汇聚起来的具有较高价值的社会资源,相互做些生意,比如推荐某个企业朋友去自己认识的玉石商朋友那里购买玉石。因此,一璞居这些顾客之间的关系,不完全是企业和顾客之间的关系,更多是朋友关系。

当我们问及书道产业有多大时,姜女士说,虽然全国各地有许多书道教学机构,但不能认为只有书法教学才是书道产业,书法爱好者还有很多其他支出,例如文房四宝。

文房四宝既是初学者爱上写字的一大理由,也是书写过程中助兴所在。它能彰显主人品位,又能光大匠人们的巧心思。虽是小小闲物,却载风韵。在快节奏的现代生活中,抽出片刻享受这闲情逸致,岂不美哉?书法爱好者爱去的一些淘文房四宝的地方,都是融入了书道文化的店铺。

不过,经营文房四宝的主要还是那些老字号,例如上海博印堂、杭州西泠印社、台北惠风堂、香港文联庄、北京荣宝斋。此外现在也有网店出现,例如"三是两听",除了文房四宝还经营茶器、香炉、手工品,为书法初学者准备的文房套装是颇受欢迎的明星产品,配套的自编教材《书法课》是书法之旅的理想起点。

5. "国香馆"内闻香道

现在,我们回到文章开头所说的国香馆。国香馆位于熙南里街区,位置稍偏僻,显然不是哗众取宠的街头门店,其性质注定了国香馆是只面向小众的精馆。国香馆内环境朴素而不张扬,走进大厅,古屏风的背后都是明清家具的陈设,陈列着各种香制品、品香用具,以及奇石、古玩、字画、瓷器等艺术品,印象最深的就是无论走到哪里,鼻子里都有淡淡的香气,让人一下子就有了清静的感觉。

香道表演是介绍香道,推广香品的必要途径。在一间萦绕着丝丝缕缕古琴旋律的雅致房间里,负责讲解的穿蓝印花布旗袍的女子先为我们展示香具,比如香炉、香斗、香筒(即香笼)、卧炉、薰球(即香球)、香插、香盘、香盒、香夹、香箸、香铲、香匙、香囊等。接下来,两位身着旗袍的女子为我们做了本文开头所说的香道表演……

香道表演给人的感觉是庄严、古朴、神秘,似乎远离现代生活。由此,香道能否借传统文化之力行销当代?我们抱着深深的怀疑,开始聆听国香馆香医师陈圣海的谈话:

品香用香是一种奢侈消费，需要一个"盛世"环境。近现代社会的持续动荡，不仅极大的影响了香料贸易和制香行业的发展，也使人们失去了熏香怡情的闲情逸致。晚清以来，连绵不断的战争和政局的长期不安，以及西方社会思潮的传入，使中国的传统社会体系受到了前所未有的冲击，早已融入了书斋琴房和日常起居生活的香文化也就渐行渐远，失去了安神养生、美化生活、陶冶性灵的内涵，而主要是作为祭祀仪式被保留在庙宇祭祀之中。

不过，人们从来没有脱离过对香的使用。护肤品、香水、香皂、洗发水、花露水、蚊香、清香剂等，都属于含香的日常用品。偶尔，人们还会买些藏香回家，在寺庙买香烧香。因此，所谓"涂傅之香"还是大量留存的。悬佩之香、熏燃之香在一定程度也有传承，比如端午节挂香囊、焚午香，并未绝迹。

但古代所用之香都是天然香料，而现当代以来化学香精已成为制香的主要原料。化学香精价格低廉，现在市场上见到的一般都是化学香精，多用不利于健康。在气味上，化学香精也只是接近而不能与天然香料相媲美。化学香精之所以能畅行开来，是由于大多数香客只是把烧香作为祭祀的仪式。也就自然忽视香的用料、配方与品质，而只关注香品外形的美观或香味的浓艳了。

天然香料制作的香品现在仍能见到，为那些喜欢品香的人们留下了空间。天然香主要有两类：一类是使用单一香料的"单品香"，其质量优于化学香，但直接使用单一香料，其味道与养生之功能都得不到最好的发挥；第二类是由多种香料制成的合香，传统合香的制造不仅要有天然香料，更要有合理的配方，严格的炮制方法和制作工艺。

针对香道远离我们日常生活、国香馆能否很好生存的问题，陈香医师介绍了国香馆的四种盈利来源：

首先，国香馆内环境淡雅，香气萦绕，内饰古玩字画奇石，因此国香馆通过香道表演、安静雅致的小包间、焚香等手段为顾客提供一个放松、养心、打牌、交友的环境，等于是一个非常优雅、富有特色的茶座。

其次，香道自然离不开香材，国香馆有着专业的纯手工制香工艺和进口珍品原料，使得其能提供从低端家用到高端品香用的一系列优质香材。普通香材一克近百元而龙涎香、檀香等极品香每克都高达万元。提供各种香材是国香馆的主要获利方式。

再次，馆内为手工制香开辟了顾客互动区，花费两三百元，呆上 2 小时，在香医师的指导下，轻松可以做出一盒线香。手工制香区像个中药房，一面墙壁上密密麻麻的抽屉里放着各种香料。香医师手里有十种制香方子，详细列有配方和功效，不过却没写分量，配比是秘方，是香做得好的关键所在。

最后，与自己淡雅、健康的定位和环境相符，国香馆也提供典雅的大小包厢和中高档的健康养生宴，标准从 400 元到千元不等，以满足不同等级的顾客宴会需求。

那么，真正对香文化感兴趣，会买香料、参与制香的消费者是否有一定规模呢？陈香医师回答道：

> 品香、用香自古就是贵族间的风尚和象征，直到宋朝才渐渐普及，开始进入百姓家，不过仍局限于文人和闺秀。目前，国香馆虽然开发出每克百元的低端香和 50 元一盒的家用线香，但主要还是针对有较高收入且有一定文化涵养，懂香、品香、养心的那群人，他们一般人处中年、收入中高水平且女性比例较高。

> 随着人们物质与精神生活水平的提高，近年来已有越来越多的人喜欢品香、用香，并对香的品质有了更高的要求；同时也有更多爱香、懂香的人开始致力于对传统香文化的继承与弘扬。伴随社会经济文化的进一步繁荣昌盛，中国香文化也必将焕发蓬勃的生机，在这个伟大的时代中，展露出美妙夺人的千年神韵。

> 但需要传播香文化。国香馆本身就定期举办"斗香"活动，邀请老客来店内小聚，会定期开展讲座，向感兴趣的市民讲解香道文化。国香馆非常注重香道文化的传播，几乎所有墙壁上张贴了香道文化的图文介绍，关于起源、历史、传承、现状等，让顾客置身在香道文化的氛围中。

> 由于香道正在复兴，所以也产生了良莠不齐的企业和香品。制香商家林林总总，香品质量参差不齐。香品名称越来越花哨，造型越来越丰富，包装越来越华美，而"金玉"之内却少有"香珍"。低劣者点燃后只有烧草的味道，抑或虽有浓郁香味却俗不可耐。

陈香医师的一席话，既让我们增加了对香道复兴的信心，同时又增添了一丝忧虑。

6. "江南会"上拜五道

2006 年，由阿里巴巴创始人马云、复星集团董事长郭广昌、网易 CEO 丁磊、银泰投资集团董事长沈国军、万向集团总裁鲁伟鼎等人共同发起建造浙江的第一会所——"江南会"。

他们认为，五道是中国传统文化的瑰宝，折射了中国历代的盛世辉煌，开设"江南会"，旨在带领企业家、社会名流体验"五道"生活方式，领悟生活之意境。

"江南会"位于杭州三台山路的鹁鸪湾一带，白墙墨瓦，幽藏于西湖虎跑边，远没有其他西湖周边景点来得喧闹。每位客人到江南会，都会享受到略带仪式感的迎接，隐秘在自然深处的宅子，宛如大户人家的小姐：书、茶、花、琴、香，五道样样生辉。在这你会嗅出江南风光的味，品出中国五道的好。

茶道不是简单的泡个功夫茶，在这里，同样一款茶叶，用虎跑水能泡出 3 种不同的味道来；同样是明前茶，有人喝出淡雅、有人喝出苦涩，挑选你最喜欢那一款，在这个春日的下午慢慢享用。

踱步到品香馆，处处青烟袅袅，幽香扑鼻，别有一番情趣，而主角是"沉香"。香道师先将品香用的工具规则地摆好；接着在做好造型的香炉灰上戳开一个小孔，让炭的热气通过这个小孔透出来，再将切好的沉香放在一片特殊材质的薄片上，放到香炉中。沉香的香气被炭一熏，微微地蒸腾了上来，空气中开始散发出摄人心魄的气息……

三五好友就地取材,采摘江南会种植的花花草草,来此插花比赛。作品不仅要有造型感,还要说出设计的理念,用诗词来形容作品所表达的意境,即斗花。有时候则是一席花宴,大家吃的不是菜,而是文化。菜单也很有诗情画意,全以宋词命名,所有菜的佐料是花,比如"水调歌头"是茉莉花与马兰头;"忆江南"则是油菜花与菜尖。

现场还有书画家为大家即兴作画,如果你有兴趣,也可以泼墨挥毫一把。江南会的琴道表演请的都是大师级人物。去年4月,李祥霆古琴大师表演琴道,一袭宝蓝长衫,一张千年唐琴,一曲《流水》,琴音温劲松透,全球仅存的唐琴不到20张,他手中这把是他所弹奏过的唐琴中最好的一张。

董事长薛亮,认为盈利不是"江南会"宗旨。以五道文化为服务特色,吸引商界名流,集聚一群富有智慧和思想的"脑袋",寻求相互之间的商业合作,才是开设"江南会"的初衷。更重要的,会所的创建者们希望在中国商业史留下点东西。通过对每一年的商业现象、事件、人物、思想等等进行记录、交流、总结、归纳,形成一系列文本。等到一百年后,后人拿下来一看,"哦,原来一百年前的商道是这样的"!

四、道可道,非常道

五道是古人休闲生活的结晶,是中国传统文化的瑰宝,是中国历代盛世的写照。五道虽主要流行于古代上层社会,但广大百姓也深受其影响。战乱、工业化进程、文化运动、追求财富的强烈冲动等等,都使五道难以为继。

然而斗转星移,研究表明,五道产业正在一定范围复兴,能借传统文化之力行销当代并获得溢价。具体说:

第一,五道机构不断涌现。茶店、茶座和花店满大街都有,即使是书道、琴道和香道企业也并非寥若晨星,行内人士一般都能如数家珍地说出一大串同行企业。现在,即使是最为神秘的香道,有心者上网搜索一下,一大堆网店和香品就会蜂拥而出。

第二,传统文化提高了五道吸引力。企业调查表明,营销者的确十分重视五道产品实用性之外的东西,他们会试图通过品名、包装、故事、氛围、仪式、器具,通过引导人们如何欣赏、品味,通过对顾客进行国学、国画、诗词歌赋等一系列的熏陶,来增加产品的文化底蕴和历史厚重感,提高顾客的品质体验、知识体验、美学体验等等,从而促进销售并获得溢价。另一方面,消费者调查也表明,82%的消费者认为中国传统文化值得保护并推广,34%在选择产品或服务时会考虑产品的文化内涵,68%的消费者表示喜欢市场上兴起的"中国风",60%的消费者表示在产品或服务中增加文化内涵会增强自己的购买意向。

第三,不同"道"的普及程度存在差别。对不同"道"的企业采访表明,除了茶道,其他"道"的市场目前都很小众。买花的人当然很多,但十分讲究的人很少,类似于"卡骐娜"鲜花工作室的花店并不多,大部分花店只能提供简单服务。消费者调查表明,绝大部分消费者多少懂一点茶道,认为茶道的商业价值高;有一半多的受访者知道或很了解书道,但认为书道有商业价值的受访者不到一半;知道琴道、花道以及香道并认为其有商业价值的受访者不多,这些"道"似乎过于阳春白雪了。

五道在一定程度上的复兴是有深刻社会和经济原因的。对于广大消费者来说,比较安定和小康的生活状态,使其可选择若干兴趣点来增加生活的乐趣、打发闲暇时间。高尔夫、周游世界、网上冲浪、品葡萄美酒等等代表了新潮方向,品茗、书法、闻香、插花、抚琴则代表了复古方向。中国古代的小品文经常通篇洋溢着这样一种精神境界:财富无多少,情感很丰富;有满腔激情,表面上又显得无动于衷;有一种愤世嫉俗的满足和明智的无为;热爱简朴而舒适的物质生活。五道复兴,表明古人的这种精神思想仍然深刻影响着后人。

对于许多明星、企业家和官员来说,经过数十年的经济高速增长和个人名利、职位和成就的提升,他们的心态似乎平和一点,或者说兼有某种双重人格:除了继续在商场、职场、官场残酷竞争外,还希望在佛教和国学中修身养性,给自己的心灵增加一点敬畏、安宁和退路。同时,践行五道,这些强势群体不仅可通过附庸风雅来展现自己的高品质生活,还可以在精神世界上建立自己的制高点,获得全面的优越感。

五道能借传统文化之力行销当代给我们的主要管理启示是:

首先,营销者应充分重视传统文化的力量。文化可以成为重要消费对象,能使产品或服务增值,成为重要卖点和促销利器。当今社会传统文化仍具有很大魅力,不仅是五道,足道和酒文化的盛行也证明了这点。

其次,营销者应全面理解提高文化含量的方式。五道具有强烈文化冲击力的原因是多方面的,不仅仅有历史和故事,还包括引人入胜的产品知识,有来历有说法的品名、包装、环境、道具、程式。因此,营销者要善于利用多种方式提高相关产品的文化含量,善于知识营销,善于引导体验。

再次,文化行销力离不开与其他营销要素相配合。开门七件事,茶是其中之一,茶的实用功能和消费便利性,应该是茶道最为盛行的主要原因。产品或服务可以借文化之力行销,但营销者不能过于热衷云山雾罩的文化,让文化营销失去基础和配合。

最后,社会阶层可成为重要市场细分变量。有些研究者把社会阶层的划分简化为两个指标,即金钱和品味,进而认为我国只存在大量有金钱、无品味的暴发户,并不存在上流社会阶层,社会阶层并非是重要的市场细分变量。然而,"江南会"等的存在表明,中国社会已开始全面分化,在多方面都有重大差别的不同社会阶层正在形成,值得营销者重视。

第三方监管制度:推动咨询行业的健康发展

本刊研究小组[*]

摘要:在管理咨询行业快速发展过程中,难免鱼龙混杂、泥沙俱下。虽然企业和咨询公司可通过相互的谨慎选择、采取防备措施和加强沟通来避免各种风险,但由于供需双方在专业、信息、利益等方面的不对称性以及可能的行业潜规则,使得供需双方之间的这些措施很难到位并达到满意效果。一些企业领导为了明确咨询公司的服务质量、提高管理咨询效果,往往会邀请专家座谈论证,可是受邀专家在座谈会上只要能提意见而不要负责任,效果很不稳定,由此应考虑引入一个新的管理制度——第三方监管制度。管理咨询过程实际是一个"咨询管理"过程,第三方监管就是要进行专业化的"咨询管理",充分发挥第三方的智力和监管作用。一大批有丰富咨询和实战经验的专家教授就是第三方监管的人才来源,当他们不能或不愿冲在咨询第一线时,第三方监管就是充分发挥他们才能的优选岗位。企业应该积极推行第三方监管制度,先有实践,然后逐步完善。第三方监管若能成为咨询行业规范化的一种标准,应该会推动该行业的健康发展。

管理咨询行业前景广阔,但乱象严重,"医患矛盾"突出,已有许多研究提出过如何推动咨询行业健康发展的建议对策。十多年前,某制药企业委托江苏省原计经委举办过一个咨询报告评审会,众多专家把咨询报告批得一无是处,结果是不管咨询公司是如何勉强,也只能根据第三方专家的意见进行修改,使最后的咨询报告有了很大改善。可见第三方监管实践早就存在,只是未引起充分重视而已。本文在多个管理咨询行业报告以及本研究小组在以南京为主的 40 家企业客户和 10 家咨询公司调查的基础上,探讨建立管理咨询行业第三方监管制度的必要性。

一、管理咨询行业前景广阔

企业在探索和解决较大管理问题时可采取许多方式,例如企业高层自己探索和协商解决、请专业咨询公司提供咨询服务、在企业内部成立有关研究小组、请外部专家开几次

* 文章撰写人:史有春,南京大学商学院营销与电子商务系教授;林泽达,上海 ANT 咨询公司项目经理、南京大学商学院 MBA 学员;王翔飞,原某咨询公司副总经理、现担任江苏—德集团总裁助理;曾润坤、尤文文,南京大学商学院硕士研究生。

座谈会、利用机会无偿询问外部专家朋友、广泛征求企业员工意见等。调查表明,前四种方式最为重要,且很少有企业采用单一的方式解决企业管理问题。

企业寻求咨询服务的原因是多方面的。在企业经营环境和管理思想的快速变化下,管理知识的贬值速度随之加快,企业领导和其员工无论怎样不断学习充电,都难以完全了解最新的管理思想、方法、流程和技术,并把它们用到企业实践中去。即使企业管理人员有学习能力,但他们更多是忙于日常事务,依靠企业的力量很难达到应有的专业水准。许多变革还会涉及到企业各类人员的利益,例如精简员工、调整考核办法和薪酬等,此时,"外来的和尚好念经",咨询公司就显得比较客观和公正了。企业对管理咨询的需求经常是出现在遇到重大危机和挑战之时。当管理效率低下、员工频繁跳槽、经营绩效大幅下滑、需要寻找新的增长机会时,企业就会想到是否要找外部人来给企业号脉、诊治了。

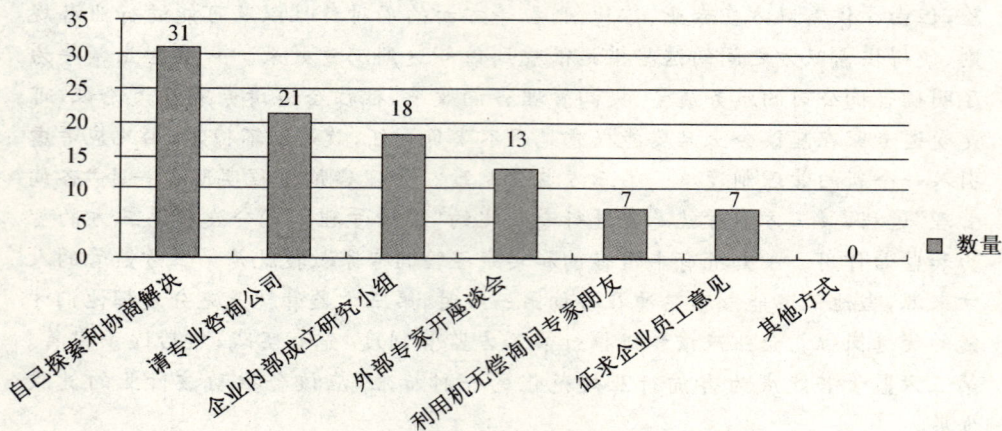

图 1　企业解决管理问题时采取的方式

调查表明,最主要的原因是认为咨询公司比较客观和专业;其次是企业人员对有关问题不熟悉,只能借助专业咨询公司;再次是当面临的问题比较重大、对企业生存与发展起重大影响时,不请教外部咨询专家,企业领导不放心。

由于这些原因会长期存在,企业对管理咨询需求也就会长期存在,越来越多的企业会购买和经常购买管理咨询服务。据统计,管理咨询的市场渗透率(曾经购买过咨询产品的企业数(时间不限)/企业总数)在上市公司中很高,至 2007 年底,我国管理咨询市场渗透率已高达 67.44%。

目前,购买管理咨询服务已成为企业的一项基本购买项目。在我们调查的 40 个企业客户样本中,有 21 家企业表示在遇到管理问题时会考虑请专业咨询公司,占 50% 以上,其中已有 30 家企业接受过咨询服务,比例高达 75%。这表明不论大小和行业,绝大部分企业都有咨询需求而且接受过咨询服务。还有资料显示,企业客户平均每年在管理咨询方面花费的成本大约为 78 万,可见管理咨询市场规模非常大。

虽然 2008 年的经济危机使得管理咨询市场客户比例打破了过去八年来稳中有升的发展趋势,出现了一个比较明显的下降过程,但有多种原因能让人们对该行业前景保持乐观:

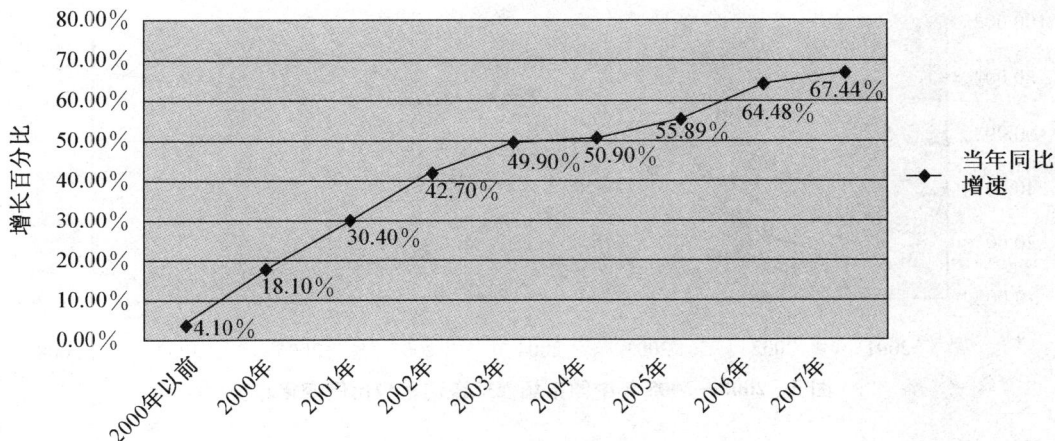

图2　2007年前我国管理咨询市场的渗透率变化情况

首先,经营环境的快速变化会使企业不断面临新问题、新挑战,任何企业都难以掌握所有的知识和技能而往往只能借助于专业化的外脑,专业化分工以及优胜劣汰,也应该使一部分管理咨询公司能提供更好的服务,这都将刺激企业的管理咨询需求。

不仅如此,企业的管理咨询需求大量属于内部或自发产生的,而并非是管理咨询公司营销刺激的结果。一项调查表明,企业内部产生管理咨询需求是最主要的采购动因,占了75%的比例;另外,有18%的公司采购管理咨询是基于有做管理咨询的惯例;最后,有4%的公司是因为管理咨询公司的媒体广告等宣传使其产生了和管理咨询公司合作的兴趣,从而选择采购管理咨询服务。在这内部管理咨询需求中,又主要由内部出现问题和寻求更好发展两类动因构成。我们的调查也表明,企业在选择咨询公司时大部分都是比较主动和一般,也有少部分企业很主动积极地寻找咨询公司,对于很被动消极寻找咨询公司的企业几乎没有。

第二,根据有关资料,2008年老客户占总客户的比例为84.56%,比2007年的79.38%增长5.18个百分点(如图3所示)。虽然没有找到最新资料,但前几年老客户比例稳中有升的现象,说明一些管理咨询公司能较好满足企业客户的需求,也意味着管理咨询行业具有较强的生命力。

第三,根据先进国家管理咨询行业情况,咨询内容有从战略等重大问题咨询延伸到行政管理和常规管理咨询的趋势,从而会扩大管理咨询市场规模。资料表明,我国战略咨询和人力资源管理咨询是企业采购咨询服务比例最高的两项。我们的调查也发现咨询业务主要集中于企业战略、人力资源、薪酬制度、业务流程、信息化建设、市场营销、购并重组等几个方面。其中为客户提供企业战略业务的占据42.5%,数量最多,其次为人力资源业务,占据27.5%。

但美国管理咨询业务范围广泛,客户不仅针对大型企业也针对中小型企业,咨询业务涉及到企业管理的各个方面,主要集中在行政管理和常规管理咨询45%,其次为市场营销咨询17%、人力资源咨询16%、其他管理咨询12%和业务咨询10%。这说明美国管理咨询市场范围大,客户对管理咨询接受程度较高,不仅当企业遇到困境后才接受咨询,而

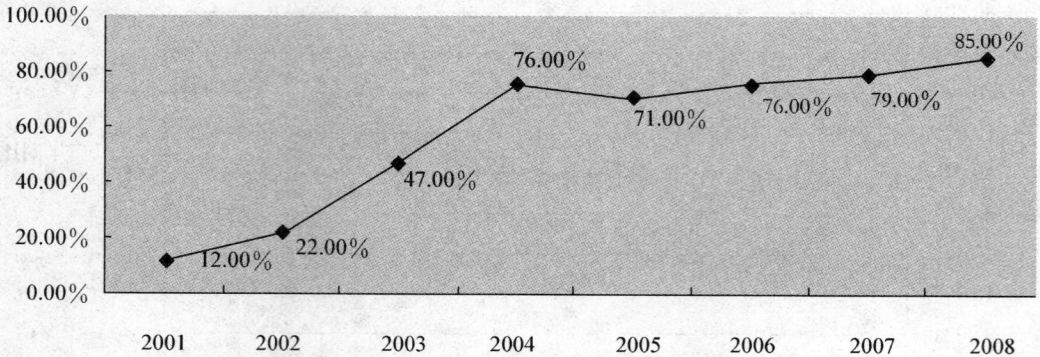

图3 2000—2008年中国市场管理咨询客户比例变化趋势

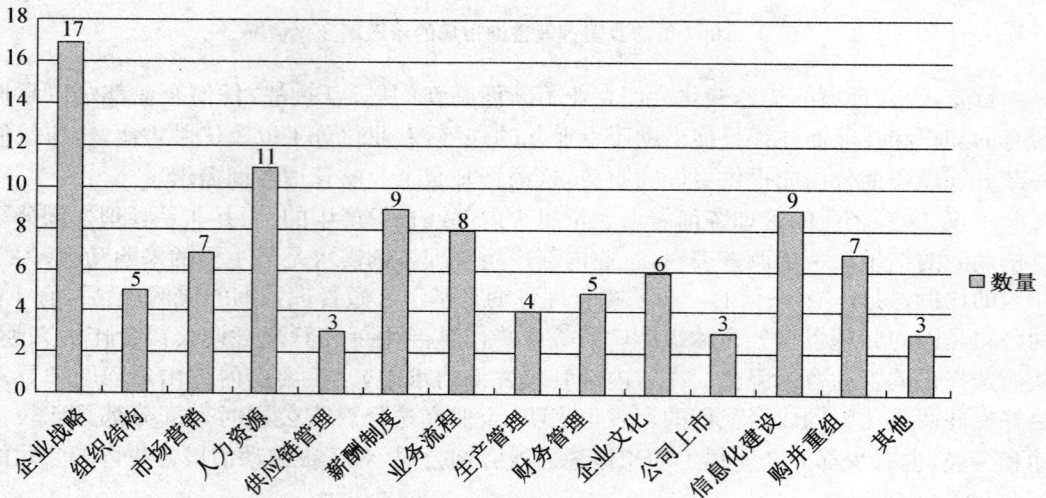

图4 咨询公司提供的咨询业务分布

且企业管理遇到一般性难题时也会找咨询公司。

由于中国市场经济快速发展,充满着各种机遇和不确定性,中小型企业管理水平较低,因而在未来10年内,战略管理、人力资源、财务管理、市场营销应该仍是中国管理咨询的重点业务。但从长期看,我国管理咨询的业务也可能延伸到行政管理和常规管理咨询,从而使管理咨询市场规模不断扩大。

美国管理咨询行业占其GDP的1.2%左右,而同期中国管理咨询行业规模只占中国GDP的0.13%~0.18%,仅为美国的10%~15%。通过简单类比方式,就可认为中国管理咨询行业前景广阔。

二、主要问题及其原因

日本著名的经营学家占部都美在其《经营学辞典》中,给管理咨询的定义是:"所谓经营诊断,是指调查企业的实际经营状态,诊断经营方面的问题,提出具体的改善建议,或者在此基础上对改善建议的落实给予指导。"说到底管理咨询的任务就是：一、是帮助企业发现生产经营管理上的主要问题，找出原因，制定切实可行的改善方案；二、是指导改善方案的实施；三、是传授经营管理的理论与科学方法，培训企业各级管理干部，从根本上提高企业的素质。

调查表明，虽然不少样本企业认为咨询效果比较好或很好，但仍有接近半数的样本企业认为咨询公司的帮助一般或较低，客户抱怨仍然很多。

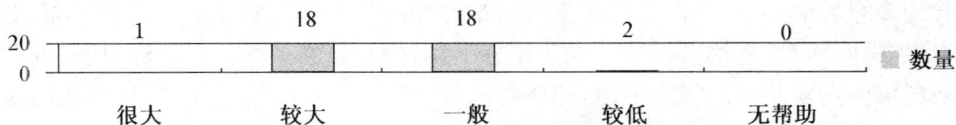

图5　咨询公司对企业的帮助程度

客户抱怨就是问题。任何一个行业在快速发展中总会鱼龙混杂、泥沙俱下。管理咨询行业面临的问题可从供需两方面来讨论。当企业付出一定费用但得不到预期帮助时产生的抱怨，可以划分为如下几个层次：

- 咨询报告的大部分内容企业也有了解，真正挖掘很深入、分析很全面、很有新意、对自己促动很大的内容很少。
- 咨询方案存在各种问题，例如方案老套，预期效果差；理想化，难以实施；同质化，缺乏独特东西；不是企业真正要的东西，南辕北辙；头痛医头脚痛医脚，不系统。
- 缺乏详细、切实可行的配套措施和实施步骤，企业难以实施方案，最终也失去落实咨询方案的积极性。咨询报告最终或是束之高阁，或是缺乏实施效果。
- 咨询过程也应该是一个教育培训过程，但直到项目结束，咨询对广大员工素质的提高没有发挥很好作用。

咨询报告没什么用，还只是花了点冤枉钱，就怕指错方向导致重大损失，或是延误时机让企业从此一蹶不振。例如，一家著名跨国咨询公司曾为某国产家电企业制定的"农村市场工程"和为某食品饮料企业制定的"非碳酸饮料领军者"的角色定位，都让企业投入了数亿资金，却没有产生预期的收益。而迅速膨胀的员工队伍和价格战却使其营销成本大幅度上升，前者一年就亏损了几亿元，而后者的市场增长速度大幅下滑超过50%。

咨询公司寻找咨询业务是在商言商，他们也有许多苦衷：

首先，经常会参加一些义务会诊。咨询公司在招投标中需要花费时间、精力成本，最后经常是颗粒无收。最恼火的是招标企业暗箱操作，中标公司早已内定，或是招标企业套出初步方案，然后吸收综合，自行组出一个体系就解决了，最后结果是谁也不选，众多咨询公司都被招标者玩弄了一趟。

其次，回款不足。尾款难收是咨询行业的老问题，如果项目的确做得很差、实施后没有什么效果，客户不付尾款也情有可原。但还有许多客户是有意推托，因为项目真正出效果要取决于多方面因素，并非就是咨询公司的问题。一些客户是鸡蛋里挑骨头，能赖就赖。

最后，项目失败可能会产生一系列后遗症。在咨询行业成功案例对赢得客户信任是非常重要的，一个失败的项目就成了案底，产生负面口碑甚至危及整个咨询行业的声誉，麦肯锡的"康佳梦想",曾有将之塑造成活广告成功范例之心,可是2001年被康佳集团时任总裁陈伟荣称为"精髓"的KPI考核计划施行不到一年便夭折,从此惊堂木变哑铃,令家电行业在一段时间里对管理咨询变得讳莫如深。项目失败有时会导致团队受损,个别领军人物如果认为自己被整体水平拖累发挥不好,容易造成心理不平衡而离群单干。

上述问题在咨询行业中屡屡发生是由多种原因导致的。

从咨询公司方面看,最主要是能力不足。管理咨询是一种既需要理论功底、又需要丰富经验的高智力活动,一些没有几年工作和学习经历的年轻人要独当一面搞咨询,实际是没有本事"强吃饭"。咨询公司缺乏专业化分工,但像万金油一样又什么都想做,也是咨询效果不理想的重要原因。客观地说,一些咨询公司领军人物的水平还可以,但他们往往是神龙见首不见尾,很少一插到底,什么事都自己来做。

大型及特大型咨询公司,例如麦肯锡、波士顿、北大纵横、毕博、新华信等,从业高级咨询师人数可达数百、成千、上万,它们拥有丰富的国内企业案例库,甚至具有在全球共享本公司知识库的能力,但他们也未必能精通、做好所有专业、所有行业以及所有地区的咨询业务,这就更不用说那些中小型咨询公司了。但这些中小型咨询公司还占大多数。例如南京大大小小管理咨询企业大致有173家,按照有关口径,大概10%为大型咨询公司,38%为中型咨询公司,52%为小型咨询公司。

咨询公司能力不足最突出的表现,是至多是专家而不是行家,也就是比较懂理论,比较了解一般情况,但对特定行业、特定地区的具体问题就可能比较生疏了,如果再加上投入不足、急吼吼地从这个项目做到另一个项目,那么他们的咨询报告经常很空泛、不具体、针对性不强,也就不足为奇了。难听一点说,咨询行业不乏一大批初出茅庐的、杂牌行医的、江湖术士的、闭门造车的各式人等。

从企业客户角度看,有主客观两方面原因。客观方面,许多企业并非得到高人指点就能起死回生、获得更大成功的。市场竞争的结果就是优胜劣汰,做得好的就是那么几个。北京一家大型咨询公司在2012年仅仅是白酒行业的咨询费就做到了3 000万,若按平均每个项目100万元计算,就做了30个项目,而且主要就是白酒品牌方面的,可是要让这30个白酒品牌都能做到扬名立万谈何容易?许多企业都得到高人指点,甚至是同一高人同时指点了许多相互竞争的企业,结果就只能提高企业的绝对素质,未必就能提高相对竞争力,最终自己能否胜出还靠自己的造化。另一种情况是,企业问题积重难返,有的根子还在企业领导身上,要凤凰涅槃必须脱胎换骨、自我革命,这就不是咨询公司所能做到的了。

主观方面,最主要的是一些企业对管理咨询抱有太高期望。如果企业领导把一个咨询项目当作礼品送给关系户做,那么只要面子上过得去,咨询效果如何没什么人去追究的。企业寻求管理咨询服务的真实意图其实挺复杂,比如:环境审视和企业体检,寻找企业面临的新问题;获取新思想,探索前进方向;运用新技术,防止企业管理落伍;验证自己的想法,防止摔跤;借他人之口,解决内部矛盾;借咨询公司的知名度,提升企业形象。

企业如果只是追求以上目标的话,许多咨询公司还是能做好的。但有些企业对咨询效果的期望往往很高,最好是咨询公司提出的咨询方案,很快就能让企业脱胎换骨、起死回生、超常发展。过高的期望来源于对管理咨询作用的认识误区:把咨询方案当成灵丹妙药,其实也有一些企业是难以治愈的;把改善方案当作决策本身,其实大主意还得企业自己拿;把实施方案当作实施本身,实际上各种变数都很容易让方案变形。

麦肯锡兵败实达的事例传播很广,使得大家也不那么迷信国际咨询公司了。事实上后来实达高层自己也承认在麦肯锡的两套方案中选择了激进的,而放弃了循序渐进的方案,结果执行力度不够,财务也跟不上。如此说来,麦肯锡和实达都有责任。

许多问题还源于咨询公司和客户之间的关系上。如果双方互选不当、沟通不畅、配合不力,那么各种问题都会由此产生。咨询公司不能随便高攀大客户,更不能做自己不熟悉的业务;同时也不能随便低就,如果咨询公司不愿受客户内部情况影响,希望保持中立,根据企业实际情况制订方案,这就不能选择那些只是想借他人之口解决内部矛盾、听不进他人意见的企业作为自己的客户。从企业角度看,在这个具有中国特色的市场上最重要的还是根据自己的需要选择,比如是小问题就不要杀鸡用牛刀,除非你钱太多;财大气粗且问题严重,可以选择经验丰富的大牌咨询公司。

认为咨询公司能力欠缺,或是认为企业要求过高的现象,都与双方互选不当有关。但调查表明,咨询效果不尽如人意的最主要原因是咨询报告的可操作性,其次是企业与咨询公司相互之间的沟通存在问题,第三是企业领导没有认真实施。

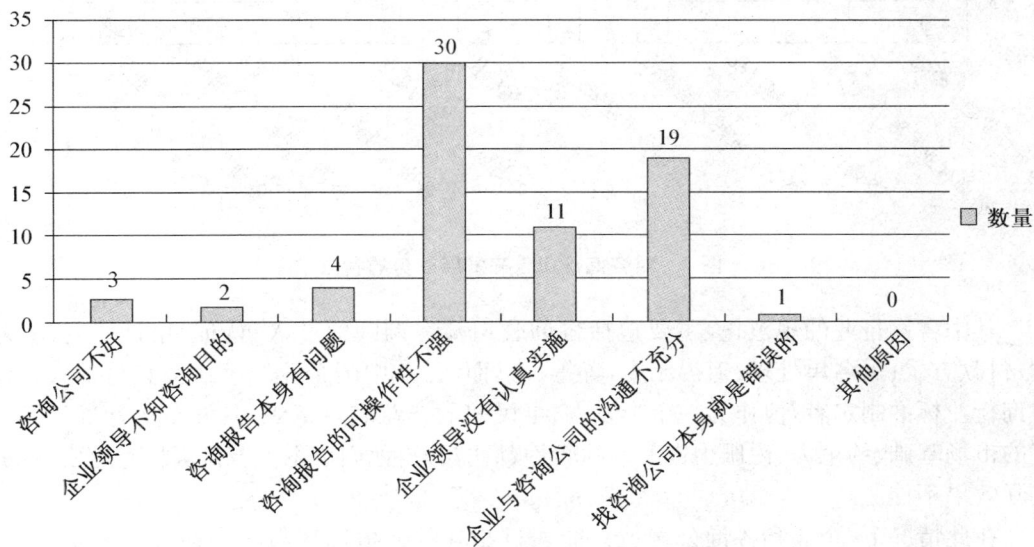

图6 咨询效果不尽如人意的原因

在这些原因中,沟通不畅可能是比较核心的问题。首先,沟通不畅会影响双方对咨询目的的清晰认识,虽然咨询目的总是最终指向经营绩效的,但咨询活动与企业绩效之间还存在许多中间环节,需要相互沟通才能确定要给企业什么帮助以及做到哪一步;其次,会影响咨询方案的质量,提交咨询报告的前提是要进行内部调查,如果有关人员只是应付了事,咨询人员掌握不了全面真实的情况,那就难以完成高质量的咨询;再次,会影响咨询方案的可操作性和实施难度,咨询方案的实施要依靠企业领导的大力支持和广大人员的认同、配合,如果沟通不畅,咨询公司就可能提交一份实际无法得到认同、进而不会认真实施的方案。

三、建立和完善第三方监管制度的必要性

用"前途光明、问题不小"来形容管理咨询行业,可以说是很恰当的。被调查企业认为咨询行业良莠不齐、比较杂乱,咨询报告太空泛,不具体,针对性不强;同时,又认为咨询行业未来发展前景广阔,会越来越规范化、集中化和专业化,这三种趋势将有助于咨询行业的健康发展。

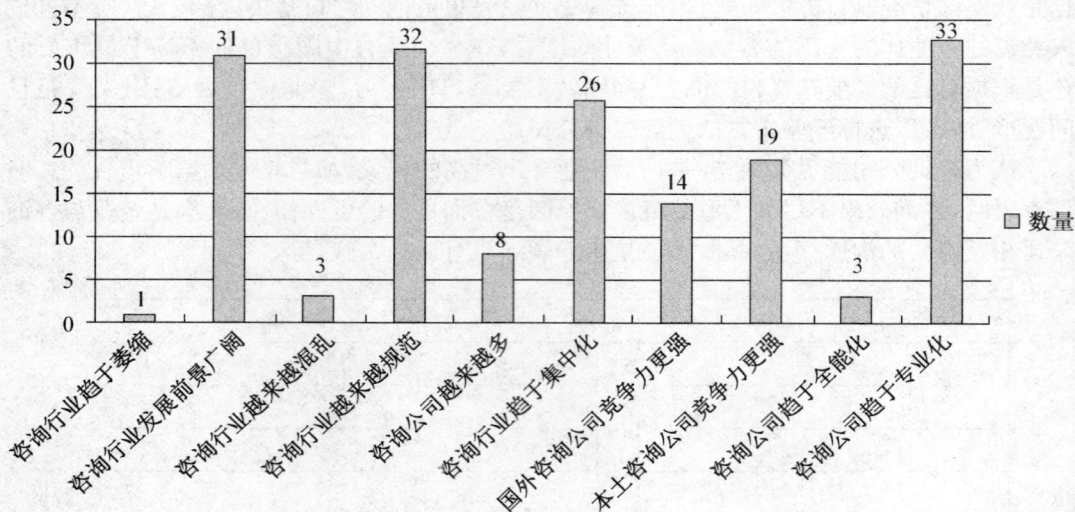

图7 对咨询行业未来发展趋势的看法

其中咨询行业的规范化,主要包括咨询公司及咨询师的准入、认证、培训;招投标制度;付款方式;黑名单处理、追诉制度,等等。然而,目前中国企业管理协会只是形式上的咨询行业标准制定者,但作为一个半官方、半民间的非营利性组织,其发布的标准缺乏一定的市场基础,约束力、说服力以及可执行性都比较差,他们也犯不着认真检查落实,因此实际效果不佳。

在此情况下,企业和咨询公司就只能通过相互的谨慎选择与防备措施来避免风险。企业在选择咨询公司时,会着重考虑咨询公司的专业方向、报价、是否为本企业提供过服务以及服务质量如何,同时会采取分期支付方式,以此来提高咨询活动的进度、质量和效果。另一方面,咨询公司也会采取虚报价格的方式来降低收不到尾款的损失。

事实证明,由于企业和咨询公司在专业、信息、利益等方面的不对称性,使得供需双方之间的直接沟通和博弈仍然难以克服咨询行业存在的各种问题,由此应该考虑引入一个新的管理制度——第三方监管制度。

说起第三方监管或监理,人们很容易联想到建筑行业的监理公司。在建筑行业设置监理工程师的目的是:发包人和承包人签订合同后,发包人期望从高效率的承包人那里得到按规定的时间和成本圆满完成的合格项目,同样承包人期望得到合理的工作条件,公平的运用合同条款,并很快收到他有权获得的付款。基于此目的,发包人和承包人都期望设

置监理工程师,使合同双方紧密配合和协作,将项目的风险和对合同条款误解降低到最小程度,顺利完成合同任务。

不可否认,建筑行业的监理制度在实践中也生出了许多弊端。监理公司的收费不高,但在经常性的吃吃喝喝中,监理的公正性也就难以保证。正如此,调查表明,样本企业对咨询行业是否有必要设立第三方监管制度有较大分歧,不过赞成者比例仍然要高一些。这说明不能因噎废食,只是应考虑如何进一步完善。

目前,在信息系统行业也开始实施监理制度。依据信息产业部《信息系统工程监理暂行规定》,信息系统工程监理是指依法设立且具备相应资质的信息系统工程监理单位,受业主单位委托,依据国家有关法律法规、技术标准和信息系统工程监理合同,对信息系统工程项目实施的监督管理。

我们设想,咨询行业中"咨询监理"的职责主要是:

• 帮助企业识别是否需要寻找管理咨询公司并确定具体的咨询需求;

• 根据企业的咨询需求,明确咨询目标和范围,协助企业选择合适的咨询公司并进行管理咨询项目发标;

• 参与项目的评标过程,对备选咨询公司的工作方案、咨询方法、团队成员等进行质疑并提供相关建议等;

• 参与咨询合同的谈判,以帮助企业以合理的方式支付合理的咨询费用,并有效防范合同中的法律风险;

• 参与项目的关键时间节点,对咨询公司各阶段提交成果之可行性、系统性、创新性等问题进行质疑并提供相关建议等,以提高咨询质量;

• 进行项目的后评价,在项目结束后对整个项目的实施过程提供评估报告,以帮助企业从咨询过程获得更大的价值。

虽然"咨询监理"主要是受甲方委托来开展工作,并从委托方来取费,但由于在此过程中要帮助明确咨询的目标和范围,直至对咨询成果进行验收,因此客观上也会帮助咨询公司争得应有的权利,包括合理的工作条件以及按合同条款有权获得的付款。

"咨询监理"应由资深的管理学院的教授和行内专家担任;由行业管理协会建立"咨询监理"专家库,企业可根据具体咨询项目选择合适的专家教授;专家教授可以个人身份、也可作为一个咨询监理机构开展工作。

管理咨询过程实际是一个"咨询管理"过程。咨询管理过程包括咨询需求识别、咨询目标与范围的确定、项目的招投标及签订合同,直至提交咨询报告和进行方案实施。成熟的咨询公司或许能进行高效率的咨询管理,但他们的这些知识主要是为自己利益服务的,隐含着道德风险;企业客户多半不会熟悉咨询过程的各个环节,与咨询公司之间存在严重的信息不对称,隐含着很大的财务风险和咨询质量风险。

第三方监管实际就是要进行专业化的"咨询管理"。咨询行业的专业化趋势不仅会体现在不同咨询公司主要从事的咨询业务方面,比如是思想型、技术型或方法型公司,主要从事战略咨询或人力资源咨询等等,也会体现在"咨询管理"过程的专业化方面。有关专家教授一般都会有较丰富的管理咨询经验,因而可能比较熟悉"咨询管理"过程,同时"对口"的专家教授对咨询项目本身也会很熟悉。

由此,第三方监管制度一方面可以发挥更多专家的智力作用,兼听则明;另一方面可以发挥第三方的监管作用,"拿人钱财,替人消灾",从而有利于降低信息不对称程度和甲方的财务风险,提高咨询活动质量。

不难预料,第三方监管制度在刚实施时,未必就有大量对咨询管理过程各个环节都非常熟悉的专家教授,但这些专家教授对一些咨询项目内容会很熟悉,因而至少可以对部分咨询管理环节把关。调查表明,企业最希望第三方监管发挥的作用是提高咨询报告的质量,其次是为了帮助客户实施咨询方案,这些都是许多专家教授目前就能胜任的工作。

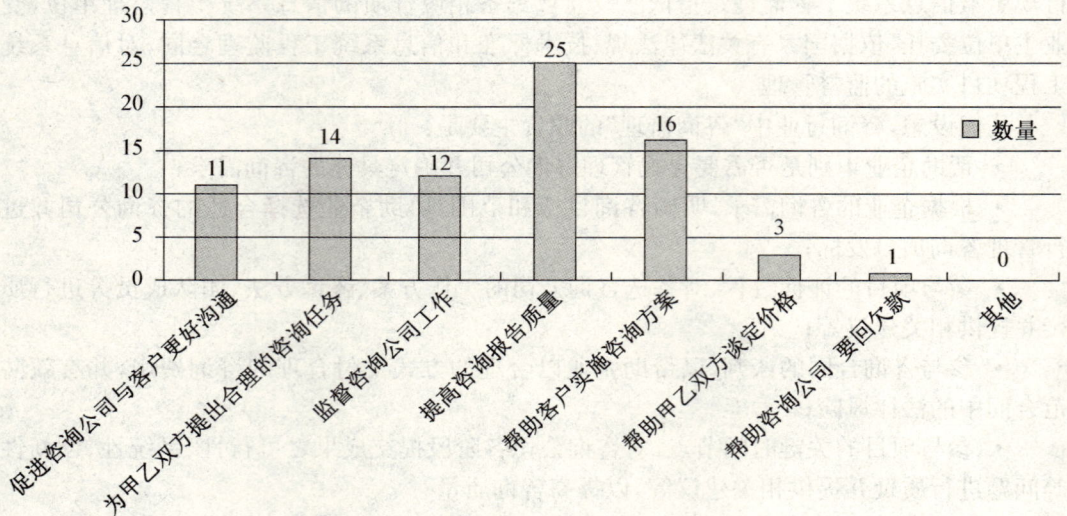

图 8　第三方监管发挥作用分析

本文开头所说的咨询报告评审会,还仅仅是企业的一次偶尔行为,我们希望第三方监管能成为咨询行业的标准。这一行业标准固然可以通过企业管理协会制定有关标准,由上而下的推行,但最好是先做起来。一方面,有咨询需求的企业要逐步建立第三方监管意识,愿意聘请能胜任第三方监管任务的专家教授;另一方面,有关专家教授除了可以直接提供管理咨询服务外,也可以提供这种第三方监管服务。

专业化分工的实践,必然会逐步形成一批具有高业务素质的第三方监管的专家或机构,第三方监管制度也必然会逐步完善,第三方监管的作用也必然利远大于弊,由此将会推动管理咨询行业的健康发展!

第二居所现状与趋势的经济意义及营销启示

本刊研究小组[*]

摘要：房地产是否存在泡沫的主要测量指标虽然都有缺陷，但各个指标几乎都反映我国房地产存在泡沫，然而又没有以崩盘形式消除泡沫。本文认为我国房地产似乎存在泡沫但又能持续存在下去的原因主要是：房地产的基本价值包括居住价值、投资价值和心理价值三类，不仅仅是投资价值，由此应重新审视房地产基本价值与市场价格的关系，但投资价值仍起着关键作用；房地产购买的主流是投资而不是投机，投资者的判断、心态和承受能力都不同于投机者，因此即使有泡沫也不会太大且比较厚实；在各种宏观抑制政策能导致房价下跌或遏制上涨势头的情况下，房地产泡沫实际已在被缓慢吸收。调查表明，有一定购买能力的普通消费者追求和拥有第二居所的比例甚高，将成为一种常态，由此会提高房地产的居住价值、投资价值和总的基本价值，从而抑制房地产泡沫的产生，经济意义甚大。调查还表明，实际的和人们希望的第二居所在许多方面不同于第一居所，因此，房地产企业应该把第二居所当作一个重要细分市场，根据多种变量对第二居所市场进行再细分，进而围绕相应定位战略制定具体的营销策略。

2013年1月13日，央视经济频道的《楼市新观察》在把鄂尔多斯称为"鬼城"之后，又把常州说成是另一"鬼城"。这一说法让当地市民感到很诧异，而这种诧异是有道理的。一方面，几乎没有哪个城市没有空置率很高的楼盘；另一方面，在候鸟式等生活方式下，许多主要用于第二居所的楼盘的确会有大量时间处于闲置状态，但也并非完全闲置，"鬼城"未必真"鬼"。空置率一般被认为是衡量房地产是否存在泡沫的重要指标，但如果消费者追求和拥有第二居所已成为常态，即使经常被闲置，其市场基础也不同于完全用于投资或投机的房地产。本文希望通过调查来了解我国城市消费者追求和拥有第二居所的状况与趋势，进而分析其对中国房地产经济泡沫的意义以及对房地产企业的营销启示。

一、房地产泡沫，为何难以测量和验证？

易宪容等一些学者，可能会挨那些等待房地产价格大跌的消费者的板砖。因为，这些学者不仅认为中国房地产存在泡沫，而且当时还断言房地产泡沫会很快破灭，价格至少会

---

[*] 文章撰写人：史有春，南京大学商学院营销与电子商务系教授，案例中心主任；王冲、李豪，南京大学商学院管理学院全日制硕士研究生。

下跌30％,结果他们的预言破灭了,而房地产泡沫——如果说有泡沫的话,则还没有破灭。当中国房地产价格还在往上走的时,再说房地产泡沫问题似乎有点傻。但问题依然存在。这里主要讨论两个问题:一是用什么来测量房地产泡沫;二是如果有泡沫,那么会以什么形式破灭。

1. 有常用测量指标,为什么会有不同结论

一般认为,当房地产价格短期内异常快速增长,严重背离其基础价值并大大超出消费者的承受能力时房地产泡沫就产生了。但如何对此进行测量呢?

国外的研究大致可分为两类,一类是建立各种各样的房地产基础价格的计算模型,将房地产实际价格与其基础价格进行对比来测量泡沫;另一类是设计各种指标来测量房地产泡沫。中国学者提出的指标也有两类,一类是预警指标,包括生产类、交易状况类、消费状况类、金融类4类指标;另二类是实际测算指标,包括销售率、利润率、空置量及空置率、房价收入比、租售比、房价增长率、GDP增长率、房地产贷款比率及增长率指标等。

在运用这些指标的时候,学者们往往将中国房地产业的有关指标与国外的相关指标进行比较,得出是否具有泡沫的结论。然而,房价收入比、租售比和空置率这三个最为重要的指标及其比较方式都存在漏洞。

先说房价收入比。房价收入比是一个地区成套住房价格与该地居民户平均年收入的比值,比值越高,反映居民住房消费能力越弱,房地产泡沫程度越高。在我国,人们通常是以发达国家一般维持在3至6倍之间的房价收入比作为参照,如果显著超过,就说明存在房地产泡沫。有资料显示我国的平均房价收入比为7.8,部分城市的最高值甚至超过了25,据此可认为我国房地产存在严重泡沫。但这种简单比较方式存在严重缺陷。

第一,只有在市场细分和住房细分基础上分析房价收入比才更有意义,而此时房价收入比一般应该适当调低。任志强说好房子是为富人建造的,房价收入比的计算对象调整为中高收入阶层后,房价收入比自然就不那么高,富豪买房子差不多就是买白菜。在住房细分基础上,普通工薪族的房价收入比也未必那么高,目前几乎所有城市都出现了针对工薪阶层的刚需楼盘,相应的房价收入比显然应低于平均房价情况下的房价收入比。

第二,较高的房价收入并不意味着居民就无法完成购买,全面看待居民的经济实力,房价收入比并非那么高。居民购房主要不是受当前收入,而主要是受其未来收入或持久收入的影响,我国大部分购房者本来都要依靠房贷来实现购买的。从实际支付能力看,年轻人购房已是双方家庭、至少是男方整个家庭的消费行为,以大家庭的经济实力为基础的。另外,我国曾长期实行住房福利分配制度,许多城市居民可凭借自有住房以旧换新、以小置大和以房养房,就能降低实际的房价收入比。

第三,各个城市房价收入比的计算口径往往存在问题,当购房者大量是外地居民时,就不能仅仅以本地居民的收入为计算口径。少数一线城市很高的房价收入比有其特殊性,不能就此认为全国各个城市都有很高的房价收入比。比如,京、沪、广、杭的房价收入比中的收入,完全不应以本地居民的平均收入为基准,而应以所有对这些城市住房有购买欲望的高收入人群为基准。只有基本以本地居民为目标市场的城市,它们的房价收入比才应该都调整为本地居民的收入口径。事实上,那些高收入外地居民很少会去购房的二三线城市,房价收入比远低于一线城市。

不过,我国的房价收入较高仍是一个不争事实。但这一现象并不能说我国房地产存在多大泡沫,相对于我国人多地少、总体消费水平不高的现实,更多是说明我国居民在住房消费上追求比较迫切,消费结构比较畸形,从而要付出更多、要受更多煎熬而已。

再说租售比。租售比是指每平方米使用面积的月租金与每平方米建筑面积房价之间的比值。按国际通行标准,合理的房屋租售比在 1∶200 到 1∶300 之间。这个比值意味着如果把房子出租,200 个至 300 个月(大致相当于 16 年至 25 年)内能收回房款,买房就是划算的。如果租售比高于 1∶300,意味着房产投资价值相对变小,房产泡沫已经显现。有关数据显示,北京地区房屋租售比自 2004 年以来就一直高于国际警戒线水平:2005 年在 1∶335 左右,2008 年上半年首次突破 1∶400,部分区域达到 1∶420,而 2010 年该指标已经接近 1∶600,部分地区已经达到 1∶700 或更高。

租售比虽然能反映通过租金来回收房产投资的时间,但用此指标以及相应的比较方式来衡量我国房地产是否存在泡沫,仍然不太合适。

如果房产投资者只能通过出租、收取租金来回收投资的话,那么租售比的确是反映房地产是否还值得投资的一个重要指标。问题是,如同中国股民买股票很少是看重该公司的分红情况而更多是关心股票的涨跌一样,中国人投资买房也很少是看重房产的租金而更多是关心其升值速度。所以,许多消费者买了房就长期空关,根本不考虑出租,也就不奇怪了。另一方面,中国人在租房还是买房上也不是完全理性的,即使租房比买房合算,只要付得起首付也宁可选择买房。

因此,我国住房的租赁市场很特殊,无论是供应方还是需求方都不是很积极、很理性地进入租赁市场。由此要把所谓国际经验简单套用在我国,认为较高的租售比就能说明当前房产缺乏投资价值、居民就会没有投资意愿,显然是一种认识误区。

最后说空置率。一般认为,房地产空置的国际公认警戒线为 10%,空置率 10%～20% 为空置危险区,空置率超过 20% 以上则是商品房严重积压区。中国的商品房空置率已超过 26%,积压资金达到 2 500 亿元,居全国各行业不良资产的第一位。据此,房地产市场出现泡沫似乎不言而喻。但考虑到空置率有着许多不同算法,我们对空置率高低的看法就可能发生变化。

开发商建好了的房子还没有卖出去,这些待售住房是一类空置房。待售时间短的可称之为待销房,时间长的可称之为滞销房、积压房。相对已售住房,这些都属于增量空置房,报告期末已竣工的商品房建筑面积中尚未销售或出租的房屋面积占该时期新建房屋总面积的比率,就是增量市场的空置率。消费者买了房子没有住或租,这类待住、待租住房就属于存量空置房,俗称空关房、闲置房,某一时刻这类空置房占全部存量住房的比率,就是存量市场的空置率。

两类空置率的意义不同。增量市场空置率越高,说明现有住房卖得越差,对房地产企业的压力就越大;存量市场空置率越高,说明购房者越不是为了自住,而是为了投资,住房的使用价值还没有得到利用。我国管理部门所说的空置率一般是指增量市场的空置率,不同于西方国家的算法。西方空置率的常用算法是把社会上所有建成房屋的总面积,包括新建成的和过去的存量房屋面积总和作为分母,把两类空置房的面积作为分子计算而得。

在不同具体算法下得出的结论可能会大相径庭。主张泡沫严重的一方声称,当前我国商品房空置率已高达30％多,远远高于10％的国际警戒线;而认为房地产没有泡沫的一方则提出空置率还不到5％,远远低于国际警戒线。出现这么大差异的原因就是双方各取所需,所采用的计算方法分子分母都不相同。

可见,不能把国际公认警戒线简单套用到中国。撇开城市化进程远未结束这一国情,要运用国际公认警戒线,首先应该统一口径。可是,由于我国信息系统还不完善,要准确统计存量市场的空置房是很困难的,因此我国要使用西方国家的算法还有困难。

2. 如果有泡沫,为什么没崩盘

学者们在归纳房地产泡沫的特征时,一般强调其有两个关键要素,一是由投机行为引起的,二是价格严重偏离其基础价值;同时认为房地产泡沫上升阶段相对平滑,而下降阶段则非常陡峭,大起大落是其主要表象。历史上最著名的泡沫事件有荷兰郁金香泡沫、法国密西西比泡沫、英国南海股票泡沫;当代重要的泡沫事件可能是 20 世纪 80 到 90 年代的日本泡沫经济以及由此导致的 1997 年东南亚各国的泡沫经济;中国改革开放以来,也出现过许多经济泡沫现象,所有这些泡沫最终都出现了暴涨与暴跌现象。

即使测量房地产泡沫的指标存在许多缺陷,也不能盲目照搬国际经验来说事,但凭人们的直觉,房地产似乎是存在泡沫的。然而,我国房地产行业除了在 1992 年、1993 年出现过海南省和广西北海两次著名的地区性泡沫破灭事件之外,并没有明显出现泡沫破灭现象,更谈不上传说中的房地产崩盘。

这就需要重新归纳经济泡沫存在哪几种结局或运行方式。学者们认为,包括房地产在内的各种经济泡沫的破灭有三种形式:一是破裂,市场崩溃,价格暴跌;二是逐渐消失,价格下降,经济未受到严重影响;三是被市场接受而持续存在。其中,认为泡沫可以逐渐被市场接受而持续存在的观点,实际有点怪异,学者们无非是想证明我国房地产虽然始终没有出现价格暴跌结局,但理论上认为我国房地产存在泡沫的判断仍然是正确的。

问题是要能合理解释为何泡沫会被市场接受而持续存在。房地产是否存在泡沫的主要测量指标虽然都有缺陷,但各个指标几乎都说明我国房地产存在泡沫。根据多年来的运行情况,可以认为我国房地产似乎存在泡沫但又能持续存在的原因主要有三个方面:

第一,房地产的基本价值不仅仅是投资价值。目前,房地产基本价值是按资产未来收益贴现的方法计算的,而未来收益就是房租。既然包括租售比在内的测量房地产泡沫的指标存在缺陷,那么用房地产基本价值与市场价格的关系来判断是否存在泡沫的方法也好不到哪里去。对于消费者而言,房地产的基本价值首先是居住价值,其次是包括租金和房地产升值在内的投资价值,再次还有各种情感和社会价值。当许多中老年人即使是为了偶尔住一下,也要在郊区、农村或老家买一套第二居所,那就能理解许多住房长期空关的现象很正常;当大量中产阶级以是否拥有几处房产为身份的一种象征时,那就容易理解他们为什么有些闲钱就会投入到房产中去;当许多富豪购房主要是为了收藏的话,那就能看懂这些富豪热衷于在全国各地购买名牌楼盘的现象。

第二,房地产购买的主流是投资而不是投机。像温州炒房团之类的投机现象毕竟不是主流,绝大部分的购房行为是投资行为。广义地看,投资和投机是一样的,但仍然存在许多差异:首先是判断不同,投资者相对理性,而投机者比较盲目,存在明显羊群效应;其次是心态不同,投资者会有较大耐心等待房产升值,而投机者要求快进快出;再次是投资者一般更多依靠自己财力,有能力等待,而投机者的资金来源比较复杂,有明显赌一把的倾向。由此,如果认为经济泡沫是由投机行为引起的论断是正确的,那么以投资为主流的房地产市场,或是不会形成泡沫,或即使有泡沫也不会很大;如果认为普遍一致的投资行为也会形成泡沫的话,那么这种泡沫也就比较厚实而不容易破灭。

第三,各种抑制政策已在不断地吸收泡沫。二十多年来我国政府出台了许多针对房地产市场的政策,政策虽然多变,但仍然以抑制政策居多,每一次抑制政策出台一般都会影响房地产市场的成交量和价格。当抑制政策导致房价下跌或遏制了上涨势头,那么相对于物价指数和积累性购买能力的不断提高,房地产泡沫实际能被缓慢吸收一些,使之不易出现价格暴跌局面。

二、第二居所将成为常态的经济意义

第二居所不简单是第二、第三套住房,而是相对于第一居所而言的除现有住房之外,在其他地方拥有的用于返乡居住、休闲娱乐、异地工作等自住的一套或多套住宅。第二居所经常会空关,如果仅仅观察晚上是否开灯显然不准确;如果是观察每个住宅水电费的用量,固然可以判断该住宅的使用率,但不能因为使用率较低就认为不属于第二居所。第二居所兼有实际使用和心理占有两种价值,不能完全看使用率。今年4月份,我们采取调查问卷的方式,在调查受访者自有住房拥有状况及购买意愿的基础上,直接调查他们拥有第二居所的意愿和现状。

本次调查采用线上和线下两种途径发放问卷,为了确保问卷的针对性和有效性,对调研对象的多元化背景进行了控制。线上问卷发放主要针对校友和亲友;线下问卷发放主要针对车站旅客、高校 MBA 学员等多元化调研对象,采用一对一的方式,确保调研对象对问卷的准确理解。最终共发放问卷 400 份,回收问卷 370 份,回收率达 92.5%。严格按照调研需要进行筛选之后,所得有效问卷为 322 份,有效率达 87.1%。

1. 自有住房拥有状况及购买意愿

如表 1 所示,在 322 个有效样本中,没有房产的样本为 46 个,所占比率为 14.3%;一套房产的样本为 139 个,所占比率为 43.2%;两套及以上的样本为 137 个,所占比率为 42.5%。可以看出,三组样本的所占比率分布比较合理。

表 1　自有住房拥有状况

	频率	百分比	积累百分比
无	46	14.3	14.3
一套	139	43.2	57.5
两套及以上	137	42.5	100
合计	322	100	

无房者是否希望并筹备购房,能反映所谓刚需以及房地产基本价值的坚实程度。由表2可知,在一定时期内,无房者中,选择"筹备买房"的比率最高,为37%;选择"继续租房"和"不太清楚"的比率分别为28.3%和34.8%,较"筹备买房"略低一些。计划购房不同于希望有自己的住房,需要考虑现实购买力。我们进而还询问受访者在10年内拥有自有房产的可能性,结果见表3,说明绝大多数受访者还是有信心的。

表2 一定时期内购买首套住房的计划

	频率	百分比	积累百分比
继续租房	13	28.3	28.3
筹备买房	17	37.0	65.2
不太清楚	16	34.8	100.0
合计	46	100.0	

表3 10年内拥有自己住房的可能性

	频率	百分比	积累百分比
很有可能	23	50.0	50.0
比较可能	11	23.9	73.9
有点可能	8	17.4	91.3
不可能	4	8.7	100.0
合计	46	100.0	

2. 第二居所拥有现状和意愿

(1) 第二居所的实际拥有状况

本次调研共有137个样本为两套及两套以上房产拥有者,所占比率为42.5%,与一套房产拥有者基本相同,这类样本拥有住房数量的情况见表4。由表4可知,拥有4套及4套以上住房的比例比较小,仅有10%左右。其中有87个、高达63.5%的样本拥有第二居所(见表5);而且,把第一居所之外的"多余房产"作为第二居所的比例,随住房拥有数量的提高而增加(见表6),有24%的比例样本拥有2套及以上的第二居所。

表4 多套住房拥有数量分布

	频率	百分比	积累百分比
2套	92	67.2	67.2
3套	31	22.6	89.8
4套	9	6.6	96.4
4套以上	5	3.6	100.0
合计	137	100.0	

表5 用于第二居所的房产数量分布

	频率	百分比	积累百分比
1套	54	39.4	39.4
2套	15	10.9	50.4
全部套	18	13.1	63.5
无	50	36.5	100.0
合计	137	100.0	

表6 房产数量与第二居所的关系

	用于第二居所的房产数量				合计
	1套	2套	3套及全部	无	
房产数:2套	55(59.8%)	0	0	37(40.2%)	92
3套	11(35.5%)	10(32.3%)	0	10(32.3%)	31
4套	3(33.3%)	2(22.2%)	2(22.2%)	2(22.2%)	9
4套以上	0	2(40%)	2(40%)	1(20%)	5
合计	66	14	4	50	137

　　调查表明,55.10%的拥有者表示当初就是想买来用作第二居所的,购买意图明确;44.90%的拥有者则表示当初不是为了用作第二居所的,最终却作了第二居所。这意味着消费者把"多余房产"用于第二居所并非一定是当初购房的目的,当初有可能就是为了投资,只是认为还有升值空间以及并不急于出手,所以把用于投资的房产转为第二居所的。

　　但值得一提的是,在已经拥有第二居所的人当中,23.47%的拥有者表示该第二居所利用得很充分,41.84%的拥有者表示利用得比较充分,27.55%的拥有者表示利用得不太充分,只有7.14%的拥有者表示基本没使用。可见,但不管当初目的如何,越来越多的消费者会把第二套及以上房产当作第二居所使用。

　　(2)拥有第二居所的意愿

　　目前无自有住房以及只有一套房的受访者,他们是否希望拥有第二居所能反映未来趋势。无房受访者还远未到购买第二套住房的地步,问卷在只是询问他们若有条件时是否希望拥有第二居所,结果是"很希望"拥有第二居所的调研对象占45.7%,"比较希望"的调研对象占32.6%,两项合计高达78.3%。

　　针对139位已有一套住房的受访者,问卷同时询问这类受访者是否希望拥有第二居所和购买第二套住房的用途是什么,结果见表7和表8。值得关注的是,不同于以往的看法,用于第二居所的比例要远高于投资(升值)和出租。

表7　有一套住房者拥有第二居所的意愿

	频率	百分比	积累百分比
很希望	42	30.2	30.2
比较希望	50	36.0	66.2
有点希望	47	33.8	100.0
合计	139	100.0	

表8　有一套住房者购买第二套住房的用途

	频率	百分比	积累百分比
投资	15	10.8	10.8
出租	18	12.9	23.7
第二居所	55	39.6	63.3
给子女用	25	18.0	81.3
尚不明确	26	18.7	100.0
合计	139	100.0	

3. 第二居所拥有状况及趋势的经济意义

房地产基本价值归根到底取决于房产对消费者有什么意义，进而消费者是否会购房以及购房之后将怎么使用和处置。

第二居所古已有之，那时称为"外邸""别舍""别墅"，只有皇亲国戚和达官贵人才有能力购置。二次世界大战以后，西方发达国家的经济有了相当长时间的稳定发展，普通民众的富裕程度也有了长足提高，中产阶级和部分富裕的白领阶层购置第二住宅渐成时尚。本次调查表明，具有一定购买条件的中国居民拥有第二居所将成为常态。国外对第二居所的发展对社会经济将有哪些影响的研究比较广泛，比如第二居所特征及其拥有者对当地居民和社会经济的影响，这里只讨论第二居所发展对房地产经济的影响。

首先，普通消费者追求第二居所的意愿提高了中国房地产的居住价值。房地产的基本价值首先是其居住价值。虽然消费者可以租赁居住，但传统文化决定了中国消费者觉得只有拥有自己住房才感到安全和有身份。人人都希望有自己一套住房，房地产的居住价值加之基于传统文化的心理价值，使中国房地产的基本价值首先能建立在人人都想有自己一套住房的坚实基础上。调查表明，大多数消费者还希望拥有第二居所，再次购房的用途主要不是投资（升值）和出租，而是为了居住。老百姓通常会拥有许多衣服，各种衣服可以轮着穿，爱打扮的人从来不会说自己衣服多。同理，虽然第二居所经常不处于使用状态，但只要偶尔会居住并由此得到很大的心理满足感，这些第二居所就有居住价值，进而与首套住房一起提升了我国房地产的居住价值。

其次，房地产居住价值的提升会提高其投资价值。购买第二套及以上住房本来就可用来投资了，但如果大家都只想着投资而不是居住，那么空空荡荡的住宅小区、难以到位的配套设施和服务，以及大量待售、待租的住房，会使这类房产的投资价值不会很大。相反,如果消费者购房就是为了用于第二居所或现已实际把它用于了第二居所,那么说明这类住房应有其居住适宜性,物业管理会比较正常,大量住房没有进入市场供出售或供出租,因而价格会比较坚挺、适合投资。

最后,房地产基本价值的提升将会抑制其泡沫。房地产基本价值不仅是投资价值,还包括居住价值和心理价值。房地产居住价值和投资价值的提高必然提升其基本价值,而判断房地产是否存在泡沫的主要指标就是房地产基本价值与市场价格的关系,由此市场价格高一些也就不足为奇。如果消费者拥有数套住房,哪一套住房最有可能首先被卖掉、去冲击房地产市场,大家心里都有一杆秤。排序可能是:第一居所、使用率很高的第二居所、升值潜力还很大的空置房、用于出租的住房、使用率很低的第二居所、升值已经到位但仍能显示其社会经济地位的住房,等等。显然,如果中国居民已普遍追求和拥有第二居所,那么中国房地产市场的基础将更为坚实。

必须说明,房地产的居住价值、投资价值和各种心理价值之间会相互影响,居住价值虽然是基础,但投资价值仍起着关键作用。如果我国房地产价格不处于上升通道,那么无论是刚需还是追求第二居所以及拥有多处房产所能带来的财富和身份象征,都会大打折扣!

三、第二居所特征及营销启示

1. 第二居所特征及其生活方式

实际拥有第二居所的共计87个样本,本次调查询问了这些第二居所的诸多特征及相应受访者追求怎样的生活方式;针对目前只有一套住房以及虽有几套住房但没有用于第二居所的受访者,同时询问了他们希望拥有的第二居所及追求的生活方式是怎样的。根据表9和表10,可做出如下归纳:

表9　第二居所特征及需求变化

		实际特征(百分比)	希望特征(百分比)	需求变化方向
位置	市区	51.7	44.9	降低
	郊区	19.5	30.9	提高
	农村	6.9	2.5	降低
	老家	11.5	5.1	降低
	南方城市	5.7	7.9	提高
	旅游地	3.4	5.6	提高
	国外	1.1	1.1	没变化
	其他	1.1	2.5	提高
类型	公寓	65.5	46.1	降低
	跃层	21.8	25.8	提高

(续表)

		实际特征（百分比）	希望特征（百分比）	需求变化方向
类型	别墅	12.6	28.1	提高
面积	90 平方米以下	26.4	18.0	降低
	90～120 平方米	31.0	37.6	提高
	120～160 平方米	25.3	23.0	降低
	160～220 平方米	9.0	9.5	提高
	220 平方米以上	8.0	11.8	提高
主要用途	休闲度假	23.0	36.5	提高
	返乡居住	19.5	12.9	降低
	异地工作	8.0	9.5	提高
	其他	48.3	41.0	降低
生活方式	5＋2 模式	34.5	39.9	提高
	候鸟模式	18.4	19.7	提高
	退休后轮流居住	31.0	25.9	降低
	其他模式	16.1	14.0	降低

表 10　第二居所配套设施特征及需求变化

	实际特征（百分比）	希望特征（百分比）	需求变化方向
商业设施	76.53	71.18	降低
银行网点	66.33	51.76	降低
餐馆	64.29	55.88	降低
中小学	68.37	57.06	降低
娱乐设施	53.06	49.11	降低
医院	39.08	50.00	提高

首先，无论是实际还希望的第二居所，从区位特征看，仍以本市市区为主，其次才是郊区、老家、农村等。按照第一居所和第二居所的（居住）效用互补理论，以及第二居所的主要用途是休闲度假，满足周末度假（5＋2）的生活方式，因此第二居所的住房应该更多是在郊区、农村及其他城市，但调查结果并非如此。虽然本市市区的第二居所，使用起来更为方便，也有区位差异而能得到地点效用互补，但毕竟其休闲度假的功能不如在郊区、农村的第二居所。其原因可能是消费者在购买第二套住房时更看重其投资价值，同时从住房的供应量和选择性上看，显然市区住房更优。不过，受访者希望的第二居所区位，郊区的比例从实际的 19.5％到希望的 30.9％，有明显增长！

其次，从住房类型看，公寓作为第二居所始终是主流，但对别墅的需求有显著变化。

中国人多地少、购买能力有限的国情,决定了别墅不可能成为主流消费方式,公寓不仅可作为第一居所,也能当作第二居所。值得注意的是,随着购买能力和供应量的提高,消费者对别墅的需求从 12.6% 上升到了 28.1%,是需求变化最大的一个类型。相应的,在第二居所的面积方面,需求分布比较广泛,类似于对第一居所面积的需求分布。其中,90～120 平方米的需求量最大;从变化趋势看,消费者对第二居所的面积呈现逐步增大的趋势。

再次,在配套设施特征方面,样本中第二居所的配套设施比较全。76.53% 的人表示有商业设施配套,66.33% 的人表示有银行网点配套,64.29% 的人表示有餐馆配套,68.37% 的人表示附近有中小学,53.06% 的人表示有娱乐设施,只有 39.08% 的人表示有医院配套。受访者希望的配套设施稍有变化,71.18% 的人希望有商业设施,但对银行网点、餐馆、中小学的需求都有 10% 的下降幅度,对医院的需求却增长了 10 个百分点。这些变化一方面反映了第二居所并不需要太多的配套设施,另一方面说明消费者对居住地点便利性的追求,以及为了有利于升值和提高能作为第一居所的可能性,对中小学仍有 57% 比例的需求。

最后,在第二居所用途和追求的生活方式方面,休闲度假的比例最高且有提高趋势,相应人们追求的生活方式主要是 5＋2 模式的周末度假。与休闲度假和 5＋2 模式相对应的第二居所区位主要应该是郊区或附近农村,这也就容易理解为何受访者希望第二居所在郊区的比例会有明显增长。有意思的是,返乡居住的用途以及相应的退休后轮流居住的生活方式,需求比例都有所下降。这难道是中国居民已在逐渐改变叶落归根的文化传统,而只能适应当前工作和生活的城市了? 另外,第二居所其他用途所占比例甚高,这说明第二居所用途实际比较复杂,比如有的是为了解决小孩就近上学问题,有的是为了安置老人居住,同时把它当做第二居所,等等。

根据调查资料,我们还做了第一和第二居所在区位、类型和面积等方面的相关性分析。分析结果是:其一,第一居所和第二居所之间没有显著相关性,也即有关受访者在选择第二居所的位置时没有考虑太多第一居所位置的因素;其二,第一居所类型和第二居所类型之间的相关性比较显著性,即第一居所的类型会对消费者选择第二居所的类型产生一定影响;其三,第一居所面积和第二居所面积之间的相关性极为显著,说明第一居所面积对于消费者选择第二居所面积会产生很大的影响。

2. 主要营销启示

房地产企业可从第二居所的诸多特征及人们追求的生活方式获得许多营销启示。

首先,应该把第二居所当作一个越来越重要的细分市场。追求和拥有第二居所将成为一种常态,相应市场规模很大,虽然更多人还是偏向在市区的其他位置购买第二居所,从而这类第二居所与第一居所在区位上未必有明显差别,但毕竟用途不同,在住房类型和面积上也可能存在差别。重视第二居所市场,一方面有利于房地产企业能提供更适合做第二居所的住房,而不是盲目盖房;另一方面有利于消费者更多从居住需求角度购房,而不是为了盲目投资购房。

其次,应根据多种变量对第二居所市场进行再细分。比如具体用途和生活方式变量。调查中虽然只列出了休闲度假、返乡居住、异地工作等几种类型,但第二居所用途实际比较复杂,比如是为了解决小孩就近上学问题。如果把用于第二居所和用于投资结合起来,还可把第二居所市场再细分为了用于第二居所的纯粹型、兼顾型和由于只是目前不愿出售或出租而转而用于第二居所的被迫型等不同类型。有些具体用途是暂时的,不代表人们要追求的生活方式,因此生活方式并不那么复杂。结合起来看,5+2 休闲度假的生活方式是主流,其次是退休后返乡轮流居住,再次是诸如南北方候鸟生活方式。又如,根据第一和第二居所在类型和面积等方面的相关性,可以把第一居所的类型和面积作为细分变量,再考虑消费者的收入等变量,为第二居所的类型和面积设计提供依据。

第三,进一步应根据各细分市场特点,提出适当的楼盘定位战略。在楼盘区位和目标市场确定后,接下来如何定位就比较好选择了。比如,在郊区和附近农村的楼盘,如果是针对该城市中高收入者的,就比较适合定位于 5+2 休闲度假生活方式;位于海南三亚的楼盘,如果是针对中部和北方尚在工作的富裕阶层,一般定位于候鸟生活方式。但在某些情况下会面临两难选择。比如,位于市区的楼盘似乎就应定位于第一居所,但如果也希望针对第一居所位于市区其他位置的客户或老家在此地的外地客户,也可定位于第二居所;又如,位于卫星城镇的楼盘,若以旁边大城市里愿意来回折腾的工薪族以及该楼盘本地居民为主要客户,那么可以定位于第一居所,但如果以在大城市已有第一居所的居民为主要目标市场,那么就应该定位于第二居所。在两难选择时关键是要把握主次,也即把握主定位和次定位。比如,碧桂园凤凰城位于南京旁边的句容境内,若在南京市区工作每天至少要花 4~5 个小时在路上,显然这很难吸引大量愿意来回奔波的南京工薪族,因此碧桂园凤凰城的主定位应该是南京市居民的第二居所,其次才是第一居所。

最后,应围绕定位战略制定好产品、价格、广告与促销策略等。主定位于第二居所的楼盘,其各种特征要尽可能符合或超越人们对第二居所的期望,同时又要注意避免负面特征的形成。在环境方面,既要能提供差异化的环境给主要目标客户以提高地点效用,又要能提供一些他们比较熟悉的东西让他们感到亲切和便利;在配套方面,较为完善的商业设施必不可少,其他配套设施似乎也是多多益善,其实应充分注意这些配套设施的运行效率,配套设施毕竟要有建设成本,而门可罗雀的配套设施会给人一种衰败感,因此基本对策应该是"小而全";在物业管理方面,在努力收齐物管费的基础上,如何能为不常来居住的业主提供更多更好的服务,是对主定位于第二居所楼盘的重要挑战。在定位于第一居所还是第二居所的层次下,还有较为具体的定位战略选择。兼顾第一和第二居所的楼盘在策划时会有一些两难选择,比如碧桂园凤凰城是否应该建中小学以及建多大规模、多高规格,显然不容易决策;定位于候鸟生活方式的楼盘,需求差异化程度和居住率波动情况最大,规划和管理上会遇到很大挑战,只要去看看海南三亚候鸟式楼盘的状况,就知道第二居所需求的兴起,会给房地产企业带来多大的机会和挑战。

雨润之行

杨玮玮　张家隆　王　锦[*]

通过参观雨润集团总部,本文将从雨润食品的发展、多元化发展以及雨润人才发展计划,本文将从以下三个方面总结本考察后的收获。

一、食品工业是道德工业

(一)雨润食品介绍

中国雨润食品集团有限公司是中国最大的肉制品生产企业之一,其产品包括冷鲜肉、冷冻肉,以及以猪肉为主要原材料的低温肉制品和高温肉制品,现有雨润、旺润、福润和大众肉联四大品牌。

雨润集团始终坚持"食品工业是道德工业"的核心理念,完善从源头到餐桌的安全食品链,不断提升品牌价值,确保食品安全。集团在中国内地拥有一流的品牌、网络化的生产基地、稳定高效的供应链、广泛的营销渠道和强大的新产品研发能力。

(二)雨润加工车间参观

我们首先参观了雨润的产品加工车间,主要有四个车间,分别为腌制间、生产灌肠间、烟熏间、包装间,大致了解低温火腿的生产工艺流程。

(1)原料:全程运用专门运输工具冷链运输至加工车间,在原料进入加工设备前,有个静养过程,即在屠宰前停止喂养。因为猪在运输过程中受到惊吓、追赶等,体内会产生毒素,静养期间停食,是对毒素的自然化解,也可以有效防止注水肉,减少"PSE"肉的发生率;

(2)检验:雨润要求对所有原辅材料进行三级检验,层层把关:一级:供应部实行大宗物资驻场检验;二级:品管部进行到货物资把关检验;三级:生产部物资使用过程验证检验;

(3)卸货:运用科学、卫生、规范的卸货流程;

(4)解冻:采用专用解冻车间,严格按 HACCP 要求操作,以保证原料肉的质量;

---

[*] "雨润之行"的调研报告是在南京大学商学院龙静副教授的指导下,由管理学院学生杨玮玮、张家隆、王锦执笔完成。

（5）分割：根据雨润低温肉制品不同产品特点和要求，将所有原料按不同要求分割成不同部位、不同脂肪含量的分割肉；

（6）腌制：根据低温肉制品不同产品的特点和要求，在完全低温的环境，严格遵循 HACCP 控制体系，保证所有雨润食品的安全、营养；

（7）灌装：运用世界上最先进的自动灌装、打卡、扭结设备和精确的计量体系，保证成型产品的标准性；

（8）蒸煮烟熏：使用世界上先进的烟熏设备，采用严谨、科学的烟熏熟化工艺，使雨润食品呈现出诱人的色泽；

（9）冷却：将经过热加工的产品，置入 0～4 度的洁净的冷却库内冷却；

（10）无菌真空包装：经完全冷却的产品，置入 10 万级以上的无菌包装间，经严格的卫生过程控制、规范的操作；

（11）检验合格：雨润对所有产品均建立了远远严格于行标、国标的"内控标准，企业标准"，保证出厂产品质量 100％合格；

（12）每个合格产品都在第一时间内通过全程冷链运输送到各大卖场。

可以看到，雨润整个食品加工流程是非常规范的，以保障产品的质量，验证了雨润的口号"食品工业是道德工业"。

（三）雨润食品全产业链发展

目前的雨润已经形成完善的产业结构，即：前端发展现代养殖业，中端提升加工产业附加值，后端发展现代农产品物流业和生物制药行业，形成一、二、三产的科学组合，实现由劳动密集型企业向农业科技型企业转变，真正做到通过完善发展模式来保障食品安全。

肉食品行业的特殊性，决定了雨润迈上全产业链经营的必然性。众所周知，在生猪屠宰行业，最大的风险莫过于原材料的质量把控。如何确保原料生猪的安全，加强自我检测是很重要的一方面；另一方面，必须要建立自身的生猪养殖基地。雨润公司的母集团正在按照自身的规划新建若干大型现代化养殖场，不断提高原料生猪的自给比例，将原料风险控制在自己可把握的范围之内。

在上游，雨润通过发展现代养殖业，确保原材料的安全；在加工环节，通过全程质量控制体系，确保生产过程产品出厂的安全；在下游，通过全程 0～4 ℃的全程冷链运输体系，确保产品安全到达终端和消费者手中；在研发环节，通过不断的技术创新，不断向消费者提供更多更健康更美味的食品。

1. 质量保障

要保证产品的质量、营养、卫生、安全、新鲜、口味等相关指标符合产品标准的要求和规定。从原料、辅料、包装材料供应商的选择、采购到原料、辅料、包装材料的到货检验、车间各道生产工序的质量控制和卫生管理、成品检验、发货、贮存、物流运输、终端销售管理，雨润都严格按照国家法律法规、标准、ISO9000 质量管理体系的要求执行。

首先"源头把关——繁育养殖及原辅料进厂检验把关"。在生猪养殖方面做到"六个严"。严把种猪引进关；严把进出场关；严把疾病控制关；严把饲料关；严把环境控制关；严把污水处理排放关。在原辅料卫生检查方面，雨润实验室也建立了完善的供方评价体系，对进厂的每批原料、辅料都有严格的索证制度。

其次是"过程控制——屠宰加工、建立关键控制点,实施有效的监控"。引进荷兰、德国、丹麦等发达食品机械大国成套屠宰流水线,工作标准符合欧盟(EU)及美国农业部USDA标准。自动化、智能化程度领先国内同行。雨润在行业内率先推出拥有 21 道检验检疫的全流程控制体系:生猪进场,首先由专业兽医进行尿检,实施快速抽检;生猪上了屠宰线,还要进行在线酶标仪尿检,每一头生猪都须经过"瘦肉精"等药物激素的专业检测;每一头生猪都配备唯一的"检验检疫及胴体追索"条形码。低温火腿的生产同样要经过 24 道质量控制流程。

然后是"成品出厂把关控制——感官验收、微生物和理化检测"。加强出厂把关,实行动态管理和产品出厂检验,保证出厂产品质量 100% 合格。公司的理化检验及微生物检验能力,均通过了中国质量检验协会的实验室体系认证,取得了"企业质量检验机构合格"证书,同时与省、市质检所、疾控中心进行产品检验比照,确保检验准确性。

2. 供应链保障

低温产品最重要的是冷链物流。为了保证各品牌低温肉制品的新鲜,雨润集团始终坚持把产品保质期控制在"0 至 4℃条件下 30 天",远低于国内同行业 60~90 天的销售周期。雨润为此特制定了以 300~500 公里为销售半径,通过物流系统保证食品新鲜。

雨润拥有全覆盖的物流冷链管理体系。从原料进厂到生产加工,到成品运输,再到办事处暂存及办事处分销等,雨润已经形成一整套完整的冷链(0~4℃)供应体系。雨润通过遍布各地的基地网络,实现产地和市场的有效对接,坚持 3 小时有效冷链覆盖,全程GPS 卫星定位导航,24 小时 0~4℃自动控温,确保产品安全和新鲜。

为了保障冷链物流有效实施,雨润做了如下准备:

(1)集团自购了上百辆冷藏运输车,配备进口制冷机组,同时充分利用社会资源,与第三方冷藏物流紧密合作,保障了产品由储存仓库到全国销售终端的全程冷链。近年来,雨润物流随着企业的发展,陆续添置了各种型号的全自动控制冷藏车辆。所有冷藏车辆全部采用进口制冷设备,可以根据产品所需温度先行设定,保障产品在途恒温运输。

(2)为对在途车辆调度达到实时化操作,雨润物流对所有自运车辆安装了全球卫星定位系统 GPS。GPS 的使用,一方面根据车辆运行位置,及时对在途车辆进行合理调度和监督;另一方面根据天气变化,及时向在外行驶车辆发布天气状况,便于驾驶员采取安全预防措施,提升安全系数。

(3)为有效监督车辆送货途中冷链运行状况,所有车辆安装了温度跟踪仪。通过温度跟踪仪反馈的数据,对产品在途温度控制做到了全程监控。

二、雨润多元化发展——企业发展探讨

(一)多元化经营

雨润集团以食品加工为主导产业,近年来积极实施多元化战略,产业链涵盖物流、地产和新兴服务业等领域。雨润选择与民生息息相关的物流、百货等行业,先收购成功企业,之后再进行适度扩张。经过稳步的扩张,雨润渐渐形成"一主五辅,多头并进"的多元化发展战略格局。目前,依托雨润食品和地华实业,雨润集团形成了以食品工业为主体,物流、商贸、旅游、房地产为辅助,多产业相互配合,共同发展的良好势头。

2011 年实现销售总额 907 亿元,主辅产业的发展非常稳健与均衡。企业管理界权威人士分析认为:雨润集团已经形成专业化基础上的多元化扩张之路,很好地解决了国内企业界普遍存在的"一专就死、一多就散"的产业管理悖论,为当前中国肉类企业转型升级提供了一个令人称道的新思路。

(二)非相关多元化的战略选择

非相关多元化,又称离心多元化。是多元化战略的一种。是指企业新发展的业务与原有业务间没有明显的战略适应性,所增加的产品是新产品,服务领域也是新市场。企业采用该战略的主要目的是从财务上考虑平衡现金流或获取新的利润增长点。

通过与雨润专家们的访谈,我们认为是有两大原因促使雨润主要采用的是非相关多元化战略。

(1)发展机遇。不管是房地产还是金融行业,都是近几年盈利性较好的。雨润正是抓住这个契机,发展相关行业。最终也证明这些行业确实给雨润带来了投资资金。在房地产方面,雨润地华在南京成功开发了"中国十大康居示范工程"之一的月安花园,星雨华府则被定位为"双五星大宅",此外,在安徽的黄山和安庆、上海及苏州,雨润地华均成功开发了数个优秀楼盘。

随着人民生活水平的整体提升,旅游业已是国内外争相发展的热门产业。雨润较早制定了旅游产业战略规划并进行了周密部署。集团将围绕"两山一湖一海"的旅游产业发展战略,在黄山、九华山、千岛湖和海南岛等国内外名胜风景区开发高星级酒店和现代旅游产业,形成国际高端商务旅游产业链,将"雨润旅游"打造成国际化的旅游度假品牌。

百货业强者恒强,迈向高速发展新时期。雨润集团全面收购南京中央商场,占股 47.43%,成为绝对控股股东。雨润依托南京中商的商业经营能力,嫁接雨润的品牌、资金、管理制度等优势,大力发展城市商业综合体项目,最大化集聚城市资源,全面满足"一站式"生活需求,拉动消费,并提升城市形象。同时,雨润充分利用南京中商的连锁品牌资源,借助企业的优越投资平台,遵循项目优质、低成本发展原则,采取普遍撒网、重点培养、综合分析等形式,加大新项目的市场调研和开发力度。

(2)产业链的需求。雨润发展物流业为其争当全国农副产品物流产业领航者奠定基础。雨润以构筑绿色农副产品安全、市场准入和产、供、销快速通道为基点,从农产品质量安全标准化、信息服务网络化、一站式联运供应站为主要特色,建设集农产品展示、交易、加工仓储、物流配送、综合服务等为一体的现代化、多功能、综合性绿色农副产品全球采购体系。经过 10 多年的努力,已构建起覆盖整个中国内地的物流网络体系。未来 3 年,集团将在全国九大物流区域初步建立以大型物流中心为轴心、以农副产品基地和销地为节点的供应链物流体系,实现年交易额 2 000 亿元,成为全国农副产品物流产业领航者。

(三)企业品牌管理

(1)雨润食品产品品牌。雨润在重点发展低温肉制品的同时,采取产品品牌战略,分别推出了高温肉制品、中式肉制品、冷鲜肉等多个品类产品。雨润的品牌战略选择和其设立时期的行业背景紧密相关。当时双汇、春都和金锣三大巨头垄断了整个高温肉类制品80%以上的市场份额,如果雨润选择在高温肉制品市场上拼个你死我活,无异于以卵击石。

1994年,就在双汇、春都和金锣对低温肉制品市场前景不太看好、犹豫不决之际,雨润以敏锐的战略眼光,明智地选择了低温肉制品这个最具增长潜力的崭新品类,并把企业有限的资源集中投入到低温肉制品的打造上。待双汇、金锣等缓过神来,已经大大落后于雨润,雨润已在消费者心目中占领了低温肉制品的领导品牌位置。尽管1998年以后双汇、得利斯、美国荷美尔等企业在低温肉制品市场上发起了一轮又一轮的猛烈进攻,但雨润这个中国低温肉制品第一品牌的形象已经深深根植在中国老百姓的内心世界。

进入21世纪,雨润低温肉制品实现了单点突破,但其整体市场规模有限,而且消费者对其他类别的肉类制品需求依然非常强劲。为了取得市场份额和企业规模的快速增长,雨润在确保低温肉制品稳健发展的基础上,慎重地选择了多品牌战略,先后上马了高温肉制品、冷鲜肉、中式制品、速冻制品等,不同品类使用不同品牌,雨润以多个品牌抢占了更多的细分市场份额,增强了企业的综合实力,同时还规避了某一个品牌的危机对其他品牌的不利影响。

雨润食品现拥有"雨润"、"旺润"和"大众肉联"三大品牌,上千种产品。"雨润"以低温肉制品、冷鲜肉及冷冻肉为主要产品;大众肉联是中国北方肉食品的强势品牌,是"中华老字号";旺润是雨润食品高温肉制品品牌。这些品牌的品类分别面对多个不同的市场和销售对象,并根据不同的产品进行组合,针对不同的目标市场树立了其风格鲜明的品牌形象。

(2)企业品牌。在其他产业的发展中,雨润主要采取的是企业品牌的战略。企业品牌是指以企业名称为品牌名称的品牌。企业品牌传达的是企业的经营理念、企业文化、企业价值观念及对消费者的态度等,能有效突破地域之间的壁垒,进行跨地区的经营活动。并且为各个差异性很大的楼盘之间提供了一个统一的形象,统一的承诺,使不同的产品之间形成关联,统合了产品品牌的资源。

在雨润不断扩展产业链的时候,如何适应,由原来依托食品产业建立起的一元品牌体系,向适用于多元产业、多层次管理的多元品牌体系转变是雨润在品牌发展所面临的挑战。

三、雨润发展展望

针对雨润以上的发展现状,本文提出下列相关未来发展建议:

(1)做大做强食品行业:根据中国肉类协会公布的权威数据显示,目前中国年出栏生猪近7亿头,全国拥有2万家以上屠宰工厂,但真正形成品牌化和规模化经营的企业不足千家。大部分屠宰工厂连最基本的检验检疫设备都没有,约75%的定点屠宰企业实行代宰制,产品形态同质化、忽视品牌建设、恶性竞争严重,食品安全无从谈起。中国屠宰行业的集约化发展水平还处于相对较低的位置。另外,国内市场占有率前三位的企业仅占全国市场总额的10%不到,而发达国家排名前三的肉类企业占市场份额的80%以上。

因此,社会及整个行业给予雨润的机遇是巨大的,雨润也正是要充分把握这个机会,实现屠宰行业的整合,形成高度集约化的态势来保证食品质量。

（2）合理规划七大产业：雨润现在已经发展了食品产业为主，六大产业为辅的发展模式。但是通过对六大产业发展的分析，我们看到雨润很多是基于社会发展机遇而进军某行业的。因此如何在六大辅助行业中找到一个平衡力，权衡六大行业，合理规划多元化发展是雨润必须要解决的问题。

雨润首先需要了解自身的集团定位，各个产业与集团之间的关联，有主次的选择性得发展六大行业。战略的核心是定位，即选择企业的发展方向，选择就意味着"取舍"。因此基于核心竞争力来取舍，才能够发挥雨润的未来发展潜力。

（3）品牌管理：雨润在进行多元化业务发展的同时，需要在突出集团共性和彰显产业个性之间，在主品牌和子品牌的关系规划上找到平衡点。在雨润的品牌管理中，我们发现如下问题：雨润食品品牌和非食品品牌与雨润集团品牌的概念相互交错混乱，没有进行清晰节点区分，无法适应多元化产业的价值需求和支持产业发展现状；雨润集团品牌和子品牌之间，各子品牌之间的关联性不足，整个品牌架构规划不够完整明确，品牌层次和品牌关系界定不清晰，识别表达上不足，显得比较零乱。

因此雨润应将雨润集团品牌，与"雨润"食品品牌做适当区分，结合企业品牌和产品品牌不同的特点，进行差异化管理；结合自身的战略实际，选择适合的品牌发展模式，确定主品牌延展的范围和方式；同时应全面梳理集团现有品牌资源，重新规划品牌架构，明确品牌层次和品牌关系，设计相应的品牌识别构架。

高淳陶瓷,慢城的中国 china 情

蔡晋冉　李玉萍[*]

江苏高淳陶瓷股份有限公司,成立于 1958 年,位于南京市郊高淳县经济技术开发区,2003 年 1 月公司在上海证券交易所上市,成为核准制条件下陶瓷行业唯一一家发行股票并上市的企业(ST 高陶 600562)。公司现有总资产 6.5 亿元,员工 2 000 多名,业务范围涉及日用陶瓷、高技术陶瓷、房地产、机械制造和贸易等,拥有江苏省高淳县固城镇日用陶瓷生产基地、江苏高淳经济开发区高技术陶瓷产业园、高淳县城房地产开发基地和山西省忻州市日用陶瓷生产等四大基地。

高淳陶瓷由原来一家生产日用粗陶的手工作坊式山区小厂发展成为我国陶瓷行业资产规模最大的现代企业集团,与公司远见的战略部署、产品创新、有效的营销战略等密不可分。5 月 28 日,南京大学商学院一行人在史有春教授的带领下,来到高淳陶瓷进行考察交流活动。老师们在公司讲解员带领下参观了高淳陶瓷的展示厅,了解了公司的发展状况和企业文化,欣赏了琳琅满目的陶瓷盛宴;随后的考察座谈会上,老师们与公司高层就公司发展规划和品牌战略等进行了深入探讨。

一、国内外市场并进的多元化战略

高淳陶瓷从 20 世纪 50 年代末创建以来,经过半个多世纪的开拓创业,实现了从一个生产日用粗陶的手工作坊到经营高档瓷器的股份有限公司、从默默无名的山区小厂到省市知名的 A 股上市公司、从年产值不足百万元的地方国企到连续十多年综合经济效益名列国内陶瓷行业首位的历史性跨越,特别是"十一五"以来,高淳陶瓷坚持以创新促转型、以转型促跨越,迈入了持续向好、做强做大的快车道,呈现出特色取胜、弯道跨越的新态势。近几年来,高淳陶瓷的成功实践,为高淳县加速企业创新、产业转型提供了积极借鉴和现实范例。

公司高层告诉我们,一直以来高淳陶瓷专注于国际市场的开拓,公司约 70% 的业务是贴牌生产,出口美洲地区和部分欧洲、中东地区,自 1980 年以来,公司已累计向全球100 多个国家和地区出口陶瓷餐具 10 亿件,成为北美地区最大的陶瓷餐具供应商,是我国唯一一家以花瓷生产取得国家出口商品免验证书的企业。在 2011 年公司销往美国等地区的营业收入达到 211 175 840.52 元。近年来公司逐渐意识到内销对陶瓷业的重要性,

　* 蔡晋冉,南京大学商学院 2010 级企业管理硕士研究生;李玉萍,现任职于江苏省建筑工程集团,南京大学商学院 MBA 教育中心 2012 级学员。本次调研报告是在史有春教授的指导下完成的。

特别是品牌价值方面,外销只能挂经销商的品牌,经销商赚走了大额的差价,公司只获得相对较小的收益;一旦国内市场打开,高淳陶瓷完全可以打响自己的品牌,获得高收益的同时形成持久的竞争力。目前公司国内市场主要集中在长三角地区,2011 年的内销收入达 81 185 152.94 元,2012 年比其增长 63.55%,达到 132 776 012.81 元。较好的发展势头使得公司不断斩获佳绩,荣获 2011 年江苏省质量奖、2011 年"中国质量诚信企业"、2011—2012 年度国家文化出口重点企业名单、2012 年"中国消费市场最具影响力品牌"等,被《福布斯》杂志评为中国内地最具发展潜力的百强企业之一。

高淳陶瓷一直以"做强主业、做优效益、做大企业"为目标,加速企业多元化发展。首先,公司将日用消费陶瓷视为主攻方向,投入 6 000 万建成山西日用陶瓷生产基地,日用消费陶瓷生产能力年均增长 10%;适时进军高档消费骨瓷这一新兴领域,投入 5 000 万实施工艺提升和设备改造,建成南京维特佩尼高档瓷器生产基地,骨瓷生产从无到有连年翻番。其次,在开发蜂窝陶瓷生产线基础上,积极研发陶瓷蓄垫体、空气净化器、催化剂载体等高科技节能环保产品,实现了前端研发与终端产品的链式整合,目前高技术陶瓷利润贡献率已超过 50%。最后,公司将多元化战略蓝图扩展到文化旅游方向,建成首个国家级陶瓷工业旅游示范点和江苏省文艺家创作基地——陶艺苑,促进中国书画艺术与陶瓷文化的有机融合,为高淳县旅游服务业发展开辟了新的天地。

二、独具特色的产品优势

高淳陶瓷宏大的战略目标背后是企业雄厚的实力和飞快的成长速度,目前高淳陶瓷的年利润增长已经达到 30%~40%,创收主要得益于骨质瓷、窑变釉日用陶瓷和蜂窝陶瓷载体三类产品。2012 年前两种陶瓷营业收入达 209 029 909.57 元,蜂窝陶瓷营业收入为 15 390 091.29 元。我们跟随着公司讲解员参观了各类陶瓷品,了解了陶瓷的独特生产工艺。

骨质瓷属于公司中高档产品,产品切、割工艺达到美国加州标准,清洁、环保,具备高附加值。其中高档骨质瓷被誉为"瓷中之王",为北京人民大会堂、金陵饭店等数百家高星级酒店选用,是高档酒店、现代家庭和高档礼品的首选用瓷。窑变釉日用陶瓷是国家免检产品和中国陶瓷名牌产品,具有机械强度高、热稳定性能好、含铅镉熔出量低等特点,适用于机械洗涤、高温消毒和微波炉加热等现代生活方式,已畅销国际市场 30 年,是高淳陶瓷外贸出口的主要瓷器,近 6 年公司的窑变釉特色餐具在全美国百货店销售中连续保持销量第一。蜂窝陶瓷载体是陶瓷界的创新产品,主要用于汽车尾气处理,是与中国科学院上海硅酸盐研究所合作开发的,主要装备自美国、日本引进,技术指标达到国内领先、国际先进水平,产品可满足欧Ⅳ标准的尾气排放要求,公司是目前我国规模最大、装备最先进的蜂窝陶瓷生产基地,已形成年产 600 万升蜂窝陶瓷、环保陶瓷、蓄热体的生产能力。

公司产品能够具备国际竞争力主要归功于区位特征、原材料配比、生产工艺、设计理念和工艺等领先优势:

(1) 高淳陶瓷位于高淳经济技术开发区,距我国最大的内河港南京港不足百公里,南京禄口国际机场 50 公里。厂区北侧的宁高高速公路互通沪宁、宁杭高速,交通便捷,大大降低了原材料运输的成本。

（2）一般认为原材料中含有牛骨粉的瓷器就能称之为骨瓷，但高淳陶瓷是严格按照国际上认可的最高档骨瓷的配方比例，骨粉含量为 5％，属于真正意义上的高档骨质瓷。除此之外，采用压缩天然气燃料、日本的釉料、台湾的石膏、德国的颜料和金膏等优质原料来生产陶瓷，保证了产品的质量。

（3）高档骨瓷生产采用日本的全自动生产线、从投料、成型脱模、烘干、修洗全部自动完成；窑炉采用国际一流设计、其温度、压力全部实现计算机自动控制，保证了烧成的稳定。21 世纪高淳陶瓷在国内率先研制了"骨质瓷高温釉下发色技术"，成功解决有害金属离子的渗出，无铅无镉，釉色纯正饱满，剔透莹润。

（4）高淳陶瓷聘请高级设计师设计陶瓷图案，与清华大学等高校长期合作，设计的理念与时俱进，引领时尚的潮流，忠实地传递着人们对生活品质的美好追求。特别是其浮雕金装饰利用特殊工艺将 99.99％黄金制成精美图案，经过三次贴烤、高温烧附于产品上，瓷光与金色浑然一体，技术高超极具特色。

三、全方位的营销创新

营销是企业的生命，高淳陶瓷在准确把握市场脉搏的同时，致力于营销方式创新推动经营策略应变，通过创新求变不断盘活市场资源，为企业迈上新台阶构筑了强有力保障。

（1）坚持自主开发与联合开发相结合，通过与国内外著名设计师合作和举办国际设计双年大赛等，开发出具有明显识别度的骨瓷经典器型，突出高端礼品、高级酒店用品和现代家庭奢侈品的高级定位；通过设计生产、回收加工开辟知名酒企包装市场，打开产品销路，现开发出五粮液"永乐古窖"、东方航空、海南航空用瓷等新产品。技术开发部去年全年开发炻器花面 2 000 个、新器型 610 种、内销花面 10 种、新釉面 176 种，开发骨瓷新器型 643 种、新釉面 10 种、礼品 100 种；策划部设计新产品 72 款，出口花面 165 款，推出礼品组合 93 款，制作客户方案 398 个，获得省级以上奖项 26 项；陶艺苑积极引进各类艺术家进行创作，累计创作陶瓷作品 760 件，有力地支持了国内外市场的开拓。

（2）采取多渠道销售方式，在南京金鹰、紫峰、德基等高端商场拥有百货专柜；针对市场需求打造直营专卖店，现新设办事处及门店 7 家；采取风险自担、利益共享的方式打开沃尔玛等大型超市市场；利用特色供应、优化组合的形式拓展高档星级酒店租赁用瓷业务和节庆活动消费用瓷业务，现拥有加盟商 5 家，利用网络渠道取得了东方航空头等舱用瓷的招标，与南京青奥会和五粮液集团建立了合作关系；除此之外还建立了南京、上海等区域营销中心和电子商务销售平台。

（3）在广告宣传方面，"南京有云锦、雨花石、高淳陶瓷"的广告语简单而有力，已经将高淳陶瓷作为南京的标志物打入消费者心中，这句话甚至还出现在了学生化学模拟试卷中，具备较高影响力。公司还与苏州传视影视合作，推出高淳陶瓷的 30 秒电视广告，突出产品优质工艺和"演绎健康人生，引领时尚生活"的美好夙愿。公司还与百货公司、绘画协会合作，开展文化宣传活动，比如"瓷上曼舞水墨韵——高淳陶瓷·马未定新文人瓷艺术展"，将中国瓷器与国画完美结合，让艺术成为产品的活广告。除此之外，公司在国际慢城建立产品展示与陶艺展示窗口，制作企业专题片、产品宣传片和陶瓷文化创意示范基地推介片，加大企业及品牌宣传。

四、以文化为载体的品牌战略

陶瓷是中国伟大的发明，是中华民族的宝贵财富。陶瓷的价值不仅体现在作为容器的使用功能上，还体现在融入其中的中国文化。高淳陶瓷在品牌建设过程中高度重视文化、艺术的再创造，以文化作为载体，提升品牌价值，特别是针对产品品牌——维特．佩尼和玉泉的塑造为陶瓷品增色不少。

（1）维特·佩尼来源于高淳四宝中的白牡丹传说，白牡丹是玉泉寺的看护神，是铁拐李神仙的药丸误落石间开出的神花。高陶人为纪念铁拐李的神药，用陶土制作精美白牡丹陶瓷，让世人感受白牡丹的高贵典雅。维特·佩尼定位在中国高端陶瓷品牌，打造至荣至贵和尽善尽美的陶瓷，它的产品以大气、细致、风格独特著称，维特·佩尼精品主要为十二生肖系列、文房系列和商务婚庆礼瓷等。该品牌已获得与茅台酒的合作项目，第一批订单就有 17 100 件，和品牌酒商的强强联合，对扩大知名度，稳定生产，提高产品附加值以及降低市场风险具有重要作用。

（2）玉泉陶瓷是高淳陶瓷中端品牌，玉泉二字取自"玉泉寺"，传说白牡丹化身为一片焦宝石，"高陶"人将其研制成餐具，色泽如天然油茶玉色，美观大方。玉泉陶瓷的代表产品主要有骨质瓷、炻器、玉质瓷和礼品瓷，特别是龙腾九州茶壶、红釉描金茶壶、黄釉茶壶是玉泉陶瓷中的典藏之品。1980 年玉泉牌炻器餐具首次在"广交会"上亮相便一炮走红，产品瓷质纯净、釉面素雅、牢固耐用，寓实用性与观赏性于一体，深受国内外客商的青睐，保持畅销美国、日本等国际市场 20 多年，对日本出口总额居我国陶瓷行业前列，窑变釉餐具在美国销量领先，现有 25 个系列、上千个品种，年产量 5 000 万件。随着炻器餐具的风行，高淳陶瓷订单源源而来，综合经济效益连连攀升，一跃成为我国陶瓷行业的创汇创利大户，奠定了在国内陶瓷行业的领军地位，"玉泉"炻器也成为我国十大陶瓷出口知名品牌之一。

高淳陶瓷在品牌建设方面取得了一定的成就：一方面，着力加强品牌推广，依托报刊、杂志、网络等媒体和节会、赛事、航空等平台，全方位多角度开展宣传攻势，使高淳陶瓷成为唯一一家上海世博会、南京青奥会特许生产商。另一方面，大力推进品牌创建，积极申报创建著名商标和名牌产品，获得国家出口免验企业这一金字招牌，"玉泉"产品获得中国驰名商标、中国名牌产品、国家免检产品、全国出口知名品牌等众多国家级品牌。

五、发展面临问题及未来展望

如今，高淳陶瓷保持着快速发展的势头，努力将"china"打造成世界的明星和民族的骄傲。肯定成绩的同时，我们也意识到公司发展面临的问题：日用陶瓷内贸销售中酒店用瓷业务发展不快；产品质量和包装质量的检验把关不严，花纸质量进步不快；电商客户投诉较多，服务营销做得不够到位；品牌策划和营销策划亟待进一步提升等。在座谈会上，

考察团成员针对高淳陶瓷存在的问题,提出了两点建议和期望:

(1)规划品牌架构,赋予品牌符号意义。针对陶瓷产品的不同价值需求,公司的品牌架构应重新梳理,明确企业品牌和产品品牌,有针对性的设计各品牌标识,区分品牌定位,进行差异化管理。在品牌宣传方面可以借助已知名的"玉泉"来推广其他产品品牌,做大做强企业品牌。品牌本身也是一种符号的象征,代表消费过程中的自我概念,是消费群体交流的一种工具。公司可以与国内知名书法、绘画大师买断合作,由中国国粹的艺术价值塑造高淳陶瓷的高端形象,让消费者形成"艺术品"、"收藏品"的品牌联想,最终产生品牌忠诚。

(2)高度重视电商市场,适应互联网时代潮流。电子商务发展到今天已经成为销售的趋势,尽管网购递送过程中易出现破损情况,陶瓷产品的线上需求量依然非常大,电商平台将成为高淳陶瓷再创新高的助推器。公司应划出一定的人力物力财力发展电子商务,全面规划网站的设计、广告推广、包装更改、物流配送、网络口碑管理等内容,将中低端产品逐渐转向网络市场,形成线下参观、体验、线上购买的发展模式。

考察结束后,我们一行人有幸游览了高淳老街、武家嘴农业科技园和国际慢城,特别是国际慢城的安适恬静给我们留下了很深的印象,犹如桃花源中的花草、池塘、茶园让我们流连忘返。如今的高淳慢城已远赴盛名,游览者不断,相信此地旅游业的发展会使高淳陶瓷受到更多关注,公司应借助旅游营销将品牌打得更响。

纵览盐城,以资参鉴*

言 涛 陈光胜 等

　　盐城,这座迄今拥有 2 100 多年历史的名城,古称"淮夷地",又称"瓢城"、"登瀛",西汉武帝元狩 4 年(公元前 119 年)置盐渎县,其时遍地盐场、处处盐河;东晋安帝义熙 7 年(411 年)以"环城皆盐场"而更名盐城县;战国时期,先民们利用近海之利"煮海为盐";秦汉时代,境内"煮海兴利、穿渠通运",盐铁业相当发达;唐时,"甲东南之富、边饷半出于兹"的淮南盐场,仅盐城就有"盐亭一百二十三所";唐宝应年间,境内设有海陵监、盐城监,每岁煮盐百余万石,其时盐城已成为东南沿海重要的盐业生产中心,至于近现代,在历经改革开放后的盐城,已成长为苏北新兴城市。

　　盐城市地处江苏中北部里下河平原,位于北纬 32.85°～34.2°、东经 119.57°～120.45°,东临黄海,南接南通,西南与扬州、泰州毗邻,西连淮安,北隔灌河与连云港市相望,是国家沿海开发战略的前沿城市、长江三角洲经济区成员。1983 年,撤销盐城地区和盐城县,建立省辖盐城市,下辖东台、大丰 2 个县级市和建湖、射阳、阜宁、滨海、响水 5 个县,市区下设盐都区、亭湖区、盐城经济技术开发区、城南新区,全市土地总面积 1.7 万平方公里,2011 年年末户籍人口 820.37 万人,常住人口 748.18 万人(市区人口 162 万人),是江苏面积第一、人口第二的大市,经济总量苏北第二、全省第七。

　　立海之滨,享得天独厚之资源。

　　美丽的盐城地处黄海之滨,是长三角城市群中一座重要的区域中心城市,也是上海 2 小时经济圈中重要的新兴工商业城市。她以其优越的资源禀赋,在土地、港口岸线、能源及农产品等资源上独占江苏第一,细论起来,其资源之得天独厚确有其独特之处。

　　盐城之土地资源禀赋与众不同。全市土地总面积 1.70 万平方公里,其中沿海滩涂面积 45.53 万公顷,潮上带 1 677 平方公里,潮间带 1 610 平方公里,分别占全省的 67%、64.6%和60.8%。海岸线长 582 公里,占全省海岸线总长度的 56%,深水岸线 70 公里;海域面积 1.89 万平方公里,其中内水面积 1.21 万平方公里,领海面积 6 753 平方公里,

　　* ① 本次案例调研是由南京大学商学院 MBA 教育中心前副主任胡峻担任领队,案例中心主任史有春教授担任总指导,工商管理系刘海建副教授和营销与电子商务系杨雪担任副指导,带领 30 多名 MBA 学生于 2012 年暑期赴盐城环保园、科行集团和东风悦达起亚集团参观考察。

　　② "纵览盐城,以资参鉴"和"中国盐城环保产业园发展初探"的调研报告由南京大学商学院 MBA 中心前副主任胡峻担任指导老师,MBA 教育中心 2011 级学员言涛和 2012 级学员陈光胜执笔完成。

沿海海域是中国唯一无赤潮的内海水域。更为难能可贵的是,享有"黄金海岸"之美誉的射阳河口以南沿海地段,以每年 10 多平方公里的速度向大海延伸,为盐城乃至江苏省的发展提供了重要的后备土地资源。

盐城之石油天然气资源丰富。目前,探明石油天然气蕴藏量达 800 亿立方米,预计总储量达 2 000 亿立方米,为中国东部沿海地区陆上最大的油气田,沿海和近海有约 10 万平方公里的黄海储油沉积盆地,居全国海洋油气沉积盆地第二位,有着广阔的勘探开发前景。

盐城之生态旅游资源独特。市域东部拥有太平洋西海岸、亚洲大陆边缘最大的海岸型湿地,被列入世界重点湿地保护区,湿地保护区内建有世界上第一个野生麋鹿保护区和国家级珍禽自然保护区,为联合国人与自然生物圈成员。

千年之下,看盐城经济今日之发展。

盐城,顾名思义,因其拥有广阔的沿海滩涂并盛产海盐而获名,更素有"鱼米之乡"、"百河之城"的美称。城内河湖水面 200 多万亩,生物资源十分丰富;全市耕地面积约 976.5 万亩,里下河地区农作物以稻、麦为主,沿海地区以植棉为主,是江苏省主要商品粮基地、全国六大棉产区之一,粮、棉、油等产量均列全省第一位,肉、禽、蛋、蔬菜等主要农副产品产量均居全省前列。

虽然,盐城农业经济基础较好,资源较为充足,但其经济结构性失衡也较为突出,工业基础长期以来较为薄弱。解放初期,盐城几无任何现代工业基础,工业总产值仅 4 000 万元。改革开放以来,盐城借创新东风乘势而上,大力组织实施八大类重点工程项目、工业"三百"工程以及城建、交通和社会事业重点项目,持续优化经济结构和推动产业升级,逐渐发展并建立起一个以汽车、机械、纺织、轻工、化工为支柱产业的地方工业体系;鼓励产业规模化发展,建立响水县陈家港化工产业集群、射阳县盐东镇纺织产业集群、亭湖区农用机械产业集群、市开发区汽车及零部件产业集群等,并力图以汽车、纺织、化工三大主导产业集群为重点,形成全市经济发展的主力引擎。

近几年,盐城抢抓沿海开发和长三角一体化两大国家战略机遇,以稳增长、转方式、抓创新、控物价、惠民生、促和谐为主线,经济保持平稳较快增长,城市综合实力稳步提升,人民生活持续改善,2011 年,全市实现地区生产总值 2 771.33 亿元,按可比价计算比上年增长 12.8%,其中,第一产业实现增加值 416.83 亿元、增长 3.8%,第二产业实现增加值 1 306.26 亿元、增长 14.8%,第三产业实现增加值 1 048.24 亿元、增长 14%;人均地区生产总值达 38 222 元(按 2011 年年平均汇率折算约 6 000 美元);全市全面小康综合得分达 97.9 分,四大类构成上生活水平实现程度达 99.8%,经济发展实现程度达 98.3%,社会发展实现程度达 95.4%,生态环境实现程度达 97.8%,25 项具体指标中有 19 项达标,东台、大丰率先在苏北实现全面小康。

表 1　2001—2011 年江苏省各市 GDP 及排名

城市	地区	GDP(亿元)	排名	人口(万人)	人均 GDP	人均排名
苏州	苏南	11 000	1	691	159 189.58	1
无锡	苏南	6 800	2	518	131 274.13	2
南京	苏南	6 250	3	624	100 160.25	4
南通	苏中	4 300	4	789	54 499.37	7
常州	苏南	3 750	5	342	109 649.12	3
徐州	苏北	3 700	6	906	40 838.85	9
★盐城	苏北	2 760	7	800	35 000.00	10
扬州	苏中	2 750	8	470	58 510.64	6
泰州	苏中	2 600	9	501	51 896.21	8
镇江	苏南	2 500	10	268	93 283.58	5
淮安	苏北	1 700	11	510	33 333.33	11
连云港	苏北	1 550	12	466	33 261.80	12
宿迁	苏北	1 350	13	515	26 213.59	13

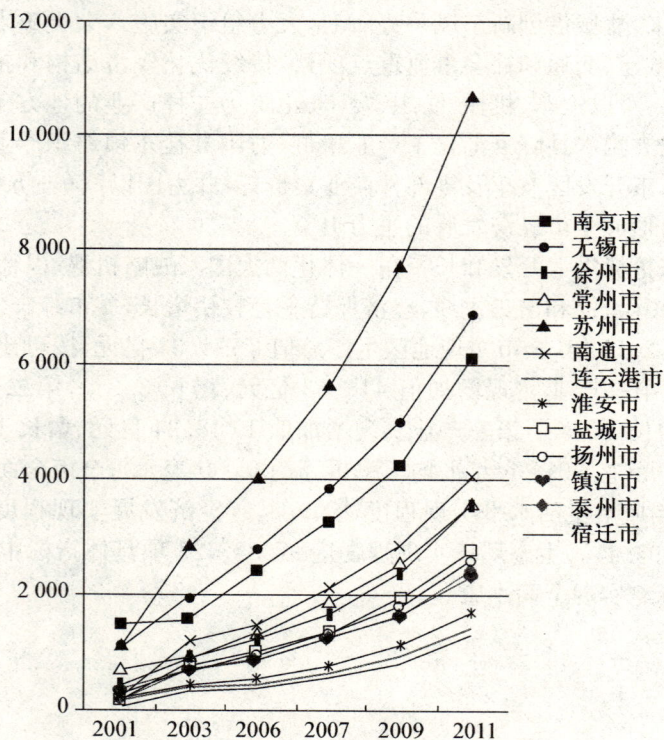

图 1　2001—2011 年江苏省各市 GDP 及排名

由表 1 及图 1 可见,盐城经济虽然在苏北仅次于徐州位列第二、全省第七,但在较大的人口基数情况下,人均 GDP 却落到第十位,且近十年总体增幅相较于苏州、无锡差距甚远,也说明其经济质量相对较弱,知识经济贡献相对偏弱,在省内土地、矿产等资源禀赋要素较为充足,交通较为便利、地缘优势较为突出的情况下,其发展速度缓慢、基数弱小,都反映出其产业集群规模化发展、产业经济结构升级需求已甚为迫切。

环顾左右,观今日盐城所居之优劣;纵横上下,析明朝盐城发展之危机。

盐城集诸多优势于一身,其未来之经济腾飞可期。

(1)盐城区位优势突出。盐城地处黄海之滨——我国沿海、长江和陇海兰新线三大生产力布局主轴线的交汇区域,是长三角城市群中一座重要的区域中心城市,也是上海 2 小时经济圈中重要的新兴工商业城市。盐城南部毗邻我国最大的经济中心上海,北部连接环渤海地区,东临黄海与东北亚隔海相望,西连新亚欧大陆桥和长江黄金水道,是陇海兰新沿线地区出海通道的战略要冲。城市西有沿海高速公路,中有 S331 省道,北有新洋港 5 级航道,以及国家一级港口大丰港和南洋机场,是全省唯一、全国第十个同时拥有一类开放海港和航空口岸,城市地势平坦,下辖黄淮、里下河和滨海三个平原区。便利的海陆空立体交通网络,为盐城的发展提供了有利的物流渠道保障。同时,从地缘发展角度来看,盐城居中靠海,正处在江苏省三大经济圈的空白地带,其发展将是带动苏北五市及苏中三市发展的关键枢纽,也是策应江苏沿海开发与长三角一体化发展战略的重点城市。

(2)盐城交通网络发达。盐城市由铁路、公路、水路、航空和四种运输方式构成了四通八达的交通运输网络,海陆空交通网络通畅发达。

公路上,盐城与外界沟通的主要 3 条高速公路构成环城高速圈。其中,盐靖高速公路(苏高速 S29,原宁靖盐高速),为盐城绕城高速圈西段以及北段,向南最远可至靖江,向东接上沈海高速可至连云港,是盐城通往苏南地区的重要通道;沈海高速公路(国家高速 G15,原沿海高速江苏段),为盐城绕城高速圈东段,北经苏鲁界河锈针河接同江至三亚国道主干线(山东境)汾水至日照高速公路,南接苏通长江公路大桥,并与宁启高速公路交叉,途经连云港、盐城、南通三市;盐淮高速公路(苏高速 S18,原盐徐高速公路),为盐城绕城高速圈南段,东接沈海高速公路,西接京福国道主干线徐州绕城高速公路并与连徐高速公路交叉,自东向西将沿海、宁靖盐、京沪、宁连、宁宿徐等纵向高速公路沟通,是横贯苏北腹地的一条重要的东西向交通要道。

铁路上,目前有 22 列火车途径盐城火车站,可直达北京、南京、哈尔滨、兰州、太原、成都、济南、青岛等城市。目前,连盐铁路已于 2010 年底开工建设,沪通铁路已经通过国家发改委的审批,新长铁路盐城至海安段复线电气化也在积极争取中,在"十二五"末期盐城将会开通到上海的动车。

海运上,沿海陈家港距连云港 27 海里、日照港 59 海里,集、疏、运条件比较优越,为二级航道,国家二类开放口岸。大丰港北距青岛港 210 海里、连云港 120 海里,东距日本长崎港 460 海里,韩国釜山港 465 海里,南距台湾基隆港 620 海里、上海港 280 海里,已被国家规划为对外开放一类口岸。滨海港地处江苏沿海中部,连云港与长江口之内,与日本、韩国隔海相望,-10 米等深线离岸最近处为 1.215 海里,深水直通大海,可建 5 万~10 万吨级码头泊位,是江苏沿海水深条件最好的岸段之一。射阳港现拥有千吨级码头 5 座,并开通了集装箱内河支线,港口年吞吐能力可达530万吨,目前,射阳港已同沿海24个港口通航。

航运上,盐城南洋国际机场距市中心直线距离约8.3公里,已开通盐城至北京、广州、南通、昆明、长沙、上海、台北、香港、韩国首尔、泰国曼谷等地的航班。

(3)盐城海洋资源丰富。盐城拥有582公里的海岸线,占江苏省海岸线总长的56%,盛产鱼、虾、贝类等各种海产品;沿海滩涂总面积683万亩,海岸线总长582公里,沿海及海上风电资源1 470万千瓦,分别占全省的67%、56%和70%,可供开发利用面积达1 300平方公里,射阳河口以南沿海地段以每年10余平方公里速度向大海延伸并已成为省内最大最具潜力的后备土地资源;沿海和近海石油天然气资源蕴藏丰富,已探明石油天然气蕴藏量达800亿立方米,预计总储量达2 100亿立方米,含气面积200平方公里左右,其品质名列全国天然气前列,平均热值9 250大卡,甲烷含量为96.7%,不含硫,为中国东部沿海地区陆上最大的油气田,另有约10万平方公里的黄海储油沉积盆地,居全国海洋油气沉积盆地第2位。

(4)盐城农业基础较好。盐城是黄淮海平原和江淮地区国家粮食主产区的重要组成部分、江苏最大的农副产品生产基地,耕地总面积78万公顷,占江苏省的16.7%,2011年农业增加值850亿元,位居省内第一、全国第三;粮食总产量130.5亿斤,占全省的1/5、全国的1/100。建有8个全国商品粮基地县、1个优质油料基地县和6个优质棉基地县,新建国家和省级农业标准化示范区5个、省级外向型农业生产基地6个,粮棉油、桑果菜和禽蛋鱼等主要农产品的种养规模和总量均居全省第一,是轻工、纺织和食品加工业的重要原料基地。全市有4个县列入省级农产品产地认证,通过省级无公害农产品认证的种植业产地212个、面积223万亩,畜牧业产地87个、畜禽规模1 800万头(只),通过认定的有机食品基地2个10.2万亩、绿色食品基地6个22万亩,并有179个产品获得有机食品、绿色食品和无公害食品称号,无公害农产品产地认证居全省之首。

(5)盐城生态旅游资源独特。盐城位于太平洋西海岸、拥有亚洲大陆边缘最大的海岸型湿地,被列入世界重点湿地保护区。大丰野生麋鹿保护区是世界上第一个野生麋鹿保护区和国家级珍禽自然保护区,为联合国人与自然生物圈成员,保护区内有麋鹿种群600多头,其野生种群总量、繁殖率和存活率均居世界首位;位于射阳的国家级珍禽自然保护区有国家重点保护的一类野生动物12种,国家二类重点保护野生动物67种,每年来此越冬的丹顶鹤达到1 200多只,占世界野生种群的60%以上。此外,盐城海滨湿地还有长200公里、宽140公里近岸浅海区的辐射沙洲,面积10多万亩的海滨林场和辽阔的海滨草原,形成集蓝天、大海、滩涂、森林、草原和珍稀动植物于一体的独具特色的盐城滨海风光。

(6)盐城环保产业发展好。2009年4月17日,中国盐城环保产业园正式成立,并着眼倾力打造自主创新与创新型区域建设的特色园区,中期规划50平方公里,近期规划26平方公里,其中启动区6.69平方公里。目前是江苏省沿海开发战略中唯一的环保产业特色园区、六大环保产业基地之一,也是苏北谋求超常规、跨越式、追赶型发展的现实样本,经过三年的发展,围绕建设烟气污染治理、水净化及污染治理、固体废弃物处理、绿色建材四大支柱产业的战略架构,园内聚集了国内外87个亿元以上重大项目,协议总投资额高达 450 亿元,位于国内 11 家环保产业园区龙头。

(7) 盐城劳动力相对富足。盐城拥有 820 万人口,省内仅次于徐州,其每年外出至长三角和珠三角地区务工人数达 80 万人以上。每 10 万人中具有大学程度的由 2 283 人上升为 6 291 人;具有高中程度的由 13 070 人上升为 15 529 人;具有初中程度的由 38 516 人上升为 38 991 人;具有小学程度的由 32 277 人下降为 26 917 人;15～64 岁人口为 5 349 041 人,占 73.68%。

正所谓,贵以知不足,然后能自反也。盐城经济发展劣势同样也非常明显。

(1) 盐城经济总量小水平低,吸引力不足。2011 年,盐城全市实现地区生产总值 2 771.33 亿元,位列全省第七,三产比例调整为 15.0∶47.1∶37.8,全年财政总收入 754 亿元;人均 GDP 约 38 222 元,而同期苏州、无锡、南京、常州、镇江等苏南城市的人均水平分别为 15.92 万元、13.13 万元、10.02 万元、10.96 万元和 9.33 万元,分别相当于盐城的 4.55 倍、3.75 倍、2.86 倍、3.13 倍和 2.67 倍。可见,盐城远落后于苏南诸发达市县。较小的经济总量、较低的经济水平,决定了盐城财政收入有限,城市建设步伐偏慢,对外吸引力不足。

(2) 盐城高端人才相对缺乏,制约城市知识资本集约发展。未来的竞争是人才的竞争。相对省内其他先进市县而言,盐城的城市品牌对外部高端人才的吸引力明显不足,即使是盐城师范学院、盐城工学院所培养的优秀毕业生也大量外流。盐城大力发展产业集群战略,要推动产业结构的调整优化与升级,高端人才相对缺乏将是其关键性制约因素。

(3) 盐城经济发展不平衡,资源配置的协同性和全局性作用发挥不够。一是地区经济发展不平衡。盐城所辖 10 个县(市、区)可分为三大板块,其中,东台、大丰、亭湖、盐都、开发区构成第一板块,以承接苏南产业转移为契机,实现经济跨越式发展,达到甚至超过苏中平均水平;射阳、建湖、阜宁构成第二板块,在吸引外来企业投资上取得明显成效;滨海、响水为第三板块,尽管近年来发展速度较快,但经济总量基数小、经济基础差,短期内仍难以获得较大超越。

二是产业经济结构不平衡。传统产业在整个工业体系中比例过重,纺织、化工、机械和食品四大产业附加值较低、科技含量不高,但占总产值的 70% 左右,而大型工业企业总产值占工业总产值比例不足 10%;虽然盐城是江苏省汽车生产基地、跻身全国汽车产量前十,其主要企业东风·悦达起亚 2011 年产销 782 亿元,占到了当年盐城 GDP 近 30%。因此,盐城尽管亿元以上规模企业 2 600 多家,但总体而言空有数量而无集聚规模,结构失衡、产业集中度低、趋同现象突出,特色产业、互补产业的经济结构尚未形成。

孙子曰:善战者,求之于势,不责于人,故能择人而任势。由此观之,借机发展、顺势而为,方能事半功倍。

——借国家战略之江苏沿海开发战略大势,则有利于助推盐城经济之迅猛发展。

2007 年,《江苏省沿海开发总体规划》出台,为盐城等苏北地区的沿海开发带来了新的机遇;2009 年,国家出台《江苏沿海地区发展规划》,沿海开发从江苏省上升到国家战略层面,盐城迎来了持续发展的新机遇。从区域上看,盐城、连云港、南通等沿海地区地处我国南北交汇枢纽地带,是江苏省最具发展潜力的区域,但目前我国沿海经济发展还处于"低谷"。充分利用盐城的沿海优势,以系统的思维确定盐城区域经济发展的战略体系,将为盐城带来前所未有的发展机遇。

——假国家战略之长三角区域经济一体化大势，则有利于助推盐城经济之科学发展。

2008 年，国家出台《国务院关于进一步推进长江三角洲地区改革开放和经济社会发展的指导意见》，将盐城纳入长三角区域范围，长三角地区发展条件和政策环境将进一步促进生产要素合理流动和优化配置。盐城依托长三角区域经济发展大势，将加快与长三角核心区域的对接和融合，实现经济的高质量高速度增长。

——依国家对环保产业之政策性扶持大势，则有利于盐城环保产业园之蓬勃发展。

2010 年发布的《国务院关于加快培育和发展战略性新兴产业的决定》，节能环保产业更是位列七大战略性新兴产业之首，但除最早成立的一批环保产业园或环保产业基地，凭借自身的特殊地理条件和国家的政策扶持以及起步较早而发展较成熟外，大多数的环保产业园渐渐蜕变为普通的工业园；另外，随着国家"十二五"规划纲要的实施，4 万亿元对环保产业的投资，盐城环保产业园必将迎来新的更大的发展机遇。

——融国际化合作进程之大势，则有利于盐城外向型经济之接轨发展。

随着我国积极参与和推动国际区域经济合作，盐城与新亚欧大陆桥沿线国家以及东北亚各国的经济联系将更加紧密，为城市充分利用两个市场两种资源、提升对外开放水平，参与和强化新亚欧大陆桥东方桥头堡的地位和作用创造新机遇；同时，随着国际金融资本加速向实体经济转移，盐城也面临承接国际产业转移的新机遇。

兵法有云，多算胜，少算不胜，而况于无算乎？盐城未来经济的发展，不但在于对机遇的把握，更需要知道如何于危中寻机。

——盐城经济易于受国际经济危机影响。

盐城地处沿海和新亚欧大陆桥沿线，虽然易于经济合作与交流，但同时也易于受外部经济环境的影响。在 2009 年以来的国际金融危机冲击和影响下，盐城暴露出产业结构抗风险能力不足的问题，工业经济下行明显，2011 年全市 2 600 多家规模以上工业企业，50％以上企业市场销售下降。随着国际环境起伏不定，行业周期日渐缩短，盐城经济相较于内地城市将更快更多更直接的受到外部经济形势变化的影响。

——盐城产业经济结构亟需调整、优化与升级。

盐城虽然确立了以汽车、机械、纺织、轻工、化工为支柱产业的地方工业体系，但在实际发展过程中，自主创新能力不足，招商引资难度大，经济发展结构不平衡，例如冶金、锻造、化工等 10 个高耗能项目的运转，虽然一定程度拉高了经济增长，但反而因为"积重难返"，对城市经济结构的调整、优化与升级带来了更大的阻力，不利于城市的全面协调可持续发展。

期明日之盐城，思今日之方略。

立足当前，展望未来，盐城的经济发展要实现省内崛起与腾飞，必须加大全方位资源的科学调配，顺势而为、重点发力、结构推进、以点带面，进而实现经济战舰的立体性攻势。

一是依托江苏沿海发展和长三角一体化发展两大国家战略，以优化经济结构和转变单一发展方式为主导，加强汽车产业集群、船舶产业集群、纺织产业集群、装备制造产业集群、新能源产业集群、环保产业集群规模化发展，加大海洋资源深度开发，实现经济结构协调、多元产业互动的良好格局。

二是充分发挥自身农业基础、生态资源、海洋资源、丰富的土地后备资源、环保产业、海陆空便利交通等的比较优势，加大产业交融与互促，面向内陆加大泛长三角区域的分工合作，加强与南通和连云港两市的协同与合作，进而产生内陆协同联动效应；面向海外强化与新亚欧大陆桥沿线国家和地区，以及环渤海地区经济贸易的交流合作。

三是加强城市品牌建设，重点加强社会治安、科教文卫、精神文明等软环境的投入建设，加强政府职能从指导型向服务型的转变，加大招才引智良好环境建设和氛围营造，强化知识资本增量经济的带动效应，着重人才集聚效应。

四是加大虚拟网络经济研究，瞄准未来金融及其衍生工具创新市场发展前沿，强化金融市场监管建设的同时，依托上海金融中心辐射的2小时经济圈优势，强化金融创新与服务后台建设，支持区域发展融资的同时，努力打造华东区域金融资本运作平台。

五是结合国家对环保产业的政策性支撑，充分考虑产业结构优化与升级，自主创新能力的提升，以及资源环境的承载力，最大程度消除经济负外部性影响，尽可能降低资源存量经济结构比例，以盐城环保产业园为龙头拉动，强化清洁生产、绿色低碳循环经济和环保产业等高科技高附加值创新型增量经济贡献，打造长三角经济区北翼经济强市，走一条适合盐城地区发展有地区特色的经济发展道路。

析历史可以知兴衰，鉴经验可以佐得失。盐城，这个处于长三角经济圈的沿海城市，其相对内陆较快、沿海偏慢的发展速度，其改革创新与谨慎求稳的拉锯式发展，在一定程度上助推了城市的不均衡发展，其在近年的发展中所取得的经验和未来发展方向都值得我们去总结和探索，我们也希望这种尝试能为内陆欠发达地区以及其他地区的发展提供有益的借鉴和参考。

中国盐城环保产业园发展初探

陈光胜 言 涛 等

　　《韩非子·内储说上》载:"殷之法,弃灰于公道者断其手"。商鞅在秦国实行法治,也规定了"步过六尺者有罚,弃灰于道者被刑"的法律。可见,当时人们已经严禁乱抛废物损害环境。随着工业化的不断深入发展,生态破坏和污染问题已经远超古代,已经形成了大面积乃至全球性公害。"绿草如茵,空翠爽肌,山明水秀,和谐人居"成了人们心中美丽中国的美好愿景,为了实现这一美好愿望,国家把环保问题提高到了前所未有的高度,根据2010年发布的《国务院关于加快培育和发展战略性新兴产业的决定》,节能环保产业更是位列七大战略性新兴产业之首,也正是在这样的背景条件下,全国的环保产业园区如雨后春笋般涌现出来,国家级的就有14个之多,省级的,地市级更多,但现实的情况是:真正做成做大的屈指可数,大部分的园与普通的工业区没有本质的区别。令人惊奇的是:中国盐城环保产业园,一个成立于2009年的名不见经传的省级园区,短短三年的时间,从无到有、从小到大、后来居上,在环保产业园区发展大潮中脱颖而出,成长为中国环保产业园区排头兵。是什么样的一个模式让盐城环保产业园崛起于苏北、领先于全国呢?

一、抓住机遇,战略布局

　　首先抓住了江苏沿海开发上升为国家战略的重大机遇,盐城虽然是沿海城市,但多年来,盐城的沿海优势并没有得到彰显。沿海开发上升为国家战略,盐城作为沿海地区的中心城市,将迎来史无前例的发展良机。中心城市发展对沿海开发具有重要的辐射带动作用,从中央到省里的政策都会向盐城倾斜。环保产业是个政策性极强的行业,环保产业的发展,需要国家政策的强力推动。

　　再有利用长三角一体化加速地区融合的机遇,经济全球化背景下,需要以城市群的形式参与全球竞争。盐城地处江苏沿海之中,位于连接环渤海经济区和长江三角洲都市圈的"京沪东线"发展走廊的重要节点之上,毗邻新亚欧大陆桥东桥头堡之南,身居长江三角洲都市圈北翼,是长三角与苏北联系的门户。随着长三角竞争力的提升与功能的日趋强大,盐城也成为苏北地区与上海联系最便捷、最有条件融入长三角的城市,沿海开发后发优势逐步显现。盐城环保产业园的后来居上,与后发优势的显现不无关联。

　　在此背景下,盐城市政府对原来的定位为普通工业区的南洋经济开发区做出重大战略调整,经过充分研究论证,将其定位为:中国领先的环保产业园。

二、天然条件,得天独厚

盐城地处江淮平原,东临浩淼无垠的黄海,滩涂湿地海田相接,草木茂盛,鹤舞鹿鸣。拥有难得的原始生态禀赋,盐城的海岸湿地,总面积为683万亩,占江苏的滩涂面积70%,全国的七分之一,在太平洋西岸、亚洲大陆边缘没有一个能超过盐城湿地的辽阔和广大。盐城湿地自然风光秀丽,村宅星落,绿树红花,炊烟袅袅,渔舟点点;数百里林带、芦苇荡,茂密葱茏,遮天蔽日、幽深挺秀,青苔染枝、藤蔓缠绕,流水哗哗,鸟音啾啾,恰似世外桃源。正是由于盐城拥有如此得天独厚的自然条件,盐城规划建成国家的生态功能保障区,生态之城。绿色环保、自然生态是盐城的名片,因此,盐城将环保产业作为自己的战略产业和盐城城市发展的战略定位完全吻合。盐城环保产业园是生态盐城战略的自然延伸。

三、夯实基础、拓展优势

盐城有一定的环保产业基础,全市有200家从事环保产业的公司,其中不乏科行、吉地达、宇达等在在行业有一定影响力的企业。在脱硫脱硝、烟气除尘设备的研发生产等众多领域有一定的产业积累。尤其在烟气治理领域在全国来说有一定的产业集聚优势。因此,盐城建设环保产业园不是盲目的简单跟风行为,是在已有的产业基础上发力拓展的科学决策的结果。因此园区成立后,以科行为代表的一批本土企业迅速在园区内扎根,获得了新的发展,国内烟气治理前五强悉数落户园区。以他们为龙头迅速使园区在我国烟气治理行业领跑在第一方阵,是国内同一区域积聚环保制造业和环保研发机构最多的园区。通过努力,完全可以实现打造"中国烟气治理之都"的目标。进而在水处理等其他三大板块实现群体突破。

四、高举高打、志在高远

园区着眼"四高"抓建设,园区设计之初定位清晰,不搞简单的重复建设,发展上有差异有创新,建设过程中始终坚持"高起点规划、高标准建设、高效能管理、高人才集聚"的思路,这也是盐城环保产业园有别于国内其他园区的最大成功之处。

1. 规划上坚持高起点

规划建设上坚持有利于产业园环保产业链体系建设的判断标准。重点突出在其战略定位上,对接国家战略在节能环保产业上的发展方向,全面实现城市环境与经济社会的"共生双赢",推动了环保产业集聚发展,确立了园区围绕建设烟气污染治理、水净化及污染治理、固体废弃物处理、绿色建材四大支柱产业的战略架构。产业规划建设定位着眼高端且战略清晰明确,如烟气污染治理产业链明确以烟气污染防治装备制造为核心,设计和安装维护为辅助,以十一个工业行业和两大服务行业为配套,链条较短但综合性较强的产业链;园区在引进企业是不是简单的堆砌,而是产业链,产业集群的整合,发挥园区经济的最大效能。例如，突出高效选粉、大布袋除尘、脱硫脱硝等方面除尘设备的研发生产，并从单一生产建材行业机械设备向环保装备、洁净产品、工程服务、资源综合利用等众多领域延伸的发展重点。同时，不和国内其他的园区在低层次的优惠政策和简单的拉普通的环保企业进园的方式简单竞争，定位伊始就跟其他的园区拉开了差距，形成了差异化竞争格局。

2. 招商引资上坚持高标准

盐城环保产业园在招商引资上着眼高标准，坚持环保产业路线，绝不把降低环保和安全的门槛为招商引资的优惠条件，坚持"有所为，有所不为"的原则，瞄准环保关联行业的世界500强、国内十强和行业前三强企业，强化名牌企业的品牌示范效应和发挥优质企业对供应链的马太效应，以热忱的接待，感动目标客户，使其落户园区，打造了只有一流的环保企业才能跻身盐城环保产业园区的高端品牌；形成进驻企业和园区自身品牌的良性互动，通过进驻企业的品牌打造自身的品牌，自身品牌价值的提升又进一步提高了园区对优秀企业的吸引力。目前已有中国建材集团、三维丝、浙江菲达集团、福建龙净集团、万邦达集团、碧水源集团等知名环保企业，以及中国环境科学研究院、同济大学等多家院校环保研究机构200余家入驻园区。由优秀的企业集群向优秀的产业集群发展。现代经济是品牌的竞争，产业园之间的竞争也是品牌的竞争，一流的产业园需要一流的品牌。产业园入驻企业的品牌就代表着这个园区的品牌。

3. 建设上坚持高效能

盐城环保产业园能在短短三年从出生到令人瞩目，与其建设的高速度密不可分。园区自2009年4月成立始，便以超常规的速度高效推进各项工作，坚持不推不等不靠，2010年即已完成近40公里的路网建设，14 000平方米的绿巢更是以七天一层的进度快速崛起，300亩的生态湖、80万土方的挖掘任务仅用了28天就顺利完成，吉地达、科行8万平方厂房从开工到投产仅用了3个月时间。

为投资项目提供"一站式"、"一条龙"全过程跟踪服务，努力营造"收费最少、服务最好、回报最大"的宽松环境，全力打造投资兴业的宝地。正是园区这样的服务理念，才能诞生这样的高效。引进来只是开始，更重要的是如何让企业在这里生根，发芽，开花，结果。

盐城环保产业园虽然建设上没有先发优势，但其高标准起步、快速建设，在大势上站在了国家叫停资源配置效能低下、项目重复建设、国有资源浪费严重、地区发展不平衡等问题滋生的各类园区项目的战略前沿，也为今日成为国内首屈一指的环保产业园，乃至打造出国际一流的环保小镇提供了有力支撑。可以预见在不久的未来，盐城环保产业园示范效应进一步凸显，必将成为国内外融环保研发和环保装备的制造基地，环保材料、产品、技术、成果的交易基地，环保工程的服务基地，环保城镇的示范基地为一体的环保生态新城楷模。

4. 建设人才高地

盐城本土科教资源较为匮乏，如何吸引高层次人才，一直是当地企业持续发展过程中的一道难题。环保产业是技术密集型产业，没有人才高地，就没有未来的发展，盐城环保产业园做了很好的破局，把引进高校人才作为发展战略性环保新兴产业的核心工作来抓，采取了"固本求源"的办法，出台了《盐城环保产业园关于引进高端人才的实施办法》，一方面依托本地盐城工学院、盐城师范学院等教育资源提供的各种高素质人才,邻近的技师学院、盐城生物工程学校每年培养输送技术工人3万余人,为产业园的发展提供有力人才资源;同时,科技研发上与南京大学、清华大学、同济大学、东南大学、复旦大学、江苏中建材环保研究院等20多所知名院校和科研院所合作,建设博士后工作站,成立了南京大学盐城环保技术与工程研究院(国家重点实验成果转化基地)、上海同济大学环境工程研究院盐城环保研发公共服务平台等,仅研究院每年研发新产品、新技术就达5～10项,其中70％以上在盐城实现成果转化。

五、结语

中国盐城环保产业园发展到今天,不论从天时地利还是人和方面来看,从一个相对于国内诸多地区而言,毫无突出优势的小镇,努力寻求竞争战略差异,大力发挥自身的比较优势,坚持走"科技领先、以特制胜、招大引强、迅速扩展"的发展路线,实现了快速成长并领跑国内环保产业园。鉴于此,中国盐城环保产业园的发展经验值得我们去研究、探索和总结,这也将为后来者的发展提供有益的借鉴和参考。

江苏悦达集团多元化战略调研报告

孙焰斌[*]

一、江苏悦达集团的基本情况

江苏悦达集团现在已成为一个以投资为主要业务的国有企业。目前在境内外拥有两家上市公司、30多家子、分公司、3万多名员工、资产总额400多亿元。集团以汽车和纺织为两大支柱业务,形成了工业制造、能源矿产、公路投资、现代服务业、商业地产和房地产开发五大产业集群。2011年,实现营业收入782亿元,利税151.45亿元(数据来源:企业网站)。2011年盐城市税务局网站公布的全市地税各项总收入246.79亿元,国税系统共完成工商税收收入178.35亿元。可见该集团在盐城的经济发展中起核心支柱作用。在盐城这样一个年GDP 2 700亿元的地级市,这是一个无人不知的举足轻重的企业。

从该企业的发展史可以分三个阶段:第一个阶段1976—1990年,是创始人胡友林艰苦创业的阶段;第二个阶段1991—2009年,是悦达集团国有化后快速、多元化发展的阶段;第三个阶段,是2009年胡友林去世后至今的悦达集团。

第一阶段是胡友林资本原始积累的阶段。1976年2月,鉴于盐城地区煤炭供应缺口较大的情况,盐城地区燃料公司成立驻山西调煤组,胡友林任副组长,他带领4名同志,奔赴山西,开始白手起家。1977年7月,盐城地区燃料公司驻晋办事处成立。1978年,胡友林同志在驻晋办事处推行经济承包责任制,实行"五定一奖赔"制度,即:定任务、定质量、定点、定人、定费用,完成任务有奖,造成亏损赔偿。这年的12月三中全会才召开。可见他有较常人超前的管理理念。1984年,胡友林的盐城市燃料公司驻晋办事处率先实施"全额包干,核定基数,盈亏自理,奖惩分明"的调煤大包干方案。1986年居然能在山西太原建起一座五层大楼。此后,又购买了200节铁路自备车皮和一艘3.7万吨的海轮"盐阜"号,创造了"没有铁路有火车,没有海港有海轮"的奇迹。为悦达集团的发展奠定了坚实基础,也为解决盐城乃至苏北地区的煤炭供应作了重要贡献。

第二个阶段,胡友林在1989年11月成立了盐城市物资实业总公司。那是一个大家纷纷下海经商的年代,胡友林将自己的企业国有化。1991年2月盐城市委、市政府决定,将原隶属于市机械冶金工业局的盐城汽车总厂划归盐城物资实业总公司经营管理。1991年5月15日经盐城市政府批准,同意在盐城市物资实业总公司的基础上,组建盐城悦达实业集团,为正处级建制。胡友林任董事长、总经理。从此胡友林成了带"红帽子"的企

---

* "江苏悦达集团多元化战略调研报告"由刘海建副教授担任指导老师,MBA中心2012级学员孙焰斌执笔完成。

业家。

身份的转变让他得到了政府的支持,同时,企业家的眼光和能力让他在并入悦达集团的各个企业及相关行业中都有较大的发展,业绩不俗,并充分得到各方的肯定。从与德国黛安芬合作开始,悦达集团先后与韩国现代起亚、法国家乐福、印度马恒达、德国艾文德、日本富士重工、台湾南纬公司等多家世界著名企业合资合作创办了东风悦达起亚、悦达纺织集团、悦达专用车辆有限公司、悦达地产、悦达国际大酒店、悦达农业等;同时,用资本运营带动产业发展,推出了苏北第一家 A 股上市公司,在香港发行上市了江苏第一只红筹股;由此,悦达集团成为一家多元化投资公司,形成汽车制造、能源矿产、基础设施投资、现代服务业等支柱产业。

第三个阶段,是 2009 年胡友林去世至今。2009 年,悦达集团已是拥有 2 家上市公司、30 多家分、子公司、年营业收入 500 多亿元的企业航母。盐城市任命盐城市政协副主席陈云华为悦达集团党委书记、董事局主席,同时还组建了一个工作组进驻悦达集团,协助陈云华工作。这个阶段,悦达集团坚持稳健经营公路等基础设施产业;进军战略性资源产业,矿产开发板块的规模迅速扩大;以新型商业模式整合现代服务业,初步形成了连锁超市产业链、现代物流产业链、休闲娱乐产业链等。现代服务业的经济规模在集团的经济总量总排第二位。

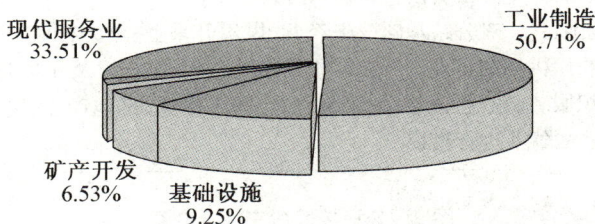

图1 "十一五"期间产业板块占经济总量比重

这个阶段,悦达集团提出了三大目标:到 2015 年末实现营业收入超 1 900 亿元,实现净利润超 100 亿元,上缴税收超 100 亿元。为此,在多元化的框架中,也在进行一些产业结构的调整:在新能源产业有所突破,2012 年 7 月 17 日,与台湾华新丽华集团以及盐城经济技术开发区三方共同投资高端薄膜太阳能电池项目。

上市公司的资产结构也在调整:黛安芬等纺织企业退出上市公司,注入了新的矿业资产。一个多元化投资的国有企业在盐城继续快速发展。

二、悦达集团多元化战略的路径分析

从江苏悦达集团发展三阶段,我们可以梳理出该集团多元化战略的路径。

1. 纵向一体化的资本原始积累

在悦达发展的第一阶段,是胡友林艰苦创业和资本原始积累的阶段。在这个阶段他的目标很明确,调运煤炭到盐城。既能得到公司的经济效益,又解决了盐城缺煤的社会困难。这个阶段展现出胡友林作为创始人的经营管理能力。在一个行业内,用当时较为先进的绩效管理模式,任务承包到人。为解决运煤渠道的各个环节,大胆购买火车车皮和海轮,在山西和盐城间开辟了一条煤炭运输的大通道,形成了一个以煤炭购、调、运、销一体化的发展模式。这个阶段的战略可以归纳为煤炭这个单一行业的纵向一体化。同时,在山西的建起办公大楼,进行了固定资产的投资。在当地扎根,为后来的悦达集团投资矿业埋下了伏笔。

2. 与巨人同行的多元化战略

在悦达发展的第二阶段,一个重要的契机是集团的国有化。悦达集团成为一个正处级的国有企业。胡友林作为企业家的开拓精神在政府平台的支持下,如虎添翼。很多政府并入悦达的企业当时都是亏损的、经验艰难的企业。悦达集团让这些处在不同行业的企业都能得到发展,最终形成了一个多元化投资集团,一个盐城当地的纳税大户。取得经济效益和社会效益双丰收的局面。至于当时为何将企业国有化,现在无从考证。

```
控股股东名称:江苏悦达集团有限公司
法定代表人：ﾠ胡友林
成立日期：ﾠ1995 年 8 月 4 日
注册资本：ﾠ32 693.082 6 万元人民币
公司类别：ﾠ有限责任公司(国有独资)
经营范围：ﾠ对公路基础设施经营、煤炭开采业、电力行业、汽车制
造业、农用机械制造业、环保专用设备制造业、棉纺织及印染精加工
业、纺织服装制造业、针织品及制造业、国内商业、房地产业、物流业、
旅游业、餐饮业进行投资。
```

图 2　公司控股股东情况介绍

影响最广的合作是悦达集团与国内的汽车名牌东风、韩国现代起亚共同合资的东风悦达起亚汽车有限公司。三方合资有着不同的利益诉求,的确需要很大的整合能力。从悦达集团的角度看,在与起亚合资以前,胡友林一直在尝试进入汽车行业。早在 1991 年,原隶属于市机械冶金工业局的盐城汽车总厂划归悦达后,悦达即与印尼马吉琅市四轮汽车公司合资 L300 系列轻型客车项目,1992 年自行研制成功 YQZ6500 轻型客车。1996 年即开始与韩国起亚自动车株式会社实现技术合作,引进 PRIDE 经济型轿车的全套生产技术。直至 2002 年东风、悦达、起亚正式开始合作。在这十余年对这个行业的探索中,胡友林对汽车行业有着较为理性和前瞻性的思考。当不少汽车行业的业内人士对中国加入WTO 忧心忡忡,胡友林看到汽车将成为一个新的消费热点和增长点,坚持在汽车行业投资。当时悦达在七条高速公路投资、及煤矿、家乐福等投资中有 7.8 亿元现金流,对投资汽车很多人不理解。胡友林连续 3 年在工作会议上说服企业内部人员,要求大家既要看到经济效益,又看到汽车工业对社会发展的带动作用。对外,要平衡三方利益。一方面不断树立韩方在盐城的投资信心,得到起亚方面的研发力量和企业管理经验。另一方面,通过东风品牌获得了乘用车的生产许可证和轿车生产目录。悦达整合了这两张王牌,汽车制造终成盐城的支柱产业。2012 年,东风悦达起亚累计实现销售乘用车 186 万台,累计

实现销售收入 1 773 亿元,累计上缴税金 169 亿元,直接吸纳就业 6 000 余人,间接创造就业岗位近 10 万个。

另一个盐城的支柱产业纺织业也与悦达集团的开拓有关。盐城是国家优质棉基地,年产皮棉 25 万吨。但盐城纺织企业设备落后,规模小。悦达集团在 2000 年左右大量收购了经营不善的纺织厂。从"差别化、规模化、国际化"思路出发,延伸产业链条。与德国黛安芬合资生产高档妇女内衣;与法国家乐福合作生产家用纺织品;与美国 Springs 公司合作,引进纺织品和装饰布方面的先进技术和研发体系;与韩国现代起亚集团和日本织物建立良好关系,为发展产业用纺织品打下良好基础。

自 1996 年开始,悦达看准了基础设施领域收益稳健的特点,投资 2 000 万美元建设 204 国道新施工段。10 多年来,全方位投资交通基础设施,控股、参股经营 7 条国家高等级公路,获得了良好的投资回报,开通了抵押融资的渠道。

除此之外,悦达集团与日本富士重工业株式会社签署技术转让合同,引进了日方先进技术生产压缩式垃圾运输车。还在盐城成功经营着当地第一个三星级涉外旅游酒店,并于 2002 年升为四星。同时,在上海适时进行了房地产方面的投资。这些都给悦达集团带来了丰厚的回报。

在不同行业的经营和开拓中,悦达集团这个发展阶段一个较明显的特征是在其各个产业中,都高起点谋划发展方向、高起点挖掘产业潜力、高起点寻求合作对象,使企业在国际化、规模化、新型工业化的发展中借船出海、借脑明智,让整个集团成形成加乘式增长的功效。

3. 多元化的国有资本投资

胡友林去世后,悦达发展的第三阶段,盐城市政府启用了在悦达集团工作过,后回到盐城市政府,时任盐城市政协副主席的陈云华。江苏悦达集团的发展与盐城市的经济发展更紧密地联系在一起。

江苏悦达集团在其"十二五"规划中提出了"调整提高现有产业、积极培育新的增长极、全面落实保障举措"的发展思路,全力推动"二次创业",保持了稳健的发展态势。

这个阶段,悦达逐步调整了投资结构,在太阳能电池、制药研发和生产方面进行了投资。新能源产业成为新的突破口。近期,悦达甚至开始试探性投资文化产业和新媒体,董事长陈云华提出了"移动悦达 数字悦达"的新思路。

金融方面,悦达集团积极拓展融资渠道和授信规模,信用等级从 AA 调升为 AA$^+$。从其网站可以获知,仅中行对其的授信额度就 30 亿元,光大银行授信 50 亿元。目前悦达集团已挂牌成立资产管理公司以及科技小额贷款公司,与盐城经济技术开发区达成金融产业合作协议。

在悦达集团的支柱产业方面,东风悦达起亚 K5、K2 两款新车成功上市,全年实现营业收入 426 亿元,产销汽车超 43 万辆,净利润超 35 亿元,进入全国乘用车销量第 8 位,汽车三工厂项目获国家发改委备案批准通过,正在进行建设;纺织产业链建设成效显著,与台湾南纬等知名企业和相关院校深度合作,成立了南纬悦达纺织研究院和悦达学院,丝光棉色纱项目竣工投产,贴合布项目进入设备调试阶段,增资入股台湾南纬。此外,集团的能源、现代服务业、公路投资和置业等板块业绩也有所增长。

现在的悦达已成为典型的国有企业。悦达集团构建了党委的政治核心、董事局的决策中心,经理层的经营管理指挥中心等"三心合一"的领导体制。对于事关企业发展战略的重大问题、生产经营中的重大问题、改革改制中的重大问题、企业管理中的重大问题、干部人事调整的重大问题等,都经过党委集体讨论,进行民主决策。

三、江苏悦达集团多元化战略的特征

在盐城这样资源匮乏的苏北城市,有江苏悦达集团这样的企业的确值得称道和认真研究。对其多元化战略中核心能力的识别和澄清,有助于理解这个企业的成功之道。

1. 政商合一的成功典范

在完成资本的原始积累后,创业者胡友林为何走国有化的道路现在不得而知。在20世纪90年代,把亏损国有企业卖给一些民营企业家的案例很多,而以国有企业身份继续经营的情况真是不多见。这要求企业经营者在按自己的思路开拓经营时不被政府过度干预,又要得到政府的支持。这需要很大的政治智慧。江苏悦达集团的成功与胡友林在政商间协同的能力有很大关系。除在企业的职务外,他1992年开始兼市政府秘书长,直至1995年2月,胡友林享受副厅级政治待遇。2000年1月起,先后任盐城市政协副主席、市委常委、市人大常委会副主任等职务。他还是九届、十届全国政协委员,江苏省第九次、第十次党代会代表,江苏省八届人大代表,盐城市第四次、五次党代会代表,四届、五届市委委员,盐城市六届人大代表。

这顶"红帽子"让他在能源矿产、高速公路等基础设施方面的投资风险大大降低。例如:悦达上市公司控股的内蒙古准格尔旗乌兰渠煤炭,2008年毛利率就高达68.73%,现在,悦达集团手上还有山西、陕西、内蒙古总储量达10亿吨的煤炭,还有500万吨的有色金属资源。如果没有国企的背景,早就如浙江煤老板一样被关门打狗,不是国有化就是清理掉了。回头去看,早在1991年,胡友林就将企业国有化,不但有商业头脑,还有很清醒的政治意识。

当然,从对汽车和纺织行业的投资看,悦达集团的确即关注企业的经济效益,又要关注一个地区的社会效益。与地区的经济发展利益一致,才能争取更大的资源,得到政府的政策扶持。甚至在2003年,盐城开通了至韩国首尔的国际包机,每周往返共4个班次,由于乘客不多,政府要求有关部门组织职工前往韩国考察。这些支持为悦达集团最大限度引进韩资创造了极为有利的条件。

2. "与巨人同行"的能力和胆识

从经营管理的角度看,悦达集团一个比较明显的经营策略是与各行业内的大企业合作。悦达集团规模庞大,但独资企业极少,目前只剩下悦达国际大酒店等几家企业,其余全部拿出去与别人合作,或合资或股份。这被悦达集团自己归纳为"与巨人同行",或是"站在巨人肩膀上"的可持续发展。仔细查看悦达多元化涉及的每个行业,汽车与韩国现代起亚合作,专用车与日本富士重工合作,零售业与法国家乐福合作,纺织业与德国黛安芬、艾文德合作,拖拉机与印度马恒达合作……几乎每个行业都与行业内的世界著名企业合作。目前,悦达已与包括3家世界500强在内的全球12家顶级公司实现了密切的合资合作。这在国内企业中并不多见。

这些业内企业为何与悦达合作呢？不是因为盐城或是悦达有什么独特的资源，而是因为人。这个企业的创业者胡友林和其管理层极强的抱负水平，生存意识和发展意识。在悦达集团的文献中，有很多胡友林如何感动合作伙伴的故事。胡友林生前也坦言："企业合作，特别和世界500强的合作，关键是人与人之间的合作，这个是关键。"盐城市委书记赵鹏评价胡友林，"以执著的事业追求、坚强的品德意志、独特的人格魅力，赢得了社会各界广泛赞誉。"悦达集团所合作的项目，大多是竞争非常激烈的项目，如果没有特殊关系，一般很难拿下来。例如胡友林看中陕西一家资源丰富的煤矿，准备入股。而此时，国内已有多家大企业盯着，派人常驻西安进行入股前的活动，竞争激烈。论企业实力，悦达在他们之下，论感情，他们半年前就已投入，最终悦达胜出，成功入股。

胡友林这种独特的能力转化为企业精神，被表示为："走遍千山万水、说尽千言万语、吃尽千辛万苦、克服千难万险"的悦达精神。他生前经常勉励员工想人不敢想、为人不能为、勇为天下先。积极倡导"做人为先、合作双赢、创新求变、顺势而为、信息效益"的管理理念，要求员工大胆地"走出去"，勇敢地"与狼共舞"

这些观念和精神才是其核心能力中稀缺的、不可模仿的、非替代性的最重要的资源禀赋，让江苏悦达能在盐城"无中生有"，成功冲破了产业政策、资金、人才、技术等一个又一个瓶颈。

3. 对悦达集团发展的展望

作为投资收益占很大比重的集团，悦达集团所面临的是如何确保投资的科学性，提高回报率，以此进一步提升企业盈利水平。悦达投资汽车其实利润并不高，大概只有5%到8%，作为股份只有25%的悦达，能从中获利就更少了。悦达在盐城推动汽车制造，主要是社会效益，以及对配件、物流、服务等其他产业的拉动。悦达起亚汽车的核心配件均由韩方企业生产。而这些配件价格不菲，与大众等品牌的配件相比，一般要贵2倍以上。这些在盐城街头开起亚出租车的师傅都很清楚。

表1 按行业分析报告期内公司主营业务收入、主营业务毛利的构成情况

单位：元

项 目	主营业务收入	主营业务成本	毛利率（%）	营业收入比上年增减（%）	营业成本比上年增减（%）	营业利润比上年增减（%）
制造业	736 404 880.81	765 164 654.44	−3.91	−0.72	11.33	−11.25
商品流通	371 425 196.12	360 955 984.37	2.82	45.67	43.70	−0.02
交通业	905 910 080.44	379 142 400.50	58.15	7.09	26.77	−6.50
煤炭采掘业	417 976 458.20	317 363 044.65	24.07	47.06	56.85	−4.74

商品流通营业收入增加主要原因是上海悦达纺织进出口有限公司的销售额增加。
煤炭采掘业营业收入增加主要原因是乌兰果公司煤炭销售价格和销量均有增长。

企业机关化也是江苏悦达集团面临的一个挑战。现在企业的运作和政府类似,重要管理人员也在盐城市政府机构任职胡友林的传奇时代已经过去。现在的悦达集团是一个规范的党委集体决策的国有企业,在盐城举足轻重。悦达集团将继续寻找合作伙伴,进行多元化的投资,以实现"千亿悦达、百亿税收、百年悦达"的宏伟目标。

四、对江苏悦达集团战略选择的理解和认识

如果用传统的战略理论去理解江苏悦达集团,将会很困惑。美国著名企业战略家小亚瑟·A·托马斯提出评判多元化成功与否应当符合以下两方面标准之一:一是新产业是否增加企业的利润,二是新产业是否能与原有产业形成相互匹配的竞争优势。至少满足其中一条才能认为多元化战略是成功的。遗憾的是,悦达集团在的多元化并不符合这两点。一些并不相关的行业企业被整合在一起。这些企业既不是如波特所说的,基于产业结构进行的多元化,也不是基于资源相关的战略多元化。这些传统的战略多元化理论大部分是以发达国家的市场经济为背景的,基于市场的制度模型被认为是理所当然的。然而,在中国这样的新兴经济国家,没有完全市场化,企业外部的制度也在不断地调整。这需要把制度因素从背景转变为自变量来理解制度对企业战略行为的影响。这应该可以在一定程度上解释江苏悦达集团多元化战略选择的问题。

1992年邓小平同志南巡讲话后出现了中国企业多元化发展的一个高潮,一大批企业开始多元化发展,江苏悦达集团也正是在这个时候开始多元化发展的。中国经济改革主要是以分权为主的一种改革,长期分权的结果是地方政府的改革活力、行政权力越来越大,增加了地方政府的自主权,加之GDP增长率、税收增长率、就业率三大指标是地方政府主要的追求目标,在这种情况下,地方政府会自主地选择一些重点产业和重点企业进行扶持,这成为企业多元化的诱因之一。地方政府干预越严重的地区,民营企业越倾向于多元化经营,如一些中小国有企业濒临破产或倒闭,这时政府就会鼓励民营企业去收购这些企业,民营企业就可能进入了一个不相关的行业领域。企业家胡友林当年正是遇到了这样的机遇开始了多元化的历程。从1991年开始,陆续将盐城的一些企业纳入麾下。

由于胡友林的企业家精神和其卓越的开拓能力,他为盐城盘活了国有资产,为盐城引进了新兴的产业。这些客观上为盐城官员的获得了政绩。另一方面,政府的支持也使得企业获得了在市场上创新开拓的合法性和信用支撑。这让企业可以进入公路、矿产等资源性行业的蓝海。多元化是否在行业上相关已不重要。公司也由此演变成国有资本运作的投资公司。这应该就是江苏悦达集团多元化的逻辑。

实际上,这在其他地区也并不鲜见。扬州的扬子江集团,镇江的镇江国投创业等企业,都是类似的国营集团。每一个市县都愿意培养一个或多个这样的企业。共同点是在制度支撑下开展了多元化经营,成为地方政府或者是政府某部门制度支撑的企业。至于经营什么,已不再重要。

东风悦达起亚的品牌策略

包天祥　陈宏刊　陈忠根[*]

在竞争日趋同质化的中国汽车市场,打造优质的品牌服务体系,为消费者提供满意的服务已经成为知名汽车品牌赢得市场的关键。起亚、悦达、东风三方股东的战略合作,造就了今天东风悦达起亚的骄人成绩!东风悦达起亚将充分利用韩国现代起亚汽车集团、江苏悦达集团、东风汽车公司三方优势资源,优势互补、完美合作,提升了在中国汽车产业核心竞争力,满足了中国消费者的高品质需求。

从热销的千里马、福瑞迪、K2 等轿车产品,到狮跑、智跑等 SUV 车型,再到轿跑风格的 K5 和获得"德国红点(Red Dot)设计大奖"的跨界车秀尔……其车型从经济型车覆盖至中高级车,产品体系逐渐完善。东风悦达起亚的品牌战略及品牌建设起到了关键作用。

一、东风悦达起亚

东风悦达起亚汽车有限公司(以下简称"东风悦达起亚"),是由东风汽车公司、江苏悦达投资股份有限公司、韩国起亚自动车株式会社按 25%、25%、50% 的股权结构共同组建的中外合资轿车制造企业,注册资本 7 000 万美元[①]。公司总占地面积 25 万平方米,员工 1 000 多人,现已建成冲压、焊装、涂装、总装、检测等先进工艺生产线,具备年产 5 万辆经济型车的生产能力。主产品 K2、K5、智跑等车型均引自韩国起亚。

二、明确的品牌定位、强势的广告传播

以早期成功的"千里马"为例,东风悦达起亚千里马所取得的成功,除了中国汽车工业快速发展因素外,其明确的品牌定位、强势的广告传播、系列的形象宣传等一套品牌建设和形象宣传策略起到了关键作用。品牌建设和形象宣传策略,整合内外部资源形成合理的"品牌架构",构筑了企业长远的核心竞争力。

建立从企业到产品的多角度、多层次、立体品牌结构

对于东风悦达起亚公司而言,品牌内涵包括以用户为本、对用户负责,对市场的信心与承诺,通过不断创新,最大化满足市场需求,用务实的态度创造实用的产品,以及全能型

---

[*]　"东风悦达起亚的品牌策略"的调研报告由杨雪老师担任指导老师,MBA 教育中心 2012 级学员包天祥、陈宏刊和 2011 级学员陈忠根共同执笔完成。

[①]　资料来源:百度网网站,http://baike.baidu.com/view/4579674.htm。

企业。整个企业的品牌,是一个金字塔式的结构,先通过一些产品卓越的性价比以及强劲的动力,来达到第二个层次,就是服务与驱动。追求用户满意度,包括对合作伙伴的一些承诺与支持,最后要建立一个以用户为本的全能型企业。

以强势媒体为支撑的公关传播

基于品牌架构,东风悦达起亚制定了以强势媒体传播为支撑的公关传播策略。在产品方面,通过它的渠道、功能、促销、竞争优势、历史、使用者、心理感受、外观和内饰,以及最受消费者所关注的价格,形成多点传播。在公关传播组合方面,东风悦达起亚制定的是组合策略,而不是单一的。在整个公关产品组合方面,通过企业品牌宣传、产品宣传、服务品牌的宣传、企业领导人的形象推广、媒体关系和危机管理,实现多层次的传播。

品牌导入期建立认知度,品牌上升期提升好感度,产品热销期强化忠诚度

强势电视广告片的投放拉开了千里马的品牌塑造之路的序幕,千里马的品牌塑造之路分为三个阶段:品牌导入期、品牌上升期、产品热销期。在品牌的导入期,东风悦达起亚通过广泛的市场调研,加上产品特点的分析,确定品牌定位,通过广告、公关、网络传播和推广活动,扩大产品的认知度。在品牌的上升期,提升品牌的好感度显得尤关重要。东风悦达起亚通过使用价值和客户利益两个方面的公关传播来提升好感度,为消费者的生活创造价值。此外,东风悦达起亚策划了全国性的"千里马杯征文比赛",并通过上海车展"最富动感车型奖"、纪念中国汽车工业50年的"聚焦50数风流"等一系列的评选活动,配合同时期的电视广告传播,形成立体的传播效果。在产品的销售特别是热销期,东风悦达起亚以塑造品牌的忠诚度跟进,主要强调产品不可替代的价值和竞争优势,强调售后服务和用户满意度的宣传,使消费者从情感层面产生对品牌的个人认同,并在消费者周围树立品牌良好的口碑。

三、实施本土化、品牌差异化

独立中国市场策略,提升品牌竞争力

韩国总部改变以前的全球统一战略,研究中心也已经专门建成了一个中国组,决定把东风悦达起亚独立出来,可以很快地应对中国消费者不断变化的、多样化的需求,并强调生产的当地化,降低成本,以提升品牌的竞争力。

细分市场,扩大市场份额

建立健康的销售网络,制定本土化的营销策略,是东风悦达起亚在品牌建设方面要做的又一大工程。东风悦达起亚2008年销售本部落户南京,作为企业战略规划的重要一环,东风悦达起亚销售本部落户南京具有十分重要的意义。一方面,作为江苏省目前最大的乘用车企业,东风悦达起亚销售本部落户南京后,有利于加强与江苏省经济的关联度;另一方面,东风悦达起亚将销售本部落户南京旨在加强与当地政府之间的互动。东风悦达起亚借助这一优势,立足江苏,进一步开拓全国市场。为此,企业针对产品策略,品牌建设,销售网络和售后服务等方面采取一系列措施,进一步增强企业自身的核心竞争力。

实施品牌差别化,形成独特的品牌卖点

在国内,东风悦达起亚面对着来自同门兄弟——北京现代的竞争。为此,东风悦达起亚实施了品牌的差别化来提高产品的竞争力，力图在外观设计、产品性能、品牌内涵等方面形成独特的卖点。在品牌风格方面，现代的整体设计趋于保守，而起亚则倾向年轻、激情的感觉。为了达到两个公司产品外观上的最大差异化，起亚聘请了国际知名的外观设计师彼得.希瑞尔（Peter Schreyer 前奥迪大众首席设计师）设计新车型的外观，意欲为起亚品牌注入新的活力。

四、体育营销：精准的产品营销策略，全民参与的营销方式

东风悦达起亚一直都将体育营销视作为企业的长期战略，从之前签约刘翔，到与中国之队合作，再到 2009 年的"畅享激情，体验欧洲杯"活动，东风悦达起亚一直都将体育营销作为一种十分重要的营销手段而运用，并发挥到淋漓尽致。将体育运动的激情、拼搏精神注入品牌内涵中，使整个品牌充满活力，让企业所坚持的"激情超越梦想"的品牌理念在长时期的体育营销中得到升华。

东风悦达起亚体育营销的成功关键在于关注体育营销的同时，还十分注重普通群众的参与。"真情回馈月"、"欧洲杯观战使者征集"、经销商"激情观球夜"等系列活动都号召全民参与，让所有消费者成为活动的主角。"狮跑杯"企业五人制足球赛更是东风悦达起亚为全民足球打造的交流平台。

五、未来之路

将环保新能源战略上升为企业战略

随着第三工厂的正式奠基，全新的合资自主品牌及新能源车的战略也已经悄然进行。东风悦达起亚第三工厂将是起亚在海外技术含量最高的工厂，韩国现代起亚总部把中国当成最重要的市场，给予了最大的支持。将环保新能源战略上升为企业战略，将以纯电驱动为汽车工业转型的主要战略取向，当前重点推进纯电动汽车和插电式混合动力汽车产业化，推广普及非插电式混合动力汽车、节能内燃机汽车，提升我国汽车产业整体技术水平。新能源汽车、动力电池及关键零部件技术整体上达到国际先进水平。

东风悦达起亚也对新产品的导入做好了规划，预计到 2014 年投产时，整个企业的产能规模将达到 73 万辆，进入我国合资车企的第一阵营。

小结

东风悦达起亚"中中外合资"三品牌结构，相对于传统"中外合资"企业来说，是一种更为复杂，内部冲突水平更高的特殊的企业形式，由于中外社会、政治、法律制度不同，文化背景不同，国有企业和民营企业的经营理念、管理决策思维、企业行为方式等也有着很大的差异，因此，在合作过程中出现管理冲突是不可避免的。东风悦达起亚三品牌战略，当然更因为其产品在中国市场的成功和快速增长，为中国企业，尤其是民营企业与外国汽车企业的合作提供了可供借鉴的模板。

镇江篇

恒顺醋业如何走好归核之路*

钟 雯

恒顺醋业始建于 1840 年清道光年间,是镇江香醋的创始者,中华老字号企业。170 年来,恒顺醋业几经变迁,风雨兼程,但恒顺始终秉承艰苦创业、自强不息的优良传统,将一个传统酱醋小作坊发展成为中国现今最大的食醋生产企业,全国同行业首家上市公司。

恒顺醋业以黄酒起家,因醋驰名,主要生产香醋、保健醋、酱油、酱菜和色酒等近 200 个品种的系列调味品,畅销中国和世界 43 个国家。近年来,恒顺醋业通过实施“战略化、规模化、股份化”的战略,实施了纵向一体化和非相关多元化,逐渐从原先的传统酱醋生产企业,成长为一家跨行业、跨地区的涉足房地产、生物保健、光电子、商贸流通等领域的现代企业集团。

但是雄心勃勃的扩张,并没有为恒顺醋业带来预期的效益。多元化战略的失败,使恒顺逐步陷入经营困境。恒顺失败的原因在哪里?归核之路应当怎样走? 5 月 18 日,2012 级 D 班 20 余位同学在史有春教授的带领下,来到恒顺醋业进行了参观交流活动。同学们先是在醋文化博物馆,了解了醋的历史和传统的制醋工艺;之后参观了恒顺工业园,听工作人员介绍了传统与现代工艺相结合的制醋技艺,尤其是被列入国家级非物质文化遗产名录的固态分层发酵工艺;最后,史有春教授带领同学们和恒顺醋业的领导进行了探讨,对恒顺集团未来的发展,尤其是归核之路进行了深入的交流。

一、醋的历史与功能

醋起源于我国,据史料记载,至今已有 3 000 多年的历史。中国各地物产气候不同,产生了各具特色的地方食醋,保持至今最著名的有江苏镇江香醋、山西老陈醋、福建永春老醋、四川保宁麸醋、辽宁喀左陈醋等,其中山西老陈醋、镇江香醋、永春老醋、四川保宁醋并列“中国四大名醋”。

我国传统食醋的酿造工艺在选料和操作方面各具特色,但与国外制醋工艺相比有如下共同特点:以谷物类农副产品为主料(如高粱、糯米、麸皮等),以大曲或药曲为发酵剂,

---

* 钟雯,现任职于晨光集团,南京大学商学院 MBA 教育中心 2012 级学员。

大多采用边糖化边发酵的("双边发酵")固态自然发酵工艺,发酵周期长,酸味浓厚,酯香浓郁,并采用陈酿或熏醋方法强化了食醋的色香味体。

李时珍在《本草纲目》中有"醋能消肿、散水气、杀邪毒、理诸药"之说。现代医学认为,食醋对治病养生有着不可小觑的作用。食醋具有抗菌作用,对防止感冒、健胃与防治腹泻下痢等都有较强的功效;食醋可以降低高血压和胆固醇,并可以保护肝脏,促进消化液分泌;食醋还可以起到防治糖尿病、抗癌等作用;此外,食醋还有减肥美容,延缓衰老,解酒消食等功能。

二、恒顺醋业介绍

(一)恒顺的历史与概况

恒顺集团始建于1840年,是镇江香醋的创始者,中华老字号企业。1840年,江苏丹徒经营铁碳行出身的朱兆怀始创"朱恒顺糟坊",并以糯米为原料酿制"百花酒",酒业兴盛。1850年,朱氏以酒糟加入谷壳发酵,酿制香醋,易号牌为"朱恒顺糟淋坊",这是镇江第一家醋厂,也是今天镇江香醋的真正起源地。恒顺集团的核心子公司——江苏恒顺醋业股份有限公司是最大的镇江香醋生产企业,也是中国最大制醋企业、中国食醋业首家上市公司、国家级农业产业化重点龙头企业。

恒顺香醋选用优质糯米为原料,采用固态分层发酵的传统技艺,历经制酒、制醅、淋醋三大工艺过程40多道工序精制而成,独具"酸而不涩、香而微甜、色浓味鲜、愈存愈醇"的特色。近年来,恒顺不断加大科技投入,依托国家级企业博士后工作站这一创新平台,进行食醋功能和生产工艺等方面的深入研究,先后开发出了恒顺醋胶囊、奶醋、醋豆等系列衍生产品,受到了广大消费者的青睐。

近年来,恒顺的规模迅速壮大,90年代末再次投资1.2亿元建成的4万吨香醋技改扩建工程使优质香醋的年产量达到6万吨,而沭阳分公司的建成也使酱油的年产量增至2万吨。1998年恒顺产品被认定为人民大会堂宴会用品,1999年被国家绿色食品中心认定为绿色食品,并通过ISO9002质量体系认证,"恒顺"商标被国家工商总局认定为中国驰名商标。

在不断拓展主营业务的同时,恒顺醋业致力于走资本经营之路,2000年控股镇江恒丰酱醋有限公司,形成强强联合,成为中国调味品行业的航空母舰。集团形成"以一业为主,多元化发展"的经营格局,先后控股成立了宾馆、商场、油脂公司、彩印公司、纸箱公司、塑料包装公司、广告公司、国际贸易公司等数家子公司,并在全国各地成立了数十个驻外办事机构。1999年,江苏醋顺集团控股成立了江苏恒顺醋业股份有限公司,这也是中国制醋业首家上市公司。公司通过实施"集团化、规模化、股份化"的战略,逐步涉足光电、房地产、生物保健、制药等全新领域。恒顺醋业已经发展成为跨行业、跨地区、集团化、股份化的大型企业集团。

(二)多元化战略

2001年,恒顺4000万A股在上交所正式发行,恒顺醋业由此成为中国同行业首家上市公司。股票上市为恒顺募集了2.84亿元的资金,也将恒顺推上了新一轮发展平台。

股票上市后,恒顺以资本运作的手段,与镇江香醋的第二大生产企业——恒丰厂实施了联合。与此同时,公司加快了自身跨行业、跨地区、规模化拓展的步伐,先后在重庆、山西、安徽以及江苏北部设立了十多家调味品子公司,并涉足光电子、房地产、生物制药、百货贸易、印刷、建筑、汽车销售等全新领域。

然而,业务的扩张并没有给恒顺带来预期的收益。由于恒顺没有集中精力发展主业,不仅纵向一体化的发展没能实现降本增效的预期效果,其多元化战略更是让企业的发展走上了弯路,对光电、保健、房地产等非相关行业的投资占用了大量资金,使恒顺陷入困境。

(1)纵向一体化不成功。2001年恒顺醋业上市后,为了降本增效,提高运行效率,降低营运成本,也出于对制造资源的占有要求和对生产过程直接控制的需要,恒顺进行了纵向一体化的发展战略。恒顺相继投资组建或控股了镇江恒华彩印有限公司、镇江恒通纸箱厂、镇江恒达塑料制品厂、镇江恒生广告公司、镇江恒顺饲料厂、农欣饲料场等公司。这些分公司使恒顺拥有了从原材料、设计、制造、包装以及标签设计印刷和产品宣传、物流配送各个环节的所有权,几乎实现了对整个供应链的控制管理。

但这样的经营模式,并没有帮助恒顺真正降低成本,提高差异化能力,反而消耗了企业大量资源,使得企业精力和资源分散,管理模式臃肿,代价昂贵:

首先,企业花费过多的时间、精力和资源从事并不擅长的、辅助性的业务管理,关键性业务无法发挥核心作用,不仅使企业失去竞争特色,而且增加了企业产品的成本。

其次,包装、广告、印刷、物流等行业,属于充分竞争行业,而恒顺在这些行业中,并没有竞争优势,不具有比较优势,内部转移价格比社会采购价格普遍高10%以上。

再次,供应链中的每个环节,需要不同的技能和管理能力,恒顺投入大量的时间、资金和管理资源,造成各种资源的分散和浪费。

最后,恒顺的纵向一体化也使信息流、物流变得缓慢,对市场的变化缺乏足够的应变能力,不仅没有提高运营效率,反而增加了运营成本,延长了产品推向市场的时间,而公司的核心业务得不到足够的资源投入。

(2)非相关多元化的弯路。在纵向一体化的同时,恒顺大力发展非相关多元化产业,除了先后涉足光电、医药保健品、房地产等全新领域以外,还投资于汽车销售、南京消防器材经营、浙江中网通信以及建材等非相关行业。其进入的新领域并非优势所在,多元化跨度太大,给企业造成了沉重的负担。

恒顺集团在非相关多元化战略上的失误,主要有以下三个原因:

其一,企业所拥有的资金,不足以支撑房地产等行业。恒顺通过资本市场募集了2.84亿元资金,如果用在调味品主业的发展上,资金是充裕的,但是对于医药、光电等产业,尤其是房地产行业,这点资金是远远不够的。光电、医药、房地产都属于资本密集型行业,恒顺雄心勃勃,在资金有限的情况下,过度扩张,造成资金严重短缺而大量举债,使企业陷入财务困境。

其二,企业在人才、产品、品牌等方面多年的积累形成的优势并不适于所涉及的房地产、光电等行业。企业实施多元化战略时,新增加的产品或服务与企业现有的专业技能、技术经验、产品系列、销售渠道和客户群之间不相关不匹配,恒顺在新进入的行业内不具有任何优势。恒顺通过几代人不懈努力积累的品牌效应、制醋技术、工艺诀窍、人才优势，都为其主业的发展提供了巨大的资源，也是其主要的壁垒，难以模仿替代，形成了一定的核心竞争力。但现有的品牌优势和核心竞争力，用在房地产、制药、光电等行业内不具有任何优势。

其三，企业对所涉及的行业既缺乏深入的了解，又没有熟悉行业的管理人才，以致不能直接参与投资企业的经营管理，使投资企业的管理失控。恒顺合作兴建或控股的两家光电企业，江苏奥雷光电股份有限公司和江苏温润光电股份有限公司，都是因为没有委派人员参与日常经营管理，导致经营不善，投资失败。在房地产行业中，恒顺也因为引进高管人员不当，涉及重大经济腐败案件，导致官司缠身。

三、恒顺的归核之路

在对恒顺集团的考察中，针对企业现在的情况，史有春教带领同学们和公司领导以座谈会的形式经行了交流，以恒顺醋业如何走好归核之路为重点，从多方面给出了建议，在树立企业愿景、修正市场战略、调整竞争格局、推动行业发展等方面都具有指导意义。

2012 年年报显示，恒顺已完全从房地产及其相关产业退出，放弃房地产产业及其他非相关多元化产业，回归以食醋为主的调味品行业。

（一）调味品市场的竞争格局

调味品市场进入门槛低，科技含量也低，但作为家家户户每日每餐的必备品，又有巨大的市场。这样的行业特点使众多企业参与到激烈的竞争中来，但无序竞争又使得产品同质化突出，竞争环境恶劣。

从竞争格局来看，醋业市场中最具影响力的是镇江恒顺香醋、山西水塔老陈醋、山西东湖老陈醋、山西紫林醋业和海天味业的威极陈醋。扩大到调味品市场，海天味业、李锦记、太太乐等品牌也是恒顺的强劲对手。但值得注意的是，尽管恒顺香醋现在作为市场的领头羊，但其市场占有率只有 6% 左右，要想确立食醋行业龙头老大的地位，市场占有率必须达到 20% 以上(参照海天味业为自己确立的酱油市场占有率 20% 的行业目标)。恒顺的未来，仍然需要精心规划。

调味品行业主要有以下特点：

第一，调味品行业没有明显的生命周期现象。俗话说，"开门七件事，柴米油盐酱醋茶"。作为每家每户每日必备用品的调味品，具有典型的小产品大市场特点。调味品需求量庞大，并且市场需求稳定持续，既不会在某一特定时期需求量猛增，也不太可能出现需求剧烈衰退的现象。调味品行业市场比较成熟，增长率保持在正常水平，且相对稳定，但中小企业众多，行业集中度较低，竞争非常激烈。战略管理至关重要。

第二，区域性消费习惯明显。但就食醋而言，我国有山西老陈醋、镇江香醋、四川麸醋，江浙米醋、福建红曲老醋等品种，其中山西老陈醋在山西周边有很强的市场占有率，由于北方气温较低，人们喜欢偏酸的醋产品，山西老陈醋在东三省也有较强的市场份额。而山东一带人们比较喜欢米醋。除了醋产品，酱菜、酱料等调味品，也有较强的区域性，我国地域辽阔，各省市的消费者口味偏差较大，导致调味品市场常常有不同品牌垄断各地市场的现象。但真正可以纵贯南北的品牌却是凤毛麟角。

第三，存在区域性保护现象，竞争日趋激烈。山西虽然食醋企业众多，大小不一，但各品牌醋业企业已联合作战，共同努力抵制镇江香醋的入侵，共同提高整体山西老陈醋的市场份额。

（二）恒顺的战略重点

恒顺的战略重点，在于走好归核之路。产品上以醋为龙头，带动酱油、味精、酱菜、香料等八大系列两百多个品种的调味品市场。

座谈会上，史有春教授与恒顺集团的领导人共同探讨了企业的愿景。我们认为，恒顺的战略目标，应该定位于充分利用恒顺的品牌优势，努力扩大高品质镇江醋的市场占有率，结合资本经营，通过兼并区域性知名品牌或与其合作，开发符合地域风味特色醋以进入区域性市场，力争在中国食醋市场上的占有率达到20%以上，成为中国醋业真正的龙头企业，进而发展成为中国调味品行业的领军企业。

（三）具体策略

恒顺的策略，应该走品牌经营与资本经营相结合之路，立足核心竞争力，加强技术研发，创新商业模式，狠抓人才队伍建设，让百年恒顺焕发新活力。

（1）回归主业。恒顺集团依靠以食醋为主的调味品行业起家，在业内有较高的知名度，处于行业中的龙头地位，是国内同行业中首家上市公司，也是当地政府的明星企业，其固态分层发酵法的食醋酿造技术入选了中国国务院首批非物质文化遗产保护名录，这些声誉和光环，构成了恒顺发展的巨大无形资产，在交流中，我们不止一次地感受到恒顺的领导人流露出的荣誉感。不过上市后，恒顺的多元化战略使自己过度扩张，给企业带来了沉重的负担，非但没能让恒顺走上预计的多元化、集团化道路，反而拖累调味品主业的发展。作为传统的调味品企业，面对同行业激烈的竞争，又兼面对房地产、光电等行业时的资金窘境，恒顺必须放弃之前失败的多元化战略，回归主营业务。

（2）商业运作模式的创新。想要成为行业翘楚，目光仅仅放在江浙地区是不够的，交流中有同学提出企业规模化的建议，该同学认为："没有规模就没有影响力。"但是恒顺多年来的经验也指出，在调味品行业的扩张并非易事。对此，我们讨论出，创新的运作模式是恒顺发展的必要条件。

恒顺香醋在当地及周边地区市场有很高的占有率，其味道比较柔和，适应当地的口味。但是我国山西及周边省市以及东北地区偏好口味比较重的山西老陈醋，山东地区有米醋，福建地区有红曲老醋，醋产品的地域性很强。恒顺近年来，通过在山西建厂，改造工艺，生产与山西老陈醋口味相近的食醋，逐步开拓山西老陈醋的市场，但未能达到预期的收益。如何克服地域性障碍，让恒顺品牌融入各地调味品市场，乃至成为中国调味品行业的领头者，是恒顺面临的一大问题。

以山西市场（老陈醋）为例，恒顺在山西省及其周边地域市场，并没有明显的优势。不管是品牌优势，还是制醋技艺，或者是分销渠道等，在山西都难以施展，山西只认山西老陈醋！针对这种情况，恒顺可以采取兼并当地知名企业或与之合作的方式，通过使用复合品牌策略，达到品牌应用的相乘效果。其优势有三：

首先，兼并当地企业后，恒顺可以完全利用被兼并企业的生产能力和技术，生产的产品完全符合当地的消费习惯,同时利用恒顺强大的研发实力,对其进行技术升级和改造,提升食醋的品质,并开发生产适合于当地口味的新的醋品。

其次,兼并后,恒顺能够直接获得原企业在当地的销售渠道,当地消费者对原品牌已有一定的认知度,复合品牌的醋品可以立即进入当地市场。

最后,打通当地市场后,恒顺现有的调味品,八大系列 200 多个品种中,除了醋、酱油、味精等产品,没有明显的地域性差异,可以通过食醋的销售渠道进入当地市场。

通过复合品牌战略打通山西市场之后,恒顺可以将该运作模式进行固化、复制,继续打通各地市场,实现品牌和资本经营,以此迅速扩大食醋的市场占有率,力争实现占全国市场 20% 以上的占有率目标,真正成为全国食醋企业中的龙头企业,最终实现恒顺的"版图统一"。

(3)营销模式的创新。恒顺的宣传册上,赫然印着"恒顺,让生活更有味道"。随即就有同学指着画册说道,这句话说得真好,感觉味蕾都打开了,可是为什么从来没有在恒顺的广告中,或是包装上,了解到恒顺有这样的理念呢。

恒顺在调味品业务中,有八大系列 200 多个品种。但是作为百年企业,在江苏地区,镇江以外的市场上,即使是规模较大的连锁超市,也很难见到除了恒顺香醋以外的其他恒顺品牌的产品。在南京苏果超市的调味品专区,完全看不见恒顺品牌旗下的酱油、黄酒、酱菜、火锅底料等产品。恒顺近年来斥资研发的果醋、奶醋、醋糕、醋豆等产品,在消费者中更是鲜有耳闻。交流中,即有女同学惊讶地说:"恒顺有这么多产品?我都没有听说过!"

我们随即就向恒顺的领导层提出了这个疑虑,不过恒顺的他们认为,在苏南地区,恒顺香醋作为百年老字号,有着不可超越的影响力,其品牌与口味,已经根植于消费者的心中,无需做过大的宣传。但我们认为这个理念有两个明显的缺陷:

其一,百年前的恒顺和现在的恒顺面对的市场环境已经不同了。百年前,恒顺就已经是当地知名的食醋生产者了,虽然镇江市大小醋厂众多,但是都很难与恒顺相提并论。但是现在的竞争环境已经不同了,近有镇江恒康醋业,远有山西老陈醋、海天味业等企业的冲击,消费者的选择变得越来越多,对于恒顺品牌的忠诚度已经大大降低。

其二,恒顺想要做成全国的"醋老大",直至全国的调味品龙头老大,眼光不可局限在镇江、江苏等周边区域,满足现状难以胸有大志。

现代企业的发展,必须改变"酒香不怕巷子深"、"是金子总会发光"的老观念。恒顺醋业从创新营销模式上为自己开辟出路:

第一,改变定价策略。史有春教授特别指出,相对于酱油等调味品,食醋在烹饪中用量较少,一般来说,普通家庭的用量在 2~3 月 1 瓶左右,其目前的市场价也略显便宜,而恒顺香醋作为食醋中的精品,在消费者之中还是有着较强的品牌忠诚度的,所以属于价格不敏感型的产品。史教授提出,恒顺香醋可以适当提价,以现在市场价 7 元 1 瓶来算,提高 3 元,到 10 元 1 瓶,顾客仍然很愿意消费,但其利润上升空间却大为可观。对此,恒顺的领导人心有疑虑,担心流失喜欢比价的中老年女性市场,但史教授认为随着生活水品的提高,以及对恒顺香醋品质的自信,大可放下顾虑。

第二,广告宣传。恒顺的广告语是要"让生活更有味道",但是我们却普遍不知道恒顺的这一理念，除了香醋，恒顺的其他产品，如料酒、酱油、酱菜等，多数消费者也根本不知道。恒顺应加大宣传，让自己的理念、产品及可以提供的服务，被越来越多的消费者熟知。分析其竞争对手的广告，如李锦记、太太乐，海天味业等，对恒顺也有较大启发。调味品广告，可以融入较多的生活色彩，不仅可以增加消费者生活中对恒顺产品的认知度，更可以通过潜移默化的诱导，增加消费者使用恒顺产品，如食醋、果醋、奶醋的场合，甚至引导某些产品的消费潮流。

第三，赠品促销，使恒顺系列产品更多的进入消费者家庭。恒顺企业最为出名的产品是恒顺香醋，应充分利用恒顺香醋的知名度和美誉度，带动恒顺其他产品的市场推广。恒顺可以采取将自己的酱油、酱菜等产品与香醋捆绑，或者采取提供小包装试用的方式，在速冻水饺、速冻馄饨、端午粽子等包装内，附上一瓶恒顺特有的调味料；或是与餐饮业联合，在连锁的餐饮店，如大娘水饺、味千拉面，海底捞等店面内，试用特供的恒顺香醋、恒顺酱料。这样一来，既拓展了销售渠道，也提高了恒顺的知名度，增加了恒顺在消费者心中的档次，在消费者中打开市场，从而提高恒顺系列产品的整体市场占有率。

第四，寻求与餐饮及食品企业合作。香醋、酱油、酱菜等调味品，是食品和餐饮业必不可少的原材料，恒顺应努力成为餐饮及食品企业的供应商，并与他们建立战略合作伙伴关系。

（4）人才队伍建设。实施商业模式创新和营销模式创新，需要有一支高素质的人才队伍。恒顺醋业 800 人的销售队伍与海天味业 1 300 人销售队伍相比，显得明显不足，在销售终端基本看不到品牌和商品推介人员。当前一方面要加大对复合型管理人才的培养力度，以满足商业模式创新的需要，另一方面，要扩大营销队伍，加强对销售人员的培训，以适应主业市场开发和规模扩张的需要。

四、主要结论

恒顺醋业近年业来实施纵向一体化以及非相关多元化扩张战略，偏离了做强主业的发展方向，虽已逐步退出光电、房地产等行业，但巨额的退出成本使企业出现巨额亏损，竞争力减弱，从而使得海天等竞争对手后来居上。回归调味品主业是恒顺的必然选择，而通过实施商业模式创新、营销模式创新和人才队伍建设，实现品牌和资本经营，实现成为中国调味品行业龙头企业的战略目标。

恒顺醋业:回归主业抑或继续多元化?*

贾良定　毛经乾

摘要:恒顺醋业是一家创建于 1840 年的酿造食醋制造的百年老字号企业。是镇江香醋的发源地和龙头生产企业,也是目前中国规模最大、经济效益最好的食醋生产企业、国家农业产业化重点龙头企业。公司主要生产香醋,酱油,酱菜和色酒等八大品类近 200 个品种的系列调味品。产品畅销全国和世界 43 个国家及地区,供应我国驻外 160 个国家的 200 多个使(领)馆。近年来,恒顺在壮大酱醋主业的同时,通过"集团化,规模化,股份化"的战略步伐,逐步涉足光电、房地产、生物保健、制药等全新领域。目前,恒顺下属有 60 余家分、子公司。然后,近些年的国家产业政策和调味品市场的变化,以及公司在涉足其他经营领域的实践,公司目前面临一个困境:回归主业,抑或继续多元化扩张?

关键词:多元化　回归主业　食品行业

一、恒顺醋业的简介

恒顺醋业是一家创建于 1840 年的酿造食醋制造的百年老字号企业。是镇江香醋的发源地和龙头生产企业,也是目前中国规模最大、经济效益最好的食醋生产企业、国家农业产业化重点龙头企业。公司主要生产香醋,酱油,酱菜和色酒等八大品类近 200 个品种的系列调味品。产品畅销全国和世界 43 个国家及地区,供应我国驻外 160 个国家的200 多个使(领)馆,落户中国南极长城考察站和北京人民大会堂。

恒顺香醋以糯米为主要原料,采用优良的酸醋菌种,经过固体分层发酵及酿酒、制醋、淋醋三大过程,40 多道工序,历时 70 多天精制而成,再经一定储存期,然后才出厂,保持了百年镇江香醋的风格。公司已通过 ISO9001 国际质量体系认证,HACCP 食品安全管理体系认证。独具"酸而不涩,香而微甜,色浓味鲜,愈存愈醇"特色的恒顺食醋更是誉满中外,被认定为绿色食品、原产地域保护产品、中国名牌产品,恒顺商标也被认定为我国酱

醋业中首件中国驰名商标。2001年,由公司发行的4 000万A股股票正式上市,恒顺也由此成为国内同行业首家上市公司,被业内誉为"中国醋王"。

近年来,恒顺在壮大酱醋主业的同时,通过"集团化,规模化,股份化"的战略步伐,逐步涉足光电、房地产、生物保健、制药等全新领域。目前,恒顺下属有60余家分、子公司。然后,近些年的国家产业政策和调味品市场的变化,以及公司在涉足其他经营领域的实践,公司目前面临一个困境:回归主业,抑或继续多元化扩张?

二、恒顺醋业的外部环境

恒顺的最大股东江苏恒顺集团是镇江市政府国资委下属企业,集团高管层均有镇江市政府任命。现任董事长兼总经理是原镇江市贸易局副局长,全国人大代表,中国调味品协会的会长。恒顺是镇江的明星企业,是镇江人民的名片,是全国最大酿造食醋制造商,号称"中国醋王",也是国家农业产业化重点龙头企业。

由于经济全球化所带来的国家之间经济上的相互依赖,全球经济危机的爆发,中国经济也难免其中。中国经济在2008年结束了高速增长的20年,特别是中国的房地产业。恒顺号称是镇江市最大的房地产开发商。也是因为房地产业,2008年恒顺出现了上市以来的第一次巨额亏损。

在镇江传说中有所谓的"镇江三怪",叫"香醋摆不坏,肴肉不当菜,面锅里煮锅盖"。其中,恒顺就占有两怪,一是指恒顺香醋,二是面锅里煮锅盖的面条所用的酱油是由恒顺生产的锅盖面酱料。恒顺香醋是镇江的特产,处于全国四大名醋之首,也是镇江市政府及镇江人民外出馈赠亲友的最佳礼品。来往镇江的过客和高校学生离开镇江时都要带些恒顺香醋。据财务统计每年在镇江销售的礼品类恒顺香醋就达5 000万元。

经过多年的研究和国内外市场调研,恒顺终于在2001年成功研制出具有降血脂,降血压功效的恒顺醋胶囊保健品,并成功销往日本。同时,恒顺还成功研发出醋豆等休闲食品,果醋系列饮料新品。据统计,恒顺新品的销售占到公司整体销售额的10%以上。恒顺设有专门的研发中心,除承担公司新品的研发工作外,还承担国家有关发酵技术方面的科研项目,并多次获得了政府给予的科研经费和奖金。

三、恒顺醋业所在产业的结构

(一) 恒顺在主业原辅物料的采购方面有很强的议价能力

恒顺食醋制造方面的供应商主要来自于大米、麸皮、商标设计印刷、纸箱、玻璃瓶、食盐和白糖等几个方面。大米和麸皮是食醋制造业主要的原料。恒顺的大米和麸皮主要由洪泽县蒋坝粮管所提供,商标设计由子公司恒生广告公司负责,印刷品全部由子公司恒华彩印公司负责,纸箱等包装物料主要由子公司恒通纸箱厂、丹阳纸箱厂和恒达塑料厂提供。

按每公斤大米酿造6公斤食醋计算,恒顺每年仅大米预计要采购2万余吨。按每吨用160只包装纸箱计,公司每年预计仅纸箱要采购2 000万只。恒顺每年玻璃瓶的用量是1亿余只,食盐的用量是7 000余吨,白糖的用量是2 000余吨。对于蒋坝粮管所而言,恒顺绝对是他们最大的客户,并且是有数年感情的老客户。同样,对于其他的白糖、食盐供应商,包括包装物料的各子公司而言,恒顺每年的采购量应该会占他们公司绝大部分份额,占着举足轻重的分量。

恒顺所需的这些原料、包装物料都属于普通类工业供应原料,没有技术方面的优势或不可替代性。虽然,对于粮食,可能受到国家宏观调控的影响;食盐也会受到国家专卖管制,但是,这些类原料也都参与了市场竞争。除食盐外,这些产品的市场竞争业态都表现为完全竞争。对于由各子公司提供的原辅物料,即便是恒顺会在一定期限内或给予过渡期保护价格订购,但最终他们也要按市场经济规律和现代企业制度管理的要求参与市场竞价。

(二) 恒顺驾驭经销商的能力比较强

俗话说,"开门七件事,柴米油盐酱醋茶"。恒顺就占据了两件。恒顺香醋产品是属于一种传统型的大众快速消费品。产品的消费特点决定了公司不可能直接面对每一个消费者。公司是通过中间批发商或配送商把产品先配送到各个商超、卖场、小便利店和餐饮饭店终端消费点。再通过协助当地经销商做各种终端拉动性的促销活动销售产品。恒顺直接面对的客户是各地市场的大型批发商和部分全国性的连锁超市。

经过多年的市场探索与竞争,恒顺已经形成了一整套既定的销售模式和价格体系。公司以县城为单位在每个县、市及中心城市设立经销商。对系列化的产品采取分品类分渠道经销的模式。一个城市可能有两个或以上的经销商同时经销恒顺的产品,并设置了一批价格,二批价格、统一商超供货价格和终端建议零售价格。在华东市场,恒顺的渠道建设工作已经直接控制到各主要乡镇市场。在销售政策上,公司吸收以往的教训,并没有设置年终销售指标完成奖,而是把公司年度预算费用都用在平时帮助经销商做市场的过程中。恒顺也是中国同行业中首家上市公司,行业中的龙头企业。恒顺香醋是中国的名牌产品,在国内同业中的知名度、美誉度非常高。

(三) 恒顺面临很多新进入者的威胁

某种程度上人们把醋的价值看的很低,只是作为解决酸味的生活调味品,但真正的纯粮酿造的醋也是一种很好的保健品。从2003年非典以后,醋在国人心中的认知获得了巨大的提高,由原来的调味品提升到具备理疗,食疗,保健作用高度的功能性产品。醋有软化血管,调节血脂,防止动脉硬化,美白等多种保健功能。恒顺研发生产的醋胶囊产品畅销日本,年出口1 500万元以上;恒顺果醋系列产品、沈阳麦金利果醋、河南原创果醋、远村果醋系列产品也畅销各商超、酒店。

随着人们生活水平的提高与调味品的主要销售渠道餐馆行业的快速发展,食醋市场消费量每年剧增,市场空间不断扩大。据中国调味品协会统计,目前我国食醋年产量约在250万吨左右,调味品总产量已超过1 000万吨,年增幅连续十年保持在10%以上。食醋的国际市场有着更为广阔的发展空间。仅以消费大国日本来说,人均食醋消费量每年在8千克左右,是中国人的7～9倍。2009年中国餐饮营业额大约在1.5万亿元人民币,据行业调查,其中有近10%也就是1 500亿元为调味品销售额。

食醋也是一种传统型的消费品,没有明显行业生命周期特征。食醋生产的资金和技术门槛较低,行业成长稳定。2008年海天企业产值达50亿元,其中食醋产品产销3万吨。2009年销售实现60亿元,在调味品业上占一股独大地位,短期内看不到太大的竞争对手。行为排位第二位到第五位的竞争对手合并销售额也比不上海天一家。近年来,海天市场销售额一直以20%的年增长速度上升。湖南加加酱油的年销售额也突破了10亿元。"小商品,大市场"调味品业正成为食品行业中增幅最快的门类,外国巨头纷纷看好并投资中国调味品行业。台湾统一与日本龟甲万企业合资在昆山设立统万企业,国际食品巨头雀巢与太太乐在上海合资兴建10万吨的鸡精工厂。全球最大的调味食品企业佛山海天味业称,将投资20亿元兴建年产300万吨的生产基地。全球经济危以来,不但在国内企业,甚至国外的一些巨头企业也会涉足并投资于中国的调味品行业。

(四)替代品在短期内并不会构成威胁

从食醋产品的特质分析,食醋作为调酸的一种调味品,并没有明显的替代产品。恒顺香醋有着悠久的历史源远和知名度,目前在国内的龙头地位是没有企业能取代的。但由于调味品市场竞争的无差异性,市场竞争完全可以认为是处于一种完全竞争态势下的格局。随着市场竞争激烈程度的加剧,各公司在不断细分市场的同时,也在不断地方便消费者,提高服务质量。越来越多的复合调味品和功能性产品投放市场。各种蒸鱼调味汁,烧肉汁,炖鸡复合调料、净菜调料包等新品不断推上市场。

(五)同业竞争者的竞争炽烈

我国传统食醋行业较为零散,行业集中度相对较低。据中国调协统计,目前我国食醋生产企业却多达6 000余家,其中品牌企业产量约占30%,中小企业却占到70%左右。2006年前10名食醋制造企业生产总量只占全国总量的11.5%左右。全国性的大型食醋企业基本没有形成。中国食醋行业还有着很明显的地域分布特点,主要集中在江苏镇江和山西等地。在山西,食醋制造企业就多达1 100多家;在镇江,带"恒"字头的食醋制造企业有80余家,就连全球最大的酱油生产商海天味业从2004年开始通过在江苏镇江和淮安盱眙OEM生产食醋产品并通过自身完善的酱油营销渠道销往全国市场,仅2005年食醋产销量可达2万吨。

由于食醋生产的资金和技术门槛较低,大小千余家食醋制造企业参与无序竞争。市场占有率的高低是企业经营状况和产品竞争力状况的综合反映。较高的市场占有率为提高利润率提供了可靠的保证,激烈的市场竞争一时难以改变。各企业加大营销团队建设,加快新品开发速度,使出所有的促销手段和最大的能耐求得利润的最大化或生存机会。

四、恒顺醋业的主要竞争对手

自古以来,就有号称中国四大名醋的山西老陈醋、镇江香醋、四川保宁醋、浙江大红浙醋。这四大名醋之间的关键区别是由于生产工艺不同而导致的产品风味各有特色。镇江香醋是用长江水质和糯米经固态分层发酵而生成的具有"酸而不涩、香而微甜"的产品,而山西老陈醋是以酸而闻名,它是用高粱经过晒制而成的。镇江香醋与山西陈醋之间有明显不同的风格。从行业现有竞争格局来分析,在市场竞争中最具影响力的是镇江恒顺香醋、山西东湖老陈醋、山西水塔老陈醋和后起之秀的山西紫林醋业、海天味业生产的威极陈醋。海天威极陈醋的销售量已位居全国第二,仅次于恒顺。海天味业和恒顺分别位于国内调味品行业中酱醋两大品类的龙头地位。以恒顺为代表的镇江香醋与以东湖、水塔和紫林老陈醋为代表的山西老陈醋之间的竞争其实质是两大不同战略群组间的竞争。

从镇江区域性市场来看,以镇江本地恒康醋业为代表的80余家中小型食醋企业的销售量对恒顺市场竞争也有一定的影响。同时,随着大量的国际巨资涉入调味品行业,许多潜在竞争者也不可轻视,烟台欣和味达美、统一企业、龟甲万企业等等。但是,海天味业公司、山西老陈醋业战略群组和镇江恒康醋业公司分别代表三个不同层面的竞争力量,他们拥有不同的目标取向、自我假设、现行战略和竞争实力。

(一)海天味业公司

1. 未来目标

海天味业是国内最大的调味品生产和销售企业。其前身是佛山酱园,建立于乾隆年间。1955年,佛山25家实力卓著的酱园合并重组命名为"海天酱油厂"。1994年,海天转制,快速成长为国内最大的酱油产销、出口企业。2005年10月海天高明公司建成,海天已卓然成为全球最大的专业调味品生产和营销企业。海天味业产品涵盖了酱油、蚝油、鸡精、味精、食醋、酱类、调味汁、调味粉等八大系列品类200多个规格品种。

由于海天味业在酱油制造方面掌握了独特的技术,尤其是其生产的草菇老抽等酱油产品拥有红而亮的色泽,而一取获得了消费者的认可。同时,海天味业在营销策略方面最早重视并开拓餐饮渠道。在全国的餐饮酒店中占绝对的市场占有率。2008年,海天味业的销售额为50亿元,2009年,其销售额为60亿元。连续十年保持酱油产销量全国第一。

2004年海天味业通过在江苏镇江和淮安OEM生产威极陈醋并借用原有成熟的销售渠道而快速全面进入全国市场。2005年其威极陈醋的销售量就达2万吨。2006年,海天味业开发出适合北方市场需求的黄豆酱料产品并一取获得成功,成为海天味业系列化调味品中的又一支柱品类。

海天味业的生产规模已经比较大,稳居国内第一,但受地域广阔运输成本高、区域消费口味差异性等因素的影响,国内调味业目前主要以区域品牌居多,产品辐射到省外市场很难。市场占有率却不是很高。海天想占全国市场20%的占有率的目标还没能实现;虽然,海天酱油业居行业第一,蚝油、酱、醋、鸡精也已进入到各品类的第一集团。但是,海天要实现旗下所有的调味品品类都做到第一的目标还需对市场深耕细作。

2. 自我假设

海天味业经过十多年的快速发展已经稳居中国调味品行业榜首地位,尤其是在酱油品类中已经遥遥领先,最为重要的是全国独家掌握了酱油产品的核心色泽技术,并成功领先进入餐饮市场,还得到了全国餐饮行业的认可,满足了消费者的需求。海天味业公司不论在产能规模、研发能力、营销能力还是品牌价值能力方面都具有绝对的优势,建成了完善的营销网络,为更强更长久的发展打下了坚实的基础。

要稳做中国调味品的第一,除了要做到酱油品类的绝对市场占有率,还要把调味品行业中的食醋产品、鸡精产品、调味酱类产品也做到第一。食醋产品全国总量在250万吨以上,国内最大的食醋厂家恒顺也才年产销量15万吨,年销售额才5亿元,市场的集中度比较小。同时,在食醋类产品中除山西紫林醋业的销售量有所上升外,其他食醋品牌的销售量都增幅不明显,包括号称"中国醋王"的恒顺近几年来的市场份额并没有明显的提高。海天味业第一年涉入并利用现在的酱油渠道一取突破 2 万吨。随着人们生活水平的不断提高,对食醋产品的保健功能的不断发掘,食醋市场的需求量会不断上升。海天味业在食醋市场的发展有很大的空间。

调味品行业中的其他品类产品,如鸡精产品、味精、调料粉产品,以及辣酱产品等都向食醋产品类一样都已形成主导性的品牌,并且这些主导性的品牌的年销售额都已突破 10 亿元。太太乐鸡精年销售额突破 20 亿元,莲花味精已突破 30 亿元,王守义十三香调料已突破 20 亿元,陶华碧辣酱也突破 20 亿元,且这些品类产品与酱油产品的关联性不太大,所以,海天味业进入食醋类产品市场的机会更大。

3. 现行战略

海天味业公司最核心的竞争力应该是掌握了制造海天酱油产品的核心技术,也就是酱油产品独特色泽技术。最大的优势是已经建成了完善的覆盖城乡市场的营销网络和整套系统营销管理模式、管理机制及一个训练有素的营销团队。海天味业初涉食醋市场是通过先做市场再建工厂的模式。海天公司先选择在江苏镇江和苏北两个在区域性市场有知名度的,也是恒顺竞争对手的食醋制造工厂来 OEM 海天的威极陈醋。再通过酱油产品渠道一取在全国铺开。

在营销战略上,海天味业避开恒顺食醋销售的主要市场重点投入。同时,对恒顺酱油类产品市场重点镇江市场、苏北市场、安徽等市场重点进攻,给予沉重打击。

4. 竞争实力

海天味业公司在新品研发、产能规模、品牌影响力和营销能力上都很具有优势。

新品研发能力上,海天味业建成行业内唯一的省级"酿造工程技术研究开发中心"和"产品检验中心"两个实验室,并与英国中心实验室等国际科研机构、院校保持合作关系,承担国家、省、市一批重点科研项目和国标的制定。在海天,新品开发已经成为一项长期攻关的系统性工程。每月都有新品研发出来投入生产,单就酱油一类,海天就已发展出生抽、老抽、特色等系列共 50 余个品种,而所有海天调味产品已达 200 余种。

生产能力上,海天高明公司占地面积近 3 000 亩,年产量将超过 100 万吨,是目前世界最大的"航母级"调味品综合生产基地,除生产酱油外,还生产包括蚝油、鸡精、酱、醋在内的多种调味品。海天味业称将投资 20 亿元扩建佛山高明生产基地二期工程,建成后综后产能达 300 万吨。

品牌影响力上,海天味业拥有同行唯一集"中国驰名商标"、"中国名牌产品"等国家级重要认证于一身。全国上下绝大多数餐饮饭店基本上用的都是海天酱油产品。

营销网络建设能力上:海天有成熟的网络建设与终端销售的营销模式和严格的营销控制系统。"有人烟处,必有海天"。海天建有健全而缜密的营销网络和渠道配送系统,全面覆盖中国市场。常年有 1 300 余名业务人员组成的营销团队忙于全国市场各条营销战线,服务终端客户。在国际市场上,出口 100 多个国家。

(二)山西老陈醋业战略群组

1. 未来目标

山西有着悠久的老陈醋历史文化源远,又号称中国的醋都。山西老陈醋有着山西区域性市场份额,但在全国范围内有名无份,市场占有率极低。一方面要把山西老陈醋推向全国市场,提高全国市场的占有率,另一方面也要提高各自企业的赢利能力。山西各品牌醋业企业已联合作战,共同努力抵制镇江香醋的入侵,共同提高整体山西老陈醋的市场份额。

2. 自我假设

老陈醋产品有着自身高酸性的产品特性,有一定的市场需求群体。山西老陈醋在山西省周边有很高的市场占有率,在东三省也有较高的市场份额。由于北方气温相对较低,人们普遍喜欢喝比较酸的醋产品,镇江香醋在北方市场受消费习惯的影响,市场占有率极低。

3. 现行战略

各品牌的山西老陈醋企业在稳固周边根据地市场的前提下,重点开发北方市场,生产适合南方市场消费的产品,有重点的引导消费。同时,结成联盟共同抵制其他外来产品的入侵,共同开拓南方市场。

4. 竞争实力

经过数代人的努力,山西老陈醋各企业,特别是东湖、水塔老陈醋企业及紫林醋业,他们都有成熟的生产工艺、技术条件和保健醋类产品研发能力,也有固定的消费客户群体。在当地政府也有一定的影响力。

(三) 镇江恒康醋业公司竞争要素分析

1. 未来目标

镇江恒康醋业是一家民营企业。经过多年的市场竞争,年产销量已近万吨。恒康醋业公司有一定的生产规模和生产能力,也有一定的市场消费群体和牢固的市场客户群。恒康香醋在苏北盐城、南通、连云港、宿迁和安徽东北部市场上销售的较好。为了保住镇江香醋第二位子,恒康醋业正努力实现年销售量过万吨,年销售额达到5 000万元。稳固苏北及安徽东北部市场份额,提高老市场的占有率。

2. 自我假设

在镇江食醋企业中,除恒顺外,恒康醋业的综合实力应该是第二位的。况且,恒顺醋业瞄准的是全国市场和国际市场,不会把恒康醋业列为重点竞争对手,自然也不会采取措施来打击恒康醋业;外来的山西各品牌醋类产品由于消费习惯和口味的原因,对苏北及安徽东北部市场也不会做重点的投入。恒康醋业在应付其他中小型食醋企业竞争同时,重点把恒顺空白或薄弱市场做实做强。凭着恒康醋业多年的资本积累、技术积累和市场网络的建设,恒康醋业是有能力把住镇江第二位的位置。

3. 现行战略

采取跟随恒顺的营销策略,选择恒顺明显的薄弱市场重点集中操作。加强对老经销商的客情关系的维护,对恒顺营销系统去挖有营销经验的有市场资源的业务员或主管到恒康醋业工作或兼职。加快新品开发和餐饮市场及团购市场的开拓。

4. 竞争实力

恒康醋业有选择区域性市场或重点城市进行阶段性投入的资金实力和人力。但选择投入电视广告做市场或与竞争对手搞长期持久战的能力还是不足。

五、恒顺醋业的内部资源条件

恒顺是建于清朝道光年间的百年老字号企业。经过数代恒顺人共同不懈的努力,恒顺终于实现了处于行业中的龙头地位和国内同行业中首家上市公司及当地政府的明星企业的梦想;恒顺食醋产品又是中国的名牌产品,原产地域保护产品;恒顺商标是中国的驰名商标;恒顺固态分层发酵法的食醋酿造技术又入选中国国务院首批非物质文化遗产保护名录,等等。恒顺获得的这些无形社会声誉和光环,又构成了恒顺发展的巨大无形资源。这些都是许多竞争企业梦寐以求的,也是难以模仿、购买或替代的。就其创建于道光年间的历史而言,恒顺可以对其历史文化进行深度挖掘,进行企业文化方面的宣传;就其处于行业中的龙头地位和恒顺董事长兼任中国调协会长而言,恒顺可以积极推动中国调味品行业和食醋品类产品标准化的管理和市场竞争行为的规范化;就恒顺的上市而言,有利于提高恒顺及恒顺食醋产品在全国范围,乃至全球市场知名度和影响力的扩大和提高,也有利于借助于公众的力量对恒顺运作行为的规范和完善,还有利于提高融资能力,扩大融资途径,这为恒顺能更好的做优做强做大恒顺企业提供资金保障;就恒顺在镇江当地府和百姓中的形象和地位而言,恒顺发展定能得到当地政府政策的大力支持和享受各种政府的财政、税收方面的优惠政策,同时,政府也在帮助恒顺把握发展方向;就恒顺食醋产品和品牌的知名度和美誉度而言,就为恒顺的新品推广和整体市场占有率提高提供优势,等等。这些都是恒顺的无形资源,是恒顺更有效的核心竞争力的来源。

经过十多年市场运作,恒顺拥有健全的全国营销网络、训练有素的营销团队及成熟的市场直销运作管理模式。恒顺通过借助于公司已有的生产基地及其区域性市场的影响力和在全国主要城市设立办事处、销售分子公司的方式在全国设有 28 个销售分子公司或办事处网点,已掌控了 1 000 余家一级客户网络。以至于在江浙市场已能直接掌控到各乡镇市场。现在公司有外勤业务员近 800 名。对全国市场实行成熟的分品类、分品牌运作模式。这些与恒顺市场营销有关的资源也是恒顺非常重要的资源。在当今激烈的买方市场竞争中,谁掌握了网络、销售渠道和客户终端,谁就拥有了竞争优势,即所谓的"决胜在终端"。

通过十年的创业,恒顺实现了从区域性品牌上升为全国性的行业龙头地位,企业的整体规模和运作能力都上了一个大的台阶,实现了综合实力的大跨越。随着恒顺调味食品股份有限公司的成立并投入运营,恒顺的产能有原来的年产 10 万吨上升到了年产 50 万吨。原有恒顺的技术研发能力和研发设施、生产环境都有了很大的改进和提高;恒顺的组织架构也逐步完善,对各系统的计划、控制和协调能力也得到了明显的加强。

另外,通过数十年的发展和国有企业的资源沉淀,再加上近些年来,恒顺对高校人才和外来人才的引进,恒顺现有专科以上学历的员工占整体员工的比例达 37.67%。

六、恒顺醋业的竞争能力

2001 年恒顺上市以后,一方面为了降低运营成本,另一方面为了便于服务于主业的市场营销工作,恒顺进行了纵向一体化的发展战略,相继投资组建或控股了镇江恒华彩印有限公司、镇江恒通纸箱厂、镇江恒达塑料制品厂、镇江恒生广告公司、镇江恒顺饲料厂、农欣饲料厂等公司。恒华、恒通、恒达和恒生公司都是为恒顺前向一体化发展战略而成立的企业,为了服务于食醋制造主业做商标设计印刷、广告宣传品策划印制宣传、内外包装物料制造的;在2005年以前,其业务的60%以上,甚至于80%以上都是来自于恒顺的;2005以后,恒顺开始对各分、子公司实施市场化管理和运作要求,恒华、恒通和恒达公司的业务量的50%左右还是来源于恒顺,恒生广告公司还是专门服务于恒顺的广告设计与宣传。近十年来,除了恒华彩印公司偶有年份有少量的年终分红外,其他三个公司基本上没有实现分红。同时,恒顺为了扶持"四恒"公司的发展,对它们的产品收购价格还高于市场同类产品价格的10%以上。可见,纵向一体化的发展并没有能够实现降本增效的预期效果,相反,还增加了公司的整体运营成本。

同时,恒顺为了提高上市募集资金的使用效率,在政府的积极引荐和推动下,恒顺投资3 500万元与7名留美回国博士合作兴建江苏奥雷光电股份有限公司,并控股江苏稳润光电股份有限公司。奥雷光电运营两年后,由于恒顺与经营层之间的关系没有处理好,加上恒顺作为绝对控股股东,并没有委派管理人员参与经营管理,企业经营也不善,两年后,恒顺完全退出。轰动镇江一时的光电项目宣告彻底失败而结束;2004年,新的稳润光电公司落成后,企业经营比较顺利,业绩蒸蒸日上,2006年、2007两度分红,但由于恒顺并没有委派人员参与日常经营管理,且与稳润经营层之间的产权关系没有明晰,恒顺分步把股份转让与原稳润公司的大股东。恒顺对光电业的投资宣告结束。

恒顺还投资于制药行业。2002年,恒顺与浙江大红鹰药业公司合资在江苏沭阳县兴建江苏大红鹰恒顺药业股份有限公司和沭阳医药公司。江苏大红鹰药业公司号称是当时沭阳县最早的花园式工厂,但多年来一直没有拿到国家药监局的新药批号,一直以生产低价位的普通瓶装大输液为主,年度亏损在400万元左右。由于经营不善,浙江大红鹰方已全部撤资,该公司已经成为恒顺的全资公司。同时,恒顺还投资于镇江的恒新药业和南京的赛尔金生物医学有限公司。镇江恒新药业的处境与沭阳大红鹰恒顺药业的处境不分上下。

2003年,在镇江市政府的引导和推动下,恒顺不知不觉地涉入镇江市的房地产开发行业中。恒顺投资5 000万元成立镇江恒顺置业公司开发恒顺翠谷楼盘和国家康居示范小区的恒美嘉园楼盘,并聘请镇江市房管局某领导全面负责经营管理。紧接着,恒顺又投资1亿元组建镇江恒顺房地产开发公司和3 000万元组建镇江中房新鸿房地产开发公司以及其他宜兴、南京和上海等地的房地产开发公司。2004年,恒美嘉园一期工程结算,158 600平方米的楼盘开发,恒顺赢利300余万元。同时,恒顺置业还因引进高管人才不当,由于涉及重大经济腐败案件,被缠上了司法诉讼。恒顺投资的房地产也一度成为镇江市的最大房地产开发商,2008年,最多时就银行借款达18亿元,年度财务费用7 400余万元。

除了房地产业、制药业外,恒顺投资较多的在保健品生产方面。最早,恒顺刚上市就投资3 900万元兴建恒顺生物工程公司,接着有镇江可尔健公司、天年生物制品有限公司等。恒顺生物工程公司主要是利用恒顺优质香醋和红花油及珍珠粉制成全新型保健品恒顺醋胶囊.其产品主要功效是降血脂、降血压。产品主要出口日本和用于当地政府、百姓的礼品,一度产销两旺,但在 2007 年,产品出现一次质量问题,以后,出口日本的订单全无,销售急剧下滑,连年亏损。可尔健和天年公司从来就没有出现赢利的记录。

在上市以后的 10 年间,恒顺除了搞纵向一体化发展,投资光电、医药保健品、房地产等全新领域外,还投资于汽车销售、南京消防器材经营、浙江中网通信和建材等非相关行业。虽然,对于汽车销售行业的投资已经停止,但恒顺在汽车销售上的资金占用最多时达 5 000 万元,占用时间长达四年;同时,恒顺在华龙管业上的投资已累计达到 1.2 亿元人民币,月销售额 500 万元左右。尽管,南京消防器材公司、浙江中网通信公司,以及华龙建材公司等这些非相关多元化产业企业的现在运营状况良好,但房地产业高峰期过后的状况如何,还有待实践去检验。

在恒顺的主业食醋酿造方面,除 2002 年,恒顺由于并购镇江恒丰醋业而导致 2003 年销售额的明显增加外,主业食醋酿造年平均销售增长率不到 20%,2004 年、2005 年几乎没有增长。

恒顺通过资本市场融到了 2.84 亿元资金,就对调味品主业而言,应该说是拥有了足够的资金能力。但对于医药、光电,特别是对于房地产行业,这资金是远远不够的。仅有资金,没有熟练这行业的人才也是行不通的。人是最重要的因素,恒顺在酿造行业积累了数十年的经验和技术,但在以上那些行业,却是全新的,应该是非常陌生的。恒顺对所投资的企业不委派人员去管理,而是完全寄希望于委托合资方管理,那是行不通的,也是不会长久的。人力资本的价值在发展企业能力并最终形成企业的核心竞争力的过程中发挥了重要的作用。人力资本拥有的知识是最重要的能力,最终将会成为企业竞争优势的来源。

能力是企业分配其所拥有资源的效率,是通过不断融合有形和无形资源而产生的。这些资源被有目的的整合在一起,以期达到一种最佳状态。恒顺的技术能力和制醋行业的经验是建立在恒顺人的技能和知识的基础上,而且,可能经常是建立在恒顺人的某项特长上的。尽管这些组织行为并不一定总能为所有的恒顺员工理解,恒顺的能力依然会在不断重复和实践中变得越来越有价值。

作为一种行动能力,恒顺醋业在食醋酿造方面体现了企业的核心竞争能力。

(1)酿造食醋研究开发能力。虽然说,食醋酿造技术是一种传统型工艺,但恒顺所掌握的食醋产品固态分层酿造技术是恒顺独有的,也是其他食醋生产企业难以模仿的,这种工艺酿造出来的香醋产品的风味也是其他技术不可替代的。恒顺具有了为增加食醋知识总量以及用这些知识去创造新的食醋知识而进行的系统性创造研发新品活动能力。恒顺研发能力有基础传统食醋调味品新品的研究、酿造食醋保健功效应用研究和相关食醋延伸产品技术开发等。

(2)创新能力。恒顺根据市场环境变化和市场需求,在原来的基础上重新整合人才和资本,进行新产品研发并有效组织生产,不断开创和适应市场,实现企业既定目标。恒顺的创新包括酿造食醋技术创新、产品系列化、品种延伸丰富创新和调味品分、子公司管理模式的创新等。

(3)营销能力。恒顺拥有行业中的龙头地位、品牌知名度,全国性完善的营销网络、现成的调味品营销团队及成熟的调味品市场运作经验,这些资源都是非常有价值的,也是在同类企业中稀有的。

（4）组织协调各生产要素有效生产的能力。这种能力不仅仅局限于技术层面,它涉及企业的组织结构、战略目标、运行机制、文化等多方面,突出表现在坚强的产销和管理团队精神和强大的凝聚力和整体协调以及资源的有效配置上。

（5）调品味市场应变能力。客观环境时刻都在变化,恒顺具有对客观环境变化敏锐的感应能力,必须使经营战略随着客观环境的变化而变化,即因时、因地、因对手、因对象而变化。

专家点评： ✎ ....

以综合改革推进"归核化新政"

叶克林*

企业多元化经营战略及其绩效一直备受关注与争议。从经济学角度看,求解恒顺醋业面临的战略选择,需要皈依"范围经济"(economies of scope)基本原理。简言之,如果一个企业随着经营业务的多元化而能减少总成本,那么这个企业就存在着"范围经济效应"并可继续多元化;反之,则应回归专业化(学界也称之为"归核化")。1987 年,美国哈佛大学教授迈克尔·波特(M. E. Porter)关于 1950—1986 年期间美国 33 家著名企业经营绩效的研究结果表明,为实施多元化扩张而发起的 3788 件兼购,最终大多事与愿违,用波特的话说是"一幅暗淡的景象"。1993 年,美国西北大学杰拉尔德·戴维斯(G. F. Davis)等人率先使用"熵"(entropy)指数衡量企业多元化经营绩效,也发现 1980—1990 年世界 500 强企业呈现出"回归主业"的走向与趋势。由此可见,恒顺醋业案例不过是多元化绩效不佳的企业名单上的又一个新近样本。

与经济学通常将企业视为"均质化"经营实体而寻求基于大数据量实证研究的"范围经济"原理不同,旨在揭示企业"黑箱"并基于典型案例探究其经营特质的管理学则认为:选择回归主业抑或继续多元化的战略定位,关键在于特定企业是否具备能比竞争对手创造更多客户价值的独特资源或核心能力。凡曾认真研读《战略管理》者均可获知,这是继M·波特教授首创"价值链"管理理论之后迅速崛起的资源学派能力学派的核心思想,而后者已成为当今企业战略管理中极具影响力的主流理论。在资源学派和能力学派看来,企业的独特资源或核心能力,不仅是寻求竞争优势的重要来源,而且是保持持续性竞争优势的内在基础。

所谓独特资源,是指企业的专用性资产,通常包括专利、版权、商标、品牌、商誉、特许经营权、排他性合同、顾客基数、组织文化和拥有企业专用技术或诀窍的人力资源。与建筑物、原材料、非熟练员工等企业的非专用性资产或生产要素不同,独特资源将对一个企业赢得竞争优势的核心能力产生直接与间接的影响,即使在功能完善的市场上也难以被其他竞争对手获取或者模仿。根据上述定义并对照案例对象,我们不难看出,恒顺醋业原先拥有的食醋类调味品的独特资源优势,似乎未能支撑、建构并牵引其曾先后涉足的光电、生物保健、制药、汽车、房地产和建筑安装工程等多元化经营业务。

所谓核心能力,是指企业在客户价值创造过程中能比其他竞争对手表现出色的一系

---

* 叶克林,研究员,教授,江苏省社会科学院企业与公共管理研究中心主任,南京海综经济研究所所长。

列经营管理能力,通常有三种主要表现形式:一是特定的经营管理职能。例如宝洁公司(P&G)出色的品牌促销技能,使其多系列洗涤类洁净产品迅速进入市场并形成多品牌合力。二是卓越的技术或产品设计。例如本田公司(Honda Motors)设计与生产小型内燃机和机车头的领先技能,使其顺利进入以汽油机为动力的摩托车、汽车、发电机、割草机和精密工程机械等70多个相关多元化系列产品领域。三是超常的综合协调能力。例如福特公司(Ford Motors)能在20世纪80年代中期实现复兴并能在90年代胜过通用汽车公司(General Motors)的一个关键因素,是其通过高效整合设计、制造、营销、工程和物流等诸多经营管理环节,大大缩短了从新品构念到新品上市的时间。根据上述定义并对照案例对象,我们同样不难看出,恒顺醋业基于食醋类调味品的核心能力优势,似乎也难以撬动、整合并统领其曾先后涉足的非相关性多元化经营业务。换言之,借用能力学派的一个专用术语,恒顺醋业在原有主营业务与后续多元化业务之间缺乏"杠杆核心能力"(leveraging core competences)。

综上所述,虽然经济学与管理学的研究视角大相径庭,但在企业战略合理定位的研究结论与政策建议上仍能殊途同归。正是从经济管理基本原理的意义上说,求解恒顺醋业回归主业抑或继续多元化,本无多大悬念。

反观企业实践也可发现,近期恒顺醋业已在启动"回归主业"。据国内财经媒体报道,2012年4月20日,恒顺醋业在上交所发布公告,宣称"为进一步做大做强公司主营调味品业务、调整优化辅业投资,同时降低公司房地产业务面临的风险",拟转让出售旗下的房地产公司。5月31日,镇江市主要领导赴"恒顺集团"现场办公,强调"要积极稳妥地推进经营战略的调整,集中力量做强做大调味品主业,立足食品领域推进同心多元发展,使'百年恒顺'核心竞争力更强"。

6月18日,镇江市国资委发布信息,要求提出"恒顺集团"收缩多元化投资及房地产业务剥离方案。7月30日,恒顺醋业发布本年度第一次临时股东会公告,着手重组公司董事会及高管团队。

毋庸置疑,恒顺醋业的主动性战略调整值得肯定与期待,有关媒体也称道为"归核化新政"。然而,"冰冻三尺非一日之寒",如果不能有效破解国企管理体制和经营机制上诸多深层次矛盾与制度束缚,"归核化新政"势必举步维艰或者浅尝辄止。有鉴于此,须不失时机地推进下述三项综合性改革。

改组股权结构。恒顺醋业是国有独资企业江苏恒顺集团公司(简称"恒顺集团")控股的上市子公司,而恒顺集团隶属于镇江市国资委,其高管均由政府任命。由于2001年改制采用"分拆上市"而非"整体上市",加上恒顺集团不仅保留混合型控股经营模式(既作为恒顺醋业的控股股东,又独立开展酱醋类调味品相关业务),而且委派恒顺醋业的主要领导人,从而导致上市以来母子公司之间不同程度地存在着大股东占款、关联交易、同业竞争和资源分散等弊端,进而严重制约了恒顺醋业主营业务的预期发展。为从源头上解决国有股"一股独大"的历史遗留难题及其弊端,须将引进战略投资者、股权融资、增发收购等措施置于重要议事日程。

优化决策机制。有关事实披露,恒顺醋业涉足多元化经营大多系"政府推手"所为。因此,实施"归核化新政"须以理顺政企关系为前提。否则,一旦再度面临诸如房地产之类畸形发展的高风险暴利机会，非理性的多元化经营决策势必重蹈覆辙。诚然，彻底理顺恒顺醋业等大型国企的政企关系，有待于深化国企体制改革。但为提高企业战略决策的科学理性，在进一步规范国有资产监管机构定位与职能的同时，不妨尝试大幅提高董事会外部董事比例，或者组建外聘专家战略决策委员会。

推动管理创新。简言之，恒顺醋业的"归核化新政"是要重新确立能力为本的竞争战略，而根据演化经济学的研究，获取基于"动态能力"（dynamic capabilities）的竞争优势，需要配套全方位的管理创新。这不仅凸显为众所周知的新品开发和营销创新等当务之急，而且包括有序更迭企业核心领导人、建设职业化高管团队、培育组织创新文化等事关企业长远发展大局之重大事项。

国企改革未竟期，吾辈更应奋今朝。本文相信，以综合改革夯实"归核化新政"的管理基础，"中国醋王"不仅收获名副其实，而且能够续写辉煌。

又要漂洋留学，电子书是否要重购？*

史有春　董　鹏　王子菲　蔡晋冉

摘要：电子书是一种比较典型的动态连续或不连续产品，它的持续完善和广泛使用可能会引起人类阅读和书写方式的一场革命，因而值得重视。案例描述了大学生小董在加拿大学习交流和回国完成本科学业以及即将赴美国深造的一段时间中，在电子书购买和使用方面的经历、观察与思考。对小董的购买决策过程和电子书扩散影响因素的描述与讨论，是本案例两条相互联系的主线。本案例揭示了新产品购买决策和扩散过程的一些普遍规律，内容上具有共性；同时案例也提供了许多比较特殊、有助于拓宽研究者视野的描述和分析，具有个性。

关键词：电子书　Ipad　电子资源　购买决策　新产品扩散

引言

还有1周就要前往美国开始自己硕士阶段的学习，飞机巨大的轰鸣声似乎已经响起。处于兴奋中的小董把整理好的行李又重新查看了一遍，在盛放数码产品的盒子里，2年前购买的索尼电子书也静静躺着。1周前开始整理行李时，他就在考虑是否要重新买一部更好的电子书，或是买一部Ipad，但一直没有做出最后决定。这一次购买让他感到有些纠结。小董端详着手中的电子书，一年前这部海蓝色机器陪伴他的日日夜夜仿佛就在眼前……

一、望书兴叹下的消费经历

（一）小董其人

小董是南大商学院营销系2007级本科生，在班级中学分排名第二，由于学习成绩优

---

* ① 本案例在南京大学商学院史有春教授指导下主要由董鹏撰写初稿，王子菲、蔡晋冉参与了写作，史有春进行了修改和定稿。史有春拥有著作权中的署名权、修改权、改编权。未经允许，本案例的所有部分都不能以任何方式或手段擅自复制或传播。

② 本案例授权中国管理案例共享中心使用，中国管理案例共享中心享有复制权、修改权、发表权、发行权、信息网络传播权、改编权、汇编权和翻译权。

③ 由于企业保密的要求，在本案例中对有关名称、数据等做了必要的掩饰性处理。

④ 本案例被全国MBA教育指导委员会评选为2012年度第三届全国百篇优秀管理案例。

异而被选送到加拿大高校学习交流一年。他成长在一个比较富裕的中产阶级家庭,父母都接受过优质的高等教育,他们不但对小董的广泛兴趣和新想法十分开明,本身也乐于接触一些最新的技术和产品。小董在这样的家庭环境下一路从重点小学、重点中学直到进入重点大学,并且从高中起就对数码产品产生了极大的兴趣,是《电脑报》和《微型计算机》等杂志的忠实读者,也喜欢在新的电子产品推出之后率先去尝试一下。

当 MP3 播放器刚刚出现,小董就把自己 CD 播放器放在一边购进了一个 32M 的 MP3 播放器;当英特尔旗下刚刚推出酷睿 2 处理器意欲取代高能低效的奔腾 D 处理器,小董就把自己家的组装机抱到电脑城更换最先进的处理器。小董对电子产品的"尝鲜"也并不是每次都能成功的,譬如他曾经在 MP4 厂商开始鼓吹高清屏幕概念的时候购入过一部所谓的高清 MP4,却发现虽然机器的屏幕分辨率做到了非常高的水准,但是因为机器的解码芯片性能不足,无法流畅应对分辨率如此之高的片源的高码率,所以影片的播放效果惨不忍睹,高清屏幕徒有其表。类似的例子不胜枚举,由此小董手中废弃的数码产品也就相当可观。

知道小董这一爱好的同学,在购买电脑或者其他数码产品之前也喜欢先到小董这里问问建议,小董对同学当然知无不言、言无不尽,觉得不错的玩意儿小董总会大力推荐,而对有瑕疵的数码产品,小董也就往往成为他同学朋友圈子里面第一个、也可能是最后一个购买者。

(二)望书兴叹

2009 年秋天,小董参加南京大学的交换生项目前往加拿大交流学习。在刚刚到达加拿大的一段时间里,小董领略了枫叶之国的种种魅力,也亲身体验到了加拿大较高的物价,尤其是纸质书籍价格让他感到吃惊。

加拿大和美国一样有着完善的知识产权保护体系,获得一本书的唯一途径就是购买正版。由此出版商在书籍定价上有很大的主导权,也不必像国内出版社一样担心由于书价过高而遭遇盗版的冲击。加拿大作者的稿酬一般远高于国内作者,书籍印刷、物流成本也十分高昂。在这些因素的共同作用下,加拿大的书价高到了让小董难以理解的程度。在加拿大书店中,普通书籍的售价一般都在 30~60 加元之间,相当于 200~400 元人民币,即使在打折促销期间也很少见到 20 加元以下的书籍。

在教科书市场,由于出版商不太担心具有需求刚性的销售量,定价比普通书籍更高一筹。一本普通 300 页全彩印刷的教科书在加拿大售价 150 加元左右,即使是仅有 100 页左右黑白印刷的教学辅导书,定价也在 60 加元上下。令人惊讶的是,加拿大政府对境内销售的图书还要加收 5%的消费税,并且各种打折促销从来不会在应季的教科书上出现。以每门课需要两本教科书、一个学期修下五门课计算,如果购全教科书新书,两学期仅在此项上的消费就大约 1 000 加元。

目睹如此高价的书籍,小董不禁怀念起国内的书籍市场。国内书籍定价近年来的上升幅度也十分显著,但一本普通教科书的定价也不过 40 元左右,在当当卓越之类的网上书城,获得六七折的折扣十分常见。同样修下 10 门课,即使全部购买新书,花费也不过 500 元人民币。

小董在开学时常常徜徉在学校拥挤的书店中,在一排排的书架中望书兴叹。

高昂的书价几乎让所有中国学生大喊吃不消,但聪明的他们总会想出许多办法来应对,不过都并不完美:有的会选择去图书馆借,但学校图书馆对教科书的借期限定在 7 天,热门教科书甚至只有 1～2 天;有的会选择合买一本书,但在考试复习期间容易发生冲突;有的会选择去复印书籍,一本 300 页书籍的复印成本只要 27 加元,但在一个知识产权意识很强的国家,复印书籍一旦被发现,收到的惩罚就会相当的严厉;还有会选择去买二手书,但教科书改版频繁,很难找到要求版本的二手教科书,即使有,折扣也就很低了。

权衡种种方法后,小董根据自己的情况还是决定购买全部教科书,有二手的就买二手,没有的话就买新书。但他在忍痛买书时,也期盼能找到一种便宜、方便阅读教科书的方法。

(三) 购买过程

"这是什么?"一天,小董在自习时发现旁边的同学拿着一部自己从未见过的电子产品,不禁好奇心大发。"电子书。"旁边的同学回答道。原来这就是传说中的"电子书"亚马逊 Kindle。"能让我看看吗?""可以呀!"那位同学把电子书递了过去。

小董在摆弄这台 6 寸 Kindle 的过程中,发现电子书的屏幕和手机、笔记本电脑等的屏幕很不一样,电子书的屏幕依靠外部光线作为光源,阅读起来很像传统纸质书籍,不会出现盯着笔记本屏幕时间过长时出现的头晕、眼干现象。

"用电子书可以看些什么呢?"小董又追问道。

"可以购买各种电子书啊!"同学说。

"一本电子版教科书一般要多少钱呢?"

"10 美元左右。"

小董心头一颤,这不就是自己一直希望找的解决方法嘛!然而一问,方知电子书售价不菲,同学手中的这部 Kindle 就在 200 美元之上。小董觉得这种购买不能冲动,还需要对电子书有更多了解。

晚上回到家,小董做的第一件事就是打开电脑,了解电子书的工作原理、发展历史和市场概况。以亚马逊 Kindle 为代表的电子书产品已经在美加边境的南方美国逐渐红火起来了,然而,能否很方便地找到所需的电子版教科书呢?

在搜索了 Kindle Store、汉王书城、淘宝等著名电子资源平台后,小董发现自己这学期使用的 10 本教科书有 6 本可以找到电子版本。最让小董印象深刻的就是自己刚刚花掉 130 加元购买的一本第 11 版 Intermediate Accounting,在淘宝上仅售人民币 15 元。虽然淘宝店主对这本电子书的来源含糊其辞,但小董相信能方便、而且可以很便宜地买到所需要的电子版教科书。

小董突然又想到,电子书并非是阅读 PDF 等格式文档的唯一介质,手机、笔记本电脑、MP4 都可以胜任,这些东西都不缺,难道非要再买一部电子书?小董大致比较了一下,觉得用手机和 MP4 来进行正规阅读,效果肯定不好;笔记本电脑虽是正规学习、工作的工具,但毕竟还不太方便携带,而且很伤视力;能做到保护视力、减轻疲惫、长时间续航的,目前只有电子书。

如果马上买一部电子书,已经买的教科书怎么办?还好,由于加拿大学校每学期开始的一个半月中,学生可以随意退课,为了防止学生因为购买了已退掉课程的教科书而蒙受损失,大学书店允许学生在此期间退掉保存完好的书籍。小董虽然已买了 10 本纸质书,但有 6 本没有任何痕迹,可以退给书店,这样一来损失就很小。

"那就赶紧买一部电子书吧!"小董终于下决心了。

接下来就是选择品牌和型号。在加拿大比较流行的电子书品牌只有亚马逊 Kindle 和索尼 Reader,由于被同学手中的 Kindle 所吸引,小董本想购买该款电子书,但亚马逊 Kindle 并没有在加拿大上市,想要购买的话必须通过美国的亚马逊网站。从美国亚马逊网站购买 Kindle 运送到加拿大,时间不能保证,还要加付高昂的关税以及加拿大政府和安大略省的消费税,还有不菲的运费。考虑再三,小董决定转而购买索尼旗下的 Reader。为此他特意成了索尼加拿大网站的注册用户,并且在网站上比较电子书的各个不同型号。

2 天后,加拿大索尼给小董发来一封广告邮件,说是为了感谢他的注册,决定送给他一张买 200、送 50 的优惠券。惊喜的小董立刻前往位于城北的索尼专卖店。虽是索尼专卖店,电子书型号主要只有两个:售价 199.99 加元的 5 英寸非触摸屏,以及售价 349.99 加元的 6 寸触摸屏。在试用中,小董明显感到屏幕大的那一款效果更好,毕竟 5 英寸和 6 英寸的可视面积不是 5 和 6 的比较,而是 25 和 36 的关系。

小董暗自盘算:高端款式的性价比也不怎么高,但能享受 50 加元优惠;低端款式标价 199.99 加元,差 1 分钱就不让你享受优惠,这不是捉弄人嘛! 既然自己是被优惠券吸引而来,那就买 349.99 加元的吧!

不过小董还是有点不死心:"买 199.99 加元的电子书还能用优惠券吗?"

"这……好吧,可以对你们留学生有例外。"店员开始还有些犹豫,不知是出于同情还是怕失去一笔生意,最后还是欣然表示可以在 199.99 加元的产品上使用优惠券。小董一想,使用优惠券之后两款产品的售价已差 2 倍,虽然性能差距也明显,但并不值 2 倍的价钱,况且店员又如此热情。小董决定接受店员的好意,用 149.99 加元的价格把一部电子书带回了家。

(四) 购后体验

把手中的 6 本纸质教科书处理掉后,小董乐滋滋地把这 6 本电子书拷贝进了自己的电子书,并在大部分时间选择用电子书阅读自己的教科书。

但在使用一段时间后,未曾想到的一些优缺点逐步显现了。优点是,电子书不但能支持小董购买的书籍,对老师的课件和讲义也能比较好的显示;缺点比较多:首先是电子书屏幕小,一张 A4 纸显示的内容在电子书上需要 4 页至 5 页才能显示完全,在阅读时需要频繁地来回换页;翻页速度也较慢,动辄两三秒的反应速度对性子比较急的人来说是一种折磨;电子书在显示图片和图表时经常会出现错位乱码等现象,支持十分不完善,为了看清电子书上没有较好显示的一个图表,往往要重新打开电脑以便更好地观察。

不过,小董认为电子书还是给他带来了很大实惠,为此克服这些缺点也是值得的。

二、束之高阁后的观察与思考

(一) 束之高阁

2 个学期很快过去了,小董带着陪伴他在异国他乡度过 8 个月学习生活的电子书回到了国内。相隔近 1 年,他本以为同学们也大都用起了电子书,可环顾四周,在中国同学和亲朋好友中拥有电子书的并不多。根据自己在加拿大的消费经历,他对同学们对电子书这个好东西熟视无睹感到很不理解。

小董本来想跟留学期间一样继续充分利用电子书的,可是随着回国时间逐渐变长,自己也感到电子书不那么有用,电子书的缺点也随之放大。他不再像在加拿大时一样,在需要一本书时会首先搜索是否有电子版本,而是更多地光顾学校的旧书摊、校门口的打印店,或是索性上书店。作为一个数码爱好者,他有太多闲置的电子产品,这部在加拿大买的电子书,更多时候就静静地躺在这群电子产品中间。

电子书的这种遭遇是小董未曾想到的。刚开始不在意,但每当他看到在加拿大须臾不离身的电子书,就会触动一下神经。作为数码产品迷和电子书曾经的使用者,尤其是作为营销专业的学生,小董对国内电子书的扩散状况抱有浓厚兴趣,希望探索相关原因。

(二)扩散状况的观察

1. 总体发展历程

电子书所使用的核心技术 E-ink 是在 1997 年由约瑟夫-雅阁步森(Joseph Jacobson)和鲁斯-维尔克斯克(Russ Wilcox)在 MIT 发明,两人同时成立了 E-ink 公司并拥有该技术的专利权。次年,历史上第一部电子书产品“火箭书”由美国新媒体公司推出,但并没有广泛打开市场。真正将电子书产品市场化的是索尼和飞利浦公司,2004 年,这两家电子巨头共同推出了电子书产品 LIBRIE,但在并不长的光景里,LIBRIE 就因为价格高昂,可阅读的资源有限而逐渐淡出市场。2005 年是平板电视大行其道迅速流行的一年,包括飞利浦在内的平板电视公司着力开发 LCD 和 PDP 面板,扩大 7～7.5 代面板的产能。考虑到 LIBRIE 惨淡的市场表现,飞利浦无意继续发展旗下的电子书产品,最后将电子书事业部出售给了台湾元太科技。

电子书在我国头十年的发展也并不顺利。2000 年,辽宁出版集团推出了首部国内电子书产品“掌上书房”,此后电子书产品在国内不温不火,在 2008 年之前一直是“南金蝉北津科”的格局,两家公司旗下的电子书品牌分别为“易博士”和“津科”,年销售均在 10 万台以下。

电子书市场的转机出现在 2007 年。当年年底美国最大的在线商城亚马逊推出了其电子书产品 Kindle,依靠亚马逊得天独厚的电子图书资源,Kindle 仅仅在一个月的时间就在亚马逊网站上售罄,随后又陆续推出了 Kindle2、Kindle3 和 Kindle DX。电子书产品在 E-ink 技术发明后的第 10 年,终于迎来了大规模的量产和流行。

在 Kindle 推出半年之后,定位于专业的汉字手写识别技术的国内科技公司汉王,看好电子书的前景并决定押宝于此。2008 年 6 月,汉王公司在全球金融危机的背景下推出了旗下首部电子书产品 N510,大胆投入了巨额开发和宣传费用。汉王快人一步的行事风格,使其很快处于国内电子书行业的领头羊地位。

不过,Kindle 引领的电子书风潮并没有让拥有 E-ink 专利权的 E-ink 公司实现盈利,E-ink 公司在 2009 年还是被台湾元太科技收购,从此元太在电子书的生产上占据了全球中的垄断地位。随着电子书越来越多地出现在公众视野之中,元太的股价也从 2005 年最低时的 14 元台币上升到 84 元台币的高点,市值高达 800 亿元台币。

据 Digitimes 的数据统计,2008 年全球电子书的销量为 70 万台,2009 年上升到 350 台,实现了超过 400％的增长率。同样据 Digitimes 的预测,从 2010 年至 2013 年,全球电子书的出货量将分别达到 930 万台、1 621 万台、2 278 万台和 2 801 万台。据 Display Search 的预测,2010 年中国市场上销售的电子书产品可能从 2009 年的 80 万台跃升到 300 万台,达到全球电子书市场份额的 20％,并且可能在 2015 年超越美国成为全球最大的电子书市场。

2. 品牌竞争状况

可能由于中国市场吸引力太大,中国市场上电子书品牌数量比加拿大的多很多,品牌竞争十分激烈。国际市场上亚马逊 Kindle,汉王电子书和索尼 Reader 三足鼎立,三家总体的出货量达到了 90％以上。其中亚马逊和索尼的市场主要集中在国外,而汉王的市场则集中在中国。在全球最大的电子书市场——美国,亚马逊占有 60％的市场份额,而索尼的 Reader 为 35％。在国内市场上,除了以上 3 个知名品牌外还有美国的 Barnes & Noble,韩国的艾利和;国产品牌更加纷杂,有欣博阅、OPPO、翰林、台电、福昕、纽曼、易博士、易狄欧、联想、盛大、文房、中国移动"G3"、爱国者、长城、华硕和大唐等。

各品牌采取差异化定位。Kindle 除功能齐全外,它的自有书城——亚马逊拥有 50 万本的电子书籍资源;索尼的 Reader 具备无线下载功能,并且可将较大的页面压缩到较小的屏幕里,减少阅读的翻页数次;汉王利用手写识别、手写电磁板两个核心技术,开发电子书书写功能,支持用户及时手写批注,支持记事本功能;Barnes & Noble 公司的 NOOK 不走黑白屏市场,主打彩色触控屏,优化用户视觉体验;欣博阅则另辟蹊径,推出全球最薄电子书 E510,厚度仅为 0.77 厘米和国内首款 9.7 英寸电子书 E900,并且外观精美,深受业界好评;OPPO 电子书支持断点阅读、TTS 语音朗读、ZIP 漫画阅读等多种人性化阅读方式;台电比较注重电子书刷屏较慢的问题,将局部刷屏和全部刷屏组合起来,加快了刷屏速度,除此之外台电又是功能齐全产品里价格比较低廉的;韩国的艾利和打出"潮人必备"的口号,走时尚设计路线,主攻年轻用户,在功能方面它支持存储卡以及支持多种文本格式;盛大希望以低价打动消费者,将锦书价格定为 999 元……

各品牌的差异化定位也让消费者有更多选择。目前,各品牌的知晓度和消费者的选择偏好见图 1 和图 2。

3. 电子书扩散状况

从有关报道看电子书的发展速度很快,但为何"环顾四周,在中国同学和亲朋好友中拥有电子书的并不多呢?"小董抱着这样疑问继续他的探索。

小董进行了一次比较全面的调查。调查显示[1]:在 475 名受访者中虽有 86.74％的人表示会阅读电子书,但使用电子书的仅有 8.21％,大部分受访者主要以电脑(46.11％)和手机(38.74％)为阅读媒体;另一方面,对电子书有了解的受访者仅有 33.89％,而在这部分人中,也只有 18.01％拥有电子书,60.87％的受访者表示目前还没有购买电子书的打算。根据调查样本,拥有电子书的受访者 29 名,普及率仅为每百人 6.1 台。考虑到问卷的网络受访者以 18～30 岁的网络使用者为主,实地调查的受访者也主要分布在南京市鼓楼区这一科教相对集中的区域,由此认为电子书的实际普及率应该更低。

这样低的普及率,使得电子书产业还不能获得明显的规模经济。业内人士普遍认为,电子书产业形成规模经济所需要的年出货量至少要达到 3 000 万台,而实际上电子书在 2009 年的出货量仅为 300 万台上下,并且这一市场发展较好的地区集中在北美、欧洲、日本等发达国家和地区。在国内,2009 年的电子书销售数字为 80 万台,电子书市场不过算是刚刚起步。

调查表明[2],对电子书有所了解的受访者特征主要是男性、受教育程度较高、收入较高、18~40 岁。这些群体一般是电子产品的先锋型消费者。

在寥寥拥有电子书的受访者当中,79.31% 的用户表示自己使用电子书的频率并未达到预想。在近 80% 的购买者都没有充分使用电子书的情况下,可以认为大部分的购买者没有实现从试用到采用的转换,这势必会影响其重复购买以及对产品的口碑,进而影响其他消费者的选择。

此外,不同品牌的扩散程度是有较大差别的。在中国,无论是品牌知晓度还是消费者的选择偏好,汉王都位居第一(见下图)。

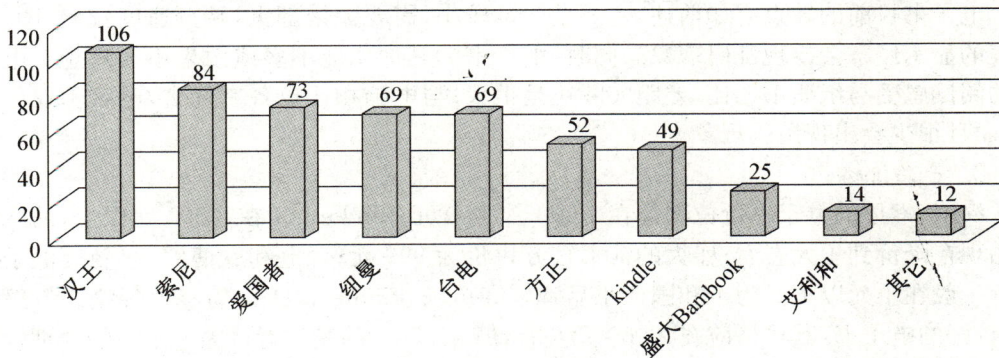

图 1　电子书品牌知晓度排名

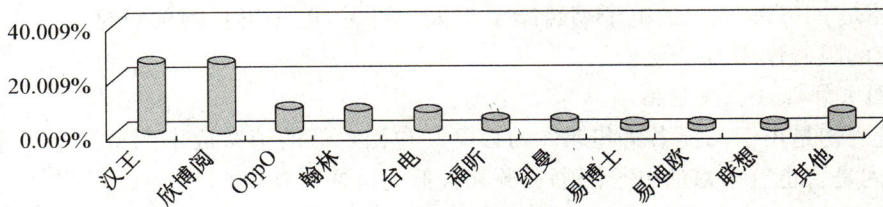

图 2　国产品牌消费者选择偏好

(三) 扩散状况的原因思考

作为营销系本科生,小董对影响新产品扩散的因素还是有所了解的。针对电子书产品特点,他着重考虑了产品优缺点、价格、电子资源及其价格等因素。

1. 产品优缺点

新产品的基本优缺点是影响其扩散程度和实际使用情况的关键因素,因此小董的反思首先从电子书产品的优缺点开始。电子书的主要优点是:

节省电能:使用 E-ink 技术生产的电子书,只有在像素囊需要改变颜色时才会消耗电能,在页面静止时并不消耗能量,因此待机时间不是按时间而是按翻页次数来计算的。现在一般配置的电子书平均每次充电可以翻页 7 000 次,其消耗的电能是电脑 LCD 显示屏的千分之一,电子数码设备的百分之一,由此续航能力超强,能正常使用两周。

阅读感受好:电子书不依靠背光而是靠外源光显示,因而不伤眼睛,可以随意摆放,大小也和普通书籍差不多,可给读者类似真实书籍的阅读感受。

容量大:目前普通的电子书拥有的内存容量为 2G,而一本 300 页左右的 PDF 版本文件仅为 10 兆,2G 的电子书内存可存放 200 本这样的书籍。很多电子书还拥有可扩展的 SD 卡卡槽,最大支持 16G 甚至 32G 的 SD 扩充卡,可以存储的书籍数量随之大大增加。有人预计,随着电子书内存容量的不断扩大和电子书文件压缩技术的不断完善,在一部电子书中存放几十万本图书甚至一个图书馆内所有的藏书也将成为现实。

便于携带:与庞大容量相对的是电子书的便携性,目前普通的 6 英寸电子书重量仅为 300 克左右,和一本 200 页的图书无异,无论是出差还是上班,携带电子书都不会带来任何负担,远优于传统书籍。

电子书目前的缺点有如前述,主要是屏幕较小,需要频繁翻页,翻页速度较慢,图片、列表的显示经常会出现乱码现象。同时,电子书的其他功能不多或效果不太理想。电子书的阅读感受与纸质书相比,差距实际还是很大;与电脑相比也各有优劣,电脑不仅屏幕大,而且很少会出现乱码现象。

2. 产品价格

汉王、索尼的电子书价位普遍在 1 000～3 000 元;kindle DX 在 3 000 元以上,前几代产品现在降价到千元左右;盛大的锦书官方售价为 999 元;台电和欣博阅、纽曼等电子书售价一般在千元以下。为了和国产小品牌争夺市场,kindle、汉王纷纷降价促销。一般来说,较好的电子书,其价格应在 2 000 元左右,但 34.78% 的受访者认为电子书的合理价格在 500～1 000 元,还有 43.48% 的受访者认为电子书的合理价格在 500 元以下。千元以上的产品对于大学生或普通消费者来说也是需要斟酌一下的购买,小董当时就为到底买 199.99 还是 349.99 加元的电子书踌躇了半天。可见,电子书目前的价格对其迅速扩散具有一定的阻碍作用。

3. 图书资源及相关价格

小董当初是出于阅读书籍和课件的必要性和相对低的消费成本而购买电子书的,那么,在国内是否也有丰富的电子图书资源和较低的价格呢?

由于国内盗版现象严重,大部分出版社不提供书籍的电子版本,这让网上书籍的电子资源十分稀少。不过,如果把各种盗版资源也算进去的话,国内电子资源不仅丰富,而且十分便宜或是完全免费。一本在亚马逊网站上售价 31.5 美元的 Heard on The Street: Quantitative Questions from Wall Street Job Interviews 可以在淘宝上以 10 元的价格买到完整的 PDF 版本。令人惊叹的是,许多电子资源在亚马逊网站上还没有对用户开放,一些商人就能通过破解、扫描获得这样书籍的电子版本并出现在淘宝上。

问题是即使盗版现象严重,小董自己所要的教科书也不是都容易找到的。因此,国内电子图书是否有意义,就看消费者自己需要什么图书以及是否愿意下载盗版的。小董自己有版权意识,并不愿意购买或下载盗版资料。

纸质图书最大的成本在于印刷和运输,而通过网络传播图书的电子版本可以将这两项成本降低为零。根据 US News 报道,将一本传统纸质书籍数字化的成本仅为 200 美元。因此,国内电子版本的价格优势也很明显。《媳妇的美好时代》在汉王书城上的下载价格是 3 元,而同名小说纸质版在当当和卓越亚马逊上的价格分别为 16.7 元和 16.6 元,这使得汉王书城实现了每天 300 次的下载,超过了当当和卓越亚马逊销量的总和

不过,国内电子书的阅读价格优势不再明显。即使是一本正版教科书,售价也仅仅是 30 元左右;在学校里的二手书店里,学生更是能以 10 元左右的价格买到大部分所需要的教科书。

此外,小董认为,消费者对电子书的知晓度较低(对电子书有所了解的受访者仅仅有 33.89%)也是制约电子书快速扩散的重要因素。这说明整个电子书行业的营销努力程度还不充分。

4. 评价选择

小董认为在上述新产品扩散影响因素中既有推动因素,也有阻碍因素,但哪一种力量更大却是见仁见智的问题,因此决定从自己个人角度对有关影响因素进行整体评价。

电子书产品不仅要和纸质书籍竞争,还要同时和手机、电脑(主要是笔记本电脑)和 MP4 等替代产品竞争。因此在尚未购买电子书时,消费者一般会处于两种购买状态:一是还未购买任何替代产品前、着眼于阅读功能时,会考虑购买什么产品;二是已经购买了电脑、手机等替代产品,考虑是否还要购买电子书。小董首先考虑了第一种状态。为了便于得出正确结论,他把上述新产品扩散影响因素转化为消费者一般会考虑的评价标准,以及各类产品的优劣势列于下表:

表 1 小董对不同产品优劣势的评价

产品类别	阅读感受	便于携带	容量	续航能力	产品价格	图书资源	相关价格	相关风险	其他功能
电子书	7	10	8	9	6	8	9	10	2
纸质书	10	9	1	10	10	10	7	5	1
手机	3	10	8	2	6	8	9	10	9
电脑	6	6	10	2	4	8	9	10	9
MP4	3	10	8	2	6	8	9	10	3

小董把屏幕大小、翻页速度、视力影响等都打包为阅读感受,各评价标准的分值越高越好,价格越低则分值越高。小董认真打完分后,发现如果不考虑权重的话,那么不同产品相应的分值分别是 69 分、63 分、65 分、64 分和 59 分,最该买的是电子书,最不该买的是 MP4。

但是,用分值简单加总的方式不能很好解释许多实际情况。小董意识到并非每个评价标准都同等重要,有的标准甚至有决定作用。例如手机的通讯功能和电脑的文字数据处理功能已成为日常生活中的必备功能,消费者不仅需要而且一般已经拥有。MP4 的娱乐功能虽不是必需的,但对于喜欢娱乐的青年人来说也很重要。如果是这样,那么消费者就处于第二种购买状态了,此时考虑是否要购买电子书产品时,实际就是电子书和纸质书在进行"PK"。消费者一般是、小董自己也是在第二种状态下选择电子书的。

　　小董详细列出了在第二种购买状态下消费者要考虑的因素：一类是电子书产品的公认优点，另一类是一系列不确定因素，如阅读感受、翻页速度等。根据同一次调查的数据，这13项因素的重要性排序见表2。

表2　电子书产品购买评价标准重要性

评价标准	重要性分值	评价标准	重要性分值
电子资源数量	5.65	阅读相关附加功能	4.4
产品价格	5.51	节省电能	4.27
电子资源价格	5.37	有利健康	4.17
阅读体验	5.32	环境保护	3.64
便于携带	4.95	翻页速度	3.53
容量大	4.92	其他附加功能	3.45
电子资源获取便利程度	4.63		

　　最重要的7个标准中有3个与电子资源相关，其中电子资源的数量和价格更是高居第一和第三位，小董个人对以上评价标准重要性排序也比较认同。在加拿大，他之所以购买了电子书，就是看中了国外庞大的电子资源数量、获取的便利程度以及相对低的价格。回国后逐渐冷落那部电子书的原因，也是因为相应情况发生了变化，也即学术性电子资源缺乏、价格优势下降。

三、三件"小事"后的再思考

（一）三件"小事"

　　小董分析了把这部电子书束之高阁的真实原因后，也就很快释怀了。反正以后当自己有很多时间可以看网络小说或其他消遣读物时，这本电子书还是能派上用场的。然而，有三件事情再次激起了他对电子书产品的兴趣。

　　第一件事：小董回国后就进入大四的学习阶段，他的导师要求本科生参加研究生的学术讨论，要求学生们在讨论时尽可能带上笔记本电脑。研究生整天泡在商学院图书馆，笔记本电脑几乎是随身带的，而小董却要从学生宿舍区赶过来，经常因为忘了或懒得带电脑而被导师批评。由此大家经常议论，如果能有一个更轻便的东西就好了，如果是电子书，最好还能用U盘，很方便地记笔记。

　　第二件事：一次在电梯里，他看到一位教授拿着一份学术讲座资料非常随意地翻了翻，刚出电梯就扔在垃圾箱里了。在加拿大高校，学术讲座资料一般以电子版为主，只是在讲座现场有少量纸质材料提供，很少有浪费。小董是一个环保主义者，知道全球每年上市的新书数量达到20多万种，图书的总销量高达60多亿册，保守估计制造一吨书籍用纸需要砍伐17棵十年生的大树，同时在纸张生产的过程中还会排放相当数量的废水和废气，若不加强治理会对环境造成巨大伤害。他想，如果大家都能充分利用电子资源，将对保护环境有重大贡献。

第三件事：在一次讲座中，小董看到邻座的一位年轻女教师手持 IPAD，潇洒地翻看各种图片资料。小董在加拿大读书时不可能花很多时间关心各种数码新产品，回国不久感觉自己有点"OUT"了，现在一个不太熟悉的数码产品就在旁边，不由得不关心。在旁观察了一下，就看出 IPAD 比电子书的功能更多甚至更强，而且小巧玲珑、便于携带。

"小事"不小，事关人类阅读和书写方式的革命性变化，事关环境保护和可持续发展，事关电子书和 IPAD 谁主沉浮。三件事再次激发了小董追溯过去、探索未来的兴趣。

（二）阅读与书写方式的变迁

虽然电脑在一定程度上改变了人类阅读和书写的传统方式，但毕竟没有纸质书籍的感觉。当自己手捧电子书时，一种革命性的阅读和书写方式将席卷全球的感觉就油然而生了。小董把人类阅读和书写方式的一系列重大变化，用图 3 简单表示。

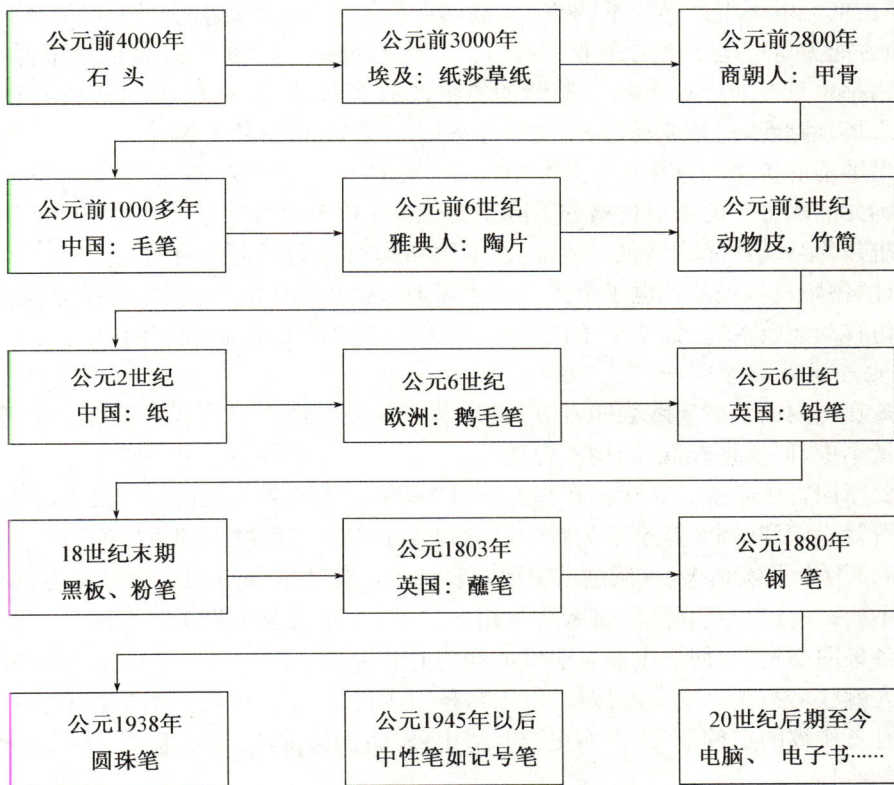

图3　人类阅读和书写方式的重大变化

（三）电子书扩散阻碍因素的背后

要预测电子书能否成为人类的一种重要阅读和书写载体，还必须了解前述的电子书扩散影响因素背后的本质原因及其关系，而这些原因和关系将决定有关影响因素的走向。

1. 产品缺陷的背后

电子书的核心技术 E-ink 在 1997 年发明，至今已有 10 多年时间，翻页速度慢等主要问题仍未被很好克服，应该另有原因。

2010年暑假,刚回国不久的小董,一次偶然机会到扬州开发区帮老师做一项调查,参观了台资元太科技。通过现场考察与座谈,小董感觉一个重要原因是E-ink本身的技术特征。早期的电子书产品刷新页面采用全屏刷新的方式,所有像素囊都需要重新进行电荷刷新,使之换页速度非常之慢,后来局部刷新的技术推出,只在需要改变颜色的像素囊处改变电荷,但换页时间仍需1~2秒,并且由于技术并不成熟,局部刷新后的屏幕上会有之前页面的残影出现。另一个重要原因可能是一些电子巨头对电子书的市场前景不是特别看好,飞利浦将旗下的电子书事业部出售给了台湾的元太科技就是明证,从而影响了技术进步。

2. 产品价格的背后

目前,电子书价格居高不下的一个重要原因是屏幕电子纸价格高昂。市场上的电子书,屏幕占低端电子书产品成本的60%,高端产品的30%,然而电子纸生产的技术要求极高,目前有能力量产电子纸的企业只有台湾元太和韩国LG,生产的合格率很低,台湾元太的合格率也只有30%~40%。垄断加之生产成本高昂,在元太面前,不管是汉王这样的国内市场领跑者,还是亚马逊、索尼这样的国际巨头,议价能力都十分有限。所以近年来电子书屏幕的价格一直保持5英寸单价60美元,6英寸单价70美元,9.7英寸价格超过200美元的水平。电子书价格的下降主要得益于屏幕以外周边元件价格的下跌。

手机作为终端产品价格也可能很贵,但网络运营商为了促销有时可以赠送手机。然而,严重的盗版侵权现象让电子书生产厂家想通过销售电子资源获利的可能性大大减少,难以效仿移动运营商"充话费送手机",推出"买电子资源送终端产品"的模式。

3. 电子资源的背后

小董在国内的消费实践表明,他想要的电子资源很难找到或者是没有。中国电子资源的数量不少,但质量较低、结构不合理。

主要原因首先是盗版文化。在国人心目中,购买或免费下载盗版产品并非是一种可耻的消费行为,互联网=共享=免费的观念根深蒂固。在百度上搜索"免费电子书"可以获得4 330万个搜索结果,虽然网站需要用户点击广告才能获得相应电子资源,但网民仍然乐此不疲。网民与互联网的盗版行为相互推动,互联网企业为了吸引网民也会想方设法获取各种图书资源,使之由盗版引发的纠纷时有发生。例如:贾平凹、韩寒等50位作家和出版人就联名指责百度文库侵权;汉王科技由于汉王电子书D20国学版擅自收录中华书局拥有著作权的点校本"二十四史"和《清史稿》而被起诉,后者要求汉王科技赔偿91万余元。

出于对网络盗版的恐惧,2009年年初汉王在和出版社洽谈电子资源授权时,大多数出版社都拒绝合作。但仅仅几个月时间,在出版社认识到图书电子化趋势难以逆转,态度则出现了转机。2010年上半年,汉王平均每月可得到1~2万本书籍的电子授权,目前还有将近40多家报刊和120家杂志正和汉王书城联系,意欲推出相应内容的电子版本。

然而电子书产业链成员之间的利益纠葛,仍会抑制电子资源的供应。电子书产业链由作者、出版社、电子资源提供平台和硬件生产厂商四部分构成,最上游的作者很容易成为被压榨的对象,他们想要获得利润,唯一途径就是和出版社分成;处于中游的出版社通过电子资源的授权从互联网企业那里获得利润,但下游企业不想在内容上受制于人,在与出版社洽谈授权时讨价还价，只愿意给出每本千元左右的授权，而出版社一本书一天的销售额就可能突破千元。出版社的盈利空间被欺压，对电子资源授权的积极性当然不会高。出于对盗版的担忧，即使同意授权，他们也很少提供最新的图书资源。

4. 消费习惯和价值观

小董根据所经历的"小事"，认为消费习惯和价值观也是阻碍电子书扩散的重要因素。如果有电子资源和相关技术的充分支持，电子书的各种优点使其能适合消费者在更广泛的情境下使用：

情境1：上课时看课件、做笔记；

情境2：课余时阅读教材和参考书；

情境3：乘车时、睡觉前以及其他多种场合看各种读物；

情境4：座谈时相互输入资料、记录座谈要点；

情境5：写日记；

情境6：逛商场或办事时随手做记录；

情境7：在上班的地铁上通过3G或者WI-FI连上网络，用几秒钟时间把最新报纸下载到电子书。

目前电脑和手机的使用已十分普遍，因此在某些场合使用电子书，仅属于一种连续型创新；在电脑和手机从未使用的情境下，消费者若能使用电子书来阅读和书写，则是一种不连续性创新。但如上所述，近80%的购买者没有充分使用电子书，在许多情境下仍是只会阅读纸质书籍或用纸张书写。除了电子书本身的缺陷外，消费习惯和价值观也是阻碍电子书扩散和充分使用的重要因素。如果消费者有强烈的环境导向价值观，那么消费习惯的改变就会容易些。据小董观察，虽然我国消费者也受到道家文化的影响，但对节约纸张似乎没什么感觉。纸张主要来源于木材，不是更天然些吗？

（四）未来将会怎样？

小董追溯着人类阅读和书写方式的变迁历史，认识到许多似乎可以永远延续下去的事物，最终仍是摆脱不了被历史扬弃的命运。这倒不是说纸质产品会被彻底淘汰，事实上石刻、毛笔、黑板粉笔等也未完全绝迹，而是会逐步降低使用份额。许多迹象表明，电子读物将会成为主流。例如：

＊ 美国加利福尼亚州的初中学生从前年起陆续开始使用电子课本，数理化生都有涉及，相似场景也在新加坡等地发生着；

＊ 微软公司曾经做出过这样的预测，2020年90%以上会同时以纸质和电子的形式出版，2030年，90%的图书采用的都是电子版本形式；

＊ 上海市政府为了推动国内出版行业从传统纸质向电子介质的转换，已经建立了国家数字出版基地；

＊ 各国政府和消费者越来越认识到造纸工业对森林资源和环境的严重影响，运用各种电子介质来促进无纸化运动，将会成为不可阻挡的潮流；

＊ 电子书产业链将会不断改善，防盗版措施会越加有力，例如汉王给出版社开出了优厚的"四项基本原则"：免费开发电子版本，由出版社自主定价，二八分成，一书一密。

消费环境正在改善，然而电子书要和诸多替代产品竞争，这就要看电子书和其他替代产品各自的技术进步速度了。小董认为在许多使用情境中电子书将主要与 Ipad 竞争，Ipad 对电子书构成了最大威胁。Ipad 9.7 英寸的显示屏也能提供不错的阅读体验，苹果构建的 iBook 平台上提供的书籍资源也越来越多。更重要的是，以 IPad 为代表的平板电脑集成了其他的强大功能，包括上网、视频聊天、游戏、收发电子邮件、观看网络视频等，这都让 Ipad 具有很强的竞争力。

不过，电子书产品也在不断完善。亚马逊的 Kindle3，相对于以前的产品在体积上减少 21%，重量上减少 15%，对比度提升 50%，长期为人诟病的翻页速度也提升了 20%。电子书集成的功能也愈发丰富，记事本，计算器，万年历，MP3 音乐播放，上网，游戏等辅助功能已经出现。为了提高阅读效果，手写，搜索等功能也已经采用于电子书的高端产品上，台湾元太科技已开始量产彩色电子书屏幕批量，2010 年 11 月份在日本东京发布了其首部彩色电子书。盛大推出的电子书 Bambook，更是实现了太阳能充电的功能。

小董根据 Ipad 的特点，在表 1 的基础上增加了对 Ipad 的评价：

表 3　小董对不同产品优劣势的评价

产品类别	阅读感受	便于携带	容量	续航能力	产品价格	图书资源	相关价格	相关风险	其他功能
电子书	7	10	8	9	6	8	9	10	2
纸质书	10	9	1	10	10	10	7	5	1
手机	3	10	8	2	6	8	9	10	9
电脑	6	6	10	2	4	8	9	10	9
MP4	3	10	8	2	6	8	9	10	3
Ipad	6	9	10	4	5	8	9	10	9

比较重视保护视力的小董给 IPAD 的阅读感受打了 6 分，低于电子书；在便于携带方面打了 9 分，高于电脑但低于电子书的 10 分；在其他功能方面给电子书提高到 3 分，给 Ipad 打了 9 分。结果是电子书和 Ipad 的总分都是 70 分。难道打分或加总有错？小董又重新打一次分，加总的结果还是如此。

四、尾声

小董就是在难以决策的情况下一直挨到了临走。又要飘洋留学，如果仍用现有的电子书，他就要继续忍受它的种种缺点；若换一部更大、更好的电子书，那就可能放弃要 Ipad 了，但 Ipad 的功能和美观的外形又让小董难以割舍；如果就买一部 Ipad，他对长时间盯着发亮的屏幕看教材又感到胆心，眼睛毕竟是要好好保护的。小董最希望能出现结合电子书和 Ipad 各自优点的新产品，最好还能折叠。另外，他也没有决定在国内还是到国外去买。去美国买的话，小董比较青睐亚马逊的 kindle DX，它有 9.7 英寸的大屏幕、支持旋转功能，方便显示整页课件，存储量大配有新牛津词典，更重要的是美国大学的教材在上面很多都有折扣价。但直至现在，小董还没有做出最后决定。

同行点评： 🖉

漫谈出版物市场的三分天下

费卫亭*

如果我们对于纸质书的留念只是因为墨香或者是那种习惯了的翻书的感觉，那么，电子书取代传统的纸质图书，就将不再有任何障碍。因为，技术的发展，完全有可能做到在你使用电子书时，既能够闻到淡淡的墨香，又可以体验到翻书的那种感觉。

但是，这些感觉就真的那么重要和持久吗？在不同年龄段，这种习惯的顽固性是完全不同的。要知道，习惯永远都是相对的，这种相对性表现在老习惯与新事物的永恒的、渐变式的、互为因果的纠缠当中，而结果总是习惯在不断地被改变。

看看手机市场已经进入触控新纪元，回过头来你还会再去讨论"按键"VS"触摸屏"的话题吗？即便要讨论，也是笑谈那些当初怀疑触摸屏是否会取代按键成为主流论点当中所罗列的那些理由，在今天看来已经是多么可笑。

同时，我们也注意到，任何新的事物出现并逐步取代旧事物的过程中，这种对于未来结果的判断从来都没有也不可能统一过，直到这种替代已经基本完成。

有调查表明：45 岁以下的人群中，66％会选择 iPad；45 岁以上的人群中，iPad 和 Kindle Fire 之间的差距则很小，51％的首选是 Kindle Fire，而剩余的 49％的人依旧对 iPad 痴心不改。Kindle 相对于 iPad，更接近于传统的阅读，老的版本更是如此，但年轻人不买这个账，除非你的产品有了改变。

案例中所说的"电子书"实际上有两个方面的含义，一个是作为阅读工具的终端，一个是作为内容的电子版图书。

获取内容的形式和 DRM（数字版权管理）方面来看，在不同的细分市场正在发生着深刻的变化，表现出不同的特点（见图 1）：

（1）学术图书（STMS）以图书馆、机构市场为主，读者层次高，单本销售量小，价格昂贵，机构的版权意识很强，出版社也更倾向于广泛的学术传播，在 DRM 方面约束较少。机构（比如图书馆、研究所）买断永久使用权，读者在该机构的 IP 地址授权范围内，通过身份认证后免费使用，就像到图书馆"借"一本书那样。2010 年全球图书馆预算中，电子资源的所占的比例平均水平是 50％，其中北美约为 60％，我国约为 35％。

这个市场中，电子书只是作为阅读的工具，对市场的影响很小，主要是内容之争，即作为内容的电子版图书之间的竞争或是出版社之间的质量、检索平台、定价等因素的竞争。

* 费卫亭，南京大学商学院 MBA 教育中心校外导师、大英百科中国顾问。

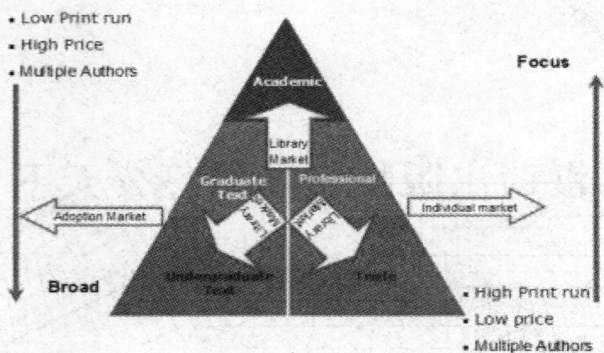

图1 图书出版结构与市场细分

（2）教材市场上，电子书作为阅读终端更多地担当起了书包、笔记本、作业本、交流的角色，而作为内容的"电子教材"，除了更广泛地适应不同终端的格式外，在获取内容方面将越来越倾向于让读者"租用"的方式销售，以便最大程度保护版权。

（3）基于个人的大众市场，是出版社最渴望但也是最纠结的市场所在，市场最大，但数字版权的保护和控制、盗版和免费传播之间博弈异常激烈。在这里，图书馆是个小角色，个人买家、读者才是主角。类似 Kindle 这样把内容和终端绑定的形式是出版社最乐于接受的，但所有的出版社都不愿意看到 AMAZON 一家独大的垄断局面产生，以 iPad 为代表的分成制也是他们平衡两大巨头的筹码。

从生产者，即出版社方面来看，纸本＋电子书的销售额全球增长约1～2％，但结构在快速变化。预计至2015年，大部分都将达到各50％的比例。

以比较激进的 ELSEVIER 出版集团为例，70％的销售额来自纸本，但年下降的速度为10％，30％的销售额来自电子，增长速度为30％。目前，相当多的出版社的电子书的销售收入占10％～15％。

最后，从我国进口出版物的不同载体的市场份额的历史变化来看，趋势也是十分明显。

2005年，进口出版物市场由纸本期刊霸占半壁江山，其次为纸本图书。作为新兴事物的电子出版物所占市场份额仅十分之一（见图2）。从目前进口出版物总体金额来看，图书和纸本期刊仍占大部分份额（见图3）。

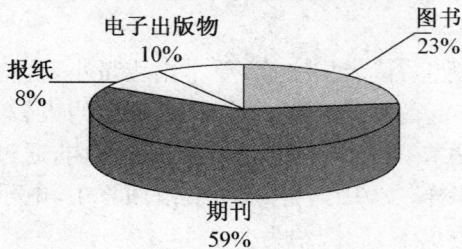

图2 2005年进口出版物金额结构

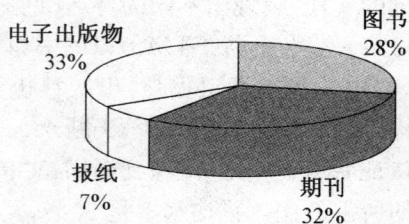

图3 2011年进口出版物金额结构

2005年至2011年近7年的时间，随着电子出版物的发展，它所占的金额日趋扩大，2010年首次超过图书金额，2011年已与纸本期刊占有比例基本持平，整个进口出版物市场已初现纸本图书、期刊和电子出版物三分天下的局面。

成人成己　共同富裕

——锦华装饰公司类股权激励研究*

徐志坚　蒋倩云　李宗贵　等

摘要:本案例描述了江苏锦华装饰公司从创立到发展壮大以及类股权激励在企业发展中起到的突出作用。从只有四个人的小公司到拥有近千人的大企业,锦华装饰的发展经历了坎坷,也揭示了创业型企业在发展中的一些问题及解决方式的一些共性问题。本案例描述的情况在高新技术企业及民营企业具有一定的普遍性,这类企业的战略转变、企业文化培养以及公司体系建设等是决定企业兴衰的关键性问题。

关键词:创业　股权激励　核心价值　家庭装修

引言

在南京市中心星汉大厦 23 楼的办公室,堂杰悠闲地品味精心制作的功夫茶。抬头望向窗外,回想起前几天去无锡参加的无锡大区年会,一种难以言说的感动涌上心头。堂杰上次去无锡还是 2009 年 5 月,对无锡分公司的印象还停留在两年前。那时公司虽然刚达到一定的规模,但大企业病已开始在公司里蔓延,公司后续发展遇到了前所未有的瓶颈,可持续发展一夜间就成为了管理层心头最纠结的问题。

回想起创业起步的时候,那是 1998 年 9 月的一天,在南京中山门居民楼二楼的一个两室一厅的 70 平方米住宅里,堂杰、宋立宏、程伟、徐铭四个年轻人怀着对未来的憧憬在规划着他们新建立的公司。一间房子、一张桌子、几张图纸就是他们的全部资产,而他们要进人的是一个在当时只有农民工才会从事的行业——家装行业。

1998 年的家装行业还只是个蹒跚学步的幼儿,没有行业规范,没有装修标准,一切都是新的,一切处于混乱之中。由于没有前人的经验可以学习,一切都必须靠自己摸索。困

────────────────────

* ① 本案例由南京大学商学院徐志坚教授设计、安排与指导,由蒋倩云、李宗贵、王洪振进行资料收集、整理、企业访谈及初稿写作,由徐志坚教授修改并最终定稿。未经允许,本案例的所有部分都不能以任何方式或手段擅自复制或传播。

② 本案例授权中国管理案例共享中心使用,中国管理案例共享中心享有复制权、修改权、发表权、发行权、信息网络传播权、改编权、汇编权和翻译权。

③ 由于企业保密的要求,在本案例中对有关名称、数据等做了必要的掩饰性处理。

④ 本案例被全国 MBA 教育指导委员会评选为 2012 年度第三届全国百篇优秀管理案例。

惑、烦恼、压力围绕着他们,但他们没有退却,始终以饱满的热情去学我们不懂的行业,设计、施工、材料……。在刚创业的前半年,对这四个年轻人来说,是困苦的,不能休息,三伏夏天跑工地、跑建材市场。但这一年却给他们留下了终身受用的经验:创业贵在坚持,从绝望中寻找希望,坚持再坚持,守得云开见月明,要学会忍受孤独,忍受失败,忍受屈辱,付出一定有回报!

锦华公司在边学边干中发展。"1999年,在与明湖山庄一位客户的接触中,由于客户在我们身上看到了他当年创业的影子,对我们很信任,但我们那时却干了一件对锦华公司的发展有着重要意义的一件蠢事,利用他的信任,把价格报得很高,挣钱心切,想大宰客户一把,最后偷鸡不成蚀把米,导致客户中途退单",锦华装饰总经理回忆道。这件事情使锦华认识到做企业一定要诚信,诚信是发展的根本,从那以后,锦华就树立起了"对外以满足顾客满意为中心经营"的理念。而正是这一理念,后来成为了保证锦华公司发展的最重要的法宝。也是从这一年开始,锦华装饰公司确立了要打造家装品牌这样一个想法。

一、家装行业的机遇与挑战

过去的13年,是我国房地产行业蓬勃发展的13年,也是作为其后续产业的家装行业迅速发展的13年。在这13年中,家装成为人们消费的一大热点,家装行业更是以每年20%~40%的递增速度在发展。据统计,从1998年的950亿元,到2003年,家庭装饰装修产值就已经达到了4 500亿元,行业内共有企业约20万家,从业人员达1 000多万人。进一步,到了2010年,建筑装饰行业产值就已接近20 000亿元,其中60%是家装。市场容量之大、发展速度之快,在传统行业里是罕见的。同时伴随着行业的繁荣发展,行业内部的诸多问题凸现出来,据中国消费者协会统计,2005年房屋装修质量投诉占建筑业投诉比例高达36.6%,施工质量差、服务不完备、污染严重等问题不但危害了消费者的权益,而且也严重阻碍了家装行业的健康成长。

随着中国经济实力的不断增加,人们生活条件的改善,消费者对家装行业也提出了更加严格的装饰需求,时尚、舒适、质量、环保等理念,越来越成为人们不断追逐的对象。随之而来的,则是设计潮流的变幻、施工工艺的革新、服务模式的创新、营销概念的不断改变。

所以,对于家装企业来讲,设计在行业中的地位显得越来越重要,居室设计也越来越被广大家居消费者所重视。现在,60%的家居消费者在装修中会把设计放在首位,80%的家居消费者在装修中会注重设计的因素。而在家装市场同质化较为严重的今天,作为差异化因素的设计在家装中的重要性会越来越强,正在成为整个家装服务的核心。

同时,绿色环保也是近年来装修行业的一大趋势。实现健康家装,要求各个家装企业可以为消费者提供优质的设计方案、严格控制装修质量、配送环保材料、提高工厂化率、减少施工现场污染等等,都要做到位。

另外,消费者个性化意识越来越强,外地和本地的品牌家装企业在满足消费者个性化需求方面并无明显规模优势,特别是在个性化设计和创造附加价值方面尤为不足。目前来说,消费者对于整体装饰风格的个性化意识越来越强,对产品升级换代的要求越来越高,且对材料的功能性也提出了更高的要求。

所有这些,都对家装企业的管理提出了挑战。具体来说,一方面,设计向产品转型,设计有偿化渐成趋势;另一方面,设计与施工渐趋分离。从行业角度出发提倡设计与施工相分离,是未来家装产业的突破点之一。目前设计师一专多能,既影响了设计师专业水平的发挥,也容易引发拿材料商回扣的"道德风险"。

行业规模的迅速扩大,对家装企业来说,也是一个极大的挑战。事实上,家装行业十分依赖于房地产的发展,而中国的房地产似乎一直处于稀缺的卖方市场状态,即使保持了年均30%左右的增长速度,但仍然难以满足不断增加的需求。原因是一方面由于中国经济的高速发展,城市化的进程带动了城市的就业和人口增加,以及人们收入水平的提高,加上商业和服务业的发展,都形成对房地产的大量需求;另一方面,房地产已经发展成为重要的投资品,在房价上涨的预期下,投资和投机需求铺天盖地的进入市场。因此,有理由相信,未来的商品房需求仍很大,房地产业中商品房的开发仍然存在很大的发展空间。

住宅投资是我国房地产开发投资的主体。从房地产投资完成额的增长态势看,1997年以后房地产开发投资的持续快速增长主要是由住宅投资的快速增长拉动的。1998—2006年住宅投资年度增长率均在21%以上、年均增速高达27.35%。与住宅投资的持续快速增长相对应,2000—2006年住宅投资在房地产开发投资中所占比重呈不断上升趋势。

从购买主体看,个人购买商品住宅面积持续快速增长,占比不断提高,2003年个人购买住宅面积占比已达到96.43%,个人已成为商品住宅的购买主体。城镇居民的住宅需求面积(人均住宅建筑面积)也从2004年的25平方米提高到2010年的33.56平方米,2010年之前我国城镇商品住宅需求增速呈逐年递增态势,商品住宅需求增速将由2004年的5.77%递增到2010年的8.4%,2005—2010年年均增速为7.35%。2005年以后非住宅商品房销售面积持续增加,销售面积从2005年的4 411.76万平方米增加到2010年的8 658.61万平方米,年均增速为14.43%。

二、成长与烦恼

为了顺应如此迅速发展的潮流,锦华公司必须要有良好的战略意识,非常的管理手段,才能使锦华公司能从几十万家家装企业中脱颖而出,占领市场的制高点。

(一)家装品牌化

众所周知,当年的家装市场竞争激烈得近乎残酷,就南京本地,数百家装饰公司良莠不齐。有的公司只在乎眼前利益,以低价、打折吸引消费者签单,在工程质量上却大玩花样。这样的装饰公司以牺牲消费者的利益来谋取短期利润,不重视品牌,不重视公司的长期发展。但锦华公司却不随波逐流,2000年初,公司还处在快速发展的初期,规模和利润都很小,公司领导层,高瞻远瞩,率先在整个行业导入CI,确立了品牌经营思路,这是企业从赚钱走向做事业的重要标志,锦华的管理者从战略高度确认了企业品牌的发展方向,而这也保证了锦华十多年来的健康发展。

2000年,锦华装饰提出"告别榉木时代",轰动南京城;2001年在很多客户不知该如何装修时,锦华装饰又及时推出业内第一本公益家装手册——《锦华完全家装手册》,曾引起很多客户争抢,时至今日,这本家装手册仍旧有巨大的市场影响力。2001 年在装修日益繁琐的时候,根据"重装饰轻装修"的理念,锦华公司提出"迎接简装时代"的口号,再次引导南京装饰设计潮流,初步确立领先地位。企业的发展一定要迎合市场的需要,企业经营必须始终遵循市场导向的观念,深入了解客户的需求变化,及时调整企业的经营思路,不断的创新是锦华装饰永远不变的宗旨。

2001 年,在整个家装行业呈现出很多不诚信的现象时,锦华公司又根据行业发展方向和客户需求适时提出一直至今指导锦华的企业经营宗旨"找锦华装放心的家"。七年来这个宗旨从来没有改变过,也引起了很多消费者的共鸣,"锦华装饰,放心家装"深入人心,这是锦华公司这么多年来业务量持续上升的一个重要保障。

2001 年锦华装饰开始推行制度建设,意在企业从小作坊向正规化转型,但在转型过程中也存在一些问题。比如有流程没考核,缺乏必要的监督机制和考核机制,依然人管事而不是制度管事,营销力大于内部管理能力,说的大于做的,这些不得到很好的解决都将为以后的危机埋下隐患。而要解决这些必须建立完善的企业制度和利于企业长远发展的企业文化,也就是说,在光亮的品牌背后,要有坚实的管理能力和良好的文化实力做支撑。

(二)口碑营销

2005 年,南京和外地各城市锦华分公司开始建立市场部,从原来打完广告坐在店面等客户,到走出去找米下锅,同时会议营销开始在各城市普遍展开。销售渠道的多样化,东方不亮西边亮,保证了在日益竞争的市场中业务量持续上升,但是公司同时也发现很多"拉客"的手段已经日益引起客户的反感,特别是持续的电话骚扰的效果几乎为零,市场部变成了"电话簿"。当然现在各竞争对手采取了同质化的手法,让曾经的法宝失效了,为此我们必须改变曾经让我们取得多次辉煌战绩的市场部工作的理念和方法,从急功近利的拉客到系统性的建立营销体系,从"销"到"营"。

2005 年开始锦华装饰开始创办"堂杰说家装"的电视节目,在 2007 年又开播"堂杰支招"栏目。这些栏目取得了巨大的影响,对提高公司的知名度和业务量帮助很大。这些品牌推广之所以能够成功的原因,除了竞争对手无法模仿外,更主要的是此节目始终站在消费者的立场,答疑解惑,而不是功利性的吹嘘公司。这件事也让锦华明白,必须冷静的看待广告的作用:只要你始终为消费者考虑,能为消费者创造价值,自然会赢得市场的认可,而那种铺天盖地的广告,如果没有实质的客户价值支撑,充其量是"大忽悠",终究昙花一现。所以我们所有的营销出发点必须始终站在创造客户价值的角度,业务量好不好,与广告的多与少其实没有太大的关系,因为家装是口碑相传的行业,只要做好了,业务自然会好。由此,锦华装饰可以得出一个结论:锦华的广告就是我们每一个与客户接触的锦华人,设计师、项目经理、质检、客服、财务、经理等一线与非一线人员,我们每一个锦华人都必须以"找锦华装放心的家"要求与客户服务的每一个细节,这是最大的广告,也是长期的广告。事实也证明了这一点,2009 年锦华装饰公司家装工程年产值为 1.5 亿元人民币,而其中 60%的客户是来自于老客户的口碑介绍。

(三)系统考核

2005 年 9 月的徐州会议,是锦华公司发展史上的一次重要会议,在此次会议上第一次提出从规模向有效规模转型。锦华公司提出了从产值、管理费、折扣、设计费、减项、主材、辅材等七方面评价业务量。这次会议改变了锦华所有职业经理人的经营思路,冷静的分析了利润的组成部分,改变了只重产值而不重视产值质量的观念,为2006年系统管理奠定了理论基础。

2005年下半年,南京公司开始运作主材,是锦华发展史上的里程碑,通过整合为客户创造价值的同时也为公司创造了利润。三年来,南京公司取得了显著的成绩,基本实现了目标,但是各外地城市由于利益关系复杂,加上规模不够,这三年来主材的运作进度很慢。

2006年年初,锦华公司提出了公司未来的方向是全面提高系统管理能力,要求增加收入点,控制支出点,保持规模有效增长,全面提升赢利能力,向复合营销要产值,向管理要利润,向培训要队伍;同时必须实现以下观念转变,从高业绩增长到高管理质量增长的转变,从单一产值指标考核到产值、利润、管理等各项指标均衡发展考核的转变,从以业务为主线到以财务管理为主线的转变。

2006年强调了管理在注重广度的同时也必须注重深度,通过以到账额为基数计算产值,通过利润细化分解考核为核心,经过2006年一年的努力,锦华装饰的管理质量和产值质量发生了巨大的变化。

通过2006年,我们深思,经营企业必须系统性的思考问题,发展要均衡,从管理上说,企业要什么就必须考核什么。当我们考核产值时,一定会保证产值;当我们考核利润时,利润也一定会实现;所以说,从2008年开始我们以“客户满意度和管理质量”考核各级管理者,因为“客户满意度和管理质量”是保证企业可持续发展的最重要的两个指标。

2006年9月从南京公司开始调整设计师薪酬,吸引了一批优秀的设计师加盟,保证了南京公司业务量的高速发展,同时也为设计师的满意度考核奠定了基础。这次薪酬调整取得了比较理想的效果,不仅给员工施加了压力还在保证有压力的同时,也要保证有足够的动力,同时在同行业中有足够的竞争力,从而为锦华公司吸引了很多优秀的人才。

2006年以前,锦华装饰是纯施工型的公司,不收取设计费。以往社会对锦华装饰的评价是施工还可以,设计一般,蛮放心的!但锦华装饰很快认识到设计室家装的核心竞争力,为了增加公司的核心竞争力,2006年开始,南京公司率先转型,开始引进优秀设计师,建立收设计费的流程,同时引进王松石建立研发中心,加强对设计师的培训,并推出“好设计,找锦华!找锦华,装放心的家”的广告语。通过一年的磨合,锦华装饰基本建立了收设计费的标准流程,树立了设计师的信心,提高了公司的形象,增强了公司的竞争力。

(四) 建立核心价值观

2002—2004年这三年是公司向外扩张的3年,也是业务量发展最快的3年,在3年内,锦华公司除了在南京迅速布点外,相继开拓了南通、无锡、扬州、江阴、泰州、盐城、镇江、常州、徐州。在业务量上,相比于同行业南京开始领先,各外拓城市迅速占据当地城市前三名,业务量每年呈100%的速度上升。

2002年,公司开始朝多元化经营方向发展:当年初,开始建立后场,开始生产橱柜,然而,由于服务和成本控制等各方面原因,最后橱柜厂关闭而结束了它的命运。同时,装修装饰过程中因质量、服务等问题的投诉也不断涌现,由于一心想做大,盲目拓展,市场调查缺少科学依据,盲目拓展不成熟的城市,在加之人员的培养没有形成有用的纵队,对竞争激烈的市场缺少必要的市场竞争策略以及心理准备,公司管理框架没有建立到位,对职业经理人缺少监督机制,导致工程量虚高而工程质量急剧下滑,口碑迅速降落,形成了表面虚假蓬勃。

另外,由于发展太快,分散了家装的管理力量,量增加了,但管理没有及时跟上,到2003年底,各方面的问题开始爆发,施工质量开始下滑,人为的帮派体系开始萌芽,员工的浮躁情绪开始蔓延,从上至下歌舞声平,盲目自负,缺少创事业时期的激情以及勤奋,缺少危机意识,安于享受,官僚主义盛行,市场调查结果使人实在胆战心惊,危险之极。于是有人惊呼:"锦华,你怎么了?"

2005年,在年初第一次全体会议上,根据宋总的要求,公司暂停了对外拓展,强调必须坚持"稳步经营,谨慎发展"的经营思路,提出为了保证管理质量,可以牺牲发展速度。

为了加强管理,锦华装饰开始调整管理框架,将公司分为南京、苏南、苏北三个大区,同时分批引进优秀职业经理人。公司管理框架的调整,缩小了管理半径,提高了管理的效率,保证了分层管理。总经理堂杰在他的博客中说到:"现在回头总结,管理框架的调整是保证了这几年能稳步快速发展的制度性保障,所以我们各城市的管理框架一定要随着量的增加而调整,量变到质变,而且为了保证管理质量,一定要框架先行。只有组织框架到位了,才有可能随着量的增加而管理质量也随之而提高,当然随着管理框架的增加,管理成本会大幅提高,量增加了,利润不会随之而增加,只有再次突破盈亏平衡点,才会取得规模、利润、管理质量三方共赢的可能"。

公司开始重新审视自己的营业模式。2004年7月,锦华装饰全体中层干部集中至天柱山开封闭会议。此次会议对锦华装饰来说相当于长征史上的"遵义会议"。在此次会议上,全体干部统一了价值观,确立了"对外以满足顾客满意为中心经营"、"对内以满足员工发展为中心经营"的理念,明确了公司六年的发展目标和家装产业的三年规划,详细解释了"成人成己"的核心价值观。自此,锦华装饰就进入"文化通天下"的时代。

2002—2004年这3年是公司业务量发展最快的3年,也是锦华企业文化逐渐成形的3年。公司的不停外拓给了很多优秀的老员工在新的岗位上重新焕发创业激情,能力得到极大的提高。企业一定要为员工的发展不停的创造平台,只有员工有了发展,公司才更够有所发展,于是有了"对内以满足员工发展需要为中心"的经营理念,而这一理念的提出,就构成了企业"成人成己"的核心价值观的基础。处处为员工着想,努力为员工规划可持续发展的职业平台,让员工在锦华公司能感受到大家庭的温暖,成了锦华公司发展的核心。

在核心价值观的指导下,公司逐步进入正规发展轨道。2005年,公司开始调整管理框架,将公司分为南京、苏南、苏北三个大区,同时分批引进优秀职业经理人。职业经理人的引进,公司管理框架的调整,缩小了管理半径,提高了管理的效率,保证了分层管理,为未来公司由"人治"到"体治"打好了基础。然而,不论是长期与公司一起打拼的老员工,还是外面引进的职业经理人,都有一个留得住、用得好的问题,有一个是否能够激励所有员工奋发努力、为锦华公司的未来继续打拼的问题。

为了使公司持续发展,将"四个人的锦华"变成"大家的锦华",公司决定秉着"成人成己"的价值观,在公司内部实行股份制改革,使广大员工分享公司发展的成果。

三、镀金的瓷手铐

人力资源作为流动资源,已成为经济和社会的第一资源。人才的竞争已成为企业与企业之间、国家与国家之间竞争的焦点。企业生存和发展的关键是人才,拥有人才却留不住人才的企业不会有大的发展。目前有很多民营企业都面临着人才流失的问题,人才的流失、招聘的困难都将给企业造成不可估量的损失。而对家装行业来说,人才更是企业的核心资源。无论是家装行业初期具有良好施工技术的工人,还是注重设计和服务时期的优秀设计师和行业发展成熟以后的职业经理人,人才在家装行业的发展中都扮演着至关重要的作用。如何在企业的日常经营中贯彻"以人为本"的经营思想,站在战略的高度提出适合企业发展状况的人力资源解决方案,是关系到家装企业能否生存发展的大问题。

管理层在回顾公司发展历程时就一直在思考:锦华公司在经过十多年的发展,年营业额从公司成立之初的70万发展到后来的过亿元,公司规模也从最初的"四人组"增长到2007年的800多人,在经过如此快速的增长之后,是什么真正地一直在促进员工努力地"打土豪",是"为全人类的解放事业"还是为了"分田地"?公司如何持续发展?如何从"人治"到"体治"?如何使公司的管理从民营企业的创始人管理到职业经理人的专业管理?如何激励并约束职业经理人,如何吸引和留住关键人才?这些都是锦华公司管理层在面对未来发展时,下一阶段必须解决的问题。

2007年党的十七大召开,明确提出要让十几亿中国人民都能享受到小康社会带来的好处。这也给锦华公司的管理层提供了比较好的建议。股权激励,让员工成为股东,让锦华成为大家的锦华。

(一)留住人才

企业的"企"字,上面是"人",下面是"止",即企业如果离开了"人"就"止"了,这充分说明"人"对于企业的重要性。

锦华公司是从事家装的服务性企业,由于行业的特殊性,表面上锦华公司生产的是装修工程,但实际上生产的是"人"——设计师、项目经理和管理人员。因为锦华公司认为"专业人做专业事",公司没有金陵和金盛那样的卖场,也没有工厂和土地,既不生产地板,也不生产门窗,仅有租来的办公室和不值钱的电脑与家具。所以说锦华的核心资产就是"人",唯一的产品也是"人"。

在何为人才、如何选拔人才、培养人才、留住人才等方面锦华公司进行了长期的探索。总经理堂杰总结到,对人才的管理要从以下四个方面入手:

一是,用制度选人和淘汰人。在企业的初期,创业者会更倾向于选择"熟人",以为这样会齐心协力,便于协调。但因中国存在所谓的"面子"文化,制度在熟人、朋友面前经常会变为一纸空文,他们对制度有很强的破坏力。锦华公司经过十几年的发展已经初具规模,但随之而来的是公司内部员工之间"熟人文化"的泛滥。所以,锦华公司今后的发展一方面要学会选用生人,另一方面要加强制度化管理,将业已存在的"熟人"进行"生人化"。

二是,用正确的价值观影响人。每个企业都自己的个性,每个企业都有自己的价值观。从根本上看企业文化或者说企业的价值观会约束企业里每个人的行为方式,什么该做,什么不该做,员工们应该清清楚楚。虽然在目前中国存在价值观缺失的问题,但锦华还是要反复重申"诚信做人、激情做事"的行为规则,虽然在家装行业里,私单、回扣等行为比比皆是,但锦华仍然强调"以客户满意为中心"经营,反复把这种价值观去灌输、宣传、选人、淘汰人。

三是,用好的工资和福利去保障人。锦华公司管理层意识到,员工到锦华公司来工作原因之一是赚钱养家,还房贷、还车贷、吃饭、看病、买衣服。由于中国目前社会保障体系不够健全,公司需要给员工心理安定和必要的物质保障。所以,作为管理者要站在员工的角度去思考,他们最需要什么? 公司应该用何种方式去满足? 由于不同岗位的员工有不同的需求,公司需要用不同的方式去满足。2010年起,公司决定提高基层员工的收入,给最基层的员工以保障,从一线解决员工满意度进而解决客户满意度。锦华公司强调在给员工待遇的时候,要有"舍得"的心态,构建以"舍"为核心的股份制。

四是,用好的事业来发展人。锦华公司认为"留不住人才,永远是企业的责任"。对于管理者而言,要把合适的人放在合适的岗位,要给员工以职业生涯规划,除了物质保障外,还要有正常的晋升空间。这几年,由于部分管理者没有很好的晋升空间而离职,使公司出现了一定的人才流失现象。怎样用合理的制度留住人才、发展人才是长期困扰锦华公司发展的一大因素。

(二)"类股权"激励

随着公司股权的日益分散和管理技术的日益复杂化,世界各国的知名公司为了合理激励公司管理人员,创新激励方式,纷纷推行了股票期权等形式的股权激励机制。然而,由于锦华装饰尚未上市,股票价格确认比较困难,流动性偏弱。公司考虑采用虚拟股票的方式:授予激励对象一种虚拟的股票,激励对象可以据此享受一定数量的分红权和股价升值收益,但没有所有权,没有表决权,不能转让和出售,在离开企业时自动失效。

与股票期权的"金手铐"相比,该种激励方式有以下几个方面的特点:

(1)它实质上是一种享有企业分红权的凭证,除此之外,不再享有其他权利,因此,虚拟股票的发放不影响公司的总资本和股本结构。

(2)虚拟股票具有内在的激励作用。虚拟股票的持有人通过自身的努力去经营管理好企业,使企业不断地盈利,进而取得更多的分红收益,公司的业绩越好,其收益越多;同时,虚拟股票激励模式还可以避免因股票市场不可确定因素造成公司股票价格异常下跌对虚拟股票持有人收益的影响。

(3)虚拟股票激励模式具有一定的约束作用。因为获得分红收益的前提是实现公司的业绩目标,并且收益是在未来实现的。

锦华公司根据虚拟股权的原理并结合企业的实际,设计了一套全新的类股权激励模式,公司管理层将其形象地称为"镀金的瓷手铐"。它有金色的亮光,有吸引力;它容易打碎,没有终身制;它又很硬,代表赏罚严明。

首先,关于股东资格的取得:在锦华公司,股东资格的取得并不是资本的投入,而是在公司的业绩表现。根据锦华公司股东会章程,股东资格的取得可以通过两个途径:一是每年的年初由总经理提名的各公司中层及以上干部,这部分是公司的法定股东;二是每半年度,由总经理按比例提名的优秀员工,他们要报集团审批,审批通过则成为公司股东。

为了规范公司股东管理,锦华公司制定了股东胜任所共用的基本标准,股东胜任的基本标准包括四个方面:

(1)认同并传播公司的企业文化价值观,自觉维护公司形象,积极推进健康的工作氛围,企业忠诚度高。

(2)工作作风扎实,以身作则,各项工作指标达到公司优秀级要求。

(3)工作中认真学习专业知识,乐于和同事分享经验,为公司的发展提合理建议。

(4)积极配合各个部门工作,不推诿,不搪塞。

另外,公司针对市场部、工程部、设计部、主材部、分公司客服、各职能部门等不同部门制定了适用各部门主管和基层员工的具体标准。例如公司市场部主管股东胜任考核标准包括:经过公司考核,团队业绩完成对应区域的考核要求;管理指标达到部门经理的年度管理要求;业绩指标和管理指标前两名的主管为公司法定股东;若作为股东,年度考评考核指标或管理指标不达标的主管则取消下年度的股东资格等方面。

对市场部业务员(含组长)的股东胜任条件包括:达到组长任职资格的,年度综合评估列业务员前 10 名为股东候选人;部门产值前五名的员工作为股东候选人;前两名则为法定股东;若作为股东,年度考评未进入前 20% 者则取消下年度股东候选资格等。

另外,如果达不到股东任职的条件,公司将有权终止其股东资格,取消分红权。根据锦华公司股东任职标准,如果现有股东符合下列情况之一,将被终止股东资格:

(1)半年度未完成岗位基本考核指标的,经部门经理确认,公司有权中途终止股东资格;

(2)不符合股东标准,不履行股东义务,言行在员工中造成不良影响,员工满意度很低,公司有权中途终止股东资格。

(3)违反公司相关规定造成恶劣影响的,公司有权终止股东资格。

(4)年度考核指标(管理指标)相差甚远,经部门经理确认,公司有权终止股东资格。

由于公司"股东"所享有的仅是分红权,并且每年分红的数额是按利润的一定比例提取。因而,对公司来讲增加新的股东不会分散公司控制权,也不会给公司带来更多负担。对股东来讲,取得股东资格并不是一劳永逸之举,他们需要在业务的开拓和公司的成长中实现股东分红权利。这种制度设计能够有效地平衡公司所有者与股东之间的关系,实现各自利益的共享。

其次,关于股东权利:锦华公司股东会制定了公司股东的权利和义务细则。国家《公司法》规定的基于缴纳出资而取得的股东权利主要着眼于股东出资资格的维护,而锦华公司股东权利不但着眼于股东的利益获取,还贯穿着公司经营管理。根据规定,锦华公司股东享有分红权、参与重大决策权、选择监督管理权、知情权等四个方面的权利。

(1)分红权。分享按照年度利润一定比例的分红。

(2)参与重大决策权。参加每季度的公司股东大会,听取总经理的公司经营状况分析;参与公司重大决策,通过公司薪酬、考核等各项重大制度。

(3)选择、监督管理者权。公司实行股东会授权的总经理负责制,股东有权选举管理层,并对管理层执行职务的行为进行监督,并履行其他监督行为;当管理层的行为侵害公司利益时,有权直接向集团总部申诉。

（4）知情权。在不影响公司正常经营的情况下，股东享有了解公司经营基本状况的权利，对有疑异的账目，可委托集团财务部质询总经理并查阅相关资料。

最后，关于股东分红的领取：据相关负责人介绍，公司每年把各分公司利润的 30％分配给股东，其中 50％在本年度发放，另外 50％在下一年度发放。这就意味着每一年度股东将拿到手的分红是上一年度利润的 15％的本年度利润的 15％。这一制度的设计一方面可以有效地约束股东，限制股东的离职行为；另一方面也可以平衡股东每年的分红收益，减小年度之间收益的波动性。

（三）成效

锦华装饰公司以团体与个人的绩效为基础实施股权激励计划。在这份股权激励计划中，不仅成绩显著的部门和分公司经理能够获得股票分红的权利，业绩优秀的个人亦可获得股权激励，成为公司的股东。

按照公司的分配步伐，公司最终把税后利润的 53％都分给当地的核心管理层，在各公司，管理层已经占了大股，核心管理层从分配上成了真正的主人，那么管理者在充分有物质保障的同时，也实现了人生价值。在分公司核心管理层可获得分公司绝大部分股权同时，再将这种分配步伐逐层向下实施，这样分公司就能够将集团的发展模式复制到分公司中，分公司的各层管理者也将能够获得公司的股份，成为公司的一员。

正应为实施了这样的股份制改革，尽管始于 2008 年的全球金融危机给各行各业造成普遍影响，家装行业同样面临严峻考验，2008 年底，许多家装公司无法支持，倒闭的不在少数。家装行业的冬天要来了。而锦华装饰却逆势上扬，创造了历史的最好成绩，5 个月的产值已突破亿元。全省各公司均比往年同期有了大幅的增长。当访谈者在无锡、常州见证了"股东大会"的召开时，看到的是无锡分公司的股东们群情激昂，作为企业的主人，大家心往一处想，劲往一处使。誓言要把企业做大做强，成为行业的标杆。对此，外管中心的程总给出答案："锦华的企业文化，先进的分配模式，才是我们走出'冬天'，迎来'春天'的原动力，市场好的时候我们要做强，市场不好的时候，我们会更强！"。

再看一看锦华装饰南京大区 2011 年股东大会上的表现。"这是我的锦华！"3 月 9 日、10 日，这句极具震撼力的口号，一次次的被 100 多个锦华股东用内心铭记、用声音呐喊。股东大会的第一个议题，就是对所有股东在 2010 年的工作进行绩效评估；在股东大会现场，南京大区总经理丁晴通过一系列的数据，详细描述了所有股东在 2010 年的工作表现；同时，通过绩效考核，宣布了暂时离开股东队伍的人员名单。

"流水不腐"，淘汰上年度工作各方面暂时达不到股东要求的人，吸纳更多优秀的人才加入股东的队伍。"进入股东群体，代表你足够优秀；被淘汰，说明你需要更加的努力。只要努力，股东的大门永远为你敞开！"作为新进股东的代表，其中江宁分公司的袁玉军最为典型——2010 年，因为绩效考核，他暂时离开了股东队伍；2011 年的春天，他又回来了！"激情做事，锦华人无所不能"，在他身上得到了最为充分的表现！"我们希望更多的锦华优秀人才出现在我们的团队中，因为，这是我们的锦华！"南京大区的丁总这么总结。

股东大会的第一个高潮出现在年度分红现场，一年的辛苦耕作，换来沉甸甸的收获，当堂杰总经理亲自将 70 多万现金分发南京大区的股东时，所有股东的脸上，洋溢着幸福的笑容！

　　而在本次股东大会的最后一个环节,就是群策群力,建立了锦华公司发展历史上具有里程碑的"锦华人行为准则"。4个小组,100余名股东,所有的热情和凝聚力再次被激发;30分钟的讨论,一个个提案经过磨合、争论,提交给评委。初步筛选后,所有的提案通过全体股东的举手表决,2/3以上股东同意,才能正式通过。

　　最后,锦华人行为准则13条全面出炉:维护企业价值观,不做私单;不从事第二职业;不透露公司信息资源,不转卖客户名单;不泄露公司机密;维护锦华形象,不挂客户电话,不与客户争吵、打骂;不拿回扣;上班时间不做与工作无关的事,不上网玩游戏,不网购,不喝酒,不打牌;手机早八点到晚九点保持通畅;诚实守信,如实报销,不伪造数据;遵守公司行政制度,不迟到早退,外出登记,上班仪表整洁;爱护公共物品,节约用水用电,使用再生纸;不欺骗客户,兑现对客户的承诺,守时守信;同事之间相互尊重,不谩骂不诋毁;不赌博。

　　会议室中掌声不断,因为这13条准则不是强加的,而是每个人发自内心的想法,真正体现了"诚信做事,激情做人"的企业精神,同时为本次股东大会画上了圆满的句号。

四、成人成己,共同发展

　　现在的锦华公司,无论是在业务拓展、产值提升,还是利润创造方面,都迈上了一个新的台阶,实现了历史性的突破。而实现业务突破的不仅有无锡分公司一家,南京分公司、苏州分公司、南通分公司、徐州分公司等遍地开花。作为江苏家装第一品牌、江苏省家装市场占有率第一的装饰公司的总经理的堂杰,他深知这一成绩的取得与公司"成人成己"的价值观,与两年前实行的股份制改革密切相关。

　　在股份制改革的当年,也是锦华公司在转型后发展最快的一年,各项指标表现都非常好,即使在整体市场下滑的情况下,南京分公司的上升速度也遥遥领先于竞争对手!其他地区各城市的分公司基本上以100%的速度在发展,锦华公司进入高速发展阶段。

　　而不一样的是,在此次锦华再次大举扩张的时候,公司将在每一个管理层面都用"股权"把大家紧紧的团结在一起,让核心团队成为"主人",真正为自己"干",那么"干"的动力是不需要激发的,因为"想干"和"要干"都会是发自内心的,各级员工将会从"要我干"变成"我要干"。在这种制度下,越来越多的锦华人成为锦华的股东,成为锦华的主人,也就有越来越多的人主动地去干。

　　这正如锦华装饰总经理堂杰先生所说的一段话:"其实经营企业本质上就是经营利益分配。作为普通员工来到公司不是为了与你一起经营百年企业,他们是为了一份薪水,一份可以还得起房贷、养得起妻儿老小的薪水。所以对于基层员工,公司一定要从社会平均收入、行业平均收入的角度,设立有竞争力的薪酬。公司先保证了员工的收入,才可以提出与之匹配的工作要求,收入在先,要求在后。而对于中高层,公司希望能与他们一起创造美好的未来,甚至是百年企业。那么公司不仅仅要保证现在的收入,更要保证他们能分享公司的未来,那么股份制就变成了中高层的金手铐。"

　　这一次股权激励分配体制改革解决了公司员工"为什么干?"、"为谁干?"的问题。锦华认为只有分配体制改革惠及到所有的管理层和部分优秀员工才能从根上解决人的原动力问题。锦华的管理者不再是打工者,他们的管理者都将是所有者,他们每一个人都为自己的明天而努力奋斗。

公司将这样的一种价值观念概括为"成人成己",在成就管理层和员工个人的同时成就公司,保证公司的健康成长。公司目前将"成人成己"作为企业文化的核心,也将其作为企业发展的目标,将锦华由"四个人的锦华"变成"大家的锦华"。

此外,按照锦华装饰公司的设想,不仅公司总部对各个分公司可以采取股权激励的形式,在对各地分公司经理逐渐培训之后,各地分公司也采取同样的股权激励以激励员工不断积极拓展业务,为公司发展注入新的活力。由此,锦华将真正进入"体治化时代"。

锦华公司将新实行的股份制改革当成一种新的革命,希望通过此次改革使广大员工能够从公司中分享实惠。正如锦华装饰公司总经理堂杰先生所讲:

"在锦华创立的初期,我就是一名非常投入的演员,从 2002 年开始,我既当演员也当导演,2006 年后我基本上做的都是导演的工作。而从今年的股份改革后,我又从导演向幕后制作人转型,我之所以敢转,是因为团队成熟了,我的导演角色应该由更有激情,更富理想的年轻的丁总、魏总们来承担。我只想做一名投资人,做一名有股份的咨询顾问,做一名好观众,为跌宕起伏的剧情而叫好,为他们的高兴而高兴,为他们的悲伤而悲伤,不干扰,不骚扰,让他们自由、开心的成长。而我最主要的职责是给他们的成长提供培训环境,设立让锦华人自我价值实现的机制和平台,他们的成功是我最大的成功。"

五、尾声

经过 13 年的发展,锦华装饰目前已拥有 28 家分公司:其中,在南京大区有 12 个分公司和一个工作室;在江苏北部有 7 个分公司;在苏南地区有 9 个分公司。继 2009 年锦华公司产值突破 2 亿大关后,2011 年上半年的产值就已经达到了 1.28 亿。锦华装饰的整体服务不断创新与发展,成为江苏省家装行业内的翘楚。也获得了许多不同级别的荣誉和资格认证,如:国家施工一级资质;设计甲级资质装饰企业;江苏省装饰协会常务理事单位;江苏省家装协会副理事长单位。

在工程管理上,2010 年,锦华装饰又率先推出《南京家装设计暨施工标准白皮书》,引起行业内巨大轰动。此外,水电工持证上岗、水电一口价、施工现场6S 管理体系、独立工程质检部门、总经

锦华装饰公司分布图

理定期工地巡检等一系列完整规范的管理体系,都在行业内树立了良好的形象和口碑,让锦华装饰的业主享受到最好的施工服务。

另一方面,锦华公司着手自行培养一批人才,旨在打造一批忠诚度高、可塑性强、极具潜力的新生力量,从各大院校招聘设计类、工程类、市场类的优秀毕业生,先在公司带薪实习,经阶段性考核后,表现优异者将会留在公司并按照既定的职业生涯规划持续发展。2011 年 3 月 17 日,在锦华装饰培训室里,2011 年第一期新员工培训拉开帷幕了。人力资源部为新员工带来了关于企业文化的系统培训,公司还邀请了来自核心业务部门的优秀员工为新员工进行了业务类培训。2011 年 5 月,锦华装饰又正式启动了蓝领计划之"1200 工程",这是"蓝领计划"的一次用工改革。

但接下来,锦华公司如何走出江苏,成为全国性的家装品牌? 当公司规模逐渐壮大的时候,如何对管理进行控制? 而国家对房地产行业的限制势必会影响到家装行业的发展,公司如何应对? 留给锦华装饰的问题还有很多。

更引人注目的是,锦华公司的企业改制是否预示着真在位上市做准备呢? 对此,南京大区的丁总坦言,上市对于所有企业来说都是一个美好的愿景,该公司现在所做的内部调整确实是在为上市做准备。然而,现有锦华公司所设的"股权"与传统意义的股权有很大的差别,甚至可以说是有股无权。它所给管理层与核心员工带上的也是"镀金的瓷手铐",而不是真正的"金手铐",它尽管也很漂亮,但是易碎品。真正进入上市进程时,锦华公司的激励机制如何调整? 发行股票后,那些经典的激励机制是否又会失去现有的类股权激励的许多优点? 这些仍然是值得将来探讨的问题。

专家点评： ✏

代理成本即价格

陈冬华 *

　　接到史有春主任的邀请，点评刚刚斩获全国百优管理案例的徐志坚教授之大作"成人成己　共同富裕——锦华装饰公司类股权激励研究"，志忐之下，也不禁有些跃跃欲试。皆因这一案例，不仅案例材质好，徐教授娓娓道来写得好，还因为这一案例竟然和我有着不可不提的因缘。

　　大约4年前左右，经好友亨通集团副总裁生育新先生介绍，锦华装饰的董事长宋立宏先生、总经理堂杰先生与我在南京中心大酒店小聚，中间谈及锦华装饰公司的发展与困惑。在席上，我谈了自己研究激励的心得，特别是谈到了山西票号发展史上采用的身股之例。由于中国法制环境依然薄弱，完全照搬美国的股权激励模式并不一定能够降低代理成本，甚至会恶化代理问题。但是，这并不意味着，代理问题无从解决。基于法制的各种契约是解决代理问题的途径，而缺乏法制的社会也会创造出解决代理问题的契约工具。这一推论，和科斯定理是完全一致的。

　　身股，就是一种山西票号的股东和经营层创造出的解决代理问题的契约工具，这一工具非常适用法制不健全的社会中缺乏安全感的契约各方。这一股票是虚拟的，只有分红权，没有控制权，没有所有权，没有转让和继承权，而且离开企业即告消失。究其实质，就是现今所谓限制性股票，也就是案例中所谓类股票。在中国，我一直提倡多采用限制性股票，少采用同权股票和期权。无独有偶，美国金融市场在经历了2008年的金融危机之后，限制性股票的运用也开始显著扬升，苹果公司就是一个运用限制性股票的典范。管理学大抵都承认人才在组织中的重要性，也承认激励制度的重要性，但是，如何去创造性地设计合适的激励制度，却并不是一个容易的问题。

　　一个人既可以利用手中权力为企业创造价值，个人因之获得奖励，也可以用权分配企业的价值，将企业的财富据为己有。此两者，俱可以增加个人效用。假定，一个人在这两类活动上投入的精力总量固定，但是在两者之间的精力分配是可变的，那么，两类投入应该受到以下条件的约束：

　　其为企业的边际付出所得（x），正好等于其边际为害所得（y）

　　前一种行为被认为是与委托人价值一致的履约行为，后一种被认为是背离委托人价值的代理人败德行为。过去的薪酬思路是，精准衡量其在企业创造价值活动中的付出，予

---

　　* 陈冬华，南京大学商学院会计学系教授、博士生导师，南京大学会计与财务研究院副院长。

以准确定价,表现在薪水、奖金、股票、期权等等之中。而对于后一种败德行为,采取加强控制、监督等办法予以解决。但是,败德行为并不等同于违法违规行为,相反,可能更多在契约允许之弹性内,其存在更多是契约不完备的产物。而委托方实施的边际监督成本可能高于其边际获得的收益。这时候,一般认为,这部分代理问题会造成无可挽回的损失(Deadweight Loss)。

但是,如果此时我们大幅提高 x,就会让代理人重新调整在为公和营私两者之间的精力分配,代理人会大幅增加为委托人价值增加的精力付出,减少败德行为的精力支出。这会带来委托人价值(Vp)和代理人价值(Va)的同时变动。

假定,委托人价值(Vp)是代理人在为公(E)和营私(A)两类活动之间分配精力的函数,是前者的增函数,是后者的减函数。

也就是说,$Vp = f(E, \Lambda, \varepsilon)$,$\varepsilon$ 表示代理人以外的其他所有因素。

倘若 1) $\Delta x - \Delta y > 0$,则 $\Delta Va > 0$;且 2) $\Delta Vp + \Delta y - \Delta x > 0$,那么这样的改进就构成一个帕累托改进。

上述条件,倘若用言语表述,亦即,花钱买其为善的边际收益,超过了不花钱任其为害产生的边际代价。因此,在这种情形下,应花钱使其减少为害行为。这也就是,赎买败德行为,为代理成本支付价格。

上述推理还暗含了一个假定,亦即,在原有的均衡边际上,代理人为公投入为委托人创造的价值,超过其为害所获得的私人价值。而锦华所在的家装行业,正是符合这一假定的典型。装修中普遍存在的难于监督的危害组织的渔利行为,以其私人获小利而致组织损大利,中间的利益无法交换,遂至这一行业至今依然百弊丛生。因此,锦华装饰能够独辟蹊径,在金融危机、房产严控中突围发展,一枝独秀,它激励方面的经验绝非不可推广的个案,其理论基础迨在于此。

爱因斯坦说:"这个世界上有一物,其威力胜过原子弹千万倍,此物非它,正是人内心深处的欲望"。人的欲望可创造世界,亦可毁灭之。欲望宜疏不宜堵,花样百出、层峦叠嶂的监督与控制,不若承认其存在,并在引导中释放之。将欲取之,必先予之。不可得之,不如予之。道法自然,上善若水。

回想起4年前在中心大酒店的这番夜谈,言者有心,听者有意,现在看来也算是一番佳话(当然,我可不能贪功为己有,其实我更多是纸上谈兵,读到案例中的细节,才知道宋、堂二位先生眼明手快、谋局高远、制度缜密,我不如之远甚)。藉由徐教授的妙手著文,仿佛一个老友远道而来,并无陌生之感。前不久听说,堂杰先生现在每天睡到自然醒,常常至海内外山水佳处度假,远不似4年前朝五晚九般奔波忙碌,可见老子所言不虚。君劳臣逸,君逸臣劳。善将兵者,不如善将将者。

当我读至,"按照公司的分配步伐,公司最终把税后利润的53%都分给当地的核心管理层";"这一次股权激励分配体制改革解决了公司员工'为什么干?'、'为谁干?'的问题。锦华认为只有分配体制改革惠及到所有的管理层和部分优秀员工才能从根上解决人的原动力问题。";"公司将在每一个管理层面都用'股权'把大家紧紧的团结在一起,让核心团队成为'主人',真正为自己'干',那么'干'的动力是不需要激发的,因为'想干'和'要干'都会是发自内心的,各级员工将会从'要我干'变成'我要干'。在这种制度下,越来越多的锦华人成为锦华的股东,成为锦华的主人,也就有越来越多的人主动地去干"。因此,才会有,"看锦华装饰南京大区 2011 年股东大会上的表现。'这是我的锦华!'3 月 9 日、10 日,这句极具震撼力的口号,一次次的被 100 多个锦华股东用内心铭记、用声音呐喊"。

是呀,多少老板会舍得把税后利润的 53%分给当地的管理层呢?

读到这里,我心潮澎湃,眼眶有点湿润。

财务管理新天地

——SWD 集团价值创造型财务管理模式的案例分析

陈志斌[*]

摘要：本案例以 SWD 集团公司为背景，描述了 SWD 集团公司财务管理职能拓展的变革过程。在 SWD 集团业务高速发展的过程中，企业领导根据企业内外部发展环境的变化，敏锐地发现财务管理功能可以扩展延伸的领域，进而对传统财务管理职能进行了深刻变革，具体措施包括集团公司资金集中管理、财务人员参与业务管理、财务人员委派制等。案例描述了这些措施在实际推行中遇到的阻力以及公司是如何克服阻力的，描述了推行新的财务管理模式对公司价值提升的显著作用。由于经济发展环境变化，传统的财务管理职能已经难以适应企业管理的新要求，本文为其他企业拓展财务管理职能提供了有益的借鉴和启示，而 SWD 集团财务管理功能变革所取得的良好效益则说明企业财务管理模式转变对企业价值创造的积极作用。

关键词：财务管理　财务管理模式　财务管理功能　价值创造

引言

夜已经很深了，举目望去，SWD 集团总部大楼的灯一盏盏逐渐熄灭，但公司副总裁陈震先生的办公室依然灯火通明，办公桌上的茶杯里浓茶热气腾腾，陈总都不记得这是自己今天晚上喝的第几杯茶了，看样子他还要在办公室呆一段时间。此刻，窗外万籁俱寂，繁华的都市结束了一天的喧嚣，许多人恐怕都已进入甜蜜的梦乡，而办公室内同样寂静无声，靠在椅背上的陈总虽然神情显得有些倦怠、落寞，但却没有丝毫睡意。多年以来，作为集团公司副总裁兼集团公司财务总监，陈总一直在为 SWD 集团财务部编织着成长和发展的梦想，但当梦想照进现实，他有时还是或多或少有一种无力感。就像今天白天发生的事情，好几个小时都过去了，陈总的心情还是难以完全平静，更难以理解，刚刚发生的一幕幕清晰地浮现在眼前……

一、推行财务人员委派制遇到重重阻力

"砰砰砰",一阵急促的敲门声让正在办公的陈总分外纳闷,谁有什么事情,这么着急。推门进来的不是别人,正是前几天才从集团公司派到下属三金公司做财务总监的王总。

"才上任几天,你就来汇报工作了,"陈总半开玩笑地说。

王总看上去则是一副非常焦急的样子,"陈总,你还有心思开玩笑? 这个财务总监我不当了!"

过去几天,虽然王总和自己也联系过几次,沟通了到三金公司做财务总监遇到的问题,所以王总可能遇到的问题自己还是多少有些了解的,但现在王总突然提出自己不去三金公司做财务总监,仍然让陈总有些措施不及。做为自己在财务部多年培养出来的得力干将,陈总对王总的素质和能力还是很有信心的,特别能忍耐、特别能战斗,今天王总说出这样的话,一定是遇到了非常大的难题,难道财务人员委派制阻力真有这么大? 来不及多想,陈总让王总慢慢说,究竟发生了什么事情。

"一言难尽,我们到了三金公司,公司很不配合,我们听的最多的是人家公司的员工议论说我们是去夺权。集团各子公司都是独立的企业法人,每一家公司都是作为独立的企业存在,为什么现在要由集团公司委派财务人员? 而且,这么多年一直在改革,在财务人员委派制下,公司还有多少经营自主权? 许多人不知道是不是有意为之,我们想查阅账簿,搪塞推诿,让我们工作很被动。"

王总一口气说了这么多,陈总并没有怎么生气,因为当初财务人员委派制准备推行的时候,他也不是没有思想准备。在实施财务人员委派制前,SWD 集团各个子公司自己任命财务负责人,执行集团公司下达的财务政策。在实际工作中,陈总发现这些子公司执行集团公司政策并不都是很得力,很多时候子公司有自己的小算盘,对集团最有利的决策未必是对子公司最有利的决策,这时政策执行力度就大打折扣,最终一算总账,集团整体上并没有得到最大的好处。另一方面,集团公司对子公司都有投资,作为投资者有权利监督资金的使用,保证投资收益,但国有企业容易陷入内部人控制的窘境,一般的监督最终大多流于形式。陈总认为要使方法有效,还要实施财务手段,财务人员委派制作为重要手段得以推行。但是财务人员委派制推行起来阻力应该不小,很多企业不是不明白这一措施的好处,但就是下不了决心真正实施。陈总有很多朋友也在企业做财务,对这一点他是比较了解的。听他朋友说,有家民营企业,想实施财务人员委派制,光动员会就开了好几次,最后还是因为关系太复杂,没有真正实施。像 SWD 这样的国有企业,上上下下都是国企员工,考虑到就业、社会稳定等因素,情况更复杂,当时对实施财务人员委派制大家普遍不乐观。

"更可气的是,"王总看了看陈总,欲言又止,但还是壮着胆子说,"有的人竟然说委派制就是你用改革的名义给子公司安插亲信、安插耳目。"陈总听到这些,脸色一下凝重了许多,王总似乎感觉自己说的太冒失了,赶忙说道,"其实我们这样做还不是为了企业好,现在弄得是吃力不讨好。国有企业就是情况复杂,像陈总你这么高的资历,安安稳稳做个

'太平宰相'不挺好？何苦呢！"

听了王总的话，陈总五味杂陈。想着自己当初一毕业就来到 SWD，一转眼二十多年都过去了，自己和 SWD 的感情又岂是一般人所能想象的？现在有人居然这样说自己，想想自己在 SWD 这么多年来都是按古书里君子的标准严格要求自己，可谓"朝乾夕惕、夙夜在公"，但现在听王总转述的一席话又让人深深地明白什么叫"人言可畏"。陈总仿佛受了很大委屈一样，这一段时间来有关财务人员委派决策的事情一下涌上心头……

二、为什么要推动财务管理模式变革

这次财务人员集中委派，陈总设想的是能通过这种方式加强对子公司的控制，发挥集团优势，下好集团整盘棋。所以对下属 6 家子公司，陈总派出 6 位得力干将做财务总监。像王总，在集团公司练出来的，能力强、心态好，被派到三金公司去做财务总监。这一举措正是陈总大力推行的财务管理模式变革的一部分。

陈总之所以不遗余力的推行财务管理模式变革转型是由公司发展状况所决定的。SWD 集团成立已经 30 多年了，1992 年公司进行集团化改组，目前其主营业务已经覆盖船舶建造和成套工程承建，气动工具、采矿工具、动力机械、太阳能光伏组件等机电产品和服装产品的研发、生产、出口贸易，技术设备、生产资料等商品的进口、国内贸易及国际招投标业务等。公司业务高速增长，经济效益也是连年提升，已经成为工业系统的一张响当当的"名片"。

但是在 SWD 集团业务高度发展的过程中，也出现了一些新的问题。特别是在财务管理上，公司在财务管理上过度分权，造成核心企业驭乏不力，难以从集团整体发展的战略高度来统一安排投资和融资活动，结果是下属企业各自为政、各行其是，追求局部利益"最大化"，损害了集团的整体利益；体现在投资上，就是整个集团的投资规模失控，今天的投资就是明天的成本，但许多子公司对此没有清晰认识，导致投资结构欠佳，投资收益下降，经营风险加大；体现在融资上，便是整个集团缺乏内部资金的融通，对外举债规模失控，资本结构欠合理，利息支出增大，财务风险增大；集团公司间资金管理分散，内部资金盈缺失衡无法互补，内部异地资金结算的效率低成本高、资金在途时间长，资金利用率低，资金浪费现象普遍；对总部而言，集团总部的资金单向流出较多，集团总部的主要作用表现在为二级单位的资金筹集提供担保，集团财务资源呈现出一种自上而下的单向流动，增加了集团总部的财务风险。这种缺乏一体化的财务管理模式，阻滞了资源的合理配置和要素的优化组合，使得维系集团的重要纽带——资金纽带松弛，导致了企业集团内部缺乏凝聚力，削弱了集团的整体优势和综合能力的发挥。

鉴于这些问题，陈总认为实施财务管理模式变革刻不容缓。当然，但凡变革难免会有反对的声音，尤其像 SWD 这样的国有企业，改革绝对不是容易的事情。但是，另一方面，也要看到，集团财务部在自己带领下已经成长为一个充满活力、充满生机的组织，大家人心思变、求变，不像有的企业一潭死水。而且，在实施方案之前，陈总先给公司主要领导汇报了实施财务人员委派制的初衷和目的，即整合全集团财务力量，更好地发挥财务部作用，为集团创造价值。在取得集团领导支持后，陈总立即剑及履及地着手推行这一措施：

选择合适的人去做总监,和大家讨论具体的工作制度……一切都在紧锣密鼓地进行着。

然而,今天王总关于财务人员委派的一席话,让陈总多多少少感到事情比自己想象的还要复杂,看来,变革的道路并不是那么平坦的。但是,陈总毕竟有几十年工作经验的人,身经百战,而且此前公司财务管理模式变革一直都在推进,这些变革措施今天也都陆陆续续发挥出了可观的效益,获得了集团上下的普遍认可。和财务人员委派制一样,当初这些措施推行时也不是一帆风顺的,想到这些陈总又感到一些释怀。

三、适应发展挑战,推动资金集中管理

在 SWD 集团高速发展过程中,陈总意识到 SWD 集团公司的财务与资金管理日益趋向高度集中是公司发展的必然选择。企业管理以财务管理为核心,财务管理必须以资金集中管理为中心。而由于 SWD 集团所属企业涉及业务千差万别,其业务和收入的多样性、地区分布的广域性、组织结构和产权结构的复杂性,使得各子公司日常工作量大,操作复杂,在各个子公司分散进行资金控制模式下,各子公司独立进行对内对外的资金收付和转账处理,填制大量业务单据,工作量大,操作程序复杂,人工处理的业务环节多,资金信息缺乏可靠性和及时性,这一切都使得资金的流动变得更加难以准确预测和控制,这是陈总推动资金集中管理首先不得不面对的一个问题。其次,虽然这种财务管理模式有弊端,但是这种弊端更多地体现在集团整体层次,从子公司而言,并没有切身的感受,缺乏足够的动力推行资金集中管理。实施资金集中管理尽管困难重重,但是并非不可能完成之任务。公司一方面积极提升技术装备,使得资金集中管理具备技术上的可能性,另一方面从人事安排上对这一措施形成支持和巩固的力量,财务人员委派制即是如此。

战略决策不能仅仅着眼于当前的问题,更应该思考未来长期的发展变革,正所谓“愚者暗于事成,智者见于未明,”陈总前瞻性地推行财务管理模式变革也是着眼于公司未来永续发展的需要。SWD 这几年发展势头一直不错,业务越来越复杂,产品线也越来越长,相应地对财务管理工作也提出了更高的要求。所以,陈总自己也一直在思索财务部怎么更好地改变以适应业务发展的新要求,“改变,才有希望”是陈总这几年开会最喜欢说的一句话。如果还是按照以往的财务管理模式办事,财务人员只是守着自己的一亩三分田,财务人员的水平和作用并没有充分发挥,长此以往财务部也必然边缘化,为了和公司的飞速发展相适应,财务管理也要更开放,业务要精,同时财务管理模式还要更开放,和公司业务在更深层次实现集成融合。

进入新世纪,随着中国加入世界贸易组织,进出口贸易额连年高速增长,SWD 集团适时提出了“以贸易为主导,贸工技结合,国际化、多元化的产业集团”的战略新定位。由于 SWD 集团以贸易为主导,贸易往来款在很多企业占有很大比重。以前,各个子公司财务部各自为政、各行其道,许多公司把自己的闲置资金自己投资出去,有时遇到股市大牛市,倒也能赚个不错的收益。但是,SWD 在新能源领域投资所遭遇的波折使得陈总要改变这一模式的态度更加坚决和紧迫……

最近几年,世界原油期货价格一路狂升,不断上升的油价对国民经济发展和社会生活各方面都产生了严重影响,国家出台政策鼓励发展新型能源。SWD 集团看准这一产业蕴

含的发展机会,果断提出进军太阳能光伏组件生产。但是太阳能光伏组件生产投资巨大,SWD 集团不得不向银行申请贷款 5 000 万元。可是由于太阳能光伏组件是一个崭新的生产领域,未来发展风险比较大,贷款报告提交给银行之后,久久没有下文。陈总期间还亲自去银行好几次,但银行都说"再研究"。虽然说国家鼓励发展新能源,可银行也有自己的打算,这么大一笔钱贷出去,万一市场有变化,银行损失可就大了。

但是,就在 SWD 集团申请太阳能光伏贷款悬而未决的时候,陈总了解到有些子公司仍然存在富余资金,令人难以理解的是他们有的用这些资金炒股,有的甚至存在银行获取利息。特别是轻纺公司,由于加入世贸后,我国纺织品出口配额取消,服装出口迎来了井喷式增长,服装公司拥有的资金逐年累积,可是服装行业毕竟是一个成熟行业,又属于劳动密集型行业,不需要什么投资,也没有什么投资机会,轻纺公司只好把这些钱用来委托理财,要求收益高于银行存款就可以了。

一边是有的企业钱多了没处花,一边是新产业投资申请不下贷款,陈总一下看出这里面肯定有问题。"我们是集团公司,如果各自为战,和一般的企业又有什么区别?集团公司就是要发挥集团的优势!"陈总在集团公司董事会慷慨陈词。关键时刻,财务部应该采取新措施,再也不能和以前一样了,一定要变革管理模式,

SWD 集团核心企业有六家,分别是 SWD 工程有限公司、SWD 设备有限公司、SWD 轻纺贸易有限公司、SWD 工具有限公司、SWD 机电有限公司和 SWD 技术贸易有限公司,另外还包括近 30 家成员企业,这些企业由于经营范围有差异,对资金需求的数量和时间也不一致,像有的企业一段时间富余资金较多,而有的企业可能正处于成长期,亟需资金投入。陈总通过明察暗访,了解到各个子公司资金管理随意性很大,有的公司随意向自己的经销商提供商业信用支持,还有对关联企业提供资金担保等,而集团公司对此了解很少。最关键的是,看上去各个企业都没有损失,实际上从集团整体角度看,集团受损失了。

如何更好地利用子公司富余资金呢?陈总想出一个新方案,资金集中管理。财务管理最主要的任务就是资金管理,向资金管理要效益自然成为陈总首先关注的重点。这一方案的主要思路是由集团公司统一运作资金,在子公司内部资金不足时,由集团公司根据各子公司资金余缺,在集团内部资金调配。如果内部调配不能满足需要,再由总部统一对银行筹资,以争取最优惠的贷款,降低企业的资金使用成本。特别要注意的是,内部资金调配并不是资金的无偿划拨,而是考虑资金使用成本和收益的资金分配,这个过程完全是商业化的。而集团在需要筹资时,进行多方考虑,反复权衡比较,在处理好与各家银行之间关系、能取得银行支持的前提下,充分利用银行间的竞争,争取最优惠的贷款,从而最大限度地降低筹资成本。陈总认为,集团公司在选择贷款银行时,必须坚持以一行为主、多行为辅的原则,即以筹资成本低、稳定、可靠、及时为标准确定主要贷款行,而且能够通过统一对外筹资,在提升集团整体信用等级的同时,扩大集团授信额度,降低资金使用成本。由于一般子公司规模、实力相对较小,这些优势是一般子公司所不具备的。简单地说,就是要集合小舢板的力量,使之成为航空母舰,在与银行等资金提供方的博弈中取得更大的话语权。

陈总的思路听上去挺诱人,特别是得到一些亟需扩大投资企业的热烈欢迎,这些企业想的是以后融资会方便些。但是像轻纺公司等资金富余大户,心里还是有"小算盘",集团

公司统一运作资金就能保证获得更大的收益吗？而且如果把资金交给集团公司运作，如果公司需要资金时能及时取得资金吗？毕竟钱在自己手里是最方便的。

面对这些问题，陈总认为集团公司统一资金运作，既能保证子公司资金供给，又能提高资金使用效率，同时还能规避资金风险，在此基础上对可能对出现的富余资金，积极稳妥地投资运作，在确保资金安全的前提下，选择投资合适的金融产品，创造良好的资金收益。陈总之所以敢如此信心满满地给各个子公司"打包票"，那是因为之前集团资产财务部已经在资产投资方面取得了丰硕成绩。在具体业务中，集团资产财务部已经具备了足够的抗风险经验，从风险中创造价值。例如通过叙做押汇、OA 贴现、福费庭、远期结售汇、远期外汇买卖、转移支付、提升式结汇、NDF 等金融工具，较好的规避了汇率风险，更为重要的是，一些金融产品的使用除了"锁住"汇率，也取得了可观的经济效益。以市场上丰富多样的金融产品为例，每当金融系统有新的金融产品推出，陈总都会带领财务部人员缜密的研究金融产品与公司业务之间的结合点，理性的选择投资金融产品。而这些经验恰恰是子公司所欠缺的，而将资金运作权集中到集团正好发挥集团公司的这一优势。陈总特别指出这些优势，正是希望各个子公司那些还对集团公司运作资金能力持怀疑态度的人能够打消疑虑。换句话说，集团公司财务部理财比你在外面找证券公司委托理财收益更高、风险更小，有了这样的承诺，子公司何乐而不为呢？

四、财务人员参与业务管理

资金集中管理是 SWD 公司推行的财务管理模式变革的中心内容，但这并不意味着实施资金集中管理就万事大吉了。陈总认为，财务管理模式变革是一个系统工程，需要完善的配套措施才能使得变革顺利推行。但是，在长期的实践中，在有些企业人们形成了财务管理无足轻重的观念，集团财务人员往往是孤军作战，且人微言轻，同时，其他职能部门的管理人员对财务管理也知之甚少，甚至漠不关心，难以与财务人员配合默契，更不用说形成合力创造价值了。任何一个企业集团，不管拥有什么样的人、财、物，总是要靠一定的组织结构形式才能产生综合使用的效益，企业集团可以通过改变公司的权力分配结构、公司的组织关系、职能机构的设置及人力资源的配置等方面来进行集团组织结构的调整，财务人员委派制构建了一个坚实的组织结构，但这种组织结构能否有效发挥作用，还有赖于财务人员的工作能否进行改变和提升。如果说资金集中管理解决了"财"的问题，让财务管理范畴相比以往大大拓展，那么 SWD 实施地财务人员参与管理则让财务管理与业务管理实现了更紧密的结合。但是几年前发生的一件事，使陈总下定决心，一定要扭转这种传统的财务运行方式。

当时，W 公司是一家机械设备公司，由于市场竞争激烈，市场份额逐年下降，连年亏损。该公司是一家中外合资企业，外方股东看到公司效益逐年下滑，又没有发展起色，遂萌生了退出的念头，想把公司股权转让，恰好 SWD 也有机械成套子公司，两家企业业务上有重叠。外方股东就找到了 SWD，由于外方拥有控股权，一旦转让成功，SWD 将拥有 W 公司的控股权，这对于 SWD 在市场上进一步巩固竞争地位是非常有利的。因此，SWD 方面也非常积极，双方通过接触，开始进入实质性的谈判阶段。

双方的谈判进展非常顺利,许多重要的问题都达成了原则性的共识,似乎就等着两家公司主要领导签约了。但是,过了一段时间,W 公司的外方股东谈判态度忽然冷淡起来,这让 SWD 方面大为迷惑不解。终于,外方股东突然决定终止谈判,外方股东不再出售 W 公司股权。

SWD 公司始终不明白短短几天之内,W 公司外方股东态度会来个 180 度大转弯。后来,通过不断了解才知道,在双方谈判期间,香港市场一家大型贸易商一笔机械设备订单飞来,这笔订单数量非常大,付款条件也相当优厚,美中不足的是价格比市场上同类产品价格低很多。SWD 机械设备公司业务部也在竞争这笔订单,但在简单分析后,认为这笔业务无利可图,拒绝了这笔业务。而 W 公司当时已经处于停产半停产阶段,公司分析后认为,虽然产品价格低,但是通过压缩成本,起码可以维持生产,于是在没有多少竞争对手的情况下,W 公司竞争到了这笔订单,W 公司停滞许久的生产又启动起来。更为重要的是,W 公司股东从这笔业务看到了公司蕴含的生产潜力,决定继续经营企业,从而终止了与 SWD 的股权转让谈判。

SWD 方面眼看着可以控股一家新公司,减少竞争对手,现在突然谈判破裂,感觉非常遗憾。更让 SWD 追悔莫及的是,SWD 设备公司拒绝的那笔业务并非无利可图,业务部的成本计算是没有问题。可是,业务部不懂地灵活计算成本,当时机械公司刚好引进投产一笔生产线,产能得到大幅提高,香港那笔订单虽然价格较同类产品价格低,但是如果考虑到公司当时有闲置产能,那笔订单定价远大于变动成本,公司如果接了订单还是能取得利润的。更为重要的是,这样 W 公司也不会有东山再起的机会了。

这件事给陈总以巨大的震撼,财务人员不能光坐在财务部算账了,要走出去和业务部一起发展。现在都讲究知识共享,有了财务部的财务支持,业务部市场决策会更加科学。用陈总的话说就是财务人员不仅是公司的核算员,更是公司的引导员、促进者、管理的龙头,会计服务由满足业务需要向提供增值服务的提升。即会计人员的工作已不仅仅是提供信息,更重要的是参与决策、促进决策、引导决策。只有会计人员在工作中参与管理,在管理中充分利用自己的专业知识帮助公司做出了正确的决策,才能说做到了人尽其才。

但是,一旦真正让财务人员参与到具体业务管理,业务人员还是有抵触情绪。按照公司设想,业务与财务人员信息共享,推动工作进展,但实际上业务人员感觉财务人员除了财务并不懂多少实际业务。面对这种情绪,陈总让财务人员耐心学习业务,不争论。财务人员进一步了解业务后,还是很快就打开了新局面。特别是机电公司,正在技术部推动下上马研究新项目,但是技术人员对国家科技鼓励政策不是非常精通,由此对项目预算和未来创造效益前景并不是非常清晰。机电公司财务部了解了项目研发情况后,敏锐地把握到国家相关政策中有企业研究开发费用税前扣除的规定。这一规定实质是国家通过税收杠杆来支持和鼓励企业进行技术研发投入的优惠政策,对符合规定的研发费用可以实行加计扣除。简单地说,就是企业以 100 元的研发投入,可以按 150 元进行税前扣除。而之前技术部并没有深入研究过这些政策。同时在机电公司注册地 N 市,此前不久为了大力发展高新技术产业,出台了地方高新技术成果转化政策,这也是一项含金量很高的地方政府科技优惠政策。根据这一政策,凡是被认 N 市科委认定为的高新技术成果转化项目,该项目从认定之日起 3 年内,其营业税、增值税和企业所得税的地方收缴部分,由市财政部门安排专项资金予以扶持,之后两年给予减半扶持。财务部经过认真分析,认为技术部正在研究的项目符合市科委的高新技术成果转化标准,但是技术部没有注意到 N 市的这一政策,如果这一项目投产而没有申请利用这一政策,企业肯定要多交很多税。于是财务部整理了相关资料,迅速协调技术部积极申报。后来,由于公司准备充分,政府很快审批通过,仅此一项每年就可以为机电公司节约税收上千万元。这一下财务部在机电公司立即成立明星,不光技术部刮目相看,其他部门对财务人员的杂音也少多了。财务部通过对业务的熟悉和了解,为公司创造了实实在在的价值。更重要的是,企业研发活动都是着眼于未来的竞争力提升,但这也是充满风险的活动,现在通过财务部的努力,企业充分利用国家和地方政府的这些减税(退税)让利政策,在很大程度上降低企业的研发风险,保证了企业研发活动的顺利进行,为企业未来竞争力的提升奠定了基础。

机电公司财务部的实例在 SWD 集团公司传开后,大大改善了财务人员参与业务管理的工作氛围,财务人员参与管理取得了各个子公司的大力支持,在这一模式下财务部门成功介入企业日常经营管理,成为企业未来的"建筑师"和价值创造者,财务管理活动也从传统的核算,向管理、服务和价值创造转变。自此以后,无论是企业投资项目的事前评价,还是企业销售业务定价是否合理等等,财务部都成为决策中必不可少的决策者,因为这些业务具体执行部门切身感受到,有了财务部的参与,决策更科学了。

五、财务管理模式变革的巨大成效

根据经济学著名的科斯定理,当交易从市场转移到企业内部,利用行政权威加以实施,可以节省交易费用,SWD 集团资金集中管理充分地体现了这一点。资金集中管理一经实施,首当其冲的就是太阳能光伏组件生产项目的资金缺口一下得到解决。这一方案可谓一举两得:光伏组件项目解决了资金难题,轻纺公司的富余资金有了更好的投资渠道,整个公司的资金一下子盘活了。同时陈总带领财务部人员深化内部资金管理,以前各个子公司存在的违规使用资金、违规担保现象基本被杜绝。资金集中管理取得良好的经济效益,2009 年 SWD 集团贸易资金结算总量超 520 亿元人民币,主营业务收入实现168 亿元人民币,海关统计进出口总额超 22 亿美元,其中出口、进口双双超 12 亿美元,可是这么大的资金流量,居然没有一笔银行借款,所有项目融资都通过集团内部资金集中管理得到解决,企业投资需求并没有受到一丝一毫的影响。同时遵守"安全性与收益性并重"的风险控制原则,发挥集团财务人员的专业优势,对集团因资金集中产生的沉淀资金进行有效投资,保证资金的安全和收益。

自从推行财务管理模式变革以来,SWD 集团公司财务运行方式发生了革命性的变化,基于财务管理行为的价值创造能力不断提高。资金集中管理实施三年多以来,集团总部的资金集中量从零开始,日均存款额从当初的 1 000 多万元发展到现在的 20 多亿元,存款额逐年翻番递增,资金集中范围不断扩大,不仅包括了几乎所有的成员单位,而且集中资金范围也从一般经营性资金扩大到基建和技改专项资金,大大提高了专项资金的效益,资金集中范围的扩大有效地降低了资金成本,成员单位的融资需求基本都能得到及时满足,有力地支持了成员单位的正常生产经营和投资需求;财务人员委派制,加强了集团公司对子公司的控制,使得集团与子公司的联系更加紧密。

与此同时,SWD集团上下财务与业务的界限在不断缩小,在这一崭新的财务管理模式下,财务部门的价值创造潜力得到最大限度地发挥,财务对企业管理的作用已经由传统的被动支持转为主动地创造价值,企业经营管理更加科学,企业业务经营与财务活动实现了深度融合和互动。而这正是SWD价值创造财务管理模式与传统财务管理模式的最大区别。在这个过程中,各业务部门与财务部密切合作,和谐的企业文化日益强化。在SWD,财务部已经成为实质上的价值创造主体,在企业价值链上发挥着不可替代的作用,财务管理不仅作为辅助的职能部门存在,更重要的是通过财务部的管理,引导和保证其他业务部门的价值创造,从而转换为一种更为积极的价值创造角色。

六、尾声

陈总给自己的茶杯里又加了些水,茶叶在翻滚,陈总的思绪也在不断翻滚……这么多年来,财务管理变革并不是一帆风顺的,但是成绩也是有目共睹的。正确的信念必须坚持,不能放弃;正确的道理必须继续,不能停止。财务人员委派制就是如此,虽然有各种各样的说法,还是要坚持下去。"太平宰相"自己是不会做的,就像那句广告词写得,"心有多大舞台就有多大",唯有变革财务管理才能不断开拓新天地,为企业创造更大的价值。一想到这些陈总的心里又平静了许多……

专家点评：✎

新天地、新启示

徐光华 钱 明[*]

文章以流畅的语言介绍了 SWD 集团公司的财务管理职能拓展的变革过程，将 SWD 集团公司财务管理变革的缘来、过程、成就以及新近遭遇的挑战和问题娓娓道来，深入浅出的分析了这一全新的财务管理模式的价值创造作用，为读者带来新的借鉴和启示。

案例写作是将理论和实际紧密的联系起来，通过对典型案例的分析、解刨，将学员带入真实的情景之中，加深其对理论知识的理解并提升其解决实际问题的能力。因此，一篇优秀的案例应该是语言生动，紧密联系理论与实际，并能够启迪新思想和新理念的，通览全篇案例，基本具备了这些元素。文章开篇陈总与王总的一番对话及思考，旋即勾起了读者的兴趣，不自觉地关注于 SWD 集团的财务管理模式为什么需要变革、进行了哪些变革、遇到了哪些阻力、改革的成效又是怎么样？在后面的阅读中，作者一一将这些内容呈现上来，在满足读者求知欲望的同时，却不显枯燥，一气呵成，将枯燥的财务知识及自身的观点以一种富于乐趣的方式讲述出来，读来发人深省。

从案例中可以看到，SWD 集团作为一家大型国有企业集团，拥有 6 家重点子公司以及 30 多家成员企业，在 1992 年进行集团化改组后，生产经营的业务非常广泛，多年来发展迅速，可以说取得了一定的成功。然而，其存在的问题也是不可忽视的，对子公司经营充分的授权在公司发展的早期可以极大的提升子公司的积极性，但在公司规模发展到一定程度后，各个子公司依旧各行其是，缺乏从集团整体层面上的控制，会导致一系列的问题，像投资规模失控、对外举债规模失控、内部资金管理分散等，这些使得集团的经营、财务风险加大，内部缺乏凝聚力，充分授权已开始制约集团整体的发展。因此，SWD 集团开始推行资金集中管理，在集团内部融通各个子公司的资金，以集团的名义进行贷款，从而有效降低了资金成本，提高了资金使用效率，并一定程度上规避了资金风险。对于集团与子公司之间如何治理，从来没有一种放之四海而皆准的模式，企业需要根据自身面临的实际情况选择合理的方式。如同 SWD 集团，在发展初期，采用充分授权的方式，后来，却要收回一定的权力，避免子公司为追求"局部利益"而损害了集团的整体利益。除了通过资金集中管理的方式来提升资金使用效率，加强子企业与集团的联系外，企业也可结合自身情况实行其他方式，如投融资项目授权等等。

而 SWD 集团的财务管理模式变革的另一项重点是促使财务人员参与业务管理，这

* 徐光华，南京理工大学经济管理学院教授、博士生导师；钱明，南京理工大学经济管理学院博士研究生。

一改革使得公司的业务部门的决策更加的科学和有效。一直以来，我国的很多企业并没有充分意识到财务人员参与决策的重要性，不少的企业员工认为"财务人员只要管好钱就行了。"甚至将财务人员视为纯粹的会计记账人员，企业决策严重偏向于市场、业务部门。当然，形成这种观念是有一定的历史原因，一方面，我国经济是由计划经济转变而来，在计划经济时代，财务的作用体现在资金、财产的管理，另一方面，改革开放以来的第一代创业者们多数从跑市场出身，对财务的重视不够。然而，在当今的市场环境下，企业发展到一定的规模后，财务的重要性毋庸置疑，除了大家意识到的资本运作之外，管理会计的作用也日益凸显。如同案例中的 SWD 集团，财务部参与到业务决策，仅仅是利用到国家对于技术研发投资的税收优惠政策，便可每年节省税费上千万元，这一点相信会给众多的企业管理者带来启迪。

案例中 SWD 集团在实行财务管理模式变革其面临的阻力是非常大的，但在集团高层领导的支持及坚决推行下，变革在逐步地进行，取得的效果也是有目共睹。和 SWD 集团面临类似问题的企业一定有不少，对于如何解决这些问题，本篇案例提供了有益的借鉴和启发，即从企业价值创造的原点出发，改革财务管理的模式，将财务深深嵌入企业的经营决策中去，从而打开企业经营的新天地。案例写作兼具学术性和趣味性，为读者带来了新的启示。

传统与时尚的 1912[*]

吴宜真

摘要:曾经在 2004 年一举成名的南京 1912 街区在经历了培育期后,已经形成了稳定的客户群体和商业形象。但是,繁华背后也有隐忧:南京夜生活消费不足、消费者需求在发展变化、无法分享地产增值的价值、面积大投资多地势好的竞争对手悄然出现等。因此,在成功运营南京 1912 街区的基础上,公司成立了1912 集团,定位为"中国城市文化商业的整合商",在无锡、苏州等地拓展 1912 品牌,通过与各城市的传统元素对接,打造城市地标、城市名片、城市徽章、城市客厅,彰显各城市独有的价值和魅力。与此同时,改造南京 1912 街区的运营模式,提升 1912 品牌的文化魅力——"传统记忆和时尚生活交融于此,商业行为与文化活动交汇于此",把高端文化休闲方式和现代体验式消费概念,带给越来越多的城市。集团做大了,品牌扩张了,消费者在发生变化了,竞争对手也越来越多了,发展之路应该如何走……

关键词:文化品牌 1912 街区 1912 集团

引言

这是 2010 年 8 月的一个下午,南京 1912 街区的茶客老站里,茶客们并不多。8 月的烈日晒得大部分的常客们在这个时候都懒得出门了。他们多半要到傍晚凉爽一些的时候来享受 1912 街区的夜生活。在包间里,南京 1912 文化传播有限公司总经理朴尔敏和1912 集团执行总裁吴仁森,正在一起看一份报告。这份报告是今年 5 月做的一个市场调查的报告。该研究采取街访消费者问卷调查和报纸公开问卷调查的方式,共采集有效样本 902 份,对消费者社会阶层、消费去向、心理需求、感知、期望与建议等进行了详细的调查。1912 集团希望通过此次调查,能够对集团未来的发展规划提供一定的客观指导作用。

看完报告,两个人都陷入了沉思,目光转向窗外。烈日下,毫无修饰与浮华的青砖既

---

* ① 本案例由南京大学商学院的吴宜真副教授指导研究生撰写,吴宜真拥有著作权中的署名权、修改权、改编权。未经允许,本案例的所有部分都不能以任何方式或手段擅自复制或传播。② 本案例授权中国管理案例共享中心使用,中国管理案例共享中心享有复制权、修改权、发表权、发行权、信息网络传播权、改编权、汇编权和翻译权。③ 由于企业保密的要求,在本案例中对有关名称、数据等做了必要的掩饰性处理。

是墙体,又是外部装饰,烟灰色的墙面上勾勒了白色的砖缝,除此之外再无任何修饰。青灰色与砖红色相间的民国风格建筑更显醒目,不由勾起了他们对南京 1912 一夜成名的回忆。

一、昔日的一夜成名与今日的夜夜繁华

公元 1912 年是中华民国元年,孙中山先生正是 1912 年 1 月 1 日在总统府宣誓就任中华民国临时大总统的。民国是南京历史上繁华鼎盛的时期之一,也是南京城美丽而辛酸的一段绮梦,当时的南京城内聚集着显赫的政界要人和学术大家。这样一种历史经验和怀旧情怀,成为总统府毗邻的民国建筑群承载时尚消费的最佳背景。2004 年,中国近代史遗址博物馆(即"南京总统府")计划将环绕其呈"L"型的三万多平方米区域设计成一个既有文化品位又有历史底蕴的休闲消费场所。在命名过程中,"南京 1912"从 600 多个征集的名字中脱颖而出,打动了所有人的心。这在当时是国内首个用数字命名的街区品牌。1912 不是一个普通的名字,时间的历史性和数字的现代感兼具一身。简洁的四个数字,让民国的前世今生在这里得到充分的汇聚和张扬。街区命名征集活动的一炮打响,使得街区在 2004 年 12 月 24 日开街前就造成了社会轰动效应,开街当天更是一下涌入 10 万人,造成街区四周交通拥堵,街区内手机信号打爆,成为当时南京市民争相传诵的"品牌故事"。

这个由 17 幢民国风格的建筑和"共和"、"博爱"、"新世纪"、"太平洋"4 个街心广场组成的南京 1912,位于南京市长江路与太平北路交汇处,建筑面积 4 万 2 千平方米,包括 7 000 平方米的地下停车场,这片青灰色与砖红色相间的建筑群风格古朴精巧,错落有致地环绕"总统府"。街区内所有 17 栋建筑均由东南大学的专家设计,从材料到外观,都尽可能忠实于民国原貌。

街区处于南京市的中心地带,与新街口商圈,相距仅 1 000 米。周边企事业单位、高校云集:距南京大学仅 2 000 米,距东南大学仅 1 000 米,紧邻珠江路科技一条街。她的前方是长江路文化一条街,对面的南京图书馆和江苏美术馆尽收眼底。街区所处的"总统府—大行宫"板块随着一批顶级商业文化设施的落户,长安国际、国际贵都、新世界中心、日月大厦、保险大厦等高档写字楼相继落成,总建筑面积上千万平方米,正在成为南京又一个新兴的商业文化中心。被新街口垄断多年的办公商务区正悄悄被这一区域替代。

优越的地理位置,带来了稳定及高端的客群。1912 街区的消费人群主要锁定城市白领、小资、成功人士、外籍人士、商务客人、游客等等。这在一定程度上缩短了街区的培养周期,为街区的成功奠定了坚实的基础。

经历了 2004—2006 年的培育期后,南京 1912 街区成为南京唯一成功的融餐饮、娱乐、休闲、观光、聚会为一体,集传统风貌、文化品位、时尚潮流于一身的商业街区。萦绕其上的历史经验和怀旧情怀,自然成为时尚消费的最佳背景。街区商家基本稳定在 50 余户,目前已入驻 50 多家国际、国内顶级品牌,有俏江南、粤鸿和、mazzo、A8、苏荷、星巴克、必胜客等。其中 A 区为休闲区,以国际品牌咖啡馆,甜品店,茶艺馆、美容 SPA 及美味精致小资餐厅等休闲业态为主;B 区为酒吧区,由数十家风格迥异、各具特色的酒吧组成。

南京 1912 现有酒吧有十多家：玛索、爱吧、babyface club，seven club，space club，乱世佳人，乌克兰风情吧，red club，罗森堡，F1 汽车主题吧，SOS(完美风暴)，苏荷等。

南京 1912 每日客流 1.5 万～2 万人次，平均停车量约 500 辆/晚，年营业额约 2 亿元，每年承接各类时尚品牌发布会 30 余场。南京 1912 正式运营后，丰富和拓展了南京夜间消费的规模和质量，使南京的夜生活延长了 4 个小时以上，激活了南京夜间经济。南京 1912 还填补了南京白领、小资、文化人群集中消费的空白，从此南京进入了小资时代："京有三里屯，沪有新天地，宁有 1912"。经过 7 年的发展，作为南京休闲、娱乐、时尚街区的 1912，已被成功打造成既具有深厚历史文化底蕴，又具有现代时尚风采的城市客厅。逐步由南京的都市名片、城市客厅，渐渐转变为江苏省甚至是全国的知名街区。现在的 1912 已不仅仅是初创时轰动一时的商业奇闻，而更多的是众多商业街区争相效仿和学习的商业经典。

二、竞争态势

(一) 来自分散的餐厅、KTV、酒吧的竞争

从总体上讲，南京 1912 的出现部分替代了南京分散的餐厅、KTV 和酒吧等娱乐场所。北京的三里屯，上海的新天地都吸引着都市的时尚人士、商务精英去休闲娱乐。南京作为省会城市，虽然传统生活依旧是南京人的执著，但是多元化的社会潮流、年青一代的新思潮，不可避免的也在冲袭着这座城市。1912 街区的出现，让年轻人的社交需要和娱乐需要得到了集中性的满足。此前，分散的餐厅、KTV、酒吧等虽然也能满足这些需要，但是顾客的成本较高。此外，1912 优越的地理位置，方便的交通，也是与这些店铺竞争的利器。更为重要的是，1912 不仅是时尚的，潮流的，也是有文化底蕴的。只有当民国历史风味与时尚的完美结合，才成功打造了"城市客厅"。1912 不仅是餐饮、娱乐，还有旅游和文化。

当然，电影院线(如德基广场、华纳影城、水游城)、游戏玩吧(85oc 吧)、演艺大厅(如阿波罗演艺广场、光阳大舞台、相声吧)都在以各自特有的娱乐性分享着年轻消费群体的娱乐休闲消费支出。此外，虽然健身、K 歌、茶社老三样已经不再受宠爱，但是他们仍然是一些忠实簇拥者的最佳选择。

为了更好的与这些分散的娱乐场所竞争，充分发挥街区的集群效应和晕轮效应。1912 采取了一系列的措施。① 不仅提供中高档的酒吧群，同时也配套了高档餐厅、茶座以及 KTV 等大众娱乐场所。② 酒吧作为 1912 的特色，街区非常重视对酒吧经营者的严格筛选。例如，苏荷的引进，对 1912 整体酒吧质量的提升有着重要的作用。苏荷在全国有 10 多家分店，非常重视人员管理，服务注重细节、演员的阵容也能时常调整，让顾客能常来常新。③ 对街区内的酒吧进行了有意识的差异化组合，既有一般意义上的 Disco 酒吧(SOHO，乱世佳人)，还有一些餐吧(例如"蓝枪鱼")为消费者提供餐点同时提供现场乐队表演。④ 更为重要的是，街区作为一个整体，可以在不同的节日策划不同主题的整体庆祝活动，不定期的更换街区的环境布置，这些都能在更大范围内更深刻的触动消费神经。

（二）南京市其他街区的竞争

如果说，1912和那些散落的娱乐场所之间的竞争是差异化的，那么，南京市的其他那些街区就是南京1912的直接竞争对手了。

在1912之前，南京市就有着一个自然形成的文化商业街区：夫子庙。但是，由于夫子庙作为著名的旅游景点，游客众多，因此，这里的商家习惯于只关注一次头生意，在产品品质、经营素质方面没有下功夫。例如：在夫子庙的饮食一条街里，很多老字号，随着经营时间变长，品质已经有了明显的下降，这样的经营质量与文化形成了鲜明的冲突。加之，夫子庙没有一个整体规划机构，使得这个老字号的街区竞争力在逐日下降。

不过，与此同时，与"1912"类似的时尚休闲街区，正在南京不断涌现：

1. 水木秦淮

水木秦淮街区由香港高升投资有限公司耗资3亿元打造，依托独特的十里秦淮的自然资源，初期定位于时尚消费商务主题，聚集海内外知名的特色餐饮、个性酒吧、商务情景咖啡吧、西餐厅、配以书吧、茶社，以及常年不断的各类艺术表演。

水木秦淮位于鼓楼区中心地带，与南京艺术学院仅有一街之隔，在其周边有大量省级机关单位，诸多高校云集。更为重要的是，街区紧邻南京河西新城，该地区目前居民已达40万人之众，人口密集，人口文化素质高、消费能力强。

基于这样的地理优势、加之得天独厚的自然景观资源和实力雄厚的投资公司，水木秦淮的高调出场着实给了1912不小的紧张。不过，热闹了一小阵子的水木秦淮最终以低调收场。因为招商不利的原因，水木秦淮没有能够实现起初的定位，最终成为以艺术收藏、文化夜市为主体，目前转型为致力打造南京第一条文化艺术休闲街区——南京艺术后街，包括艺术创意园、古玩艺术收藏品市场、民俗艺术园和文化夜市等业态。这个定位虽然会分流一部分文化、艺术领域顾客，会吸引一部分学生和年轻顾客群体非常态的消费，但没有能够给1912带来直接的冲击。

2. 熙南里

熙南里街区紧邻甘熙故居，占地0.95万平方米，围绕四周的商业配套占地1.23万平方米，整体建筑保持了原有的江南明清民居的风格，有着独特的文化氛围，定位为"老字号"集中地，号称是南京第一家完成改造的历史文化街区，引进乱针绣、雨花石文化特色商铺，展现地方独有的文化。还有南京本地特色餐饮企业老字号如李顺昌、绿柳居等，街区目前40多家商铺的主要业态有：风尚餐饮、休闲购物、文化体验，不过其中八成依旧是餐饮。由于熙南里位处中山南路，交通便利，北有新街口，东南有夫子庙，地段也不错，租金却比1912便宜许多（与1912一样，熙南里的经营方式也是只租不售），同时，熙南里也是政府牵头重点打造的文化商业项目。因此吸引了不少好的餐饮：王品牛排、六千馆、阿英煲、绿柳居等。这些餐饮企业的入驻熙南里，在一定程度上分流了1912的部分企事业和个人餐饮客户。

3. 江宁秦淮国际风情街

秦淮国际风情街区2007年4月1日发布，2008年2月奠基动工。江宁秦淮国际风情街是江宁片唯一的时尚街区，位于江宁区东山脚下、秦淮河畔，占地面积约170亩，总投资20亿元，集酒吧、休闲娱乐综合体、精品购物、四星级酒店、酒店式公寓5种业态。其中近 2 万平方米的滨水酒吧区将由知名的商业运营公司统一招商、统一经营、统一管理。该项目将成为秦淮河沿线改造的典范,江宁城市建设的亮点以及南京具有相当影响力的休闲娱乐场所。这一项目在南京地区是首例引入传统文化元素、采用专家集群设计、突出滨水休闲特色的商业街区。据悉,项目将吸纳上海外滩的江滨模式、上海新天地的旧建新用模式、北京长城脚下的公社由明星建筑师共同打造等三大模式,再融合秦淮河本身的特点,创造属于古都南京的新传奇。江宁人自豪的称其为江宁的 1912。该项目的首要目标人群是江宁东山近 50 万的人口,多是白领、外企的工作人员。从客群上看,该项目与南京1912 街区暂不构成矛盾。

4. 明城汇——创意休闲商务街区

明城汇背靠明城墙,依傍玄武湖,从明城墙解放门至玄武门段内侧 2 000 米沿线,散步了台城、鸡鸣寺、玄武湖等 20 多处融明文化与南京本土文化元素于一体的经典景观。项目范围大,总占地面积 12 万平方米,融合旅游、休闲商务于一体。作为公园式的休闲街区,可以为市民提供多种休闲活动。重点打造文化创意产业园、融时尚新品、杂志餐厅、设计型酒店一体的休闲商业中心等。

历史性更强的明文化定位,以及更大的经营面积,更广泛的业态,让明城汇成为了1912 强有力的竞争对手。

总结:外部类似街区尚不对 1912 街区构成威胁,其原因主要在于本地市场的消费者具有一定的消费惯性,短期内其他地域商家集聚规模相对不足。但其他街区比较 1912 街区,仍有许多不容忽视的竞争优势。

(1)街区规模,其他街区的规模较大,建筑适用性强,对于各种业态的弹性较1912 高。

(2)价格优势,竞争对手往往在初期会采取低廉的租金价格吸引商家进驻,而1912 街区目前是效益实现阶段,不会陷入价格战,但不能忽视的是商家的流失,或是对手的更大规模的同业集聚。

(3)经验借鉴,竞争对手可以分析总结 1912 街区的发展轨迹,用更低的成本和更快的速度,达到 1912 街区今天的成绩,那时真正的竞争就要开始。

(4)人才流失,其他街区已经引进不少 1912 原有员工。

三、客群调查

竞争对手不容小觑,但是,目前,在众多的竞争对手中,1912 的风格依旧是独特且醒目的。这种独特的历史与现代的结合,中西合璧的味道,与中国社会当下人们既怀旧又前卫、既喜爱乡土气息又追求异国情调的复杂社会心态恰好相契合。一层又一层的光环围绕下的南京 1912,就好像这烈日下让人钟情的民国建筑,颜色醒目但不矫情、线条清晰但不生硬,有着巨大的魅力。

但是,坐在茶客老站里的这两位"局内人",看到的不仅是建筑美丽的外立面,同时也看到了建筑的内里,个中的滋味需要细细品味,慢慢斟酌和思考。这次采取在街区拦截消费者进行问卷调查和在报纸上进行公开问卷调查的两个结果,加之日常工作中听到了一些来自消费者的声音,也揭示了一些矛盾。

(一)"中西合璧"如何合

中华民国时期是"西风东渐"的关键时期,1912 要体现这种中国式的西方文化,体现东方文化与西方文化的碰撞和融合,这就是 1912 品牌的基因。"包容兼蓄、中西合璧",就必须引进能够体现风格各异、丰富多彩的各国文化的项目,项目要体现怀旧情怀,避免"快速消费"的西方文化。做好对在宁外籍人士的营销,通过和该客户群的互动,真正体现纯正西方,将 1912 打造成中外文化互相沟通、良性互动的平台。鼓励商家,如星巴克等,在表现西方文化的同时,尽量融入和包容中华文化。

因此,选定合适的商户群体,并鼓励商家融入历史风情的元素,而不是被商家各自的利益行为破坏 1912 的历史风情,是 1912 品牌与招商工作的一个重点但也是难点。调研显示,南京 1912 的历史文化底蕴首先来自于建筑空间的展示性上。但是,对于初期商家的管制宽松,导致了部分建筑外装混乱,影响了建筑的文化展示。例如有些建筑上为了宣传商铺而作的灯箱等制品破坏了民国建筑的整体感和历史感。

再如圆桌武士,虽然是一家很好的餐饮,但是落地玻璃、侧墙上的广告画,都没有丝毫民国的感觉。

步行街上每隔四五十米竖立的广告牌,盈利的同时当然也损失了不少民国的原汁原味。

茶客老站的这副对联倒是与环境颇为贴合。只是，这样的契合不多见。

（二）历史性与时尚性，重点表现谁

这次面向全市的调查一方面证明了社会公众普遍认为街区可以作为南京时尚休闲品牌标志，认可街区的品牌内涵集中体现在历史性、时尚性所带来的冲击感，以及多样化的娱乐选择上。另一方面也证实了街区经营者的一些担忧。

如果将街区最主要的标签"时尚"与"历史"这两个元素进行剥离。那么明显能够发现，无论是街区消费者还是社会公众，多数倾向于前者。这一点可以理解为，南京这个城市在时尚性的打造上与其他一线城市有着明显的差距。公众对街区时尚性的期望，某种意义上来讲，是对这个城市时尚度提升的一种期望。

关于街区未来的发展方向，街区当前的消费者倾向于增加购物场所，而社会公众更倾向于增加文化、艺术场所。基于街区强大的社会效应，既要满足目标消费群体的需求不能忽略社会对街区继续增加文化与艺术内涵的呼声。

在4万平方米这不大不小的空间里，如何充分彰显"时尚与历史"，在满足当前消费者时尚需要的同时，符合社会公众对文化内涵的期待？

（三）文化形象与酒吧街形象的冲突有所扭转，但是新的矛盾出现

这次调查结果在一定程度上解除了经营者前段时间对消费低端化的担忧。曾经一段时间，低端酒吧的大量集聚，摒弃了最有消费能力的人群需求，反而培养了低端消费群体。

低端化表现在两个方面，一是消费水平的低端化，二是年龄的低端化。后来，引入的中高端餐饮在一定程度上也引导了社会对于 1912 品牌的认知改变，由之前"小年轻"、"酒吧街"的认知逐渐在向良性认知转变，解除了认知危机。这些中高端餐饮如：厚园、俏江南、桃等主题餐厅，从餐饮的主题文化方面和 1912 的整体定位相呼应，增加了 1912 的内涵。除了这些民国风格的餐厅之外，还有类似泰煌、蓝枪鱼西餐厅等时尚气息浓郁，极富异国情调的餐厅，让市民不出南京便可享用各色美食。2006 年 5 月，戴维营男子 SPA 的开业，从观念上引领着小资们的时尚消费；2007 年 12 月，六星级"棒棒堂"量贩式 KTV 的开业，为年轻人提供了更多的娱乐选择。

目前的南京 1912 正由以"夜生活"为主的消费模式向"全天候"的消费模式转变；在酒吧、餐饮已经取得成功的基础上，进一步发展文化（影视、传统文化）、康体（运动健身、美容美体等）、购物（时尚服饰、纪念品等）、旅游、居住（宾馆酒店）。当然，在街区商家的营业时间中，还是可以窥见"夜生活"的导向。

经过调整，酒吧街的低俗形象被扭转了，但是新的矛盾出现。1912 的主流客群被分为两大部分：① 中高段客户群体主要消费餐饮，日间和晚上 18～21 点均以中式餐饮为主；② 夜间 21～24 点以年轻人为主要客户，迪吧是他们的主要去向；夜间 24 点以后，选择去咖啡馆的比例明显上升。

截然不同的消费群体需要截然不同的品牌形象。两者之间的取舍很难做出，酒吧特色是 1912 一开始就有的特色，放弃该特色的代价显然会是巨大的。但是，如果坚持原有特色，有失去中高群体客户的风险，因为他们是消费的中坚力量，此外也不利于把 1912 做成一个历久弥新的时尚品牌。

不仅如此，街区商家种类的增加虽然丰富了街区的整体形象，但也破坏了街区的聚焦优势，并加大了内部商家管理的复杂性程度，同时也带来了街区主题活动策划的难度。虽然南京 1912 街区每年举办超过 50 场的街区活动，带动街区人流超过 200 万。街区日平均客流量达到近万人次，节日高峰客流达 5 万～6 万人次，曾创下平安夜 10 万人齐聚 1912 的盛况。但是主题活动的策划和对外宣传，范围偏窄，较集中于消费能力有限的低年龄层次人群，对年龄层次稍大和消费层次较高的人群的针对性不够。

四、商户招募与街区的运营管理

城市街区的竞争表象上是消费群体的竞争，实际更是商户群体的竞争。与上海新天地一致的是，南京 1912 采取了"只租不卖"的经营模式。租金根据品牌的不同、行情的不同，上下浮动。街区经营者对入驻商户的挑选是严格和挑剔的。不仅要求品牌具有一定的知名度、从业经验和资金实力。进驻 1912 街区的商家不少是首次进入南京甚至是中国市场的国际一线品牌。街区招商总体按照 40%国际一线品牌，30%区域一线品牌，30%本地一线品牌的比例进行控制，致力于将 1912 打造成顶尖品牌聚集地的象征。目前街区不仅与超过 10 家国内外知名品牌，如重庆西津足道，玛索（MAZZO）国际娱乐，菲芘国际娱乐、和湘汇等这些娱乐餐饮商家达成战略联盟。同时也已有数十家入驻商户通过 1912 平台实现了由本地品牌向区域知名品牌的跨越式发展。

不过,出于建筑的独立性的考虑,南京1912要求商家尽力保持在原有建筑风格的基础上经营,另一方面,原有建筑设计较少考虑使用用途,空间设计和配套设施的不足。这无疑给1912艰巨的招商任务增加了难度系数。

此外,出于文化性的考虑,要求商家的业态与1912的定位吻合,文化的体现要向产品和服务渗透,这是招商的最高要求,实现难度非常大。开街初期,凭着理想化的憧憬,出现了一批与街区文化结合的商家,但实际运作过程中,经营压力巨大,市场接受度也没有预期理想,这批商家先后退出街区。目前街区的产品和服务难以找到代表性的文化符号,这也成为了被部分高端人群所诟病的原因之一。

最后,由于1912与新街口商圈相距仅1 000米,来自新街口商圈的招商竞争也是激烈的。加之,南京夜生活消费不足,无论从数量还是消费能力上看,同上海等第一线城市都存在差距。人均消费200元(客单价)以上的高端客户还不多。南京不仅是一个相对保守的城市,同时也远没有上海那么多的港商、台商和跨国白领,缺乏有效的"消费人群"以及与之相适应的"酒吧文化",这也是吸引知名商户的一个重要软肋。

当然,相对于一线城市,较低的租金和较少的本地竞争也曾经帮助南京1912街区成功招揽了部分一线城市商户。例如,戴维营男子SPA在上海的市场打开后,决定将向其他城市发展。因为在上海,他们还面临着与泰国、印尼等东南亚国家SPA店的竞争压力。原本已经选定在杭州西湖边的"新天地",但那里的租金已经接近上海新天地了(1.5美金/天/每平方米),当时南京"1912"的租金只要0.3美金/天/平方米,所以戴维营决定放弃杭州,选定南京的1912。

但是,南京1912的底租是有压力的:南京1912地块不属于集团自有土地,随着地块的繁荣,底租不断增加,对商户的吸引力相对也减少。街区经营者——东方企业(集团)有限公司发现,底租增加的压力与商户的压力让街区经营创造的价值不能被经营者自己全部获取,反而大部分的价值溢出到了1912地块以及周边地块的拥有者(随着街区的价值提升,街区及周边地块的价值提升不但并没有让1912集团分享到好处,反而集团要为此付出更高的租金)。因此,街区经营者开始了围绕街区经营为核心业务的多元化发展道路,在打造街区经营专家形象的同时,试图打通街区经营产业链,获取更高的收益。

2004年,东方集团成立南京东方三采投资顾问有限公司,进行南京1912时尚休闲街区的运营管理。2008年集团果断进行业务整合,拆分为东方企业集团和南京1912集团,以便更好地实现战略发展目标。新成立的南京1912集团下属有:① 南京东方鼎成置业有限公司,主营住宅商品房、商业用房、公用建筑设施的开发与建设。② 东方实华置业有限公司,主要从事商业地产城市综合体开发业务。③ 南京方成物业管理有限公司,主要从事居民住宅小区、花园别墅、公寓办公楼宇及商业街区等的物业管理。④ 南京1912投资管理有限公司,以商业运营、房地产产品和服务为专长,专注于服务业的开拓与发展。⑤ 南京1912文化传播有限公司,主要从事商业地产策划、活动策划、市场营销、设计制作业务。⑥ 大经艺术设计公司,主要从事公共艺术设计、景观雕塑设计与制作,室内设计与制作,绘画,展示策划。集团旗下的这些公司,以多元化互补的业务架构,形成紧密协作、资源共享的产业链,目的是提升集团整体竞争效力,从而建立在街区运营策划、中高端房地产开发等领域的领先优势。

尽管挑战重重,1912 仍在满怀希望地勾勒着未来。

五、地域扩张

据不完全统计,2009 年全年,南京 1912 共接待全国近百个城市代表团的参观、交流和学习,并收到国内 100 余个城市的合作邀请。随着南京 1912 在全国的知名度不断提升,其他城市向 1912 的运营商——东方企业集团下属的 1912 集团,先后伸出了橄榄枝。异地复制 1912 街区的历程开始展开,无锡、扬州、苏州 1912 的相继开张。1912 从一个项目品牌成为了一个企业品牌。

南京一九一二集团致力于打造商业地产运营和服务的核心竞争优势,例如街区建筑体合理的开间和进深设计专为餐饮、酒吧、娱乐商家量身打造,就是集团独有的专业服务体系之一。集团旗下的商业策划、街区运营、文化传播、艺术设计及物业管理等子公司,致力于在中国最具时尚消费潜力的城市深度发展,成为行业佼佼者。其以多元化互补的业务架构,形成紧密协作、资源共享的产业链,成为中国商业地产领域的一匹"黑马"。通过多年的实践经验总结,集团已形成了由街区所在地政府各职能部门形成的"街区管理委员会";行业内的专家学者组成的"专家顾问委员会";由 1912 战略合作联盟商家组成的"商家咨询委员会"三大委员会为 1912 项目的成功运作保驾护航。

敏锐的触觉、独特的经验、成功的拓展模式、卓越的整体竞争力,使南京 1912 集团在主题街区运营策划、中高端房地产开发等领域具有当仁不让的领先优势,集团已成为中国首席文化商业街区运营商、主题商业地产联盟运营的盟主机构。集团确定了"立足华东,布局全国"的战略蓝图,并明确提出 3 年之内,1912 的连锁街区要拓展到 10 个以上。

2010 年上半年,同处南京的江宁 1912 以及常州 1912、合肥 1912 进入前期招商;西安、淮安、济南、洛阳等地 1912 项目正在进行积极的推进。在每一个城市,1912 都强调做商业+文化+城市,强调经济效应+社会效应。1912 集团强调自己定位是"中国城市文化商业的整合运营商"。通过与城市对接,打造城市地标、城市名片、城市徽章、城市客厅,彰显各城市独有的价值和魅力。

经历了几年的发展历程,1912 已将市场拓展至扬州、无锡、苏州、常州以及合肥多地。2010 年,在经过了一系列战略调整和筹备之后,百家湖 1912 作为南京 1912 的升级版出现在了江宁地区,为以后拓展进军到其他城市做好了铺垫。

为了让 1912 品牌成功延伸到其他城市和地区,集团为 1912 品牌的内涵进行了重新界定,1912 不能简单的理解为 1912 年,它是源自民国文化又超越民国文化的一种历史风情的符号。在无锡 1912 和扬州 1912 等地,中西文化合璧的历史风情是成为了品牌延伸的核心,外延发展的是当地的文化特色和底蕴。

尽管如此,在各个不同的城市,寻找古城的兴奋点与 1912 品牌元素嫁接也不是那么容易的,但却是外地扩张成功与否的关键。1912 集团深深知道,作为一个成功的"城市文化商业整合运营商"需要具备三方面的能力:城市解读的能力,文化创意的能力,商业运营管理的能力。每一个城市的 1912 在筹备之初,都有先头部队到当地社科院等部门挖掘当地城市的传统文化,寻找到可以时尚化的那个点,拨动消费者心弦。但是,不可否认,这个过程每一次都是步履维艰的,因为始终很难知道消费者需要什么。1912要始终跳动在城市的脉搏上,可是项目和项目之间却无法复制,加之1912是一个狭义的民国载体,如何把这个区域品牌走向全国,联系城市,联系当代的生活方式,联系当地的城市脉搏,也是每一次项目开发的难点。

作为南京1912街区营销先锋的文化传播有限公司总经理朴尔敏和作为整个1912集团蓝图规划者的执行总裁吴仁淼,在这历史感深厚的建筑里,在这跳动的时尚街区里,陷入了沉思。

同行点评： ✎

骨子里的 1912

王翔飞 *

据我所知，《传统与时尚的 1912》这个课题，基础调查完成于 2011 年，事实上最近的两年里，1912 又发生了很大的变化，这些变化在社会大众眼中看来，或许只是街区数目的增长（2011 年 9 月合肥 1912 开街，2012 年 11 月滁州 1912 奠基，2012 年 12 月武汉 1912 战略框架合作协议签订）；但对于 1912 管理层来说，更值得关注的是骨子里的 1912 处于何种蜕变轨迹上——包括商业模式的继承和创新、品牌内涵的巩固和深化、社会效益的放大和夯实、应对同质化竞争的核心能力塑造与突破。

毫无疑问，1912 是一个创新的课题，2004—2012 年，1912 完成了创新的第一步：在某个时点上创造性地满足了某个区域人们的消费需求，成功地将一个代表年份的数字转化成一个城市品牌，并获得了市场经济价值和社会人文价值的初步成功。

时移则事易也，《传统与时尚的 1912》课题进行的过程，恰恰就是 1912 模式的瓶颈期。最近一两年，大量资金涌入中国城市商业地产领域，其中不乏"大跃进"式的开发和简单复制，在这种背景下，1912 无论是面对上游获得项目的机会，还是面对中游品牌商家合作的条件，抑或面对下游市场被关注的力度，都遇到了前所未有的挑战。所以在该课题进行的过程中，1912 内部也在进行紧锣密鼓的战略重组，目前我们可以这么说：骨子里的 1912 已经发生变化，这种变化必将由内及外，对表面的 1912 造成感官上的认知和体验变化。

首先，1912 的品牌定位已发生变化。战略重组后的 1912 不再简单定位为商业综合体，而是文化创意产业品牌。这一点尤为重要，也是 1912 传统优势的继承与创新，多年来，正因为 1912 选址与设计的独特性，使得品牌规避了商业地产"大跃进"中"千城一面"、"文化断裂"及"文化僵化"的弊端，使得品牌在空前残酷的竞争中，依然保持既有的关注和青睐。

其次，1912 的商业模式已发生变化。战略重组后的 1912 摆脱传统"二房东"模式，走向以自行开发运营商业街区为主，资产委托管理为辅的商业模式。盈利来自持有物业租金收益、资产增值收益、运营管理费用、租金分成或租金差价、商业投资收益及企划经营经营性收益等。这个改变彻底解决了课题组在项目跟进过程中了解到的南京 1912 的经营困惑，在新的战略模式下，南京 1912 街区作为 1912 品牌的核心展示区，经营目标不再是

---

* 王翔飞，江苏一德集团有限公司总裁助理，南京大学商学院 MBA 教育中心早期学员。

经济效益最大化,而是综合社会效益最大化,所有对于南京1912街区的运营矛盾,将因此迎刃而解。

在以上两点核心转变的基础上,未来几年的1912将采取"发挥优势、快速突破"的发展策略,开拓广阔前景。对于众人关注的南京1912街区,未来几年则更侧重于"视觉提档"与"文化转型",集团将配备充足的人力、物力与财力,从建筑形态、业态组合、文化内涵等多角度,对南京1912街区进行大力度的提升,实现体验式消费的精细化突破,使之成为城市物态文化的传承者、休闲制度的创新者、文化创意的引领者。这些目标的达成同样依赖于传承与创新的"两手都要硬",如果您关注了2012年下半年以来的南京1912,应该会从"1912新星星艺术节"、"My 1912社会化媒体搭建"等活动细节中发现一些端倪。

TESIRO 通灵的知识管理

龙　静*

摘要：知识管理是企业竞争优势的重要来源。本案例描述了通灵珠宝股份有限公司（案例中简称为"TESIRO 通灵"）组织知识的管理过程，包括知识的获取、知识的固化、知识的共享和知识的传承，详细介绍了相应的管理实践举措，并且分析了该公司目前在知识管理实践中所面临的困惑和障碍。我们认为，本案例研究虽然只是基于某个特定的企业，但是研究的结果也可以为其他企业通过各项管理制度和人力资源实践举措来促进员工的知识共享行为提供参考和借鉴。

关键词：组织知识　知识管理　组织文化

引言

驻足华丽的通灵总部门外，望着发散出宝石光芒的"TESIRO"标志，公司总裁沈东军先生为公司取得的成就感到高兴和鼓舞——TESIRO 通灵的前身是成立于 1997 年的本土珠宝品牌运营商"江苏通灵翠钻有限公司"，现在已成长为一家年营业额达 15 亿元人民币的国内知名珠宝品牌。TESIRO 通灵经过十多年的苦心经营完成了从地区性品牌到全国性品牌的华丽转身，其经营业绩的确令人刮目。然而，作为一名管理学者的见识也让他陷入了深深的思考：

随着知识日益成为企业竞争优势的重要来源，如何才能在企业中建立相互学习、共享知识的内部机制，通过结构化的驱动方式，将某个员工的发现、创意、心得、或者经验等迅速放大为整个组织的行为，并得以传承？这样，即使某一天这个员工离开了组织，或者他已不能像以前一样发挥作用，组织也仍然能够高效运转。

在沈东军的大力推动下，TESIRO 通灵非常强调组织学习和知识共享，形成了一系列有特色的知识管理制度和方法。TESIRO 通灵将属于自己的组织知识贯穿到了公司的每

---

　*　① 本案例由南京大学商学院龙静副教授撰写，龙静拥有著作权中的署名权、修改权、改编权。未经允许，本案例的所有部分都不能以任何方式或手段擅自复制或传播。② 作者感谢通灵珠宝股份有限公司总裁沈东军先生的大力支持和热情帮助，作者的硕士生王陵峰和陈洁两位同学参加了案例前期的资料收集和调研工作，在此也表示感谢。当然，文责自负。③ 本案例授权中国管理案例共享中心使用，中国管理案例共享中心享有复制权、修改权、发表权、发行权、信息网络传播权、改编权、汇编权和翻译权。④ 由于企业保密的要求，在本案例中对有关名称、数据等做了必要的掩饰性处理。

一个角落，于是，通灵人得以分享和传承，并不断创造着属于他们的传奇。

一、公司简介

1997 年，江苏通灵翠钻有限公司在南京成立，是一家以珠宝销售为主营业务的企业。经过十余年的苦心经营，现已成长为一家年营业额达 15 亿人民币的国内知名珠宝品牌，其主要产品为翡翠和钻石。从靠简单降价攫取市场份额，到精心策划"优质切工钻石"的品牌定位，公司提出"为自己，更为下一代珍藏"的理念口号，TESIRO 通灵完成了从地区性品牌到全国性品牌的华丽转身。2005 年 12 月，江苏通灵翠钻有限公司与欧陆之星（Eurostar Diamond Traders）结盟，成为重要的战略合作伙伴，从此在中国使用"TESIRO"商标作为品牌商标，致力于优质切工钻石在中国的推广。目前，公司的组织结构如图 1 所示。

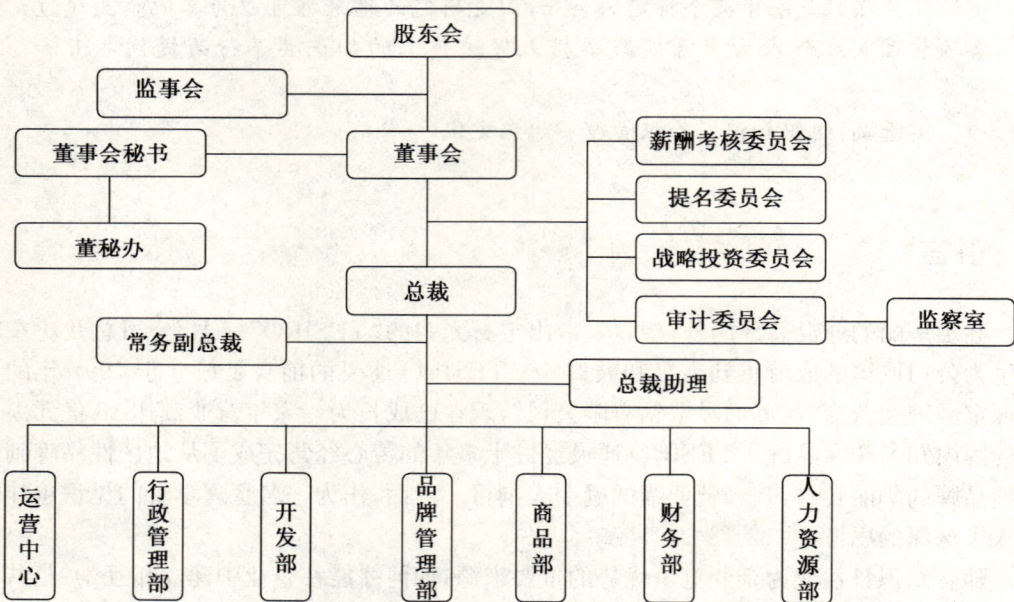

图 1　通灵珠宝股份有限公司的组织结构图

作为珠宝销售企业，公司管理的重点在于给顾客创造价值，通过这种顾客价值的最大化实现自身利润的最大化，因此，为了在市场中获取核心竞争能力和优势地位，公司必须致力于有效的管理运作和迅速的品牌推广，而这些又都依赖于各类专业知识和管理知识是否能够快速有效地在全公司范围内进行交流和共享。例如：新开门店的管理程序是否能在全公司范围内运用？或者，某个有效的营销公关项目是否能在其他地区和城市复制？知识流动和共享的效率决定了公司能否在竞争中占据制高点。因此，通灵珠宝股份有限公司非常强调知识流动和知识共享，形成了一系列有效的管理制度和管理方法，对此，总裁沈东军将之命名为"组织智慧"。

TESIRO 通灵的总裁沈东军先生，曾在香港科技大学获得 EMBA 学位，在澳门科技大学获得工商管理博士学位，并在南京大学完成博士后研究，目前兼任南京大学、东南大学等国内数所名牌高校的 MBA 校外导师。作为一个雄心勃勃的学者型企业家，他对企业的组织管理有一套自己的想法，认为组织管理就是要"建立沉淀个人知识为组织知识的管理系统"。通灵公司的组织管理系统非常强调将个人知识上升到组织层面，并加以固化和传承，公司有许多很有特色的管理制度和方法来促进组织知识建设，并且在实际运作中取得一些实效。

二、组织知识的获取

（一）组织知识的来源：员工建议广纳、细分

员工是一个企业的基本构成单位，因而要形成组织知识，员工的意见必不可少。下属个个都是精英从来不现实，能力普通的员工永远占到绝大多数。那么，如何让这些平凡的员工做出不平凡的事情来？在沈东军的观念中，"企业的成功就是让平凡的人做不平凡的事，充分发挥公司每一位员工的知识，把个人竞争力变为企业竞争力"。

因此，通灵尝试着"逼迫"员工提建议，把员工的工作建议列入绩效考核体系。比如，规定员工定时定量提建议，提不出高质量的工作改进意见，则在裁员时将成为首选对象；管理者也要定期写出述职报告，讲出自己对组织的贡献。仅 2010—2011 年第一财季，通灵就收到了 177 条行政员工工作建议，其中有 134 条得到采纳或部分采纳。在这 177 条建议中，有 3 条都来自财务部的陈林。他所提的建议都与自己的本职工作息息相关，也正是有了平时的工作经验和思考，他的建议在合理性和可行性上通过了评估，均收到采纳，其中有两条在优秀员工建议评比中分获一、二等奖。

然而，提建议仅是第一步，组织对于员工工作建议的处理态度和方式同样重要。如果员工发现，即使最尖锐的建议也能得到组织积极、诚实的回应，他们心中就会产生信任感，坦诚交流的文化就会由此形成。通灵的管理者对接到的每一份工作建议都给出认真、公开的答复，阐述采纳或者不采纳的理由。同时，通灵还拥有着一种集体参与的公开交流环境，使公司所有员工都能定期交流对一些问题的看法，提出工作建议的员工对于敷衍的部门负责人可以进行申诉。而申诉成功与否则由公司的多位高管和普通员工代表共同决定。这种强制性的标准化管理，能够让员工的知识贯穿于组织的成长脉络中，导致每一位员工都是管理者，与组织共享成长的力量。

（二）组织知识的提炼：火花碰撞分析会

中国有句古话："授人以鱼，不如授人以渔"。组织知识就发挥这个"渔"的作用。企业必须建立一种内部机制，根据前人的理论和经验，结合自身的特点，在实践中提炼出指导公司发展的规律性的精华，将某个个体的成功发现、创意、感悟或经验、技能等迅速放大为整个组织行为。当组织已经获得了来自各方丰富的知识原料，就好比厨师在做菜过程中准备好了所需的食材，此时，厨师并不会把这些食材直接放入锅内，而是先要对这些食材做一些处理，这个处理的过程就是提炼。

通灵分析会制度正是这样的一个提炼的过程，通灵公司通过各种委员会，如调查委员会、分析委员会，对公司内部的管理问题进行查找、分析和解决。通灵的分析会最早源于

参考 GE 年度业务系统的"质询会",会议气氛比较紧张,然后经历了"业绩互助会"到现在的"分析会"的改良过程。现在的分析会本质上是一个战略纠偏工具,所有分析会中解决的问题都会在公司内网上公开共享,并且也会监督其改进,参与分析会同样也与部门的奖励挂钩。

　　一个公司的组织知识体系,要求结合自己的行业特征、发展历史阶段、自己拥有的资源、企业文化等要素,从自身的需求出发,对企业成功规律进行探索,提炼出指导企业未来发展的规律性原则。分析会给管理者们做出了适时的提醒,让他们在纷繁复杂的知识面前,能够意志坚定、头脑清晰,排除掉不适用于本公司长远发展的各种问题,而提炼出对公司有益的知识精华,正本清源,保证公司各项事务都能沿着正确的轨道前行。

三、组织知识的固化:系统创新见真招

　　当种种组织知识的来源经过分析会的讨论,再结合 TESIRO 通灵的实际,被提炼成了组织知识的雏形。然而,雏形的功能往往不完备,甚至无法发挥作用。通灵提炼的精华必须经过固化才能成为可以被人们理解的组织知识。怎么固化? TESIRO 通灵通过系统创新制度的实施来固化组织知识。所谓系统创新制度,是指公司鼓励员工进行管理创新,并将创新的管理实践以申报"系统创新"的方式固化下来,以便在全公司范围内共享,这正是野中郁次郎所提出的组织知识显性化和联合化的过程(Nonaka & Takeuchi, 1995)。在目前的"系统创新"知识库中,诸如"新开门店建设项目"、"第 60 届柏林电影节营销公关项目"、"分析会系统开发项目"等等都是可圈可点的代表性个案。下面我们以第 60 届柏林电影节营销公关项目为例来具体说明。

　　2010 年柏林电影节迎来了 60 华诞,而赞助商争夺战也随着电影节组委会筹备工作的展开而硝烟四起。为了表现 60 华诞的低调奢华、雍容华贵,珠宝成为点睛之笔。对于贵宾用珠宝,组委会要求从设计到做工都必须精益求精、大气优雅,对赞助商的要求也极其严格,设计、做工、细节、品牌名气等等,都是能否胜出的重要因素。不过纵然苛刻,世界各大知名品牌却为能够成为影展红地毯上明星们的赞助商费尽心力,绞尽脑汁,每年都会展开激烈的赞助争夺战。

　　在"60 届"这样一个具有里程碑意义的电影节上,TESIRO 通灵打败众多对手,成为唯一官方珠宝赞助商。如何在 59 届电影节的基础之上,策划出更符合品牌推广需求的活动,挖掘到更具价值的公关资源,提升品牌传播的广度与深度,成为了品牌管理部费心思考的问题。辛苦和努力没有白费,在此次活动中他们出色发挥,成功公关,取得了圆满和丰硕的成果。因而他们将这个项目申报了公司的系统创新,把经验和知识的结晶固化下来。

　　说到这个项目,李妍对于自己亲身参与其中感到十分兴奋。她介绍说,TESIRO 在此次柏林电影节上大放异彩,在比利时驻德大使馆内实施了"蓝色火焰周年庆"活动,电影节主席与国际著名导演张艺谋到场共贺,现场明星云集,气势非凡,张艺谋导演还为蓝色火焰吹蜡烛;镶嵌了 5688 颗蓝色火焰切工钻石的"钻石柏林熊"作为柏林电影节 60 岁生日礼物,闪耀电影节;Shooting Day 成为 TESIRO 的专属拍片日,当天 10 位 Shooting Stars

到场为 TESIRO 拍摄大片,其中各个主题系列产品被选用于后期的平面画册及媒体推广中;而在新闻中心,借与国内记者的良好关系,成功接待了《团员》剧组、成龙、林鹏《大兵小将》剧组、任达华《岁月神偷》剧组的专访。

"这次柏林电影节项目的确是创新多多。"李妍提到,"我们与第 60 届柏林电影节的评委成员余男达成合作,使其以 TESIRO 的柏林电影节大使的身份出席各类活动,这是我们第一次在电影节的框架下挖掘重要人物,对于进一步拉近 TESIRO 与电影节的传播关系有着十分重要的作用。"

此外,柏林电影节项目的创新点还有很多,比如,TESIRO 首次成功公关比利时驻德大使馆,成功完成品牌活动,为以后的电影节框架活动打下了基础;首次结合品牌旗下的独特产品(蓝色火焰),设计制作与电影节相关的值得传播的珍贵物料;以软性文章宣传为主,通过网易柏林电影节专题发布,自专题上线开始,实现了平均 70 万次/日的点击浏览量,成新媒体时代下 TESIRO 品牌传播里程上的一个新突破。

四、组织知识的共享

(一) 内刊:让知识走进员工的心

通灵的内刊创办于 1998 年,每半个月发行一期,到现在坚持做了将近 200 期了。内刊最大特点就是其上面的新闻纯粹是对内的——不像有些企业是既对内部员工宣传,又对外界宣传。对内宣传其实就是在企业内部传扬通灵的组织知识。正如内刊现任编辑丁毅所说,一个企业要做大了,肯定是需要精神方面的东西,来凝固大家的心。大家需要了解组织知识,不能你想你的那一套,我干我的又一套,就乱了。于是,通灵想到了一个很实在的工具——内刊。TESIRO 通灵的体制是连锁经营的体制,需要把组织的思想传递下去,通过这样一个报纸是很好的方法。

为了使内刊达到预期的效果,TESIRO 通灵设计了一套"结构"来驱动内刊传播组织知识。首先,组织员工定期学习是必需的,这跟很多企业类似。但是,通灵的相关绩效考核制度与其他企业有所不同,即内刊的学习牵涉到的利益不仅是个人的,还有所在部门的。比如说,你对内刊学习得不好或者你不了解通灵的组织知识,不仅你自己,还有你的部门都会受到影响。在这样的集体中,自己的利益关系到大家的利益,通灵的员工通常都会很热情地去学习内刊,去理解通灵的组织知识。内刊会刊登组织的一些管理理念或方法;内刊也接受一些员工工作方法和工作心得的交流。作为内刊的通讯员,如果投稿成功既有一定的物质激励,也会有一些隐性激励——如乐趣和声誉。TESIRO 通灵的每家门店都会有自己的内刊通讯员,门店的员工通常站在销售的一线,这些通讯员将自己或自己部门值得推荐的销售经验分享在内刊上,有时成为公司范围内门店的标准,从而推动组织知识的共享。

(二) 培训:"大家来分享"

培训是通灵公司组织知识共享的重要方式,通过各种培训课程,通灵的员工可以一起来分享各种专业知识和管理知识。通灵的培训体系包括三大部分:行政员工培训、专业技能培训和业务组织培训,具体课程体系涉及珠宝知识、销售管理、沟通等多个方面,通过这些课程的设置,组织中的知识得到了很好的分享和交流。为了鼓励大家积极通过培训来提升自己的知识和能力,通灵所有的培训课程都有学分,和员工的绩效评估以及升职相挂钩,同时公司还通过各种大赛来促进培训效果。

那么,如何促进拥有知识的员工来分享他们的知识呢?通灵公司主要是运用一些激励和选拔措施来建立自己的内部讲师团队。通灵公司的内部讲师分为两部分,一部分是管理培训师,他们主导了大部分管理知识课程,另一部分是专业培训师,他们负责开设专业知识类课程,如珠宝知识、销售管理等课程。公司从内部选拔出讲师,让其承担相应的授课任务,并支付授课经费。除了物质激励外,内部讲师还可以作为加薪、升职的一个重要凭证,内部讲师还有年度评优,年终会有一些具体的奖励,这些都是写在公司文件中,并且一定会获得执行的。

五、组织知识的传承

人类之所以能进步,是因为人类的文化能够代代传承并发扬光大,而不需要永远都从零开始。同样,组织知识如果不能在员工中传承下去,那也只能是个人知识,而不能称之为组织知识。怎样传承公司的组织知识?TESIRO 通灵给出了自己的答案:固化的组织知识只有与组织的人力资源管理有机地结合,才能发挥出它最大的效用——不停地发文件,就是"轰炸"员工的大脑,员工接受的了么?显然不能。怎么办?TESIRO 通灵有自己的灵活思路。

(一) 大赛"亮剑"

TESIRO 通灵首先想到的是"以赛代练"的方法,喜欢欣赏体育比赛的人应该对这个词不陌生,寓教于乐的方法显然胜过死记硬背、生搬硬套。

在这一思想指导下,TESIRO 通灵重磅推出了每年一届的读报大赛。千万不要以为读报大赛就是寻常的朗读报纸的朗诵比赛,这可是 TESIRO 通灵想出来的高招。首先,我们来还原比赛当中几个真实的场景:进入比赛决赛的六支队伍出自通灵总部的行政部门和通灵下属的各家门店,六支队伍的拉拉队绝对铁杆,进入比赛会场,锣鼓喧天,喇叭齐鸣;员工们头戴印有"必胜"二字的头巾,高喊着各个部门的口号。置身其中,就像是走进了足球比赛现场的拉拉队中,禁不住会被这种气氛感染。

读报大赛的比赛环节设置可以说是煞费苦心。比赛的环节分为表演题、必答题、配音题和抢答题。表演题是非常新颖的题型,这个环节的设置可谓别出心裁——围绕通灵的组织知识,参赛选手可以借助各种表现形式进行呈现。其中,无锡门店的代表队连足球世界杯上名声大振的章鱼哥保罗都"入戏"了。配音题也是同样精彩,大家充分发挥自己的想象力,演绎着自己对各类管理知识和组织文化的理解,对 TESIRO 通灵深厚的感情和对通灵未来的信心。这里需要说明一下,抢答题和必答题的题目主要来自当年通灵的内刊,内容很多,光靠背是行不通的,需要理解——场上的选手绝对是组织知识传承的楷模,是学习和运用组织知识的行家里手。当然,我们不要忘了热情的"拉拉队"——那些也都是 TESIRO 通灵的员工。观众参与互动环节,大家尽情发表自己的观点,妙语连珠——不是为了一块小小的巧克力,而是为了一种无形的荣誉感和自豪感——正如通灵的员工之歌所唱到的："我是优秀的通灵员工"。

2010 年的读报大赛的桂冠戴在了人力资源部,人力资源部的员工在谈到此次夺冠,一个个都非常兴奋,这也是 TESIRO 通灵在传承组织知识的过程中希望看到的——在快乐中,在不知不觉中掌握了知识,并且以此为荣。

除了读报大赛,TESIRO 通灵每年都会有许多大赛,类似的还有管理大赛、营销大赛,等等。这些大赛针对不同的员工开放,但是它们都有一个共同的宗旨:传承知识和传播文化,让 TESIRO 通灵的员工在快乐中获得提升。

(二)跨部门辅导:知识的对接

TESIRO 通灵里活跃着这样一群人——他们不是搞培训的老师,但是他们却引导通灵的新员工尽快领悟通灵的组织文化。这些人就是 TESIRO 通灵的辅导员。人力资源主管苏维红认为,辅导员制度是传承组织知识的一个重要桥梁。

辅导员制度面向的对象是新员工,一般在新员工入职后三个月内进行。从人力资源的角度,一个新人进入一个新的环境,在短时间内离职的概率是最高的。而且,如果没有较多地关注和沟通,他离开的时候有可能是带着对公司的曲解离开的,这不利于公司未来的发展。于是,通灵创建了辅导员制度,就是任命一些优秀的、被公司认可同时也认可和理解公司组织文化的资深员工为辅导员,而且辅导的对象必须是跨部门的。之所以选择跨部门辅导,一方面为了防止本部门的员工之间或多或少会有一些利益的关联导致无法进行深入的交流;另一方面,也向新员工介绍通灵的组织知识:以一个旁观者的角度,关注另一部门的新员工(辅导对象)个人或者部门遇到的问题,为其提供工作方法的指导,启示他们用更广阔的思路去思考问题。

TESIRO 通灵的辅导员每个月要按照公司制定的"辅导手册",至少和新员工沟通一次,同时公司对辅导内容也有标准化的要求,主要涉及通灵的使命、愿景和价值观,组织知识中的用人理念、管理理念以及通灵的一些制度和比赛等。每次辅导结束,辅导员都要做记录,然后交给人力资源部保存。记录的内容一方面是辅导员介绍了哪些关于公司的内容,另一方面是新员工的反应,包括新员工对辅导内容的接受程度和在工作中遇到的相关问题。有些问题有可能再次升华,上升为组织知识。到最终辅导结束的时候,辅导对象要按照评估表给自己的辅导老师打分,评估结果会向辅导员做一个反馈。组织定期评选"金牌辅导员",加以物质和精神奖励,以激励这些辅导员对新员工进行知识共享。

TESIRO 通灵也要求辅导员对新员工进行评价,辅导员会对辅导对象做一些考察,这是人力资源部给辅导员的一项任务,因为通灵在招聘的时候很强调人—组织匹配,即强调所招聘的员工能认可通灵的组织文化和管理制度。苏维红还介绍说,"通灵经常把所有的辅导员召集在一起,去讨论有效辅导的内容和形式,比如怎样才能生动地对辅导对象进行辅导。这些交流也促进了辅导员自己对通灵组织文化和管理制度的理解和认同。"另外,员工和辅导员在辅导期结束后,一般也会形成适当的"友谊":通过非正式的一些渠道,辅导员继续给辅导对象传递工作经验和组织文化,或是与辅导对象交流各自对组织知识或是一些制度、方法的理解和认识。许多新入职员工都反映"辅导员对他们快速进入工作状态帮助很大","辅导员为他们树立了标杆"。

六、知识管理的关键

任何一个管理理念和实践的成功都不能孤立地看待一个个单个的实践行为,需要将它视为一个整体来加以考察,知识管理能否成功也必须从人员招聘、工作设计、业绩考核、奖励和报酬制度、文化、技术等多个方面进行综合考察。最重要的是,任何成熟的制度和管理方法,如果没有相应的奖励和反馈的支持,那么,其实际运作效果就会逊色很多。因此,在通灵公司,上述管理实践也已经构成了一套系统化的机制来推动组织知识的共享,所有的制度、举措都不再是孤立的一项项制度,而是整个管理系统的一个环节,并且最终都和公司的激励机制挂钩,即形成所谓的“结构驱动”管理模式,这也是它们能发挥作用的关键。通灵的理念之一就是以人为本,公司自然会对每个财季表现出色的员工进行奖励。员工遵循组织知识,再结合具体方法做出的成绩,让组织知识通过检验得以成型,并受到人们的重视。其实,这也是一种激励的方式,用鲜活的财季大会形式和类似的激励方式,向 TESIRO 通灵的员工宣告,这就是我们通灵的组织知识。同时,通灵还有一种颇具特色的绩效咬合措施,即让某些关联部门之间或岗位之间设置相互咬合的绩效目标。这些措施都促进了组织知识的构建。

TESIRO 通灵把一个财年分成两个财务季度,以 6 月 30 日为界,每半年召开一次财季大会,进行优秀员工的评优和表彰。当然除了颁奖,每个财季大会都会围绕着通灵的组织知识及其衍生物进行辩论赛。总裁沈东军就认为,“员工优秀还是一般,取决于个人智力和能力的高低,也取决于所在企业组织知识的高低,还取决于他对组织知识掌握到什么程度”。所以,通过辩论赛的形式强化组织知识,加深员工对组织知识的掌握,也是 Tesiro 通灵财季大会的重要目标。

2010 年 12 月的财季大会,就围绕着通灵的目标激励制度和员工满意度的关系进行了辩论赛,由此衍生出对“蜗牛奖”(“蜗牛奖”就是对绩效最差部门的一种称呼)的评选是否合适的探讨。作为正方的人力资源部认为“蜗牛奖”体现了通灵目标激励衍生出的排序管理的思想,而作为反方的运营中心则认为“蜗牛奖”伤害了员工的满意度,有违通灵的组织文化。双方各呈己见,深刻阐述了“蜗牛奖”的利与弊,可谓不分伯仲。事实上,对“蜗牛奖”的辩论,目的并不是为了单纯肯定或者否定“蜗牛奖”的实施,而是为了让通灵的员工充分了解 TESIRO 通灵的管理理念,让大家明确,通灵的管理理念包括了目标激励和员工满意,从而使得这些管理理念深入员工内心。

财季大会的重头戏是颁奖,这个颁奖的过程也是经过精心设计的。每一个奖项都包含了一个关键词的分享。比如,在颁出优秀行政管理部门奖时,关键词分享的是“协作”,而协作正体现了通灵知识共享的文化。优秀行政管理部门奖就是为了激励行政管理部门与各部门的交流和通力合作,这是一种以奖励的形式固化组织知识的手段。另外,最具行动力大奖体现的关键词是“行动”,行动力也是通灵所强调的,这种辩论和奖励也同样帮助通灵强化了他们的组织知识。

当然,通灵公司也注重利用现代信息技术建立物理媒介来促进知识共享和管理,各种IT 技术为不同的想法、观念以及不同的信息处理方法的相互碰撞,实现显性知识到隐性知识的升华提供了条件。通灵公司知识共享机制的数据库可分为正式与非正式两部分。正式的部分用于公布和接受结构化的数据知识,这是可以直接共享的显性知识。非正式部分则主要以论坛或 BBS 的形式,公司有完善的内部网,所有工作建议、分析会和系统创新等的成果,都会在内部网上共享,给组织员工一个交流的空间,并成为头脑风暴的虚拟平台。

七、管理启示与新的问题

(一) 管理启示

从 TESIRO 通灵的案例中,我们可以得到如下知识管理方面的启示:首先,人力资源管理工作要有计划性和前瞻性。例如,人员招聘上,强调人-组织匹配,要求所招聘的员工对企业文化和管理制度能够认同。在新员工招聘中还应注意降低企业员工知识基础的差异性,在人员招聘、职责描述、新员工内部化、人员匹配等环节中,明确职位对人员知识基础的要求。注意了解员工相关知识的缺乏对工作的不利影响,确保员工具备完成职责所需的基础知识,或至少能在合理的时期内通过学习胜任工作。这些对于知识共享文化可能尤其重要,因为它不仅创造了一个共同价值观的群体,而且强调了一些价值观(特别是学习和创造新知识)的重要性。

其次,绩效考核和薪酬制度。绩效考核和薪酬系统的设计一定要促进知识共享行为,如果对这些行为进行奖励和认可,就会向员工传递一个强烈的信号:组织对于知识共享十分重视。促进知识共享的一个很好的方法就是让这种行为成为事业成功的关键因素,即要设法让员工们知道:如果他们想建立自己的声誉,唯一的方法就是把他们知道的东西教给同事或者帮助同事,这种声誉对那些想爬上领导岗位的人来说至关重要。另一方面,尽管大家都知道知识共享应当得到认可和奖励,但具体操作起来要很小心,有很多陷阱会让这种行为产生反效果。例如,用金钱回报来促进知识共享有时会带来危害,因为金钱回报会被认为是一种控制,而且某些情况下会削弱创造力,而且给某种行为提供外部报酬常常会降低这种行为的感知内部价值。因此,在实践中,提供不太显眼的奖酬可能是一个很好的方法,这样的话大家可以看到,组织重视知识共享,而又不过分控制过程。不太显眼的奖酬可以是小的,或者是知识共享发生之后提供的,也可以是非物质报酬。在这方面通灵公司的做法很值得借鉴。同时,对知识共享行为进行奖励还有一个可能的弊端是,个人目标导向的奖励常常会带来员工竞争。因此,薪酬系统应当根据群体和团队层面的结果,而不完全是个人成果。通灵在业绩考核上强调以团队为基础的考核方式,在奖励体系中包含知识共享标准,鼓励员工的知识共享行为。例如,在考评员工时,重点考虑他向同事转移了多少有用的知识,他在团队工作中起到的作用,他对企业知识创新的贡献等,而不以他是否掌握他人缺乏的知识为衡量标准。

最后,组织文化建设。注重信任和合作文化的构建,并强调知识共享规范。当企业建立起重视知识共享的文化,其员工就会将分享观点和思想视为理所当然的事情,他们也会期望其他成员同样会分享其观点和思想。知识共享文化实质上是塑造了一个软环境,营造出企业知识共享的氛围,以此来打破个体、团体及部门之间的知识垄断。成功的知识管理要通过企业文化的建设,来改变员工的心智模式,培养知识交流与共享的文化,将知识交流与共享融合在整个企业流程中以释放组织中的人力潜能。在文化的建设上,通灵公司通过一系列的读报大赛、管理大赛、营销大赛等方式,既强化了文化的符号,也提供了员工知识传播和共享的渠道。

(二) 新的问题与困惑

任何企业的发展靠的不是一个人两个人,靠的是更值得信赖的组织知识。从通灵的管理实践来看,公司在知识管理方面取得了一定的实效,访谈中许多管理者和员工都提及了"公司鼓励我们知识共享"、"我非常想担任辅导员/调查委员/……"、"我们经常有机会沟通交流",等等。然而,随着组织进一步的在全国范围内扩张,新的问题也开始显现:首先,如何去进一步发挥更广大范围的员工的作用,将他们的聪明才智纳入到组织知识中来? 随着公司在全国范围内市场和地域的扩张,公司现有的知识管理方法是否还适用? 公司知识管理可能面临哪些新的难题呢? 其次,可能更重要的是,如何有效地对知识共享和知识管理活动加以测评,从而进一步提升企业知识管理的效果呢? 访谈中,我们发现这也逐渐成为目前通灵公司的管理者们所主要考虑的一个问题。管理学中有一个定律:"不能测量就无法管理",因此能否有效地对知识共享和知识管理活动进行评估,对于提升知识管理的效果,并最终促进企业绩效的改善意义重大。或许,TESIRO 通灵知识管理的发展,还有更长的路需要去走。

专家点评：

点评《TESIRO 通灵的知识管理》

刘海建[*]

何为企业持续竞争优势的源泉？以哈佛大学教授波特为代表的学者认为，关键在于所在行业中的定位。然而波特的观点更多偏重于企业的行业特征，认为某些企业之所以赚钱是因为"行业选的好"，但是不能回答这样一个问题：为什么同样一个行业内部，有的企业经营好，有的企业却面临破产。回顾美国的零售百货业，Warl-Mart 和 Kmart 都是零售行业，但是后者在前者的竞争下临近破产，最后被西尔斯公司收购。而企业的知识观秉承资源观的脉络，认为知识是企业中的重要资源，而知识管理可以成为企业竞争优势的重要来源。

在转型经济中的中国，珠宝行业是一个很特殊的行业：珠宝以往作为一种奢侈品，现在却更多走向了普通人的家庭。而珠宝之所以昂贵，不仅在于其稀有特征，而且在于其品牌能给消费者带来独特的价值感受。TESIRO 公司是中国珠宝行业的翘楚，处于这样一个蓬勃发展的行业，面对国内外同行的激烈竞争，本身也必然需要具备卓越的竞争能力。研究这样一个公司的知识管理本身就是一件很有意义的事情。

企业中的知识之所以称为一种竞争优势的来源，来自几个原因：稀缺性、有价值、难以模仿性、组织专用性。知识对企业之所以重要，首先是正因为其有价值；其次是"人无我有"，所以知识的稀缺性能够带来垄断利润。最后一个方面是难以模仿性。而知识难以模仿，关键在于其路径依赖、因果关系模糊性与社会性特征。最后一个原因是知识的组织专用性。一种知识只是对特定组织来说，对于其他组织来说，同样的知识未必有用。组织专用性保护了组织中管理实践知识的溢出，从而更加强化了知识对于拥有者的价值。TESIRO 公司的知识正因为这个特征，所以知识管理的过程才成为了该公司竞争优势的来源。

该案例通过展示 TESIRO 公司的案例，根据知识管理的过程：知识的获取、知识的固化、知识的共享、知识的传承，详细介绍了知识管理实践举措。在分析企业管理问题的过程中，案例强调故事性，通过一系列故事、实践实例与隐喻，来说明企业知识管理问题。知识管理本来是一个很抽象的活动，但通过一系列的事例，从理性转化为感性，使该公司的实践变得更加具体。

在微观层面，企业管理的具体实践和人力资源等管理举措都会影响企业知识管理活

---

* 刘海建，南京大学商学院工商管理系副教授。

动的进行,从而最终影响企业竞争优势的实现和价值创造。在本案例中,案例从一个更微观的视角来讨论具体的知识管理问题,使该案例的实践意义更为凸显。案例不断给读者这样一个感觉:企业中的知识管理活动虽然看不见,摸不着,但就是这样进行的。

但有一点,珠宝行业的知识管理必然不同于非珠宝行业的知识管理。所以,从行业特征的角度,如能凸显该行业知识管理的特殊性,将使得案例更富有意义。这是在做案例分析时应该注意的。

未来，为我而来？

——J银行"小快灵"小企业金融服务品牌[*]

何　健

摘要： 当前国家金融政策鼓励更多地向小微企业倾斜，J银行创建的"小快灵"小企业金融服务品牌顺应了这一政策取向，但其历程并非一帆风顺。本文描述了J银行在创建"小快灵"小企业金融服务品牌中所经历的各种事件，如建立团队、寻找优质客户、定制服务、网络互动、广告策划、同行竞争等，揭示了J银行在创建小企业金融服务品牌过程中所出现的问题。在银行间竞争日趋激烈的背景下，银行既要执行国家金融政策，要求小企业金融部门面向各类中小企业以迅速打开知名度，更要考虑小企业金融部门的业绩，这似乎是当前国内银行业小企业金融部门共同面临的难解的结。主人公肖总目前正面临这一困境：既要马儿跑得快，又要马儿不吃草。"小快灵"的未来，路在何方？肖总一筹莫展……

关键词： 服务品牌　小快灵　小企业金融　J银行

引言

夕阳西下，结束了一整天繁忙工作的肖总正驱车回家，时逢下班高峰期，不甚宽敞的道路如往常一样出现了拥堵。他缓缓地停了车，远眺窗外，落日余晖遍洒城中的高楼大厦，反射出一片又一片的金色，落在眼里，如朵朵彩霞。收回视线，肖总微微皱了下眉，原来在爱晨跑的肖总心中，和落日相比，朝阳更令人倾心、欣喜，充满着希望与活力。两个月前，由于出色的业绩和工作能力，他刚从某地级市支行副行长的职位调至总行小企业金融部担任副总经理，负责具体工作。作为一名从业十几年的行业精英，他敏锐地察觉到，J银行成立4年来，其小企业金融业务被外界一直评价为"只会干不会说"，总行有意借助国家近来鼓励发展小微企业的一系列政策，加强品牌塑造工作。国家和总行的支持、已经成功注册的"小快灵"小企业金融服务品牌、一支由各部门精英选拔组建而成的新团队，看上去一切都在蓄势待发，就等着肖总带领大家大展拳脚了。但现实中困难重重：如何成功

* ① 本案例是南京大学商学院何健副教授在教育部人文社会科学项目（编号：10YJC630073）的实际调研中发现，并进一步发掘整理出。本案例由何健老师撰写、修改、定稿。南京大学管理学院朱春蕾同学参与了现场调研工作。未经允许，本案例的所有部分都不能以任何方式与手段擅自复制或传播。② 本案例授权中国管理案例共享中心使用，中国管理案例共享中心享有复制权、修改权、发表权、发行权、信息网络传播权、改编权、汇编权和翻译权。③ 由于企业保密的要求，在本案例中对有关名称、数据等做了必要的掩饰性处理。

的塑造、推介一个对小企业来说依然陌生的金融服务品牌,如何面对来自同行咄咄逼人的竞争,如何平衡和总行内部其他部门之间的关系以及如何获得更多实质性的支持等等都是亟待解决的问题。不容多想,后方汽车的鸣笛声很快就把肖总拉回了现实,停滞的车流也开始慢慢流动起来。他立即发动车,继续往前驶去。"小快灵"品牌的未来是像这时而通畅时而拥堵的车流充满坎坷跌宕,还是将一路畅通无阻?肖总虽然心头涌现出一丝迷惘,但无论如何,这位年轻有为的副总经理已经踌躇满志,准备大干一场了。

一、谈何容易的小企业金融

时间倒转至几个月前,时任某银行支行副行长的肖总还在为手头的一份资料犯愁,这是一份申请贷款的报告。申请人施先生是肖总多年的好友,一直从事服装经营。不久前,面临销售旺季的来临,他急需一笔流动资金进货,但由于之前他已经将市场摊位使用权抵押给银行,名下再无其他财产可以抵押。以往,碰到类似的小微企业的贷款申请,各家银行往往是不予接受,或者即便接收也会安排让其经历漫长的审批过程。但作为一家地方性银行,J银行自成立之初就明确提出"支持地方中小企业、民营经济为重点",还先后开发了经营性物业抵押贷款、动产质押融资、政府集中采购融资、小企业联贷联保、小企业循环额度授信等业务,为小企业提供了许多灵活便捷的产品。所以像施先生这样具有良好的现金流状况和个人信用记录,J银行完全可以做到简化流程、快速响应。即便如此,如果不是J银行的客户经理主动找上门,施先生可能至今仍不知道,其实自己可以轻松地获得这项贷款,而不用经常犯愁。

这样的情形对长年从事公司业务的肖总或许有点陌生,他已经习惯于把贷款投向大公司、基础建设和房地产企业,如果不是这次帮朋友,又哪能知道这些小老板的心酸呢?虽说中小企业是国民经济和社会发展的重要力量,深受国家的重视,早在2002年中央就出台了《中华人民共和国中小企业促进法》及相关政策措施,加大财税、信贷等扶持力度,改善中小企业经营环境,但部分扶持政策实际上仍未完全落实到位,小企业融资难、担保难等问题依然突出。银行对于这块业务要么不重视,要么只做业务而忽视了品牌的塑造与推广,不仅自身业务的扩展困难重重,更让众多小企业一次次的陷入困境。

就在肖总思考如何改善目前困境之际,桌上的电话突然响起,原来是总行分管领导来电。领导的声音略带欣喜,"小肖啊,告诉你一个好消息,总行已经决定让你来负责咱们总行小企业金融部门的领导工作。正式的任命文件很快就会下达,怎么样,有何想法?"肖总正好了解到,最近银监会刚发布了《关于支持商业银行进一步改进小企业金融服务的通知》,专门提到"在行式"小企业专营机构,规定总行须设立专门的管理部门。他立即答复道:"银监会最近一直在关注小企业金融的问题,我想行里首先要遵循相关文件指示,进一步向大众展现咱们积极响应的态度;其次,我们也可以借此机会进行发展战略、市场定位和业务结构方面的调整;最后,我认为小企业金融市场本身就是一片蓝海,是拥有较大盈利空间的。""挺有想法的嘛!行里的眼光不错,你确实可以胜任这个职位。前段时间,温州老板集体'跑路'的事闹大了,刺激了中央加紧出台一系列措施来解决小企业融资的问题。你看,银监会主席助理阎庆民近日在地方调研时就强调,商业银行要全面提高小企业金融服务水平。他还特别提到城市商业银行是小企业金融服务的主力军。是时候打响我们'小快灵'小企业金融服务品牌了……"

挂了电话，领导的鼓励话语仍在肖总心头久久回荡，他开始了解小企业金融现象。他发现，小企业融资难是其中的突出问题，它不仅是世界范围内的一种普遍现象，更是转型经济下我国经济结构调整这一背景给银行管理带来的巨大挑战。小企业融资难，主要原因在于融资渠道狭窄、小企业经营不确定性较大、银企信息不对称、贷款业务成本高等，由于小企业融资成本高、风险大、利率又低，许多大银行都不肯干这种吃力不讨好的业务，以往也只有一些地方性银行为避免和大银行的直接竞争，才会啃这块难啃的骨头，但往往很难打开局面。银行的组织架构、运营重心仍是以传统银行业务，并没有把小企业金融业务作为工作重心。

二、J 银行的发展现状

（一）小企业金融快速发展

做服装生意的施先生是 J 银行的老客户，最近他在客户经理的建议下注册了 J 银行的网银，并且已能够熟练的运用。这一天，当他像往常一样登陆 J 银行网页，处理完业务后，突然发现主页上"新品推荐"一栏出现了一个品牌"小快灵"，图标是一匹奔驰的骏马，品牌标语是"小快灵、马上贷"。看来，J 银行终于要开始向市场宣传它的小企业金融服务啦，施先生会心一笑。作为 J 银行的老顾客，他对该行的情况可谓了如指掌。J 银行由省内 10 家城市商业银行根据"新设合并统一法人，综合处置不良资产，募集新股充实资本，构建现代银行体制"的总体思路组建而成，于 2007 年 1 月挂牌成立。截至 2010 年末，J 银行资产总额达 4 304 亿元，短短三年翻了一番，发展迅速。现有营业网点 430 多家，目前已覆盖省内所有地级市，同时在上海、深圳、北京设立分行，开始跨区域经营。

出于自身业务的需求，施先生尤为关注 J 银行的小企业金融服务，他立即用鼠标点击了"小快灵"图标，弹出了 J 银行小企业金融业务的介绍。

成立五年来，J 银行一直积极履行社会责任，以科学发展观为指导，坚持"源于城商行，高于城商行"的基本方针，传承原城市商业银行的业务优势；坚持将中小企业尤其是小企业金融业务作为业务发展的重点；以服务社会，大力支持地方经济发展为根本宗旨；以支持地方中小企业、民营经济发展为重点市场定位，积极探索体制创新、机制创新和产品创新，全面实施小企业发展战略，形成了总、分、支行三级联动小企业垂直化经营管理体制，努力为中小企业提供便捷、专业、全面、优质的金融服务。

不懈的努力得到了中小企业客户的广泛认可，J 银行小企业业务取得了快速发展。截止 2008 年末，J 银行小企业授信客户共有 8 985 户，占全行公司类授信户数的 66.63%，与年初比增幅达到 31.40%。小企业授信余额 179.4 亿元，其中小企业贷款余额 142.51 亿元，占全行公司类贷款余额的 11.10%，比年初新增 31.53 亿元，增长率为 28.45%，小企业贷款增长率高于各项贷款平均增幅 2.11 个百分点。截止 2009 年一季度末，J 银行小企业授信客户已达 9 955 户，较年初又增长了 970 户，增幅达 10.8%；小企业贷款余额已达 163.38 亿元，较年初增长了 20.86 亿元，增幅达 14.64%。

在 2008 年从紧的货币政策环境下，J 银行单列小企业信贷规模，对于生产、销售正常，因受次贷危机等影响发生一些困难的客户继续给予信贷支持，为小企业的发展雪中送炭。2008 年 J 银行累计发放小企业信用业务 10 915 户，比 2007 年增加 24.5%；累计发放小企业贷款 172.48 亿元，比 2007 年增加 19.41%。

在业务创新方面，J 银行先后开发了经营性物业抵押贷款、动产质押融资、小企业主贷款、政府集中采购融资、小企业联贷联保、小企业循环额度授信等业务，为小企业提供更多更灵活的产品。

为进一步支持中小企业尤其是小企业的发展，J 银行于 2009 年初推出了"同心同行，携手共进—小企业兴业助贷计划"，一方面按照"小中选大、好中选优"的原则，优选并培养小企业核心客户群体；另一方面，通过为客户逐户设计金融服务方案，帮助其做大做强，联手共抗金融危机。

仔细看了之后，施先生心想：听说肖已调到小企业金融部，这个"小快灵"品牌估计就是他提出来的，看来 J 银行要大力发展"小快灵"小企业金融服务品牌了。

（二）应运而生，抑或无奈之举

实际上，施先生在 J 银行网页上看到的"小快灵"小企业金融服务品牌刚"新鲜出炉"。肖担任小企业金融部门副总，负责筹建"小快灵"品牌也是近期之事情。触觉灵敏的快报记者老陈通过相关渠道了解到 J 银行的这一新举措，于是向肖提出采访请求。新品牌的传播需要媒体，此时又值品牌创建的起步阶段，于是肖在公司附近的一家咖啡厅里接受了老陈的采访。昏暗的灯光，空气里氤氲的咖啡香气，舒适的沙发，使得这次访谈更像是一次朋友聚会。

简单的寒暄之后，老陈开门见山："J 银行从成立之初就是以支持中小企业为市场定位的，那为何至今才推出'小快灵'小企业金融服务品牌？""是这样，我们在这 5 年的整合过程中，一直在摸索小企业金融服务品牌的发展模式，如今，为了持续推动小企业业务经营管理模式的改革与创新，我们正式推出'小快灵'小企业金融服务品牌。"肖总显然有备而来，同时不忘宣传 J 银行在小企业服务机制方面的一系列创新之举。"成立之初，我们就在公司业务部下设中小企业分支机构，2008 年正式成立小企业金融部，负责全行小企业金融业务的管理与推动。以前，小企业申请贷款业务一般要经历分行公司业务部管理、授信风险部审查、贷审会审批等各种繁复的步骤，相当麻烦。2009 年根据银监会的要求，结合自身实际，针对原有的小企业管理体系进一步创新，开展了'在行式'小企业专营机构建设，这是个三层级的管理体系，总行层面我们有小企业金融部，负责小企业金融业务的整体管理；在分行层面我们设立了小企业信贷服务中心，负责分行小企业业务的扎口管理、营销和审查审批，提供一站式的快捷服务；在支行持续推进专职的小企业客户经理团队建设，打造小企业专营队伍，形成了"总行有部门，分行有中心，支行有团队"的三级垂直化经营管理体系。""小快灵"这一品牌下有哪些主要业务？"小快灵"系列产品主要包括小企业联贷联保贷款、兴业助贷计划、流动资金贷款等，它有三个特点：一是"小"：这是指对象规模小、贷款金额不大，专门面向中小企业；二是"快"：建立快速调查和审批通道，保证审查、审批、发放效率；三是"灵"：不仅在于机制灵活，也在于银行调查方法、贷款方式不固定，可以根据各个企业所处的发展阶段、经营特色和结算特点设计不同的产品组合。

"小快灵的定位有哪些具体的规划措施？毕竟现在各家银行都在做小企业的业务，竞争很激烈吧。"肖总想了想，给了一个官方的回复，"这些年来，我们行一直在以科学发展观为指导、以差异化服务为方向，不断推动小企业业务经营管理模式的改革与创新，建立了一个小企业金融多层次服务体系，还不断扩大服务规模，可以说是形成了具有自身特色的小企业金融服务模式。"老陈显然对这个答案不甚满意，进一步问道："你提到的差异化服务具体怎样？""像其他银行可能只是涵盖小企业金融业务但不专，我们先后开发了像经营性物业抵押贷款、动产质押融资、政府集中采购融资、小企业联贷联保、小企业循环额度授信这样的业务，为小企业提供很多灵活的产品，都很有特色。"

喝了口咖啡，肖总继续说道："你看，我们正在做的'小快灵'小企业金融服务品牌就是针对小企业融资金额小、需求急、频度高的特点而设立的，真正体现了以专营机构为目标。""能谈谈这个'小快灵'品牌吗？"老陈继续问道。"这是我们专门针对小企业金融服务开发的品牌，从它的名字你就大概可以知道它的含义了，为了给小企业提供更方便快捷的金融服务，我们用'小快灵'品牌对所有小企业金融产品进行统一包装。"听罢，老陈推了推眼镜，开口道："但据我所知，华夏银行这一块主打的品牌也叫'小快灵'，最近进行的宣传推广活动也很猛烈呀，这点，你怎么看？""'小快灵'是我们先注册的，差不多有两年多了，没有大规模宣传，但我们在省内以及深圳等分行已开展'小快灵'金融服务工作，口碑不错。现阶段相关的品牌规划也在紧锣密鼓地筹备中，请拭目以待。"接着，老张又围绕着"小快灵"品牌继续问了几个详细的问题，但肖总都以"正在筹备，尚未明确"等轻描淡写地回答。简短的访谈结束后，老陈在记事本上"小快灵"三个字后面画了一个大大的问号，他深感 J 银行在总行层面上对"小快灵"金融服务品牌这一特色品牌的系统规划有着较强的需求，但如何做以及未来发展如何，他的心中充满了疑惑。

三、摸索中的"小快灵"

(一) 王总的一天

8:00，整座大厦静悄悄的，仿佛还沉寂在昨夜的美梦中。突然，"叮"的一声，电梯门打开，老王缓缓地步入空无一人的办公室。他总是喜欢提前半个小时来到办公室，这也是十几年来养成的老习惯了。无论前一天多累、睡得有多晚，他都会早早的起床，赶来办公地点。像往常一样，他给自己沏了一杯浓茶，舒适地依靠在座椅上，享受着这短暂的宁静。茶叶在杯子里翻滚，慢慢的泡开，渐渐的又飘落到杯底。有时候，老王就会想，这人生就像茶叶在杯子里变化的过程，从酝酿到绽放，从轰轰烈烈再归于平静，跌宕起伏，不知道最终能留有怎样的一份回忆。很多时候容不得他有这份闲情逸致。不知不觉间，外面传来喧闹的声音，忙碌的一天又要开始了。

9:30，部门会议室，听取员工的工作汇报。最近部门的工作重点是落实苏南某优质企业贷款项目。该环保设备生产企业位居省科技厅重点项目企业名录，从产品到资产规模都符合行里制定的优质潜力客户的条件。但问题是，该企业位置偏僻，和 J 银行无业务往来，对该企业的生产经营情况及负责人信息也是一无所知。今天的会议就是想让大家出谋划策，解决这个问题。肖总刚把这个企业的情况向大伙解释清楚，就有人提出，科技厅介绍的企业有好几百个,而且很多都是本地的,地理位置优越、资信条件也很不错,为什么要舍近求远,去争取苏南的项目?"我知道,大家现在压力都很大,手上的项目不止一个,谁都不想出这趟苦差。"肖总回应道,"但我们现在不仅仅是为了业绩,我们现在是在做品牌,要让我们的"小快灵"的影响力遍及全省,辐射全国,所以要争取全国各地的优质资源,现在讲这种话,可能有点早,但没有这样的眼界,我们只能做井底之蛙!"这时候,老王接腔道:"苏南这块市场很大,竞争也很激烈,我们向来很重视,之前也和不少那边的企业合作过。和他们打交道我们还是有经验的,大家不要畏难,年轻人还是要多闯闯的。"提出异议的是一个新来的大学生,他有些脸红道:"我不怕挑战,只是想先做好本地,有了经验,再辐射省内的其他地区,毕竟是第一次和省科技厅合作嘛。""做小企业这块,时刻保持风险意识是必要的,首先要实地拜访一下这家企业,了解了具体情况再定。小陈,你准备下,下周过去。没其他事的话,会议到此结束。王总,中午接待科技厅的事都安排好了吧……"大伙一一走出会议室,又各自忙开了。

11:30,和省科技厅的领导碰面,并陪同吃饭;

14:30,赶回行里开会,有总行领导参加,确定新一阶段的工作任务;

16:00,接受某报记者访谈,宣传"小快灵"小企业金融服务品牌;

18:00,想到今晚约请了一个客户吃饭,又匆匆赶往晚宴地点。

……

22:00,已经微醺的老王踏着疲惫的步伐回到家中,一屁股做到沙发上再也不愿意起来。他长吁了一口气,想想以前做人事工作是多么的轻松。现在做小企业,特别是优质小企业像个香饽饽,各家银行都在争。一个字:难!

(二) 主动出击

根据上次会议中肖总的指示,小陈和产品规划团队的一名同事踏上了去苏南的征程,准备对某环保设备生产企业进行前期调研。动车上,她不禁回想起临行前肖总与她的一次谈话。肖总首先对她的工作能力、工作态度表示了充分的肯定,称赞她"不愧是科班出身的,领悟能力强,业务上手快"。紧接着肖总也指出了她的不足,"做客户这块,是要和不同类型的企业进行沟通的,和小企业打交道就更特殊了。既然你做了这一行,我就要严格要求你,如何成功地找到一个新的客户,找到之后又如何挽留?这是你需要思考的。这次苏南之行,其实是一次锻炼。"末了,领导还不忘幽默一句"做营销就像谈对象一样,总得有一方主动搭腔才能谈成。这次我们吃点亏,就主动一点吧。"

到达目的地,稍事休息,小陈立即开展工作,首先是通过该企业所在乡镇政府负责人引见,主动拜访了经营这家公司的温老板。温老板一听来的是银行,并未表现出很大的热情。简单的回答了小陈的几个问题,就以有生意要接洽为理由草草地结束了第一次访谈。调研还没正式开始就碰到如此不合作的老板,让小陈倍感挫折,难道就这样打道回府?看似温顺的小陈其实骨子里是个很要强、不轻易服输的姑娘。她随即静下心来,仔细思考了一下来龙去脉。温老板的态度有些不合常理,一般小企业的老板看到银行的人找上门来都是很热情的,主动送上门的钱谁不要?可能是温老板的公司资金充裕,没有贷款意向,也有可能是其他行捷足先登,找过温老板了。

带着这样的疑问,小陈巧妙地绕过温老板,设法向公司内部员工了解到了一些关键信息。原来,温老板最早创业时曾经向很多家银行借过钱,都被拒绝了,导致他现在对银行充满了不信任。而且,现阶段公司发展势头良好,盈利颇丰,他也不需要贷款,自然对银行抛出的"橄榄枝"不感冒。值得庆幸的是,目前还没有竞争对手联系过温老板,J银行已经占了先机。小陈再接再厉,继续多渠道的挖掘有用信息,在和当地政府的交谈中,她又了解到该企业目前正在申请购置土地新建厂房,进行扩大再生产。她敏锐地意识到如果该企业购置土地扩大再生产,必然会带来资金紧张。虽然,温老板以各种借口拒绝了小陈进一步访谈的请求。但在她的努力下,还是同意互留通讯方式,约定进一步联系。不久,J银行在该地区召开小企业金融业务推介会,小陈千方百计说服温老板参加了会议,使其对J银行的小企业金融产品和服务有了初步了解。此后,小陈还经常通过打电话的方式加强与其接触,逐步掌握了企业的经营动向。后来,该企业新建厂房进行落基仪式,小陈主动登门祝贺,进一步赢得了温老板的好感。在此基础上,小陈及时根据企业资金充裕的实际情况提出了改变支付方式增加收益的建议,为企业在J银行开立了一般账户,为温老板办理了白金卡,并开始着手准备企业评级授信资料。果然,企业在购置土地后立即出现资金紧张,于是提出贷款需求,后来由于收到部分预付款又放弃了贷款需求。小陈根据经验建议企业继续准备评级授信手续,以备急用。几天以后,该企业订单增加,资金再次紧张,于是向J银行要求紧急贷款3 000万元。由于前期准备工作充分,贷款发放很快到位。

小陈此番主动出击,为J银行赢得了一位优质的企业客户,不仅出色地完成了肖总布置的任务,还受到行里领导的一致好评。赞誉的背后只有小陈自己知道这个过程有多大的艰辛,她付出了多大的努力来调查客户的信息,赢得客户的好感。这时,她不禁会再一次问自己,"小快灵"品牌打响之后,情况会不会好转,就再也不用如此辛苦地一个个找客户了?

(三)小董的困惑

小董以前在分行的办公室工作过,主要负责宣传工作。来到总行小企业金融部后,他的工作性质似乎跟以前一样,但工作量却大大增加了。不仅要负责部门和行里大大小小部门的沟通工作,还要和各种媒体打交道。最近,部门在积极筹划的J银行5周年献礼以及"小快灵"品牌推广活动就是他牵头的。关于广告公司的选择,小董是存有私心的,他在分行工作时就与一家当地的广告公司建立了深厚的友谊,不仅工作上合作得很愉快,私下里关系也很融洽,几个年轻人经常一起唱歌、打牌、吃饭。在棋牌室消遣一下午,除了能放松工作的压力之外,小董还能和这帮朋友稍稍谈谈工作的情况。"你们项目组最近策划的广告真不赖啊,"小董说,"宣传攻势也很猛烈,走到哪都能看到。"坐在小董对面的小张立即开口道:"别光说我们,听说你最近调到新的部门了,在那边混得怎么样啊?""对啊,最近约了你几次都说没空,有这么忙吗?"小董叹了一口气,开口道:"哎,我现在的这个部门叫小企业金融部,小企业金融不知道你们清楚不清楚,业务做起来是相当难啊。而且,我们现在除了要完成指标之外,还要想着如何做品牌推广。不瞒你说,总行对这次的宣传活动相当支持,所以如果给你们做的话,你们这一年就不用愁。当然,前提是要获得我们新任老总的首肯。"一讲到这,在座的其他人都表示出极大的兴趣,要小董透露点内幕。

小董叹了口气,说道:"说实话,虽说我在这个部门已经待了一段时间,但对这个新来的老总我也实在摸不着底。感觉他挺注重效率的,不仅善于规划远景,执行力也强。头2个月潜心研究业务,经常与上级分管行长沟通。关键是他公事公办,对我们的要求也相当严格,你必须时刻准备好。说实在的,我前面建议过,让你们来做这个项目。但他回复是要多找几家公司参谋,择优选择。你们如果想再继续合作的话,可得做好充分的准备啊。"

小董的一席话让在座的各位不禁思绪万千,一方面继续合作的机会貌似岌岌可危,另一方面如果拿下了这块"大蛋糕",他们项目做的就不仅仅只是些简单的小单子了,而是涉及到"小快灵"品牌的整体推广。聚会结束的第二天,项目组经理小张就通过其他渠道了解J银行的各方面近况。根据他的调查,整个J银行眼下都在筹备明年的5周年献礼活动,而且各部门都有宣传计划,只不过小企业金融部想配合目前的宏观经济政策做一番大的动作,借机隆重推出他们的小企业金融服务品牌——"小快灵"。怎么样才能获得这单业务哪,听小董的口气,我们需要向这位新来的老总陈述选择我们公司的理由,怎么样才能在陈述中体现我们的优势?

想到这,小张立即拨通了小董的电话,想和他商讨下具体的陈述方案。简单寒暄之后,小张直切主题:"你觉得谈谈我们之前合作的那些业务可以吗?都蛮成功的,而且你们也很满意啊。我认为这能够体现我们的优势,毕竟我们合作过几次,即便其他广告公司比我们名气大、专业强,肯定没有我们对J银行了解深入吧。"小董回答说:"这可没有你们想象的那么简单,肖总之前已经问我要过你们做的那些项目的资料,既然他还没表态,看样子还是没能达到他心中理想的效果。你们之前做的广告大都是局部的,现在肖总要的是一份描述小快灵愿景的品牌规划,我看你们要在这方面证明自己的实力吧。我能给的建议就这么多了,其他的就看你们了。"结束了和小董的电话,小张觉得有必要尽快召开一次项目组会议,商讨下如何向肖总陈述选择他们的理由。这边小张感受到了莫大的压力,那边小董的工作也不好做。领导的要求高,一连洽谈了好几家公司,都没得到肖总的认可。如果自己推荐的小张所在的公司表现不佳,自己也不好交代。

无论2人再怎么担忧,约定好会议的时间还是很快就到了。首先,肖总和小董分别向小张率领的团队简单介绍了J银行新组建的小企业金融部门的基本情况。然后就由小张公开陈述。"听了肖总的介绍,我们确实感受到贵行在行业内是有一定竞争地位,获得了许多殊荣。本来我是觉得应该把这些成就作为5周年献礼突出展现的内容,但我们更感兴趣的是您刚刚提出的'小企业融资方案'的设想。在我看来,方案这个字眼包括两个意义:一是具有针对性,是在对客户诊断之后再对症下药;二是它不止一种解决方法,而是一揽子的对策,具有可持续性。所以我想确定一下宣传的重点,贵行在这个'方案'上有哪些实际动作?"

"你这个想法真是与我不谋而合,你看我们有这么多针对小企业金融的业务,你跟消费者讲,他们可能光听名字也不知道这些业务是干什么的。但如果我们用'小快灵'这个品牌对整个业务打包,告诉他们融资有困难,就找'小快灵',我们会提供相对应的解决方案。这样的宣传效果就更好了,我是想5周年献礼不仅仅展示我们这些年工作的成果,最主要的还是想做'小快灵'的品牌推广。"

接着,肖总又从两个方面详尽地回复了对方的问题。首先,肖总认为"小快灵"品牌满足了客户多样化、个性化的需求。因为他们已经对原有授信业务审查审批进行了流程再造，制订了一套有别于一般大中型企业的操作流程。对于小企业授信业务，会由小企业信贷服务中心派出尽职审查人员参与贷前调查，从风险审查的角度与支行客户经理共同实施平行作业，完成后由客户经理撰写调查材料、尽职审查人员出具风险审查意见，实现了对客户需求和客户风险情况的详细了解，然后再建议其选择合适的业务。他还举了两个具体的例子来说明这个问题，"比方说对有较多存货、而缺少可抵押房产客户，我们就可以建议其使用动产质押授信业务，用符合标准的动产来质押贷款；而对缺乏银行认可抵(质)押物企业的小企业，我们则会向他推荐联贷联保业务，大家一起来抱团取暖嘛。"

接着，他进一步解释说"小企业融资方案"还体现了一种以培育客户为导向的服务观念，这点从他们正在做的小企业专题活动中可见一斑。与以往旨在发展更多客户数量的营销活动不同，这个小企业专题活动是符合在当前经济形势，为了实现总行规划的"优化结构、培育客户、实现可持续发展"的目标。在众多活动中，他着重介绍了J银行于2009年起开展的"同心同行，携手共进——小企业兴业助贷计划"活动，该活动利用"一站式"的信贷服务、灵活的担保方式及充分的费率优惠等政策助推小企业客户发展，在J银行现有的小企业客户群体中按照"小中选大，好中选优"的原则，选出一批企业作为核心客户群体进行培育，并根据企业的不同经营情况、融资需求，按照"一户一策"制订详细的培育方案。力争通过J银行的金融扶持，帮助企业实现做大做强，进而为全行公司业务及零售业务发展提供源动力。据肖总介绍，这项活动一经推出便受到了社会各界的广泛关注，先后在《金融时报》、《扬子晚报》等各大媒介进行了专题报道。并且经过两年多的培育，J银行的小企业核心客户已由2009年的997户发展到现在的2500户，核心客户群体不断扩大。

肖总滔滔不绝地讲了一大堆，小张听后立即表示深受启发，回头想做一份详细的策划方案再和肖总交流下。结束了这次会谈，虽然肖总没有做最终的决定，但小董感觉到肖总对小张他们的想法还是非常满意的。

几天后，他们又接待了来自北京的一家广告公司的代表，这家公司来头不小，策划的很多广告都取得不俗的反响，在业界享有盛誉。更为重要的是，他们曾为J银行提供了品牌视觉识别(BVI)的设计服务。在会议期间，小董明显地感到这家公司的专业性和影响力都比小张他们强多了，但是也会给人一种咄咄逼人的气势。在意见有分歧时，他们总是在试图说服肖总按照他们的想法做。而他们的想法就是目前银行在小企业这块竞争十分激烈，最好的传播效果就是采用多种宣传方式，加大宣传力度尽快推出J银行的广告。他们的潜台词就是，肖总最好按照该公司已拟定的策划方案做广告，目前的形势不容许双方再进一步洽谈策划的详细内容。关键是，肖总对这家公司的雄厚实力也表示出很大的兴趣，肖总前后的态度更让小董觉得心里很没底，肖总到底是想做广告还是在做品牌呢？我们到底是需要一个了解"小快灵"内涵的公司，还是要依赖大公司的影响力和经验性来做宣传？

(四) 网络互动

配合公司的宣传需要，小陈参加了某门户网站的为小企业网民举办的专场答疑会。在主持人介绍了J银行和嘉宾小陈之后，网友立即对小陈进行了各种问题的狂轰滥炸：

关中月：我公司中标政府采购订单，但缺少流动资金，请问有什么解决办法吗？

小陈：我们有一个小企业政府集中采购融资业务，很贴合你现在的情况。对于一个合格的订单，我们会看他们的情况，如果是实物采购，融资额度最高可达中标额的 80%。然后我们与专门的担保公司合作，担保手续办理会更简便、费率也低。

Tinybear：我们公司是一家科技型企业，获得多项国家专利，但是由于缺少充足的资产来的抵押，难以在银行取得贷款，请问贵行能否帮忙解决这一问题。

小陈：这样的话，那我推荐你加入我们和省科技厅合作的"科技之星"计划，加入计划的小企业不仅不需要支付担保费，还能够享受我们行基准利率下浮的优惠贷款支持。而且还会优先获得科研经费补贴。你既然获得过多项专利，应该没问题的。

朋友你好：请问是否一定要提供房产抵押，若企业无法提供房产抵押，那么有无其他担保方式可提供接受？

小陈：在我们 J 银行你可以通过动产或者连贷联保的方式，而无需提供房产来抵押。不过，这要看授信部门对你们的企业进行评估之后才能决定我们是否呢接受这种方式来借款给你。

奋斗男：我们公司是家做钢铁内贸的企业，刚刚起步，规模也不大，比较担心买卖过程中的资金交付风险，请问银行有没有可以帮助我们公司控制此类风险的产品？

小陈：这个，我们目前还没有针对小企业的理财产品。不过我们行有一个"聚宝理财"的产品，跟理财有关，有兴趣的话可以了解下。

彩虹桥：具体的问题倒是没有，我这边是想谈谈我对银行的感受吧。尽管在电视报纸上看见了许多针对小企业的政策，但还是有些"不实际"。我们还是找不着门。你们可以拍些短片在电视上播放，或者在报纸上做点形象宣传，大力宣传，你得让我们也知道，有啥事找哪家银行。现在我们是困难的时候，正需要你们帮忙，却找不见你们，等我们好了，谁找你去？

小陈：首先感谢这位先生，您指出了我们工作的不足。这边也借此机会跟广大网友透露下，我们的小企业服务品牌"小快灵"马上就要在各种宣传渠道和大家见面了，到时候大家可以多关注啊。

风一样的男子：我很赞同楼上的那位的，除了宣传这个问题，我觉得就算找对门，审批也很麻烦啊，要走很多程序。在这方面你们有什么改善的措施？

小陈：在这方面我们确实为了服务广大小企业客户，做了一定的改进。比方说，我们在原有信贷管理信息系统的基础上，结合小企业授信业务操作流程创新研发了小企业在线审批系统。这样，至少节约了客户经理往返传递资料和纸质作业的时间。往后我们在风险评级、客户关系管理方面也会做类似的改进，让小企业贷款更快捷。

……

一场网络访谈下来，小陈深感做小企业金融服务任重道远，一方面小企业自身情况复杂，需求多元化，现在各大行都在开发品种繁多的各类服务产品，以满足不同的细分市场；另一方面，这种"量体裁衣"的做法无疑会继续增加本来已经很高的服务成本。如何权衡量体服务与服务成本两者之间的关系，确实是需要慎重考虑的一个问题。

四、路在何方

　　小快灵品牌内部整合和外部沟通的前期工作准备得已经差不多，近期宣传工作就将展开了。突然，某一天小陈在浏览网页时，发现了竞争对手的宣传软文，他们打的也是"小快灵"的旗号来介绍自身关于小企业金融服务的"龙舟计划"。而且像他们主打的联保联贷、接力贷、增值贷、快捷贷、循环贷等专有产品与 J 银行的服务产品如出一辙。震惊之余，小陈赶紧把这个发现报告给了王总助。听罢汇报，王总助语重心长地对小陈说："你在做前期调查的时候应该也了解了竞争对手的状况了，金融服务本来就存在严重的同质化现象，花样百出的各种名目是给顾客看的，其实本质都是一样的，行业规则嘛。""我知道，各家都在抓小企业这一块，但他们也不能明目张胆地用我们已经注册了的牌子啊？"小陈的语气充满了不满的情绪。"这是人家明着来的，那暗地里哪？近段时间不少业务员就汇报很多老顾客撤户，转投其他行去了，客户流失的问题很严重啊。所以说，关键还是要靠服务，现在的消费者也不傻，他们都知道银行的产品差异化不大，当然哪家服务好、方便、快捷就去哪家呗。"听了王总的一席话，小陈感到更加困惑了，我们到底是要做产品，做广告还是做服务呢？

　　一波未平一波又起，这边小陈的疑惑还未解决，那边肖总又接到了老客户的"投诉"电话。来电人正是那位从事服装业务的施先生，他质疑的是为什么到现在还没有看到 J 银行的广告，害得他向朋友推荐业务时，朋友却以知名度低、没听过为理由拒绝了。结束时还不忘了提醒肖总抓紧时间，赶紧行动，不然潜在客户都被其他公司吸引跑了。挂了电话，肖心想：我倒是想快啊，可是行里面口头说支持，在策划、广告费用上不还是卡得很紧吗？一项项审批，走程序都是很耗时间的事啊。而且，领导看的又不是只看宣传做得多好，知名度有多高，他们需要的是实实在在的业绩啊。一边要策划做广告，另一方面又要坚持业务不放松，肖总感觉有点分身乏术了。"小快灵"的未来，路在何方？

同行点评：🖉

条条大路通罗马，"小快灵"路在脚下

耿　毅　黄军奇[*]

J 银行的"小快灵"小企业金融服务品牌通过建立团队、积累客户、定制服务、网络互动、广告策划、同行竞争分析等正逐步建立，朝着 J 银行的"支持地方中小企业、民营经济为重点"的目标稳步推进。

通过观察，银行业发展小企业的过程非常有意思：银行小企业业务开展的起点和方向、产品结构和营销手段差不多，同质化严重，但是因为各家行选择的做法或者说格局很不一样，就让现今小企业业务的态势看起来有区别。

有一条是"大银行，修大路"的渠道，做的是规划先行，批量开发，通过品牌的塑造和大力的推广，市场口碑良好，团队人员众多，部门划分众多，很大一部分精力投入在行业研究、新的盈利增长点挖掘上，战略规划显示其志存高远，但是广大的小企业仍然高呼融资难融资贵，这说明大银行离开目标还有很大的距离。与银行的客户经理接触，容易被他们的梦想所感染，但能明显体会到业绩的考核压力下的动能不足。与我沟通的一位客户经理表示银行的理念听听也容易打动人，但是细想总觉得这事情真是太大了，世界性难题，虽然他充满了激情和斗志，但是也常常感觉疲惫，因为做成业务的细节要求太多了，有很多的条条框框，要增加规模，要控制风险，久而久之就有一种无力感。

还有一条道路是"小银行，走小径"的方式，做的是"快学跟进，发挥特色"，同样是在小企业的蓝海中竞争，更注重在区域内深挖存量，注重收益率。品牌影响力弱于大行，那就注重服务质量和服务速度，而从体验来说，更注重时间效率，因为资金需求是迫切的，银行的规模大小效用因素较小，以速度抢占市场就体现了小径的便捷性。

修大道，确实有腔调，所谓梦想有多大舞台就有多大，格局大手笔大，朝着大事业奋进，想想就让人心潮澎湃，问题是大道修的固然不错，但通往小企业的路径依然泥泞，小企业这辆小车如何走上大银行的快道，以及一些车况有问题的小车万一堵住了大道，也会让大银行纠结，而大银行自身船大难掉头的毛病，也是其小企业业务发展过程中始终让人感到"雷声大，雨点小"原因所在。

像 J 银行这样修小径的城市银行，近几年来积极投身小企业业务竞争，他们找准市场定位，调整战略规划，努力寻找到自身的商业逻辑，从专业机构设置、营销策略、风险控制等多维度服务中小企业客户，有的已经取得了良好的经营业绩和市场口碑。然而，我们也

---

* 耿毅和黄军奇均任职于南京银行小企业金融部。

发现，修的小径也常常存在外观相仿、内容相似，感觉修着修着也靠上大路了的困惑。

　　小企业由于自身的实际以及银行自身的情况，小企业金融业务是一个世界性的难题。小企业的健康稳定发展，不仅是一个经济问题，也是一个重大的政治问题，世界各国政府都非常重视。小企业由于它数量多总量大具有巨大的市场前景，而引起大小银行的高度重视，并逐步成为竞争的焦点。金融业市场的产品属性本身具有同质化和相似性，一定程度上品牌的影响力会减弱。事实上，真正能够赢得小企业客户青睐的，还是衷心为小企业服务的理念，把小企业看成自己的平等合作伙伴来对待，注重服务于小企业的质量和效率，赢得客户的认同。当然，银行也需要加强品牌的宣传推广，同时一定要形成一定的市场规模，形成老百姓和同业口口相传的市场口碑，才能形成所谓的品牌影响力。不管是修大路还是修小径，不管是树品牌还是重服务，在终极目标上异曲同工，都是可行的。差别就是立足自身情况的最优选择，只要专注服务、找对方法，一家小企业一家小企业去了解、培育、支持和共同发展。J银行"小快灵"的未来，路在何方其实不是问题，因为只要以小企业为生存的土壤，精耕细作，潜心服务，步伐不停，路就在脚下……

绿色 IT

——江苏电信数据中心的机遇还是挑战？

王 翔*

摘要：本案例描述了江苏电信数据中心"绿色 IT"战略实施过程。在如今"绿色"一词盛行之时，这一"绿色"战略对江苏电信各个方面都产生了深远的影响。为了实施这一"绿色"可持续发展战略，江苏电信数据中心投入了大量的资金、人力以及其他的各类资源，其过程涉及到技术创新、设备改造、供应链整合、管理创新等多方面战略规划问题，但这一系统的"绿色"可持续发展战略的规划和实施是一个极其复杂的系统工程，江苏电信数据中心是如何思考和实施的？

关键词：江苏电信数据中心　绿色 IT　节能减排

引言

古木森森，翠竹蒙密的南京城就好似一个历经沧桑的古董铺子，历史将其一代又一代地沉淀，沉淀得韵味十足，历久弥新。在南京城的"绿"被广为赞扬的同时，全球"低碳"的呼唤在这座软件名城里也掀起了一场"绿色 IT"的风暴，近来，相关调查显示，在全国每年800 亿元的政府能源消耗中，就有 50％来自 IT 产品；在资源和环境问题成为制约中国经济发展的重要因素的背景下，IT 带来地负面影响日益受到社会的广泛关注，"绿色 IT"的风暴也逐渐在国内各大主要城市开始展开。

中国电信股份有限公司江苏分公司是中国电信股份有限公司在江苏范围内设立的分支机构，作为典型的央企以及高新技术企业，江苏电信如何迎接这场绿色 IT 风暴的洗礼？

事实上，席卷江苏电信的这场风暴是一场真正的"挑战"。早在 2009 年 12 月的哥本哈根气候大会上，中国作出了"到 2020 年中国单位 GDP 二氧化碳排放量比 2005 年降40％～45％"的承诺。国资委下发《中央企业节能减排监督管理暂行办法》，要求央企"十二五"万元 GDP 综合能耗下降 20％，将节能减排纳入央企负责人任期考核指标，并将中

国电信从"一般企业"转为"关注类企业",加大监管力度。工信部节能司编制十二五十大行业节能规划中,通信行业节能规划(主要针对运营商)是其中之一。要面对这样的挑战,江苏电信会做出何种举措来应对? 这些举措又将如何实施,将产生何种影响,是否能够成为企业可持续发展的重要保证?

一、"绿色"的背后:临危受命

中国电信股份有限公司江苏分公司 2002 年底首批在海外上市的四家省(市)公司之一,目前收入和用户规模均在全股份公司的第二位。中国电信旗下拥有包括"商务领航"、"我的 e 家"、"天翼"、"号码百事通"、"互联星空"在内的多个知名品牌,具备电信全业务、多产品融合的服务能力和渠道体系。经营的业务包括 3G 移动通信业务、固定电话业务、互联网接入及应用、数据通信、视讯服务等多种类综合信息服务,是江苏最大的综合信息服务商。而电信的数据中心在支撑整个服务体系过程中扮演着重要的角色,一方面,它支撑以上所列出的电信自有的各项服务,另一方面,它对外提供相关的数据中心服务,例如服务器托管、域名申请、虚拟主机、企业邮箱等。

江苏电信的数据中心目前是江苏省境内最大的数据服务提供商,在 2010 年它率先推出全新的互联网数据中心品牌——"数据方舟","数据方舟"拥有 36 个星级的数据中心,总机架数超过 1 万个。如此庞大的数据中心每天消耗着巨大的电能。随着从政府到全社会对"节能减排"的关注,数据中心的"绿化"已经成为了业内关注的焦点。"绿化"是一种"挑战",因为这意味着成本的提升,很多高能耗设备需要被更换,高能耗项目的实施将受到限制。同时,"绿化"也是一次"机遇",通过转换经营管理思路,可能更能够有效地降低成本,提升企业的竞争力。在此背景之下,2010 年开始,江苏电信决定成立由总经理高同庆任组长,相关部门负责人组成的节能减排领导小组,并需要指定专人负责此项"绿化"工作。

吴主管是江苏电信信息技术部门的资深员工,长期、丰富的工作经验以及他数十年如一日的严谨工作态度是他卓越工作业绩的奠基石。正是由于其优秀的品质、敬业的态度以及丰富的经验,吴主管被正式任命为能减排领导小组的直接负责人。

作为战略的直接负责人,吴主管面临巨大的压力。在 2010 年的项目启动会上,吴主管直言,这是一个"吃力不讨好"的活儿,大量的资金投入,是否能够带来回报,是否会影响原有的企业运行,一切均未可知。但是必须干,还得干好。

二、初识"绿色 IT"

吴主管有一种天忽然降大任于斯人的感觉,肩头的责任使他又紧张又激动。"绿色"一词对于吴主管来说也是一个新名词。过去,吴主管认为,节能减排是那些高能耗产业的事情,是钢铁、化工、机械制造这些高能耗、高污染行业的事情,江苏电信从事的是 ICT(信息通信技术)行业,绿色和他们关系不大。但随着国务院要求所有央企都必须实践科学发展观,走绿色发展之路,"绿色"一词才进入了吴主管的眼中。

在着手开展"绿色IT"行动之前,吴主管首先对ICT行业的"绿色"现状展开了详细的调查。他发现,虽然信息产业一直以来在大众心目中有良好的"绿色"形象,而实际上,根据Gartner的报告,信息技术产业每年产生的CO_2排放量是全球主管排放量的2%,到2020年其排放量将超过航空业;更为严重的是,IT产业内的能耗大户——数据中心,每年消耗的电力占总电力的比例高达1.5%,而且这个比率还在以每年12%的速度递增。哥本哈根会议标志着"碳减排"已经成为全球关注的焦点,全球进入低碳时代。当大部分管理层的精力还主要集中于业务增长和产能扩张等方面的同时,能源消耗和环境问题开始成为影响企业发展的桎梏。

在调查学习中,吴主管逐渐认识到从企业自身看,环境保护是企业履行社会责任中非常重要的一个环节;环境影响着可持续发展,"绿色IT"不仅能够减小对环境的破坏,而且还能帮助企业节约成本。随着能源的紧缺,电力价格的逐步提升,通过采用"绿色IT"可以帮助企业降低能耗,从而降低成本。目前,这一点正是众多企业实施"绿色IT"战略的首要因素。

面对"绿色IT"这一新的理念,吴主管是兴奋的,但同时也是谨慎的,他深知这些相关技术的采用和战略的部署都需要大量的资金投入,高昂的成本和尚未清晰的商业价值都可能会成为阻碍"绿色IT"发展的主要因素。他也清楚地明白只有当"绿色IT"技术成本更为低廉,能给企业带来更为丰厚的收益时,这一技术才能被大规模的采用。

数据中心作为信息技术产业的耗能大户,这些年对电力的需求也成倍地增长。江苏电信这一问题也越来越突显,2007—2009年,江苏电信的用电量几乎翻番,随着更多的数据中心的建设,电力的消耗量在成倍地增长,这正是让吴主管感觉挑战的地方。"干的好,我们不仅仅能够降低能耗,更是能够依靠这个过程当中的管理创新,从中获取多方面的收益,包括良好的企业形象、成本的控制等",吴主管经常对小组成员说道。

三、"绿色理念"的传播

在相关调查学习地同时,吴主管也不断地在进行"绿色理念"的传播,每每遇到有关"绿色IT"的问题,吴主管总会一改往日的严肃,变得侃侃而谈。吴主管的信心和热情感染了节能减排领导小组,乃至全公司的成员。

在一次"绿色IT"的企业会议中,吴主管就"实施'绿色IT'的动机"向大家慷慨激昂地进行了陈述,他说道:节能减排不仅是打造企业软实力,也是企业公民重要的责任与义务,要有所为有所不为,选准突破口和切入点,推进管理创新,就能提高综合素质和核心竞争力。

实施"绿色IT"首先是响应国家号召,我们是央企,要作为一个领头人站到发展的前端,我们有推卸不了的责任。其次,2010年3月国资委发布《中央企业节能减排监督管理暂行办法》,节能减排被纳入相关责任人的业绩考核指标中。2010年我们已明确的提出节能减排工作指标,并对这些指标进行分解,细化考核标准,形成可操作性的具体考核方法。这是我们的重要依据,从2010年开始,一些行业内标准正在酝酿当中,现在比较流行的相关规范有能源之星(Energy Star)评级标准等。如果我们能够在标准制定过程当中走在前列,成为标准的制定者和引领者,在后期我们一定会带来丰厚的回报。

第三,也就是我们最直接的手段——技术和管理。随着电力价格的升高,我们必须通过使用一些技术和管理手段来降低能源消耗,从而达到降低成本的目的。使用节能的技术和产品,降低电力的消耗能够让我们获得更多的利润。

江苏电信是信息技术产业的龙头企业、行业的领导者和先驱,它的每一项举措不仅仅会影响到企业自身,还会从各个方面影响到顾客、员工、供应商、政府以及其他一些相关的社会群体。

吴主管相信,"绿色"的理念只有在每个人的心中生根发芽,才能真正促进"绿色 IT"在整个企业内,乃至整个社会的实施。

四、"绿色 IT"的实现

从孕育到理念,再到执行,节能减排领导小组的每个成员在这一年多时间里都付出了百分之百的汗水与努力,有多少个挑灯不眠的夜晚,就有多少次纵然疲惫但丝毫不松不懈的执著。

从"一个小组"变成"一项事业"的想法让节能减排小组的成员心潮澎湃。节能减排领导小组坚信绿色是一项使命,通过调研,他们发现数据中心的能耗主要来源于三个方面:① 设备,主要是指服务器,路由器,交换机等;② 供电系统,主要是电源和 UPS (uninterruptible power system,不间断电源);③ 空调和其他一些制冷设备(这是整个数据中心能耗最高的一块)。经过小组成员的不懈努力,最终孕育出"五步走"的"绿色"战略实施方针并在企业范围内开展实施。

(一)战略调整

在 2010 年之前,江苏电信数据中心实施节能的大多数手段是事后补救性措施。而从 2010 年开始,江苏电信每年划拨专项资金 7 000 万元左右,用于旧系统的改造。这一方面是为了将落后的设备淘汰,另一方面是因为新设备的能源利用率较高,能够节约成本。"现在,我们已经转变思路,从原来更多的关注于事后如何补救变为更多地关注数据中心设计方案的改进"吴主管在访谈过程中提到。江苏电信数据中心主要立足于两点,一为购买能耗更低的产品;二为投入科研力量,改进设计方案,自主研发相关的技术。

为了能够有效地降低数据中心的能耗,江苏电信数据中心联合了供应商和内部的研发团队,采用了包括外包、自主研发、合作开发等多种战略手段,降低数据中心能耗,实现"绿色 IT"。

(二)制定衡量标准体系

针对数据中心"绿色 IT"实施业界暂无统一标准的现状,江苏电信从自身的实际出发,制定了相应的衡量标准,包括电能利用率 PUE、IT 设备能效比等。

电能利用率 PUE(Power Usage Effectiveness)指标被江苏电信数据中心用来衡量一个机房的节能效果(PUE=数据中心的总电量/IT 设备的总用电量)。它能够衡量一个数据中心所消耗的电能当中,有多少被用在了 IT 设备上,还有多少被浪费掉了。数据中心机房的 PUE 值越大,表明为确保 IT 设备安全运行所配套的由 UPS 供电系统、空调系统、输入/输出供配电系统及照明系统等组成的动力和环境保障基础设施的功耗越大。因此，PUE 值越小，意味着机房的节能性越好。吴主管说，近期江苏电信数据中心对新建设的机房的 PUE 值定在小于 1.8，属于同行业领先水平。

另一个用来衡量数据中心节能程度的指标为 IT 设备的能效比（IT 设备能效比＝IT 设备每秒的数据处理流量或每秒的数据吞吐量/IT 设备的功耗）。IT 设备主要是指服务器、存储等设备。用户选用的 IT 设备的能效比越高，意味着 IT 设备每消耗 1W 的电能，所能处理、存储和交换的数据量越大。较高的 IT 设备能效比带来的另一个好处是，可以大幅度地降低与数据中心机房配套的 UPS 和空调系统的容量及功耗，从而达到节能、节省投资和节省机房安装面积的目的。

同时在节能设备的采购过程中，节约能耗的收入和设备的价值的比值对于设备是否被采购有着重要的影响。节能设备的造价一般而言均比普通设备要贵，但是它同时能够带来能耗的降低。江苏电信数据中心的标准是如果 3 年内节省的能耗达到设备的溢价，则这样的设备可以毫无疑问的被采纳。如果不满足这一标准，则需要从更多方面进行考察。

在吴主管的带领之下，通过一系列指标体系的建立和完善，江苏电信数据中心在机房的筹建和改造过程中就有了可以依靠的衡量标准，这些标准在后期各种设备使用效果的评估上发挥了极其重要的作用。

（三）绿色采购

"绿色采购"是吴主管等人提出的又一个重要节能减排措施。从耗能设备进入企业的源头入手，对采购工作进行管控，以降低设备能耗和排放水平，以期望有效提升节能减排的效果。吴主管等人首先建立起绿色采购的评估体系，对所采购设备的生产、物流、使用、回收等环节的能耗和排放标准进行评估和管控。设备是否获得有关的绿色认证，使用环节的单位能耗都成为决定是否采购相关设备的重要标准。购买节能型的服务器、计算机和其他设备，安装低能耗的空调和照明设备，都能够很大程度上降低能耗。吴主管告诉我们，江苏电信直接和部分设备供应商合作开发了一批适合江苏电信数据中心使用的低能耗设备。

在数据中心改造过程中，江苏电信数据中心向包括华为在内的一些公司专门定制了一些低能耗的设备，使得数据中心能耗降低。绿色采购需要的不仅仅是江苏电信一家的努力，需要上下游企业之间的协作来实现这一目标。通过绿色采购将迫使上下游企业也进行相应的创新，以此确保产品符合相应的绿色标准。

（四）技术创新

技术上的可行性毫无疑问决定着"绿色 IT"战略的实施，特别是对于江苏电信数据中心这样的技术密集型企业而言。技术出身的吴主管等人也对技术创新乐此不疲，技术上的创新主要被分为三个方面：软件、硬件以及基础建设。"绿色 IT"实施过程中，江苏电信进行了大量的技术创新，这些技术创新主要围绕于提高数据中心的运营效率，降低数据中心能耗。

吴主管非常自豪地告诉我们，江苏电信自主研发的"能耗管理系统"在全省范围内得到了广泛地应用。这一系统的主要目的是进行长期、细粒度、全自动的能耗数据的采集和分析工作。原来的这类系统形成能力通常需要2～3年,关于各种能耗数据的采集方式简单,节点多,错误率高,数据统计粒度粗,时效性差,较难收集长期、可靠的数据。这一新系统通过采用电能电子计量技术、数据通信技术、软件技术、系统集成技术等多项技术能够对数据中心的能耗进行实时的监控采集和分析。江苏电信自主研发的这一系统能够将实时采集到的数据和长期的能耗数据进行整合,有利于日后的管理工作,给未来的决策和技术改进带来了基本的依据。通过分析收集到的数据可以对数据中心的耗能进行全面的评估,找到能耗最多的点,并进行相应的改造,从而节约能耗。同时,这种数据使得合同能源(EPC)更容易操作,因为它能够提供完整的数据采集,为合同的执行提供了依据。目前这一技术已经在省内广泛应用,并向中国电信集团总公司进行了推荐,其他一些省份也逐步开始应用这一技术。

另一比较重要的技术发明是江苏电信所研发的"通信用240 V直流电源系统",这一技术可以替代原有的交流UPS供电系统。目前,大部分数据中心机房采用的是交流UPS系统向IT设备供电,交流UPS系统复杂,维护成本很高,故障难以控制。而"通信用240 V直流供电系统"不仅降低了成本,还提高了可靠性,可用度可由"六个9"向"十个9"逼近;带载率可大幅提升,降低能耗。经过实测,相对于现有的UPS供电系统,这一技术能够节能15%～20%。这一技术同时还具有系统简单、模块化、易维护等优点,是非常高品质的通信用电源技术。目前这一技术已经在整个中国电信内部推广,并且已获得国家发明专利。基于此发明的国家行业标准YD/T 2387于2011年底已正式发布。中国电信全网在用240 V直流电源系统数已达到252个,直流总容量超过10万安培,功率为24 000 KW,相当于交流UPS30000KVA的供电能力。使用240 V直流电源的IT设备已超过46 000台。江苏电信由于在"通信用240 V直流电源系统工作中勇于实践、积极探索探、贡献突出"荣获工信部表彰。

吴主管在实施这一战略过程当中不断感觉到,好多时候,都是无心插柳柳成阴。有很多新技术的发明也许刚刚开始并不是为了节能,但是随着研究和实施的深入,发现这些新技术还能带来能耗的降低。一旦发现技术有节能的潜力,吴主管就会亲自率队进行调研,并从专项资金当中,拨出一部分,帮助技术的开发。

(五)商业模式创新

吴主管认为,"绿色IT"意味着在整个商业模式的运营当中能够以可持续发展为理念,在服务和商业模式上进行创新。像软件服务化、虚拟机技术、云计算这些新技术、新商业模式的采用都能够为企业节约非常多的资源。

吴主管将这些模式的特点概括为"智慧模式",他认为"绿色"就是用最少的资源,完成最多的工作,而"智慧模式"正符合这一理念。要实现节能减排目标,各个城市、企业和组织就必须要以智慧的方法为基础进行科学管理。这些智慧的方法包括"感知化","互联化"和"智能化"。

"感知化"通过传感器等感知设备对运营中的事物进行感知,计量与监测其运营状态是否绿色;"互联化"则通过互联网和通信等网络,监控与及时反应检测点的运营状态;"智能化"则对收集和汇总的运营状况进行分析,为运营的优化与持续改进提供决策支持。三者的结合可以广泛的应用在IT基础设施管理等领域中,为智慧的绿色变革提供基础保障。

在数据中心,服务器虚拟化是在吴主管倡导之下的一个重要的"智慧模式"项目。虚拟化实际上就是通过在多个环境下共享单台服务器的资源,让一台服务器做多台服务器的工作。服务器虚拟化能实现物理服务器环境的整合,这就意味着数据中心只需要较少数量的物理服务器就能满足运行同等数量的用户需求。虚拟机和物理服务器的比率可以根据创建虚拟环境的服务器虚拟化技术的不同进行智慧调整,诸如物理服务器配置的类型和可升级性,用户自定义的服务级协议等。通过使用虚拟化技术之后,江苏电信向诸多客户提供虚拟智慧型服务,这样既能够满足一些客户的需求,又能够大大的节省资金的投入和能耗。

(六)制度创新

江苏电信数据中心在"绿色 IT"战略实施上不仅仅依靠技术上的创新和设备的更换,还依赖于管理的建设。吴主管说道:"团队直接负责项目的管理工作,但是这项工作也依赖于各个部门的配合,举例而言,如果通过将公司内所有部门的计算机和打印机设置成为不使用时自动待机状态,每年能够节省的电力就非常可观了。管理对'绿色 IT'的战略实施有着非常重要的作用"。

江苏电信数据中心节能的工作被分为"自上而下"和"自下而上"两类。所谓"自上而下"就是根据集团总部或者是省公司的统一部署,实施一些经过验证过的有效的节能技术和设备。所谓"自下而上"是指下属部门的一些行之有效的经验经过验证后,在公司范围乃至全国范围内进行推广。吴主管大力推进"自下而上"的工作,因为这些来源于基层的新技术、新方法往往都是从实践中总结出来的,非常有效。这种灵活的机制能够有效地促进技术创新地实施和分享。江苏电信的"能耗管理系统"和高压直流技术正是通过这样的途径在大范围内被企业内部采用的很好的案例。目前,高压直流技术已经开始被下属公司打造成了成熟的技术产品,进行公司化运营。

除此之外,合同能源作为一种行之有效的管理手段,也进入了吴主管等人的视野,合同能源是一种以节约的能源费用来支付节能项目全部成本的节能投资方式,通过江苏电信和一家负责此项业务的节能服务公司合作完成。整个流程包括:节能服务公司与客户签订节能服务合同,向客户提供包括能耗审计、融资、设计、采购、施工、安装调试、培训、维护、节能量监控等一系列的综合性服务,并通过与客户分享节能效益来收回投资和获取利润。吴主管说,数据中心在一些重大基础性建设,例如数据中心改造等方面,正积极考虑这一模式,这能够在节约成本的基础上,是一项有目的有效率地推进实施"绿色 IT"的方法。

吴主管在"绿色 IT"实施的过程中一直是满怀欣喜,满怀期待的,但同时也怀揣着不安,"绿色 IT"的实现任重而道远,这条路是否能继续走下去,是否能走得好都还要打个问号。

五、"绿色"变革链

"绿色 IT"的变革在江苏电信有条不紊地进行着,至今快有 2 年的时间了,江苏电信连续在 2010 年、2011 年被通信行业协会评为"节能减排先进集体"。江苏电信两次荣获"年度优秀 IDC 运营管理单位"、"电源维护先进集体"。吴主管坚信总有一天会收获更成功的硕果。吴主管认为,江苏电信最终要成为行业内节能减排的领导者,必须积极联合上游供应链和下游客户开展工作,努力发挥企业技术优势与影响力。

(一)外部链

绿色 IT 战略的实施将对江苏电信的上下游企业,企业内部都产生深远的影响。从供应商到客户都需要根据江苏电信这一战略变革做出相应的应对,而政府在这个过程中同样扮演着重要的角色。项目实施之后,吴主管和上下游企业间的会谈变得非常密集,因为实施过程中,上下游企业是否合作,直接影响着项目是否能够顺利进行。

随着江苏电信数据中心绿色采购方案的实施,供应商必须提供能耗更低的产品来获得订单。例如江苏电信数据中心的空调采购,在采购过程中,节能效果决定了产品是否能够中标。这迫使空调原来的供应商针对江苏电信数据中心机房的特点,研发能耗更低的空调设备,原有的空调风机很多都被 EC 风机随替代,行动迟缓的供应商有被替换的风险。在绿色采购过程中,长期合作关系的建立是必要的保障。只有通过长期合作,互相加深对彼此的了解,才能够跟上企业的变革速度,供应商才能够在这场变革中获得自己的一席之地。

数据中心的客户主要是科技类企业,通过为他们提供数据中心的托管、建设等服务来获得利润。在"绿色 IT"战略实施的过程中客户也会受到很多的影响。如"通信用 240 V 直流电源系统"技术在推广过程中,所遇到的最大障碍就是客户,很多客户对这一新技术没有足够的信任,致使这一技术不能够快速地大范围推广。目前市场上交流 UPS 技术还是主流,客户多对交流 UPS 技术都较为熟悉,但是"通信用 240 V 直流电源系统"技术并没有接触过,因而不敢轻易尝试。例如,在为国内一家非常有名的企业提供数据中心服务过程中,江苏电信数据中心提出在机房建设中使用这一技术,但是对方的工程师因为不熟悉,担心其可靠性而拒绝进行尝试。此外,阻碍这一技术快速被大范围应用的另一因素是现有 UPS 电源有些未达到报废年限,这些设备价格高昂,如果不到报废年限,放弃使用将损失较大。因此,现阶段这一技术只能在自有机房的 UPS 服务到期,需要更换设备时,才能够被使用。客户是最终的使用者,拥有很多"绿色"应用是否能够实施的决定权。但值得注意的是,现在越来越多的顾客开始重视"绿色",他们在选择服务时也将这一标准纳入了他们的考评体系当中,江苏电信数据中心通过开展这一战略能够有效地吸引这批客户。

政府在江苏电信"绿色 IT"战略的实施中扮演着双重角色。一方面,作为主管部门,政府制定了相应的规章制度来迫使江苏电信数据中心完成节能减排的任务。另一方面,政府投入了大量资金激励企业从事节能减排的相应工作。工业和信息化产业部以及国资委对节能减排都非常重视,作为下属单位,江苏电信必须完成相应的减排任务,实现节能减排。同时,他们还拿出了专项的资金补助,用于辅助企业进行节能减排的实施和技术创新。江苏电信一直在在力求获得相应的政策补助,虽然暂时未能够获得,但是一些申报正在进入审核流程。

由此可见,江苏电信数据中心"绿色 IT"战略的实施离不开供应商、顾客、政府的合作和支持,同时也对之产生了深远的影响。

（二）内部链

毫无疑问，"绿色 IT"的实施在企业内部的影响更为深远。"绿色 IT"战略实施主要依靠于以下几类资源的投入：基础建设、人力资源、无形资产，吴主管等人在实施过程中积极整合这些资源来实施这一战略。这些资源的质量、可获取性、专有性都直接影响着"绿色 IT"战略是否能够顺利实施。

首先是基础建设的投入，它离不开雄厚的资金支持，这些资金需要用在设备改造、技术引进等多个方面。在这方面，江苏电信省公司拿出三千万下拨给各分公司，同时，下属的各分公司每年会拿出相应的资金作为节能改造的专项资金。基础建设的投资包括各类节能 IT 设备和技术的购买，包括服务器、计算机、虚拟化技术等。基础建设的投入是持续改进和创新的基础，在这方面的投入是实施"绿色 IT"战略的必要准备。

其次，这一战略的实施离不开相关人力资源的投入。这些人才主要分为两种，一种是拥有相关专业技术的，另一种是具有这方面管理才能的。信息技术人才主要负责相应的节能技术的改进和创造；管理人才则负责运用各种管理手段将项目更好地运行和完成。新设备的维护和应用，新技术的研发，新商业模式的开拓都离不开拥有这些丰富知识的人才。作为一家高科技企业，人才的投入是在市场上获得长期竞争优势的必要条件。在这个过程当中，江苏电信通过自己雇佣或聘请外部专家的方式，让很多这方面的专家参与到这一战略的实施当中。

其他各类无形资产方面的投入和建设同样非常重要。首先是企业文化的建设，在企业内打造绿色文化，培养所有的员工在工作、日常生活中的节能意识。实施"绿色 IT"对企业形象的影响很大，通过一些对外的宣传，借此塑造良好的企业形象，获得竞争优势。江苏电信数据中心现阶段的宣传还只是在产业内部，在产业内部的一些年会上，进行关于自己节能经验的分享，使得其他厂商能够分享相应的经验，共同实现能耗的下降。"实施绿色 IT 战略为江苏电信数据中心带来声誉的提升确实有很大的帮助"，吴主管坦言"这两年的经历，自己的心态也由最初追求个人成就感转变成如今强烈的责任感，而这种责任感不断鞭策自己要做得更好、更好。"吴主管不禁展望，将来有一天，这种"绿色"地变革能从"独善其身"变成"兼济天下"……"但路还很遥远"。

六、尾声

南京城依旧静谧安详，伴随着政策、企业的社会责任感以及对成本控制的压力，江苏电信已与"绿色 IT"结上了不解之缘，"绿色 IT"已成为江苏电信可持续发展战略的重要组成部分，以吴主管为首的节能减排领导小组在这场绿色变革的中心挥洒着汗水，辛苦但却也惴惴不安。

大量的财务、物力、人力都已经投入到这一战略当中，但是这些投入能够为企业带来多大的收益，一些都尚未可知……未来之路还会遇到什么问题呢？

现身说法： 🖊

创新成就绿色通信、绿色 IDC
——江苏电信节能减排工作

吴 捷*

  节能减排不只关系企业自身利益，更主要的是企业的社会责任。江苏电信致力于节能工作，结合网络运营的能耗现状与节能减排目标，通过技术创新、管理创新打造"绿色通信运营商"，将 IDC 的节能的作为节能工作的重点。

  对于新建的 IDC，应用先进的规划设计理念和节能技术，采用高效的节能技术，新建大型云计算数据中心的 PUE 值控制在 1.5；对于现有 IDC，进行节能技改，将 PUE 值控制在 1.8 以下。

  在 IDC 安装智能电表等进行电量计量，把全省 IDC 机房的能耗值按机架与客户维度这两种方式接入到自主研发的"能耗监测管理系统"中，对 IDC 机房能耗值的查询分析、机房 PUE 值的评估以及对客户效益、客户贡献率的分析；将各地市的电费报账工作流嵌入能耗监测管理系统中；通过能耗系统实现对 IDC 机房、三级以上自营营业厅的能耗值进行研究分析与成本核算。

  积极推广自主知识产权的"240 V 直流供电技术"、"焓差节能空调"等各种节能技术。2007 年 10 月江苏电信盐城分公司开始"通信用 240 V 直流供电系统"研究，基于该技术的高可靠性和优越的节能性能，江苏电信制定一系列相应技术规范并大力推广，于 2011 年获国家发明专利，具有世界领先的技术水平。中华人民共和国工业与信息化部颁布《通信用 240 V 直流供电系统》(YD/T 2378—2011)国家行业标准，该技术纳入国家发改委第 5 批节能技术推广目录。目前全国已经有 650 多套 240 V 直流供电系统在线运行，供电能力达到 400 000 A。为节能减排社会效益计，江苏电信未向使用该专利技术的单位收取专利使用费用。

  积极鼓励利用外部资金开展节能减排技改项目，推进合同能源管理模式的开展力度，实现节能降耗的目的。如数量较大的 PSTN 缩容、退网，LED 节能灯改造，开关电源改造，接入网和基站规模化改造等。

  通过节能管理体系建设、"能耗监测管理系统"建设、"考核、激励措施"执行，节能团队几年的努力换来丰硕的成果，2012 年通过节能减排工作的实施，共计实现节能 8 620 万度。仅 2012 年度江苏电信取得了多个节能方面的奖项："通信产业绿色节能先进单位"、

---

  * 吴捷，硕士研究生，高级工程师，现担任中国电信股份有限公司网络运行维护部电源主管。

"通信行业节能减排先进单位"、"我为节能减排献一策"活动优秀企业,"基于云计算的能耗监测管理决策分析系统"获 2012 年集团科技进步奖二等奖和 2012 年度中国通信学会科学技术奖(工信部部级奖)三等奖,2013—2015 年节能减排规划最佳规划奖(全集团排名第一),"信息行业关键性节能技术的研发与规模应用"获"2012 年江苏省科学技术奖"三等奖,"通信用 240 V 高压直流供电系统技术"目前又纳入国家发改委第 5 批节能技术推广目录。江苏电信为近 2 年唯一获得集团公司和中国通信学会节能减排类科学技术进步奖的省级公司,充分说明江苏公司在节能减排中的贡献,体现了节能团队饱满的工作成就和创新激情。

做好"项目孵化器"的角色:为有志者搭建成就事业的平台

——五星控股集团董事长汪建国专访实录

汪建国精彩语录:

——五星控股是投资公司,而我的核心任务是选项目、搭班子、建体系、立机制、助成长。

——选择好的项目一定是要选择那些商业模式领先,而且产业有特色的单体,才能有发展。

——五星控股现在做的组合投资,就是把短期的经营跟长远有价值的投资项目结合起来。

本刊编辑部:汪董事长,您好! 拿到您的名片,抬头赫然写着五星控股集团。我有一点疑惑,您现在和五星电器是否还有关联呢?

汪建国:1998 年,我在南京成立了五星电器,是一家专业从事家用电器经营的中国家电零售连锁企业。2006 年,五星电器曾酝酿过一个上市募集资金的计划,于是就搭建了一个五星投资集团的架构,五星电器作为五星投资旗下的一个分公司,仍主要锁定的是零售连锁业务。2009 年年初,随着我将五星电器的剩余股权全部出售给百思买之后,我也正式离开了五星电器,同时也把分隔后的五星投资正式更名为五星控股集团有限公司。现今的五星控股集团定位于进行专业化经营的多元化投资集团。

本刊编辑部:您当年创建的五星电器,曾一度做到全国第三,规模仅次于苏宁、国美,又是何种因素促使您最终选择退出五星电器而转战投资领域?

汪建国:1998 年,我曾预测中国未来 10 年间,家电产品的市场空间巨大,增长速度快,由此我选择让五星电器卖家电。但是,不可忽略的是,任何一个产品乃至产业的发展都有周期。家电市场爆发性增长的时期也在那十年间完全显现,到 2006 年时,家电零售连锁行业的格局也已经基本形成。

在研究了家电行业的产业链、未来发展趋势后,我认为尽管五星电器紧随国美、苏宁之后,但在相当长的时期内仍难以超越。既然我无法带领五星电器冲至业内第一,不如选择放手退出。

现在看来,我这个选择还是正确的、明智的。但在当时,要做这个决定,还是很痛苦的,我站在上海的一座高楼上,面对黄浦江一站几个小时,还是迟迟不能决定。毕竟自己一手创建的企业,付出了很多心血,割舍确实不是那么容易。

本刊编辑部: 在您从五星电器成功而退之后,您又是如何想到转战投资领域,从而再次搭建您50岁之后事业的新平台呢?

汪建国: 我离开五星电器时,有一小部分元老级创业伙伴跟随我一同离开,很大一部分比例的元老级员工在我的劝说下仍然留在了五星电器继续工作,不能因为我一个人的离开,而导致整个企业的不健康运作,这在我看来,是商人的基本操守。

接下来,我们做什么?这是我和追随我的老部下们共同面对的一个问题。思考良久,面对未来的定位,我前后请了好几家调查公司调研分析,最终形成的调研报告发现了三个机会:小孩子和老人市场以及高端消费者市场。尤其是小孩子的市场前景巨大,随着消费观念和消费方式的转变,中国的家长们已经不仅仅是简单的满足于让孩子吃饱穿暖。

再者,中国经济未来肯定要靠内需来拉动,未来国家可能会促进消费。在我看来,消费品市场和零售连锁业有很大的发展前景。为此,我决定采用直接投资的方式,尽管比单纯的收购和参股会累一些,但更能体现我的价值,也能保留我的实业情节。

本刊编辑部: 如今,五星控股集团的发展如何呢?

汪建国: 五星控股集团现在已经成长为一家涉足现代服务业连锁、供应链平台、特色地产和类金融四大业务领域并进行专业化经营的多元化投资集团。创立了包括"孩子王"、"好享家"和"汇通达"等连锁服务品牌。

比如,"孩子王"的特点是整合了与孩子相关的资源,将购物场所和游乐场融入一体,目标顾客定位为准妈妈和0～14岁婴儿和儿童,满足消费者购物、休闲、咨询、早教培训、娱乐等"一站式购物"及全方位增值服务的需求。首创"门店＋网购＋直购手册"三位一体的经营模式,实质还是搭建一个整合各种资源的大平台。

"汇通达"和"好享家"创立的初衷也是整合行业内的相关资源,建立行业内的终端渠道。"汇通达"是基于电子商务模式下的中国家电零售上的主流供应链平台;而"好享家"则是基于室内家庭环境改善的需求下的为中高端客户提供一体化智能家居系统解决方案。

本刊编辑部: 您现在还参与旗下品牌的经营工作?

汪建国: 五星控股旗下的每个分公司都有独立的、专业的运营团队。集团总部还不到100人,公司管理采用小行政、大企业的办法。各分公司日常的经营活动是完全放手给各自的团队决策,我不干预所有的经营实体,毕竟五星控股是投资公司,而我的核心任务是选项目、搭班子、建体系、立机制、助成长。

而对于选项目来说,我的定位也很简单,首先是要市场足够大,商业模式必须领先,其次是优秀的管理团队和制度建设保障。我更多的是希望自己可以扮演好项目孵化器这个角色,为更多有激情的年轻人投资、搭建平台,凝聚智慧和力量,让更多有志者成就事业梦想。

本刊编辑部: 您刚刚提到,市场前景和商业模式领先是选项目的关键。请问您是如何可以保证这两个标准的有效实施呢?

汪建国： 我曾经做了 10 年的政府官员、10 年的国企老总和 10 年的民企老总，对于整个消费品市场的大环境，无论是从政府，还是企业的角度去分析和预测，我都研究得很深入。选择好的项目一定是要选择那些商业模式领先，而且产业有特色的单体，才能有发展。其次，是对那些已经成功的国家或行业进行大量的考察，再结合我国行业的特点，创造出属于五星控股的特色产业。简单的可以概括为三个词：调查、实践和创新。

比如"孩子王"这个项目，是我最早决定进入母婴市场而创立的品牌。当初调研公司的调研显示，中国母婴产业的总销售额会保持年均 30% 左右的增幅，市场容量近 7 000 亿，而且每年能保持 20%～30% 的增长率，可是位居市场前三位的红孩子、乐友和丽家宝贝合计市场份额还不到 10%。此后，我也曾数次远赴美国、英国、日本等地探访市场、考察业态，并与国内同行沟通交流，发现我国尽管母婴市场需求旺盛，但是产品品类复杂、生产和消费的两头分散，导致整个行业缺乏大而全的贩卖渠道。

整个母婴企业，商品的零售完全可以由电子商务完成，真正的零售在未来将会积聚在顾客体验的基础之上。因此，我将"孩子王"的商业模式做出了颠覆性变革，创新性的提出深度经营顾客关系的理念，用经营顾客代替经营商品，以创造满足代替提供满足。"孩子王"的商业模式已经突破了简单售卖商品模式，真正做到了线上线下资源的融合。

本刊编辑部： 除此之外，五星控股的触角还伸向了地产和类金融等领域。请问您是如何制定五星控股是进行专业化经营的多元化投资集团？

汪建国： 首先五星控股的定位是投资公司。我认为经营企业必须专注，可是做投资还是可以多元化的。五星控股现在做的投资是一个组合，基本的经营思想是说，把短期的经营跟长远有价值的投资项目结合起来。

引入地产项目，一方面是因为我们对房地产市场进行了细分，发现特产地产还有发展空间；另一方面是因为现有的五星控股投资组合中，贸易和零售所占比重较大，从资源配置的角度考虑，将急功近利的事情与长远的投资结合起来，可以更好的将商品经营与资本经营结合起来。

再者，五星控股在进行多元化投资的进程中，还可以兼顾到共享公司后台资源，比如人力资源、信息化系统和财务系统资源等等。

本刊编辑部： 您是如何处理事业和生活的关系呢？

汪建国： 2009 年我刚从五星电器退出时，拿到的股东回报，一辈子够吃够用，当时有过短暂的如释重负的感觉。但我无法使自己空闲下来，我信仰的是——"工作是一种乐趣，工作就是享受。"

我很享受我现在的工作和生活。工作时间，我主要注重集团公司的战略，剩余的时间，我爱看经济与哲学类书籍和锻炼身体。再有闲暇时间的话，我也会约人一起探讨问题、走进大学校园去解惑。

身为投资家，最大的好处就是比企业家要轻松一点，不必事必躬亲。现在，我周末也有时间去打高尔夫球了！

本刊编辑部：您的两次创业经历尽管跨度很大，但都很成功。您是如何做到的呢？

汪建国：做任何事情的关键首先是人。把人选好，再好的事情如果没有人，那我就不去做，有了人再做，就是先人后事。这是我一直坚持的原则。

其次是考虑人的品德和性格。我有一句话，品德和性格决定命运，胸怀和能力决定（事业）大小。好的项目需要有好的经营团队管理，尤其是项目的掌舵人是否有热情和足够的信心，将直接影响到他们是否有强烈的成就事业的愿望。另外，掌舵人的胸怀也是我考察一个人的重要内容。品德和思想意识不好的人千万不能用，必须一票否决。

本刊编辑部：您作为南京大学 MBA 学员的校外辅导老师，您对求职者有何告诫和建议呢？

汪建国：首先要对自己有深刻的认识，我称之为方向比努力重要。要思考："我是谁？我究竟想干什么？要干到什么程度？通过什么路径？"这些问题要反复问自己，必须清晰，不能盲目的认为干到哪里算哪里，这样要吃亏的。

其次是要对自己有准确的定位。现在的毕业生，尤其是名校毕业的很多高材生更多关注的是企业的规模及知名度，而轻视公司的岗位设置和能给自己带来的提升与发展。不能对自己进行准确定位，从而导致心态有问题，工作时就形成了高不成，低不就的状态。

最后是要有毅力。很多事情的成败关键往往就是最后的临门一脚，一定要有恒心去等待。在五星控股，从基层做起是每一位员工必须经历的必然阶段，但是我也制定了两个机制，分别是强迫成长和成长俱乐部。前者规定了员工的潜力必须在有限的时间内得到提升；后者则规定了公司搭建好的平台帮助员工实现成功。

民营企业的发展、转型与创新是改革开放的一个映射

——江苏一德集团董事长陈俊专访实录

陈俊精彩语录：

——制约中国民营企业发展的瓶颈问题有三："忙于手段而忘却目标"、"依赖道德文化而忽略科学文化"、"个人能力的非组织化"。

——新经济在于创造性的把握需求，是一种边际成本不变、边际收益递增的商业模式。

——一德集团的人本在于"觅一路人，做一件事：动车组、巧实力、美好城市、幸福企业。"

编辑部：陈董事长，您好！江苏一德集团（以下简称"一德"）涉足的产业较多，有传统产业的改造，有商业地产的开发，还有文化产业的运营等等。一德的多元化是"投机心态"还是"战略导向"呢？

陈俊：一德的创办首先要感谢改革开放，正是1992年邓小平南巡讲话激励我下海创业。企业成长中的每一次跨越也是抓住了改革开放的每一次机遇，一德发展、转型、创新的过程是改革开放的一个缩影。

针对您的问题，我想说的是，一德的企业文化是觅一路人，办一件事。一德表面看是多元化，实质上是围绕我们核心能力的单一化，这种核心能力就是一德创造性把握需求，进行商业模式创新的能力。一德的所有产业领域在每一阶段都是围绕一个主线而战略布局的。当然，企业的成长升级也经历了三次重大的转型历程。

第一次转型，是从贸易企业转向高科技企业，核心是围绕技术创新——"以信息化改造传统产业"。

第二次转型，是从科技企业转向城市运营企业，核心是围绕机制创新——"以区域开发推动城市化"。

第三次转型，是从空间运营企业转向文化创意内容经营企业，核心是围绕需求创新——"以需求创新推动文化产业升级"。

这样的三次转型创新，使一德横跨了"BtoB"、"BtoG"和"BtoC"的业务。

编辑部：您这样介绍，让我们能用一种新的角度看一德，能具体说说这三次转型的背景吗？

陈俊：民营企业创业初期，缺少资源、资本、人才和管理。从贸易起步是比较常见的，

当时的一德在电子、手机贸易领域已经做到年销售 10 多亿的规模,是安逸于小老板的舒适,还是带领企业突破瓶颈成为我们思考的问题。

我们选择了通过技术创新赢得资本的道路,提出了"用信息化改造传统产业",这样的实践比国家提出"信息化带动工业化"早了 5 年,最终我们抓住了机遇,同时赢得了国际资本 IDG(美国国际数据集团)和联合运通的投资,为此打开了一德以"股权融资"做大平台的发展道路。

技术赢得资本的模式也形成了我们未来两次转型发展的核心竞争力——模式创新能力。比如:公交 IC 卡的改造,实现了信息化营运,节约了大量成本,更是进一步拓展到出租车消费、市政水电缴费、停车场消费、便利店消费当中,当年甚至被建设部誉为"南京模式"。

其后的牛奶配送、中石化联网、报亭改造等等项目均是运用信息化技术提高产品的附加价值,从而完成传统产业的改造升级。

编辑部:既然一德的商业模式取得了很好发展,怎么又会转型进入到城市开发和地产领域呢?

陈俊:在信息化改造传统产业的过程中,我们发现最大的城市建设、公用事业和高科技、工业化增长点集中在开发区。在政府对外招商的过程中,我们发现政府有资源、但是缺乏技术、机制和人才,而民营企业正好相反,可是谈判过程中又是一个对立的利益体。于是我们提出了"甲方总体"的理论与模式,本质上是"公共民营合作制(Public Private Partnership)PPP 理论"在中国实践的一次创新。

我们将这一模式戏称为"新西游记"模式:政府好比唐僧,有资源有政策,但没有打妖怪的市场能力;民营企业好比孙悟空,有能力、有技术,但没有资源;双方合作去西天取经,才能获得成功。

2001 年,一德与江宁开发总公司、江苏国信等 6 家股东单位共同成立南京新城发展股份有限公司,致力于以区域开发模式推动城市化和产业化并进。

编辑部:刚才您说到"甲方总体"模式很有趣,能说说这个模式成功的关键吗?

陈俊:"甲方总体"模式实际上就是一种民营企业和政府联手进行城市建设的商业模式的体现。成功的关键在于机制创新和思想突破。

在政府中,随着项目的完成,从各部门临时抽调的官员们累计的经验和教训也随之而去,因此很难保持长期的高水准的城市开发能力。相形之下,专业化的商业机构,在市场、经济、技术、管理、运营等各方面,尤其是对经济项目建设非常重要的商业模式策划和资本经营方面,更具资源集约、市场经济、综合运作的能量优势。甲方总体就是将两种优势集合在一起的、利益一致的商业模式的创新。

在新城"甲方总体"模式的运行中,也充分显示出了政府资源优势和民营机制的人才和创新优势,提出了城市化与产业化融合发展的战略模式——区域开发模式,通过对人需求的工作、生活、交往 3 个 8 小时研究,创新实践出吉山商务公园、声谷等具有影响力项目。这些都是政企合作成功的案例。

编辑部:那一德的第三次转型,又是如何考虑的?

陈俊:企业发展中,一方面,我们不断反思、总结,坚定了一德以创新能力作为企业核心竞争力的战略发展观;另一方面,我们也认识到创新也需要不断深入,从技术、模式要向内容深入,最终要回到为满足人类的需求服务。

我们还发现经济与社会的飞速发展为人们带来优越的生活条件的同时,使得人们对精神和文化的需要也变得日益迫切。在此契机下,我们选择了文化及创意产业的内容创新经营作为企业新一轮发展的核心。也就是我们目前正在进行的第三次转型——以"需求创新推动文化产业升级"。

编辑部:对于您说的文化产业需求创新,一德做了很多创新项目,您给我们介绍介绍。

陈俊:首先是基于战略发展的延续,将城市空间与文化结合,塑造城市魅力与文化活力。从目前宁镇扬三地项目建设来看,无论是明城汇、小盘谷、西津渡等保护与更新项目,还是吉山软件园、扬州三间院等新建项目,都将城市建筑文化和商务价值观根植于三地本土的文脉之中,在"山、水、城、林"之中体会都市生活的惬意。

其次是正确地处理经济发展与文化保护与再造的关系。在把保护和传承城市文化作为自己责任的同时,还要将新的文化再造基因融入商业开发中。

编辑部:我想插一句,文化建筑的保护和更新的成本巨大。一德是民营企业,您如何考虑经济利益?

陈俊:忽略经济利益空谈建筑保护对于民营企业来说肯定是没有意义的。我所推崇的是保证经济效益、社会效益和生态效益的综合最优。为此,我们将文化元素、商业元素、载体元素,以及它们之间的关系,构成了基于文化的商业模式的基本构架。

文化存在为商业赋予独特的内涵;商业对人群的渴望来源于文化对其受众的吸引;载体建设在文化的驱动下,通过商业运作,表达出文化的感知性,大众来、看、享用,从而使文化获得新的生命力和传播能力,经济利益必然也随之增加。

编辑部:近期,首家点播影院,艾米1895影院登陆南京。这是您发展文化产业的又一杰作?

陈俊:基于文化的商业运营模式,是我们集合已有信息化技术进军文化领域的又一尝试。从镇江"西津渡"历史文化街区到南京"艾米1895影院",可以算是传统文化与现代文明交融的文化创意项目。

我们曾经做过一个调查,结果显示在中国有三类人不去影院看电影:第一是公众人物,通常因为个人因素不方便看也没法看;第二是不愿意等待的人,通常每场电影的放映时间都是固定的;第三是信息接收慢的人,通常每部电影都有固定的放映档期。这就是巨大的市场潜力!与传统影院相比,"艾米1895影院"提出了多元化的概念,除了由传统影厅、主题影厅、"iBOX点播包厢"构成主要观影区域,还配备了别具特色的电影街区、电影会所、咖啡吧等。在这里,不仅能看当下热播的大片,还能在海量影库里随意点播几十年前的老电影;不仅能坐着看电影,还可以带上亲朋好友,在属于自己的包厢里边吃边聊边看电影……

创意除了需要有思想和心态的转变之外，还必须建立在信息化的技术支持之上。一家电影院不太可能买得起几千部电影的版权，但互联网技术"云计算"的出现提供了可以供多家影院和网站共享资源、平摊成本的可行性。一德和 IDG 共同研发的建在"云端"的数据库历经三年时间在北京建成并运营，实现了海量片源实时传输，24 小时在线点播的功能，从而为覆盖全国的连锁化提供了基础。

编辑部：您对一德的未来发展还有什么样的规划？

陈俊：一德的核心就是对平常信息所蕴含的潜在需求的发现能力，再将其设计为盈利模式的创新能力。这种创新能力是整个一德管理团队多年在信息、知识和信用的积淀中形成的。是外部人无法移植和复制的核心竞争力，内部人只能意会的路径依赖。

以前我们总是强调企业要做大，通过反思和总结，我们认识到企业首先要做强。一德的未来仍然将建立在强化核心能力的基础上、以创新业务为导向，也就是说一德将持续保持新经济发展的思维，注重创造性的把握需求，按照边际成本不变，边际收益递增的商业模式创新业务。

因此，一德的未来目标：定位于美好城市，创造美好业务，以巧实力，做幸福企业。

编辑部：幸福公司真是很有吸引力，外界也很少听到一德的中高层跳槽的传闻。您是如何留才的呢？

陈俊：首先我们通过和多股东、国际资本的合作，一直致力于做开放的合作平台。企业是属于每个员工的舞台。

其次，我们坚持道德文化与科学文化相辅相成。一是坚持"小事靠智，大业唯德"的基本理念，强调的是战略认同和团队认同；二是坚持现代企业制度和科学管理与激励。

三是，强调"动车组理论"，让每个人能够输出动力，我们经常说的一句话是"想干的给机会、能干的给岗位、干成的给地位"。所谓"动车组"，是一个形象的比喻：

火车在第一个提速阶段，是增强火车头动力，做电气化改造，即提高领导的能力，由此带动整个火车的提速。第二个提速阶段，则是提升钢轨的长度和接缝技术来减少摩擦，即整合内部组织的协作关系，由此使火车速度进一步上升。第三个提速阶段，是赋予每节车厢各自的动力，即通过授权机制使得组织内的部门和个人行使自己的职权，在满足一个方向的前提下，各自出力使火车速度达到终极。

编辑部：最后，您能对其他中小企业的转型和发展提点建议吗？

陈俊：一方面，提醒创业企业，做强比做大更重要：

首先，是企业所选择进入的行业的市场规模要足够大。比如我国婚庆产业预计总规模可以达到 6 000 亿元，是汽车租赁产业 180 亿元规模的 30 多倍。如果可以在婚庆产业占领 10％的市场份额，利润额也远远超过进入汽车产业。其次，是创建现金流量巨大，企业内部可以标准化复制而企业外部又不能简单复制的商业模式。最后，要建立企业的核心力量，一定是竞争者所不可复制的。

另一方面,企业的发展也经历了很多艰难,也有失误和挫折。在《混沌初开》一书总,我也进行了反思。这些反思可以供其他企业参考。

第一,不要"忙于手段而忘却目标":由于民营企业创业缺少生产要素,就忙于搞定人,搞定钱,搞定政策,整天就忙搞定那些事情,最后形成习惯,离目标越来越远。我们戏称为"离钱远、离事近、离是非更近"。

第二,不要"依赖道德文化而放弃科学文化":道德文化和科学文化结合,道德文化可使人与人心灵距离接近"零距离",科学文化可使企业运行环节之间接近"无间隔"。

第三,要防止"个人能力的非组织化":中国的民营企业有一个共性问题,企业家控制着两个极端,一头控制着最高层的决策,另一头控制着最底层的细节。最后组织的模式不具备可复制性,制约企业做强做大。

从技术行家到职业经理人的华丽转身

——国际知名化工公司高管刘国平专访实录

刘国平精彩语录:

——增加团队活动以增强企业凝聚力和提升员工自豪感,把员工发展和企业发展紧密地结合起来。

——不管是中方代表,还是外方代表,首先自己还是需要具备有竞争性的业务能力和领导能力。

——我经常把职业经理人比喻成 NBA 球员。同时要思考两个问题:如何用自己的职业技能为球队赢球(为公司赢利)? 你对公司的价值体现在哪里?

编辑部:刘总,据我们所知,您是工科出身,从技术转型到管理,然后走向高层,您觉得工科出身的职业经理人读 MBA 的收获是否要更大些? 为什么?

刘国平:MBA 的读书经历当然是带给我很大的收获。更确切地说,MBA 的三年学习经历是影响我职业生涯的一个重要转折点。从 1984 年大学毕业之后,我承担的工作主要是在生产运行和技术研究领域,整天面对的都是一成不变的化工产品和冰冷的数字符号,因此对于管理科学和人文科学接触的机会就更加少了。

当时的我,也是在生产技术岗位上工作了很长的一段时间,所任职的岗位是装置经理,通俗的说法就是车间主任,尽管管理着一个生产装置的 4、50 人,算是一个企业中层岗位,但是真正接触到的管理学知识还是非常欠缺的,要适应和胜任更高的管理岗位,也是必须要在管理科学方面拓展自己的视野。相对于当时的宏观条件来说,我们国家引进管理科学的知识也比较晚一些,再加上当时的媒体、互联网等等传播途径也不像今天这么发达,自学的机会有限,而当时兴起的 MBA 课程正好弥补了我对于这方面的缺陷,很多学习的内容对于当时的我来说,感觉就像是"久旱逢甘露"。

编辑部:那在您的 MBA 学习生涯中,您觉得什么课程给您的收获最大呢?

刘国平:在 MBA 所设置的课程中,很多学科都是比较系统的帮我们将知识点重新梳理了一遍,在当时看来,可能很多学到的知识点没有那么快能够运用到实际的工作中去,但是对于我们未来走上中、高层的管理之路还是很有借鉴性的。

比如说,生产管理学这门课,对于当时我的工作岗位的关联性还是比较大的,但是实际的收效对我来说却并不是很大,因为这是一个我比较熟知的领域,学校的教授们对于实际的生产管理不可能讲解到很深入的细节部分,而我收获更多的是接触到了像丰田的精益管理等理念的创新层面。

再比如,对于像是消费者行为学、企业战略管理等等课程的学习,对于我来说还是收益比较大的。作为一个企业的高管,准确的制定公司战略是很重要的工作内容,而我以前一直担任的都是相对级别比较基础的中层管理岗位,从事的也都是日复一日的实质性工作,因此对于宏观的整体战略布局这方面的确是有所欠缺的,这些课程的学习对于我来说恰好是一个很好的学习和提高的过程,拓展了自己的视野和看问题的角度。

编辑部:请您谈谈读 MBA 学位前后的主要工作经历发生了怎么样的变化呢?

刘国平:我大学期间学的是化工专业,大学毕业之后,也是应我本人的主动要求,被分配到当时国家的重要工程项目——扬子石化公司。由于当时项目并没有具体开工,而且地处南京远郊,所以很多人都不愿意去,但是在扬子石化这 10 年的工作经历中,我从最基础的操作工开始做起,一路经历过倒班班长、工段长,到最后的工程师职位,先后参与完成了新建的乙烯装置和二阶段的芳烃的加氢裂化装置的初始开车以及后来的生产工作,为今后的职业发展打下了坚实的专业基础。

由于在工作期间表现突出,在 1993 年时,我被推荐参加了中石化组织的“下游加工厂经理”培训班,我也是脱产近一年的时间苦学英语,后来又进入上海交通大学管理学院进行了短期的管理课程的学习,接触到一些泰国正大集团的高管,算是对企业管理有了初步的了解,同时也坚定了我将来要走职业经理人的发展之路的决心。

编辑部:您当时从培训班学习结束之后,应该就很顺利的开始担当起职业经理人的角色了吧!

刘国平:这个也算是机缘巧合吧!我在 1994 年结束了一年的培训课程之后,回到原单位时,正好赶上了扬子石化公司和德国著名的化工公司谈合资项目。在当时的时代背景下,合资公司在市场上还不像现在这么普遍,我的很多同事在对国企的各项福利待遇比较满意的情况下,都认为放弃铁饭碗选择合资公司还有诸多顾虑而不愿意加入,我认为这是一个非常好的机会,因此也就义无反顾地申请加入,并且参与了合资谈判,顺利进入到后来成立的合资公司,担任装置副经理的职位。自己过去积累下的扎实的生产知识和良好的英语水平,给我的工作带来了极大帮助,也得到了中外双方领导的高度认可,并在装置开车成功以后不久被提升为装置经理。

编辑部:装置经理的职务在合资公司来看应该已经算是一个很不错的职位了吧!

刘国平:随着自己年龄的增长,我也开始思考未来的职业发展方向。尽管装置经理算是合资公司雇员可以达到的最高职位,但也是我第一次达到职业的天花板。毕竟如果一直走技术、生产这条道路,这已经是当时可以达到的最高岗位了,因为合资公司的高管都是由母公司委派的,再往下也只能是原地踏步,难以有更大的发展空间。如何转型,成为摆在我面前的一个实际问题。恰好这个时候,南京大学商学院开设了 MBA 的课程,正好弥补了自己在管理知识上的缺陷,也是为以后职业生涯的发展打打基础。

2002 年,在 MBA 课程的学习接近尾声时,我又通过公司的内部竞聘,被委派到东北担任德国母公司的一家合资公司总经理的职务,也是作为唯一的母公司代表来管理这个合资公司。当时这个合资公司地处中国北方,远离集团的中心城市上海,而且公司自成立以来经营状况一直不佳,合资双方关系也不够融洽,员工情绪低落,摆在我面前的是一个巨大的挑战。尽管公司规模虽然不大,只有50多人,但是作为一个独立完整的公司,在当地也很受政府重视,这也是我第一次独立地管理一家公司,和总部一起全面制定整个公司的战略决策和运营方案,同时使得我有机会实践在MBA课程中所学的管理知识,对于我真正的走上职业经理人之路是一次难得的宝贵学习和实践机会。

编辑部:那您在新公司上任之后,又重点在哪几个方面展开工作呢?

刘国平:首先肯定是从我的强项入手,最主要是要解决装置生产的技术问题,提高装置的生产能力,同时更要保证对市场的供应能力,即市场需要时,能够生产出足够的产品来满足市场。通过对装置的简单生产改造,使得生产能力达到并超过了设计产能。

其次是激励员工士气。增加团队活动以增强企业凝聚力和提升员工自豪感,把员工的发展和企业的发展紧密地结合起来。只有员工对企业的未来发展充满信心,而企业又可以增加员工的归属感,通过组织一些团队活动,拉近彼此之间的距离,建立起了良好的工作氛围和公司文化。

再者是增进合资双方的互信,以获得双方的大力支持。作为合资公司,必须要明确自身的发展和赢利符合中外双方的共同利益,双方应该在求同存异的基础上,最大限度地支持合资公司的发展。通过召开董事会,让双方董事取得共识,承诺全力支持公司的发展。

通过以上一系列措施,又由于市场出现了转机,在我去的第一年公司就实现了数千万元的利润,股东和员工都大受鼓舞。接着在2003年和2004年,公司连续创造新的盈利记录,不仅弥补了以往的亏损,还第一次实现了分红。同时,我又趁热打铁,与合资双方一起探讨、论证,确定了装置扩大产量的战略方向。通过有效地利用本地的资源,完成了扩能改造的方案和实施战略,使得合资公司的发展进入了一个良好循环的时期。

编辑部:刘总,您的职场生涯还是比较顺利的啊!

刘国平:2005年年中的时候,当时我在东北工作了3年多,按照公司的人才培养计划,我的任期也接近尾声,被调任母公司位于上海化工园区的一家独资公司,担任副总经理及基地副总监,该公司主要是运用新技术生产化工中间体产品,作为纺织、医药工业的原材料。没有想到,我在这里却遭遇到了职业生涯的最大危机!

编辑部:您可以具体谈谈当时的情况么?

刘国平:我记得当时正值七月盛夏,公司的生产装置已经完成了工程施工,正在进行试车的阶段。当时正值某一天的中午用餐时间,突然有员工跑来汇报,发现装置试车出现了事故,导致一股黄烟经过防空口排入到空中,尽管此时装置已经安全停车,但是公司对面的另外一个巴斯夫的分公司正处在施工阶段,当时大量的工作人员看到黄烟,未等公司的通知就自行撤离疏散,有人当时拍了照片并在后来转给了媒体。不到一个小时的时间,就有记者赶到公司门口要求采访,我也是作为公司的代表,依照公司规定的程序向记者通报了初步情况,结果第二天上海的《东方早报》头版刊登了配图新闻——"×××工厂化学品泄露万人大撤离!"

这是一场真正的公关危机!而且这起事故也是引起了国家安监总局和上海市政府的高度重视,要求我们尽快调查清楚事故原因并上报,公司集团内部也对该事故高度重视,公司和大中华总部立即成立了"危机公关小组",作为公司最了解本地情况的负责人,我成为公关小组的一员。是否能够妥善处理好该事故的后续工作,尽快恢复生产,是我和公关小组成员们一起面临的严峻考验。

编辑部:刘总,您又是如何顺利渡过这次危机事件的呢?

刘国平:在总部的支持下,我和公关小组成员们首先是对事故的原因进行了深入分析,在发现了新工艺的技术缺陷之后,立即就制定了改进措施,连同事故报告一同上报给化工区和上海安监局,最后也是获得了他们的认可和批准。在此期间,德籍总经理调回德国,我临危受命接任公司总经理一职。在和员工的沟通大会上,我对大家说:"我们公司现在的形势非常严峻,技术有缺陷、生产成本高、导致公司面临着严峻的挑战。但是我们已经'Nothing To Lose',任何的努力都会把公司带向好的方向,大家一定要齐心协力,共度难关。"

接下来在总部专家的支持下,我们开始着手对装置进行技术改造,使其运行率大幅提高。由于公司所使用的原料正值高价时期,加上其他服务,公用工程支出成本很高,使得总体生产成本居高不下。因此,我在公司内部大力推进成本降低措施,如尽量使用本地的人才以减少外籍雇员人数、和其他公司共享贮罐、出售副产品等措施从而大大地降低成本。同时,和总部一起对产品、原料的技术路线进行优化、改造,使得公司不断减亏。

2007年底,也就是我到了上海工作近2年半的时候,在我大张旗鼓的进行减亏措施并且情况开始好转之时,有一天我突然接到公司在南京的合资公司的总裁的电话,他告诉我公司在南京有一个职位空缺,准备推荐我作为第一人选,问我意向如何?并且他特别强调这是公司全球执行层(Executive)的管理岗位,这也是我这些年一直努力争取的职位,加上南京又是自己的家乡,有众多的亲朋好友及老师同学,于是我在2008年年初赴南京任职。至今,又一个四年任期过去了,在这四年中,我们顺利的完成了公司的二期工程。现在,哪里会是我的下一站,又会有什么挑战在等着我?Anyway,我已经准备好了。

编辑部:您目前已经是南京合资公司的德方代表,您觉得要成为外方代表还需要什么条件或素质?您是如何扮演好您的角色的?

刘国平:不管是中方代表,还是外方代表,我认为首先自己还是需要具备有竞争性的业务能力和领导能力,同时在工作中要做到敬业、踏实,用良好的工作业绩获得同事的认可和公司的信任,此外,应该保持开放、包容的心态,提高适应文化差异的能力。

除此之外,作为外方代表,职业经理人的职业操守还是非常重要的。我的宗旨还是把合资公司的利益放在首位,这应该也是符合合资双方利益的最大。尽管我是作为外方代表,受到外方的委派调任而来,理应代表和维护外方的利益,但同时,只有合资公司经营发展的好了,合资双方才能够受益。当外方和中方出现了分歧意见的时候,应该本着公平的原则去解决,通过坦诚地沟通,最终一定会找到解决方案,实现双赢。

编辑部： 您作为一名职业经理人已经很长时间了，您是否还有很强的职业激情？如果有，您是如何保持这种职业激情的？

刘国平： 作为职业经理人来说，要想保有长时间的工作激情还是比较困难的，但是关键还是在于个人的理想和追求吧！对于我来说，坚持追求卓越、追求成功，从工作中获得成就感和快乐是目前我给自己制定的目标，而在日常的工作中，带领团队共同前进，解决工作遇到的问题，实现生产效率的大幅提升和技术创新，同时对有潜力的员工进行重点培养和传授，看到他们的成长，我内心也是十分高兴的。

相对于我来说，现在的工作激情可能是在于对我未来工作的规划，毕竟自我调任到南京之后，尽管管理的资产更大了，在公司的职位更高了，但是具体的工作职责范围相对缩小了很多。而我的四年任期已经结束了，我也跟公司老板表了态，我需要一个更有挑战性的工作来不断的激发我的职业激情！

编辑部： 您认为外资企业（外企）和民营企业（民企）哪个更适合中国职业经理人的发展？

刘国平： 就我本人的工作经历而言，我并没有真正的在民企工作过，也只能分享一下我和其他在民企工作过的同事交流后的感受，并没有对错之分，完全是谈谈我个人的看法。

我还是觉得选择民营企业还是外资企业也是因人而异，根据自身的不同情况而定。中国的职业经理人适合在什么样的工作氛围和企业文化中，也是跟自己的价值取向有很大关系。对于欧美的外企来说，一般都是投资规模大、制度规范、工作稳定，相应的对个人的能力有一定的要求，除了自身的业务水平之外，还要考虑个人的外语水平、跨文化的认知程度、开放的心态等等以及是否能够适应外企的管理制度。

至于选择民营企业呢，作为一个职业经理人，我个人认为还是有一定的职业风险的。必须要全盘考虑企业的规模和发展战略、综合实力等等因素。部分民营企业内部的规章制度通常不完善，有相当一部分还是属于人治大于制度，家族关系较为复杂，企业的发展和老板的个人素养、好恶和价值观等有高度相关。作为职业经理人，在这种情况下很多时候就是要看老板的脸色来办事，你跟老板的关系也就决定了你在公司未来的发展，对于很多的职业经理人，包括我在内，是不适应这样的工作环境的，所以对于选择民企的职业经理人来说，我的建议是要三思后慎重选择。

编辑部： 您认为在企业里已经做到高管的职业经理人们，如何再提升他们的职场竞争力？

刘国平： 首先要成为自己擅长领域的专家，同时需要了解一下技术层面的更新信息，比如上网跟踪一下最新的技术发展、定期的参加企业内外部的交流活动，这不仅可以使自己保有良好的技术敏感性，了解最新的技术发展情况，同时也是保证良好的工作业绩的前提。

同时积极支持上司和下属的工作，重视团队合作，对组织内部事务的动向要保持敏感和关注，利用正式和非正式场合积累良好的人脉资源，在我看来这些方法都是可以直接或间接的提升职业经理人们持续的职场竞争力。

编辑部：许多读 MBA 学位的年轻人有志于做一个优秀经理人，您觉得要达到这一目的要注意哪些问题呢？

刘国平：我经常把职业经理人比喻成 NBA 球员。要经常思考两个问题：如何用自己的职业技能为球队赢球（为公司赢利）？你对公司的价值体现在哪里？要实现这一点，必须全面提升自身的素质，培养敬业精神和良好的职业操守，真正地为企业的发展尽力，成为能干、会干、想干的优秀

转型之后的民企职业经理人之路
——协鑫集团副总裁田野专访实录

田野精彩语录：

——个人晋升除了需要有自身努力和个人魅力之外，还需要有银行的机制保障和总行的支持和配合。

——我觉得对于职业经理人来说，财务和市场方面的知识学习也是必不可少的两门课程。

——作为一名优秀的职业经理人，首先应该具备的素质是保有合理的建议权。对于在民营企业工作中的职业经理人，这点尤为重要。

编辑部：田总，您好！据我们了解，您大学毕业后，曾在国家开发银行工作过，也一度是比较（最）年轻的处长，可以谈谈您的工作经历吗？

田野：我大学毕业之后，第一份工作是在中国人民银行哈尔滨市分行，直到1992年年底的时候，我被委派到人民银行全资的证券公司负责深圳证券营业部的组建工作，后来又调任到上海担任证券营业部总经理一职。

编辑部：您当时担任上海证券营业部总经理一职的时候应该也很年轻吧！

田野：我当时是25岁，应该算是国内比较年轻的证券营业部老总，随后，又调任到了投资银行工作，一直到1998年年底的时候，我调任到国家开发银行工作（以下简称"国开行"），到2009年6月离开国开行，在这里也是整整工作了12年，先后就任的部门也是比较多，比如说，计划财务处、客户处、信贷处、评审处、金融合作处等等部门。

我刚到国开行的时候，首先从事的是计划财务的工作，主要负责管理银行资金的工作。到2000年末的时候正好遇上了国开行第一次公开竞聘，我也是很幸运的抓住了这次机遇，竞争上岗后被聘为客户一处副处长；随后在2005年年底的时候，在公开竞聘中又被选聘为金融合作及业务发展处处长，主要负责金融中间业务和重大项目的客户开发工作。

编辑部：公开招聘，除了笔试和面试要过关之外，您的晋升之路可以如此快速还有哪些方面的原因呢？

田野：我觉得个人带领团队的业务能力和时机也都是比较重要的。我当时在客户处工作的时候，在行业的重大项目中主要是负责分管电力和电信业的，正好在此期间我曾被江苏省委组织部委派到江苏省电力公司挂职一年，对于这个行业也是比较了解和熟悉的，以自己的专业性对市场的判断也是比较准确的，而且跟电力人仅仅是谈贷款是不行的，还要跟他们谈电力业务才行。因为在发放贷款的时候,各家银行基本上可以给予的都是同质化的服务,你要了解他们项目的问题和症结,帮助他们解决问题,才是上策。

其次,从银行内部沟通的角度来看,重大项目的决策权利,光有分行的重视是批不下来的,必须要建立一套总行支持的制度,最大限度地调动各类资源对大项目的协调配合,真正落实建立对江苏省所有的重大项目形成一套完备的机制。以电网为例,在我工作期间,从我上报项目申请到总行批准可以走快通道,最快的第一批贷款承诺在4天的时间就可以完成了。最后的统计结果表明,在"十五"期间,江苏国开行在整个电网行业和发电企业方面的新增贷款合同额达到了380亿人民币,占已经获批的项目贷款的34%。在当时来看,投资规模还是很庞大的。

因此,我认为个人快速晋升的原因除了需要有自身努力和个人魅力之外,还需要有银行的机制保障和总行的支持和配合,才能够确定江苏开发银行在江苏电力市场的强势地位。

编辑部:也就说,您出色的业务能力是您晋升的一个重要原因?

田野:这是其中的一个原因。除此之外,个人的创新能力我认为也是比较重要的。我在国开行从评审处调任到金融合作处之后,发现其实一个重大项目的落实,仅仅是依靠一家银行并不能够完全满足需求,但是也不能因为强调业务量而过大地增加银行内部风险,毕竟项目的建设周期是固定的,再怎么拆分也不可能从2年变为4年。这也是2005年国开行当时成立金融合作处的初衷,就是为了联合和协调各个银行共同为客户服务。像是当时的直接银团、间接银团、担保性的联合贷款等金融产品,都可以吸引到包括信托基金和保险资金等其他的金融机构共同参与。

这在当时是一个创新型的工作,而金融合作部也是相当于现在各家银行所成立的投行部的前身,而牵头的就是江苏国开行,负责人就是我本人,当有重大项目落实后,我会引导其他银行一起合作,而其他银行有好的项目时也会吸引我们去加入。在三年半的时间里,我一共成功主导了78个银团,合同金额在1 380亿元左右。

编辑部:1 380亿元是什么概念呢,可以具体跟我们谈谈么?

田野:这个含义就是说在当时三年半的时间,以全国所有的银团参与统计计算,江苏省占据了全国市场20%的份额,而在江苏省的1 380亿元贷款额内,我主导参与的项目占比超过60%。我为此也是获得过国家开行"青年岗位能手"的称号,率领江苏省金融合作处也获得过江苏省"工人先锋号"的荣誉。而带领团队主持过的一个银团,还获得过欧洲货币杂志的"亚洲最佳制造业融资"的奖项。

编辑部:那又是何种原因促使您放弃公务员的职位,转而下海担任职业经理人呢?

田野:这个事情的起因也是因为协鑫集团在2007年11月的时候成功在香港上市,之后我就接到他们邀请,希望我去企业担任副总裁一职,这对于当时的我来说也是比较心动的。因为江苏国开行当时处在一个高速发展的阶段,我接手的也都是新型的、创新型的业务,对于这种轮岗性质的银行工作,一个岗位也是不可能干太长的时间,那如果我再调回到到传统的银行业务，或者是继续从事信贷的工作，对于当时还算年轻的我来说，也就缺乏挑战了。

再从我个人的角度考虑，在银行业，有这么多同业的合作伙伴，无论我选择到哪一家银行高就，都会是形成一种竞争的关系，反而伤害了这么多年合作的感情。而企业是我很感兴趣，但从未真正实地深入工作过的另外一种环境，如果我选择企业，那大家还是可以保持一种互惠互利的关系，可以继续维持良好合作的关系。

编辑部：请问，您选择协鑫集团这家民营企业的原因又是什么呢？

田野：协鑫集团是民营企业中发展比较成功的，公司的总部也是设在香港，它更多的是利用海外一些先进的理念和规范的法制环境来管理民营企业的，这就在一定程度上比一般的民营企业在规范性和起点上要更高一些。而相对的我之前的工作也是在银行，也是属于制度严格和规范的工作地方，对于我今后进入协鑫，也是可以很快的适应企业的内外部文化。

编辑部：请田总介绍一下协鑫目前的情况？

田野：协鑫集团业务覆盖环保能源、光伏产业、太阳能发电、光电科技、储能技术、能源物流、绿色人居等多个领域。旗下保利协鑫能源控股有限公司（3800.HK）（简称"保利协鑫"）于2007年11月在香港联合交易所主板上市。创立迄今20多年，总资产大概是800亿元左右，是一家以绿能、节能、储能领域为主营业务的世界级环保能源与新能源开发商、运营商、产品与技术供应商。公司董事长在整个东南亚地区还是比较出名的，也是在业内被冠以了两个称号，一个是"电王"，一个是"硅王"。

称之为电王，是因为协鑫电力旗下拥有电力企业32家，总装机容量4 191.5 MW。在电力方面，协鑫下一步的规划是要抓住国内现行所提出的燃机项目和太阳能电站项目，除了保证国内电力板块利润的稳定发展，还需要大力发展海外电力事业。这也是在保持协鑫主营产业的核心竞争力的同时，利用新技术降低原材料的成本，而且对光伏产业也是能够起到一定的促进作用。

编辑部：就我们所知，光伏产业的总需求处于下降的趋势，那协鑫还准备在此方面继续发展么？

田野：目前协鑫的规划也是通过提高科技含量和降低成本来继续发展光伏产业。其实从世界能源结构上来看，光伏产业属于可再生能源，发展前景也是很好的，但是由于产业前期的发展可能过去迅猛而导致了供过于求的现状，很多的光伏企业也是盲目追求规模效应，而忽视了自己的科技含量和施工规模，正好现在的状态也是让企业进入了一个兼并重组的调整期。

而协鑫董事长又被称为"硅王"，是因为协鑫光伏采用拥有自主知识产权的GCL法多晶硅生产技术，新技术的改革同时兼顾到了成本和质量的双重问题，促进转换率的提高，增加了产品的单位收益，也使得协鑫光伏成为全球领先的多晶硅、硅片的供货商，旗下最大的工厂——江苏中能有限公司目前多晶硅的产能达到了6.5万吨，是全球第一大工厂。

编辑部：请谈谈您在协鑫的工作情况及取得的成绩。

田野：我目前在协鑫集团担任副总裁兼董事会秘书一职，主要负责集团公司的融资和投资项目的审查、决策，从公司高层的规范化运作来说，也能够对集团的投资决策起到合理化的建议和调整促进的作用。而从投资、融资结构上来说，投资要安排好融资，融资要促进好投资，因此从投资主体的设立上来看，必须要从税务的角度来安排，无论从税务结构、融资结构、产权结构，都要形成完整的一套机制，而我现在就是在搭建这个机制的框架，这也是一个不断完善的过程。

第二块的工作内容是在集团内部，对整个投资的机制引入了风险管理法规，同时也促成了协鑫对客户的信用管理机制。每个销售客户在集团的内部都是可以评级的，集团内部事先规定了每个客户的最大额度，相当于银行的授信部，一旦超过这个标准，协鑫集团就会认为是有风险的，从而进行再评估的工作。

第三块的工作也是最重要的一块内容，就是建立了协鑫集团的银行整体授信制度，从原先的企业单点授信转换到现在的整体授信。按照相互促进、长期发展的原则，在政策性银行、国有银行、股份制银行、外资银行中，都建立了核心的战略合作伙伴关系，共同联合起来创造协鑫的银行合作团队。总体上协鑫一共签订的合作额度接近一千亿，实体授信超过 550 亿。

编辑部：您觉得有哪些在 MBA 课程中学到的知识对您的工作帮助比较大？

田野：知识的学习和积累肯定是有帮助的。其实在一个企业里，课程和知识的学习，讲起来很多细节的东西在日后的工作中用到的机会并不多，但是很多宏观的内容和战略布局方面，在企业里，尤其是对于中高层职业经理人来说，由于所站的角度不同，可能这个方面就尤为重要了。包括我到了协鑫集团之后，从战略规划的角度来看，企业商业模式的构建也是相当关键的，毕竟很多战略决策，错就错在源头，就怕遇到这个问题，连调整都没有机会。在众多的课程中，我觉得对于职业经理人来说，财务和市场方面的知识学习也是必不可少的两门课程。

编辑部：您从事多年的经营管理工作，也担任了多年的职业经理人这个职业。您认为职业经理人在一个民企里扮演怎么的一个角色呢？

田野：其实我到协鑫集团工作的时间也并不是特别长，仅仅只有 3 年多的时间。对于民营企业的一个鲜明的特点是董事长喜欢把更多的权利保留在自己手上。而对于协鑫集团的高层职业经理人来说，老板也是一个比较开明的人，也是会发放股权和期权作为员工激励。作为职业经理人，更多的是在决策后，和总裁一起处理日常的执行业务。

在协鑫集团内部，我们作为职业经理人也都是按照标准化的董事会规章制度在工作。而我，实际上作为董事会秘书的主要任务是使董事会的决策更规范化，使下属公司的董事会议变得更加制度化，这其中也包括信息平台的建立，决策的规范化和董事人员的培训。

编辑部：您是如何处理好与民企老板的关系呢？

田野：作为职业经理人，还是应该具备最基本的职业道德，在跟老板汇报工作的时候，难免也会有争执的过程,也不能是一味的为了迎合老板的喜好而放弃建议。有争执有分歧才可以让一个决策更加完善。对于同一个项目,有不同的想法才是一件好事情,如果是一致化的声音,大家都看好这个项目,它反而就会有问题。风险跟收益是并存的,如果大家都一致认为项目非常好,那就说明要不是你没完全看到它的风险,要不就是整个项目的收益一定不高。

编辑部:作为一名优秀的职业经理人应该具备怎样的素质呢?

田野:作为一名优秀的职业经理人,首先应该具备的素质是保有合理的建议权。对于在民营企业工作中的职业经理人,这点尤为重要。你不能拿国有企业的标准,比如上级交代什么,下级就执行什么的方式来定义你的工作,这样就发挥不了你的应有作用了。但是你如果将它当成一个小型的民营企业,想怎么做就怎么做,也是不合乎情理的。毕竟对于有一定规模性的大型企业来说,在相对规范的制度之下,职业经理人很多的想法和构建需要通过时间逐步的引入企业核心,千万不能够大刀阔斧的急于去改变什么。

其次,在民营企业中的职业经理人该坚持的观点和建议,还是要坚持,但是在执行的过程中往往不是那种简单化一的方式,更多要注意自己处事方法的灵活性和创新性。

最后,良好的内外部沟通也是职业经理人必备的素质之一,空降形式的职业经理人相较于企业内部培养的职业经理人来说,我认为内部沟通将会显得更加重要。以我个人为例,三年前我来到协鑫担任副总裁一职,目前我也是空降在同等职位上做的最久的人。所以,在企业的经营管理过程中,能够保持良好的内部沟通环境,对实现企业的战略目标和促进企业文化的建设都是有很大的好处的,这也是一名优秀的职业经理人所应该承载的工作职责。

南京万科品牌是怎样炼成的？

——南京万科置业总经理付凯专访实录

付凯精彩语录：

　　——万科一直在营造一种关心客户，愿意与客户建立亲密友好关系的形象。

　　——万科坚持做装修房一方面是基于社会责任，另一方面也是为建立在行业中的竞争优势。

　　——住宅产业化的进程不仅仅是关系着万科的未来，也关系到中国房地产发展的方向。

编辑部：2012 年 12 月，由南京大学商学院、东南大学经济管理学院和金陵晚报地产研究院联合发起的"2012 年南京优秀房地产品牌"评选中，万科以综合评分第一的成绩，名列榜首。您认为万科的品牌形象是什么？

付凯：在南京，万科并非销售规模第一的开发商，但能在房地产品牌评选中，位列第一，我们深感荣幸。我们注意到，同时上榜的房企中，有不少企业都不是因为其规模，而是因为其自身有着清晰的品牌形象，比如仁恒——业界公认的高端改善的代表性开发商；比如朗诗——绿色科技住宅的领军企业。而提到万科的品牌形象，因为我们是全产品线开发商，所以客户群不会像仁恒那样聚焦，但是，万科进入南京 12 年，已经为近万户业主提供了我们的产品和服务，我们深深感激这些选择了万科的客户，所以，持续地关心他们，与他们建立亲密友好关系，成为万科日常工作中极其重要的一个任务，同时也是我们希望打造的品牌形象。在 2012 年南京优秀房地产品牌评选活动中得到第一名的殊荣，某种程度上，说明我们在这方面的努力获得了客户的认可。

编辑部：万科是如何塑造这种品牌形象的？

付凯：万科并未刻意塑造品牌形象，而是通过不断发现与客户的关系中存在的问题并制定工作计划解决这些问题，来使得这一形象越来越清晰。

　　从 02 年开始，万科是全国第一个做客户满意度调查的房企，并一直坚持至今。通过客户满意度调查，我们发现我们自身在产品和服务上的不足。例如，通过客户满意度调查发现，已经买了房但还没有入住的准业主在等待期过程中感觉受到了忽视，则我们就通过各种活动——例如业主运动会、社区大联欢等形式，邀请这些准业主们参与，同时，对于他们最为关心的房子的建设进展，我们通过定期邮寄通讯以及组织工地开放日等方式主动提供信息给他们。这样，他们被忽视的感受就扭转了好多。

　　除了客户满意度调查之外，公司管理人员定期到客户触点的工作岗位蹲点亲身接待客户,其中也包括投诉处理等,都是我们倾听客户声音的方式。

编辑部:付总,请问万科的客户满意度调查是如何进行的?

付凯:客户满意度调查是集团聘请了专业的第三方机构独立完成的,其问卷设计、抽样、电话与入户访谈等都遵循专业调查公司的专业安排。在后期数据分析的过程中,调查公司根据客户周期把客户分成四个不同群体:

第一部分是准业主,即购买楼盘但还未入住的客户;

第二部分是磨合期业主,即入住一年以内的客户;

第三部分是稳定期业主,即入住一至三年的客户;

第四部分是老业主,即入住三年以上的客户。

根据不同类别群体的需求,调查的侧重点也有所不同。

编辑部:付总,这份客户满意度调查的内容涵盖哪些方面?

付凯:万科的客户满意度调查涵盖了销售服务、规划设计、房屋质量、售后服务和物业管理五个大方面。销售服务的调查的重点包括销售人员是否热情接待、是否主动告知楼盘的全部信息其中也包括不利因素、购买流程是否顺畅便捷等;规划设计方面包括小区规划是否适宜、配套设施是否充足、房型户型是否实用等等;产品质量方面包括了解业主所购房屋是否出现质量瑕疵;售后服务方面则是投诉信息渠道是否通畅、房屋报修是否得到了及时妥当的处理等;物业服务方面则围绕小区安全保洁等物业服务品质等。

编辑部:您刚刚提到万科超过90%的房子都是精装房。但又有资料显示,部分精装房出现问题、需要维修,使得万科遭到业主投诉。既然万科重视业主满意度,而目前精装修房又最容易出问题、进而遭受业主诟病,为什么万科不干脆取消精装房,只做毛坯房?

付凯:精装房是中国房地产行业未来发展的必然趋势,也是符合绿色环保、节能减排的国家战略发展需求。万科坚持做装修房一方面是基于社会责任,另一方面也是为建立在行业中的竞争优势。当大家一提到万科,首先想到的就是精装房,这也是万科在做精装房坚持不动摇的原因。

做精装房,我们相信我们比大多数业主要更专业:比如空间应怎么利用更有效、光线、插座应怎么布置更有利、室内颜色怎么搭配人看着最舒服等等。我们曾一度担心在装修这个问题上客户是否更愿意个性化多一些,但实践下来我们发现绝大部分业主还都是能接受的。

基于目前装修行业标准尚不完善及人工操作等客观因素的存在,我们目前还难以做到装修质量100%无瑕疵,但这并不构成我们停止做装修的理由,我们的态度很明确:第一,出现问题我们积极应对主动承担;第二,通过技术和管理手段不断追求精装房质量的提升,致力于为客户提供优质的住宅家园。

编辑部:付总,您可谓是在万科总部、区域、一线公司三级架构中,均有任职资历。在您这么丰富的职场经历中,您的收获是什么?

付凯：在万科的职业经历构成了我本人职业生涯中的绝大部分。在这家公司中，个人的收获主要在两个方面：一方面是经验的积累和经历的丰富，这其中甚至于有相当一部分是来自于我的教训和公司对我工作失误的宽容，允许职业经理人犯错，这在一个私营企业来看，是很难想象的一件事。另一方面更为重要，就是这家公司在信仰、价值观方面给人的启发。

编辑部：那在万科工作的十几年时间中，有值得您骄傲的地方？

付凯：对于我来说，可能在刚开始工作的时候，比较看重业绩和各项数字指标。现在，我更希望在自己的日常工作中，可以做一些创新的和有意义的事情。比如，在2012年南京万科上坊保障房项目中，其中一栋15层的高层就是全预制装配式保障房住宅。也就是说它的所有构件，包括墙体、楼板、阳台、电梯井、楼梯等，都在工厂中制作好，再运到工地现场，甚至连卫生间也是事先组装好后搬运到工地再安装。

以两个工人为一组的话，一天就能够装好2个整体卫生间，15天装修一套，6天建一层，15层的高层最快3个多月就能建成。跟传统的建造方式相比较，可以缩短50％的工期。

编辑部：全预制装配式保障房住宅是不是成本更低？

付凯：理论上确实如此，但实际上，受制于非规模生产、绝大多数人没有这方面的经验等制约，这栋楼的成本还上升了。但我们坚信只要我们坚持走下去，成本一定会低于传统生产方式，而且房屋品质会得到极大的提升。

编辑部：万科为何要积极推进全预制装配式保障房住宅的建设？

付凯：万科一直致力于住宅产业化的工程。而工业化住宅也是住宅产业化的重要组成部分。这个进程不仅仅是关系着万科的未来，也关系到中国房地产发展的方向。因为它的好处也是非常明显的。

首先是施工环保。大大降低了工人的劳动强度，提高了工作效率，由于消灭了抹灰这道工序，也减少了扬尘，大大增加了环境保护的力度。

其次是质量更高。由于采取的是工厂化作业，所以人为作业造成的防水不均，建筑裂缝等都可以有效地规避掉。

除此之外，工业化还有一个好处是施工速度快，大大降低了工人的劳动强度，提高了工作效率。

同道共识,打造绿城品牌

——绿城房产建设管理有限公司执行总裁张洪云专访实录

张洪云精彩语录:

——绿城是一家具有人文理念的公司,强调人与自然的和谐,人与人的和谐,人与自我的和谐。

——做高端房产和做保障房本源是一样的,就是制造城市的美丽,保障房并不是贫民窟。

——绿城更多程度上是一个学校,就是为社会培养一些有道德意识,有行为能力的这样的一群人。

编辑部:在3月刚刚结束的"2012年南京优秀房地产品牌"评选中,绿城也是榜上有名。您认为绿城的品牌形象是什么?

张洪云:绿城在南京市场的整体占有率并不高,在南京优秀房地产品牌评选中能够有所斩获,可能更多的是基于绿城这个大光环所带来的效应。绿城希望营造一种和谐的社区氛围,主要是体现在在用情和用心两个方面。

用心是指绿城的品质。很多人一辈子追逐着完成房屋的梦想,因此房屋质量是绿城的重中之重,客户的满意是我们最大的追求,客户满意的笑容是我们这个企业能够得以更好发展的基础所在。在中国指数院发布的调查报告里面,绿城蝉联了2012年居民整体居住满意度的第一名,并且囊括了工程质量、业主忠诚度等全部六个单项第一名。我们的老客户推荐和重复购买率整体超过了50%,绿城会员俱乐部也拥有了超过10万名的绿城优质会员。

用情是指绿城的理念。绿城是一家具有人文理念的公司,强调的是三个和谐——人与自然的和谐,人与人的和谐,人与自我的和谐。

编辑部:可以具体谈谈三个和谐的指标是如何定义的?

张洪云:三个和谐的由来也是源于绿城对于质量和美学的理解,就是"安定"和"美好"。第一,追求人与自然的和谐。产品建造好之后,要和整体规划的氛围吻合,与周边的建筑风格搭配,与山水自然景观协调。第二,追求人与人的和谐。户型间的间隔、楼宇间的间距,甚至是社区中的活动广场要让业主感觉到舒服和适宜。第三,追求人与自我的和谐。绿城在社区配备了学校、医院以及老年娱乐学堂等等设施,都是发自内心的想要为民生做实事来实现人与自我的和谐,满足更多业主精神上的需求和追求。

编辑部: 请张总为我们简单介绍一下绿城集团的发展情况。

张洪云: 绿城从当初的七名员工发展到今天的3.6万多名员工,从当初的一个项目发展到现在的40多个项目,从当初的单一项目开发到现在的集房地产开发、房地产设计、物管、医院、教育、足球等多专业的集团公司,从当初起家的25万元发展到现在的150亿。绿城的使命是为员工创造平台,为客户创造价值,为城市创造美丽,为社会创造财富。

我现在所在的绿城房产建设管理有限公司(简称绿城建设)是成立于2010年9月,主要是整合了绿城现有的品牌及管理资源,与外部机构进行合作,向项目合作伙伴、政府机构及资本市场等委托方提供房地产项目开发管理和品牌输出服务。通过项目代建的调整实现公司轻资产的运营。

编辑部: 您刚刚提到绿城建设主要是以代建项目为主。绿城是有转型的计划么?

张洪云: 绿城在代建方面应该算是先行军。这种转型,虽然很艰难但也是一种尝试,这也就注定了我们一定会比别人走更多的路,甚至是弯路,可能还会多碰一些壁。但任何新事物发展的时候都要经历这样一个阶段。我想在这个过程中,最需要做的就是尽快地调整好自己,让自己更稳健,也让双方的利益得到更好的满足。

编辑部: 绿城为何要走这条路呢?

张洪云: 其实对于很多房企来说,可能还是持一种困惑或者观望的态度。那么我认为绿城选择了走这条路的话,一方面是因为绿城品牌确实积累了很好的基础。未来的社会化分工会越来越精细和专业化,那么开发和投资必然是要分开的。投资商就负责投资项目,而发展商要负责把资源用好,把产品做精,把服务做完善。

另一方面,作为传统的房地产企业,受资金的限制是很大的。因为原来的地价大概占到总费用的20%~25%,但现在的地价却上涨占比约40%左右。这样的一种高的资金积压造成了我们企业运作的高风险,因此绿城也是考虑要走轻资产路线的管理公司。所以绿城结合了自己的品牌、产品和服务的价值,带头先走上这条专业化的道路。

编辑部: 绿城建设以代建为主,是否会影响到绿城集团整体的发展战略,还有没有足够的资金、精力和能力拿新地,去复制原本的绿城模式呢?

张洪云: 绿城会非常谨慎地拿地。既是出于对整个企业现金流的考量,同时也是出于对市场的考虑。绿城现在想改变商业模式,向轻资产的公司发展,待建的项目可能当时作为绿城的一个主要目标,拿地倒是成为我们一个辅助的目标。

以我在管的华东片区来看,也有一些是房产的投资项目,也有一些是代建项目。所以是这两块其实是并行的。如果说随着企业进一步扩展的话,确实我自己也得考虑,整个集团也要考虑,我们能不能有足够的人手做事情,如果没有足够的人手做事情的话,可能会把自己的牌子砸了,我不希望看到这样的事情发生。所以合作方也是希望我们输出的是有经验和有能力的优秀管理者去运营。我想我们输出的时候,也会按照这个要求来执行。

编辑部: 绿城不会为了代建,而放弃自己做项目的机会,对么?

张洪云：对于自主投资的项目，可能绿城控制的自由度会更大一些，合作商你总是很难要求他完全理解绿城的思维，并且花别人的钱也并非易事的。从我们自己的房产项目来讲，是绿城品牌一个非常重要的支撑。这些方面我想必须得展现给整个房产市场，也要展现给我们客户，不仅是终端客户，而且是有跟我们有合作机会的客户。

编辑部：因为绿城在业界是以走高端路线而著名的，但是我们有注意到现在绿城也是有在参与到保障房的建设中去。那绿城又是如何控制成本呢？

张洪云：宋总从来没有把赚钱来当做绿城的目标来做，他在公司内部提出"我们不是一家商业公司，我们只是一家在商业形式下运作的社会公益企业"。在外人来看可能会认为宋总说出这句话是一种营销手段，甚至是"作秀"。但是在保障房建设项目上，公司的利润微乎其微，但是宋总的批示说到"无条件参与保障房项目建设，推动民生建设工程，这是造福的好事情，是值得绿城去做的事情。"目前，绿城在浦口即将建成的保障房将会是南京市最好的保障房，其质量甚至是超过南京市的部分商品房。但是投入的成本并不高，这是绿城有效控制公司成本能力的体现。

编辑部：绿城是如何将高端房地产的开发理念融入到保障房的建设中呢？

张洪云：外人可能会对绿城的产品线觉得挺奇怪，一边做高端房地产开发，一边又做保障房建设。以为做高端产品的绿城就无法完成保障房的建设。在我们的理解里面做高端房产和做保障房本源是一样的，就是制造城市的美丽，保障房并不是贫民窟。我们认为一个好的园区会对整个城市，整个社会的生活方式、文明程度都产生潜移默化的影响。尤其是对于那些相对特殊的群体，通过高品质保障房的载体，改变他们的审美观念，从而提升人民整体的素养，我想这一点是我们要追求的。这种想法得到了南京市政府的认可，也同意我们在保障房的建设中融入绿城的特色。

编辑部：正是因为绿城这样的企业文化，是不是也成为张总您在绿城工作的一个理由呢？

张洪云：我在绿城工作已经有 12 年了。自 2002 年 5 月份加盟绿城，这一路走来也是困难重重。历经了从最开始的自信满满的初始期，到接受降职降薪的处罚过渡期，再到痛定思痛之后的踏实成熟期。从一名小职员到现在的职位，回头想想，绿城当初吸引我的，除了有贵人引荐，还有就是企业理念——真诚、善意、精致、完美这八个字。从字面上谁都可以理解，但是我认为，能够做到，并且持之以恒的做到，其实无论对一个人来讲，还是对一个企业来讲，都是非常不容易的事情。拥有这样的一种信念、一种价值观的企业是让人十分向往的企业。在这 12 年里我看到了，绿城无论是对内对员工的关心成长，还是对客户的付出与关怀，还是对社会的一种责任，都不是在口头上说说的，而是实实在在用所有的行动去践行这 8 个字。

编辑部：您当初是如何想到选择房地产这个行业的呢？

张洪云：我进入地产行业是在 1999 年的时候。在当时，房地产行业正处于新兴发展的阶段。也是因为对房地产的热爱,我觉得建筑非常神奇,可以改变一个城市的面貌,并且构成一个城市的性格。所以这个行业对我来讲有着强烈的吸引力。于是我辞掉了任职了2年政府部门行政秘书的工作,进入了房地产这个行业。当时是在深圳的一家小型房地产公司,几经辗转,于2002年5月正式加盟绿城集团。

编辑部: 您在2006年接手绿城南京玫瑰园的开发项目时,好像遇到了很大的困难?

张洪云: 当初来到南京接手这个项目的时候,确实是顶着莫大的压力而来,毕竟这是在南京的第一个项目,承担着绿城品牌落地南京的重任。在3个月的时间内,我带领团队对项目进行了重新规划、设计、定位,拆除已经建成的42栋建筑,与原来的30多家合作单位一轮轮谈判、解约……到当年的12月份,项目原有遗留问题全部清理完毕。2007年2月,全新规划方案审批通过;4月,项目开工;10月,一期15栋别墅推向市场。

编辑部: 在我们看来,速度之快,效率之高,不能不说是南京地产界的一个传奇。您是如何做到扭转乾坤呢?

张洪云: 无论公司还是个人,其实都非常注重细节,近乎有一种完美主义的情结。刚接手南京玫瑰园项目的几个月时间里确实挺辛苦的,但是顶过来了,收获最大的还是自己,是对自己职业素养的一种全面提升。正是在那段时间里,我学会了在纷繁的事务中迅速理清思路,把握取舍,至今想来,也是获益良多。

编辑部: 作为一名职业女经理人,您认为在房地产这个行业中承受的压力会比男性更高么?

张洪云: 就我自己个人来讲,我认为职场上没有性别之分。因为当你有性别之分的时候,无论你对自己的要求,还是别人对你的要求,其实都会有一些差异在。我所理解的工作标准和要求对于男女是没有差别的,不能因为你是女人就降低工作的标准,尤其是当你坐到一个高管位置的时候。所以我想这不是男性和女性的问题。

随着社会发展,女人内心有渴望体现自己价值的时候,而且自己也选择了这样一种生活的时候,你就不应该把自己还当成某一类人。而应该认为自己只是在这个层级上,一个工作者而已。所以我不认为跟男性相比,我面对的压力更大一些,我也没有给自己在职业上确定特别明确的目标,只是对自己的职业有个要求,希望自己在做任何事情上,能够接近完美。

编辑部: 作为一名职业女经理人,你如何同时兼顾到事业和家庭呢?

张洪云: 我还在摸索阶段,我觉得这可能是我做的最不称职一件事情。因为陪伴孩子还是需要付出蛮多时间的。我先生的工作也在外地,在上海。我在南京,不出差的话每天可以和孩子共处一两个小时左右,晚上我回到家的时候,他通常都睡觉了。如果我再一出差,那和孩子相处的时间就更少了,基本上就只能让家里的阿姨照顾孩子了。所以这点我们自己有些时候也在思考如何兼顾事业和家庭,但很难,确实很难。

编辑部：您如何看待您的老板宋总呢？

张洪云：在我认为，他就是一个理想主义者，一位具有人文情怀的老板，他选择了做商人这条路。但事实上，他是用一些人文的理念去来经商。我觉得社会的大环境的问题，还有一些小的市场氛围的形成，可能都会对他形成一些冲突或者冲击。但是对于宋总本人来讲的话，我想他会依旧坚持自己的理想主义。

在他的理念中，绿城更多程度上是一个学校，就是为社会培养一些有道德意识，有行为能力的这样的一群人。绿城重视产品，也重视服务的附加值，更加重视员工自身的成功和发展。绿城会更愿意给员工提供一个平台，至于你在平台上面怎么样去发挥，怎么样走自己未来的路，其实是你自己的选择。但是每个员工的成长过程中还是会犯错误，所以绿城也愿意帮助员工，在他们需要的时候给予真正的扶持。也许绿城在某些层面上面上看还没有达到不是极致完善，可是从一个企业的文化理念上面来讲，宋总是一位很优秀的 CEO。

挑战创新，引领商业银行美好未来

——交通银行安徽省分行党委书记、行长徐斌专访实录

徐斌精彩语录：

—— 对一个个人来说，工作需要的是激情、想象力、进取精神，还有敢于挑战创新的勇气。

—— 对一个组织而言，获得成功应有"四部曲"：首先是倡导理念；其次是营造氛围；再次是推出方案；最后是狠抓落实。

—— 对于商业银行来说，创新提前两步就可能成为先烈，提前一步则是先驱。对于创新的步伐，商业银行必须审时度势。

编辑部： 徐行长，您好！据我们所知，您1997年报名参加交通银行信贷员社会招聘时，在原单位已身为处级干部了。在银行从信贷员这个基层工作做起一点也不奇怪，但从国企处级干部位置"跳"到银行信贷员，此举确颇需勇气。

徐行长： 在决定报名参加交通银行信贷员公开考试之前，我是在信息产业部的一家国营大厂担任中层干部，而且是当时厂里最年轻的处级干部。做出这个决定的时候，其实全家人都不太支持，我也矛盾了许久，但最终还是决定去应聘，随后被录用后，在南京交行的一家支行当起了信贷员。

编辑部： 是什么原因促使您做出这样的选择呢？

徐行长： 最重要的一个原因是，我认为未来金融行业对于国民经济的重要性将会远远胜过一般的企业。而商业银行更是处于金融业的核心地位，在市场经济的资金流通、结算服务、信用中介方面起着十分重要的作用，可谓是现代社会经济运转的重要枢纽之一。之所以选择交通银行，因为南京交行全玻璃幕墙的办公大楼是当时颇为吸引人的城市一景，更是因为交通银行是一家既古老又年轻的商业银行，是中国第一家全国性的国有股份制商业银行，发展前景十分看好。

银行和企业的运作方式不同，所形成的生产、流通规模更是差别巨大。作为一家工业企业，一年的销售收入可能只有几亿、几十亿元，盈利能力也有限，对外辐射面、影响力也相对较小。而商业银行则是一个平台，联结着资金的供需双方，承载着社会公认的信用，辐射到社会生产的各个方面，较少的员工人数运营着一般企业数十倍甚至数百倍的资金，可以为各类企业提供多种金融服务，为社会、为股东创造更多的价值。

编辑部： 您在交行的第一份工作是信贷员，您还能记得当时的工作流程么？

徐行长：信贷员（后改称客户经理）当时还是实行的是师徒制。我每天的工作就是向师傅请教一些问题，骑着自行车跑街，到各大写字楼里挖掘客户。在协助这些小公司填表开账户、去柜台办理各项手续、建立业务关系的过程中，我逐渐对银行的各项业务熟悉了起来。

编辑部：您刚提到的这种流程过去俗称"扫楼"，但现在这种模式应该很难成功吧！

徐行长：事实证明当时谈下来很多这些小公司的业务，在后来的一段时间内这些客户大部分对银行都不起大的作用，逐步流失了。不过确是让我学会了如何选择银行的目标客户和该如何和客户进行有效的沟通。只能说这种模式不一定能适应现在的银行环境，但是却很能锻炼人的意志力，以及激发人不断挑战创新的勇气，当然这过程中酸甜苦辣都有，需要个人有很强的承受能力才行。

编辑部：作为信贷员，您对于大客户营销应该有很多的经验之谈吧！

徐行长：首先，在客户交往中，必须要做足功课，知己知彼。除了关注跟银行相关的业务之外，还要研究大客户自身和所处行业的发展情况。其次，要将银行的金融产品和客户的财务运作、资金管理、未来发展相结合，能够提供配套的解决方案。

我认为银行的信贷员，不应该是天天在外面跑业务、做营销，而是应该花更多的时间在事前的功课准备上，真所谓"磨刀不误砍柴工"，反而可以起到事半功倍的效果。

对于一些知名大公司，往往是各家银行争相抢夺的目标，眼光更要放长远些。对外，可以通过建立联系，了解其需求，从一项金融产品服务切入，逐渐扩展到其他方面的合作。而对内，要善于协调前中后台各相关部门，主动汇报争取支持，达成为客户服务的一致意见。

编辑部：信贷员到行长的职场晋升之路，您可以谈谈么？

徐行长：我31岁到交行做信贷员，尽管年纪已经不轻，但我乐于从基础做起、从小事做起，扎扎实实，也没什么个人发展的奢望。但"处级干部"出身的我，毕竟有着较好的社会经验和工作经验，仅仅过了一年半，1999年产5月我就被破格提升，在一家支行（当时还是分理处）就任副行长并主持工作。在半年的时间内，通过成功实施"中户营销策略"，使该支行业绩跻身南京交行100多个营业网点前十强。随后，在这年年底，我又在"三讲"活动中被分行"人才发现"，又一次当上了团干部，担任南京交行团委书记。我以前在国企的时候也任过此职，对此更是驾轻就熟，我主编了《交行青年》，当了一年多的团委书记，在银行系统内便小有名气。2001年初，我通过竞争上岗，成为当时各商业银行热门部门市场营销部（后改称公司业务部）的老总，负责统一组织和管理全行公司信贷业务。

编辑部：您应该是南京交行公司业务部的第一位总经理吧！

徐行长：是的。当时各家银行对于对公业务"虎视眈眈"，想着法子争抢市场。在竞聘时，我正好完成南大MBA学业，于是我将学习到的理论知识，进行了系统化的整理之后，和这个部门工作结合起来，提出了"组织推动、牵头营销、规范管理、调研指导、不断创新"

的 20 字工作定位。按照这个定位,我将原本分散的业务全部整合集中,改进营销方式和信贷流程,在任职的三年期间,交行南京分行对公业务无论存款还是贷款都实现了迅猛增长。

2003 年初,我作为省分行领导班子后备干部到了交通银行总行挂职锻炼。一年后,我回到了交行南京分行干起了别人都不太愿意接手的个人金融业务,担任个人金融部总经理。

编辑部:您从总行挂职回来,为何选择"吃力不讨好"的个人金融业务呢?

徐行长:个人金融业务部门的工作比较繁杂,不容易见到效果。但我认为,当时正是个金业务转型的时期、变化最快的时期。对我个人而言,工作需要的是激情、想像力,进取精神,还有敢于挑战创新的勇气。别人不愿意干,我愿意去尝试。

接手个人金融业务部之后,我花了将近 2 个月的时间进行了大量的调研,初步掌握了个金业务的特点和运行规律。我运用在南大 MBA 学到的营销原理,结合个金业务特点提出了个金业务发展的"五精策略",即打造精锐队伍、推出精良产品、提供精湛服务、建设精品网点和发展精高客户。这个策略得到了总行的充分认可,我根据这个策略推进业务发展,思路比较清晰,效果也很显著。

经过 2 年多的努力,无论是经营理念、发展思路、队伍建设还是经营业绩,南京分行的个人金融业务在系统内开始有了名气,在全国交行系统处于领先地位。

2006 年,我成为交行南京分行(后改称江苏省分行)副行长;2009 年初又"临危受命"被提任为贵州省分行党委书记、行长,经过艰苦努力,我带领全体干部员工将交行贵州省分行全系统倒数第一的落后面貌彻底改变,一跃成为全系统经营管理优胜单位。2 年后的 2011 年,又被调到了安徽省分行任党委书记、行长。足迹从东部到西部又到了中部。

编辑部:您从最基层的分理处,到中心支行、到省分行,再到全国总行,几乎每个层面都干过。您在每个工作层面上都取得了巨大的成功。您认为成功的因素是什么?

徐行长:做任何工作,其实原理都是一样的。我认为想要成功应有"四部曲":

第一是倡导理念。在做事情之前,对于所处行业和所做工作,都需要认真做调查研究,充分了解情况,在此基础上提出工作的理念。

第二是营造氛围。领导带头,宣传鼓动,营造出干事创业的良好氛围,充分调动周边的同事一起把工作做到最好。

第三是推出方案。明确目标,制订方案。

最后是狠抓落实。抓不落实的事,追究不落实的人。

有了这四部曲,工作肯定能够做好,自然也就能够取得成功。此外,团队建设也很重要,整个流程之中,都是需要有团队去配合和执行的。

我常常认为,作为一名管理者,仅仅满足于完成好领导交办的工作是远远不够的。在思考问题的时候,要把自己提高一级来考虑,而在做具体工作的时候,又要把自己降低一级来对待。思维跟务实并不冲突!

编辑部：南大三年的 MBA 学习，您有什么体会呢？

徐行长：MBA 教学是一个理论与实践相结合的过程，可以很务实地解决一些问题。同时，MBA 搭建了一个各行各业交流的平台，这样的平台可以起到非常重要的作用，这也是我本人感触最深刻的，攻读 MBA 所带来的资源和知识，对我事业的发展、对未来的成长有非常大的帮助。

其次是有助于提高沟通协调能力。利用各种工作机会和课堂、课外活动，增强了与各类人交流和沟通的技巧。

第三，MBA 的教学方法培养了一种更开放地去思考、解决问题的模式。就拿商业银行来说，面对一个复杂多变的经济环境，你选择怎样的经营思路是至关重要的，处理好利润与风险的关系是核心问题，而 MBA 教育正可以启发这样一种思维，寻找到一种解决问题的方法！

编辑部：您刚刚提到商业银行现在面对的是复杂多变的经济环境，那么您能具体谈谈商业银行发展面临哪些巨大的挑战呢？

徐行长：首先是来自于金融"脱媒"。随着资本市场的快速发展，商业银行传统信用中介的角色开始发生变化。一些优质企业纷纷通过"上市"、"发债"、"发券"等权益融资或债务融资的方式获得所需资金；信托公司、租赁公司、证券公司、保险公司等金融同业纷纷"抢食"商业银行业务。随着金融市场发展进程的加快，商业银行主要金融中介的地位必然会降低，必须尽快实现转型。

第二是来自于利率市场化。利率市场化会进一步缩小了存贷利差，如果商业银行仍仅仅关注存贷款业务，那未来将很难有可持续性的发展，必须要转型。

第三是来自于金融监管的深化。现在金融监管的触角越来越严格和精准，对于银行的资本、流动性和风险管控等方面提出了很高的要求，迫使商业银行必须走低资本消耗的发展道路。

第四是来自于互联网经济的迅猛发展。这种模式彻底颠覆了传统商业模式，可以说是带来了天翻地覆的巨变。如阿里金融在网上搭建了一个资金的供求平台，相对于传统的银行来说，不受地域、时间等诸多限制，而且交易环境也相对公平，供需双方大量聚集，相互激励，交易量呈几何倍数增长。商业银行传统的经营模式和盈利模式均受到了极大的挑战。

第五是来自于客户需求的多元化。随着客户受教育程度和对新技术接受程度的逐渐提高，他们对银行产品和服务的个性化需求和期望越来越高。传统商业银行所提供的批量化和标准化的金融服务已经难以满足客户的个性化需求，必须向以客户为中心的经营模式转变。

编辑部：您觉得面对以上的挑战，传统的商业银行将来是否会难以生存呢？是否有应对措施呢？

徐行长：这其实是一把双刃剑，在正视商业银行面临巨大挑战的同时，我们也要看到商业银行发展有无限商机。未来的银行业就是优胜劣汰，必须拥有卓越的管理思维和创新意识,才能抢得先机,才能转危机为商机。

比如应对金融"脱媒"的挑战,商业银行可以为实体经济企业提供多元化融资渠道和一揽子综合金融服务方案,从而获得手续费和服务费。通过提供增值服务和智力服务来获得利润,从而找到商业银行的生存空间。同时在扶持小微企业的发展上,通过创新融资担保方式,提供专属配套金融服务。

再比如,应对利率市场化,利差越来越小,继续坚持存贷利差,银行的利润将会难以为继。因此商业银行应向交易型银行转型,从存量经营转变为流量经营。其中,资产证券化就是一种很好的做法,既可以盘活存量,获得中间业务收入,又可以将腾出的资源投入新的客户。

编辑部:目前这些金融创新措施已经开始试行了么?对金融创新您有什么看法?

徐行长:这些措施现在都已经开始实施了。对于银行来说,资金的风险是必须控制好的,每项创新方案必须要进行内部审核和认证,制定好规矩和流程才能够具体实施,同时,也必须符合国家政策和相关法规。对于商业银行来说,创新提前两步可能成为先烈,提前一步则成为先驱。对于金融创新的步伐,必须审时度势。

创新电子商务，聚焦客户价值

——江苏享佳健康管理有限公司董事长肖俊方专访实录

肖俊方精彩语录：

—— 产品什么时候应该降价？当顾客比以前更喜欢你的产品，愿意再次购买，销售量上升时，那就应该降价了。

—— 我们永远要清楚我们做的事情不可能那么多，我们做的事情要少、要精、要聚焦度高。

—— 没有稳定的干部就没有稳定的员工，没有稳定的员工就没有稳定的企业发展。

编辑部：肖董事长，您好！您可以先介绍一下江苏享佳健康的总体情况么？

肖俊方（以下简称肖董）：江苏享佳创立于2007年11月，现已发展成为中国最大的营养保健品在线服务商之一。享佳的产品品类也从一开始的保健食品逐步扩展至如血压计、血糖仪等保健器材和医疗器械，现在的生活用品主要是老年人的日用品也有提供。

顾客通过享佳客服客服电话或网上商城了解和订购产品，产品通过快递的形式送至顾客手中，货到验货后付款。

编辑部：在当时，保健类产品选择邮寄方式经营还是比较少见的。

肖董：当时主要是以服装类产品选择以这种电子商务形式经营的较为普遍，比如麦考林。因为服装是一种标准化的产品，消费者通过浏览服装图片实现订购，完全可以做到不需要人员介绍。这也是近几年来服装类产品借助电子商务形式取得快速发展的原因。我个人认为，标准化的产品适合做直销，也适用于包括目录营销、电话营销等其他形式。

但是，这种经营形式在保健品行业还是不多见的。对于江苏享佳健康来说，我们的定位就是准电子商务企业。初期，我们的销售方式主要是靠目录销售，靠电话销售，靠广告销售。我们的销售流程是首先通过广告吸引顾客，然后感兴趣的顾客会打电话咨询，成为会员购买产品，我们会定期给会员发放书籍和产品目录，从而促成二次购买。我们必须通过广告告知顾客，所以我们在几乎所有的报纸、杂志、电视等媒体上投放广告吸引顾客的注意。

编辑部：也就是说享佳的产品销售方式一开始是以目录销售为主，逐渐向网络销售转型的。

肖董：在如今这个网络日趋普及的年代里，电子商务平台是时代发展的必然趋势。尤其是我们享佳健康在这个产业中还想要做大做强，仅仅依靠目录销售等方式是远远不够的，必须向网络销售转型。原因有两点：

第一，公司必须要符合时代发展的趋势。比如现在电子商务快速发展，错过这个机会就会影响公司的发展。如果我能够跟随电子商务和移动互联网的潮流、趋势和方向来制定营销模式，那我就比别人领先了。

第二，必须要找到自己的优势，也就是自己最擅长做的事情，把自己的优势发挥到极致。

编辑部：您认为营养保健品采用这种营销模式的优势何在呢？

肖董：对于享佳健康的产品来说，这种营销模式的优势就是提供"物美价廉"的产品。

第一，这种营销模式能够创造巨大的顾客价值。顾客价值是什么呢？对于我们公司来说，这种方式是直购直销，给顾客创造的价值就是"价廉"，这也是电子商务企业特别是直销类企业的价值所在。我们没有中间环节的费用，所以把价值让渡给了顾客。我们的产品价格比市场上销售的产品便宜30%～50%。

第二，这种营销模式想要创造顾客体验。对于非标准化产品来说，顾客体验很重要，我们需要创造顾客体验。因为"价廉"是每家电子商务企业的优势所在。如果大家把价格降到极致，那就要面临亏损。这时候要保证公司的价值，保证公司的利润就要让顾客有体验，感受到产品的差异。顾客感受到产品的差异性，就愿意为此多付出价格。所以很多电商企业破产就是因为只强调便宜而忽视了顾客体验。在保健品行业内，对顾客最有价值的产品就是好品质，也就是我所说的"物美"。

总体而言，我们的产品比传统零售渠道的价格要便宜，又能够保证提供给顾客高质量的产品，让顾客体验到差异化的产品。

编辑部：在我们看来，享佳健康的成功很大程度上取决于选择了合适的营销模式。

肖董：除此之外，还有一个非常重要的原因就是享佳健康选择走快速扩张规模的道路，采用会员制模式快速建立的庞大的会员规模。另一方面，很多保健品公司通过广告来扩大规模，而享佳健康是采用联合营销的模式，与媒体机构合作组成战略联盟，形成双赢的局面。

编辑部：您刚提到通过与媒体联合营销获得竞争优势，除此之外还有其他措施获得竞争优势吗？

肖董：服务当然也很重要。举个例子，顾客一旦成为享佳健康的会员，我们会不断地给顾客赠送各种礼品，如书、杂志等文化产品以及放大镜等生活日用品，这些都是符合我们顾客的日常需要的。除了会员订购制，享佳健康还有定制模式，与供应商合作，特别量身定制一部分产品满足部分特殊顾客的需求。有的商家可能只是在卖产品，但是我们更强调要和顾客建立起终身的关系。

要想长期保持竞争优势，我们还需要不断优化营销模式，不同阶段采取相对应的措施。通俗地说，就是我们要不断地挖掘新的创新点，时刻比竞争对手超前半步。

编辑部:您既然提到了创新点的问题,您认为什么是创新?

肖董:第一,我们要做得比别人早;第二我们要比别人做得好;第三,这个点要能够像一个支点一样,撬动一下能够拉动整个业务的发展。

编辑部:关于这个支点,有可能一开始是创新,后来大家都这样做了,导致效果下降。您有碰到过这种情况吗?

肖董:有的,举个例子就是实行低价策略。我们碰到过商家把价格定在59元、50元、1元甚至不要钱的情况。还有就是送书送杂志的事情,后来发现大家都送,甚至送的都一样。所以我才强调要不断优化营销模式和挖掘新的创新点,将来享佳健康也准备将健康管理作为我们一项新的创新。

编辑部:某种意义上,营养品是属于经验型产品和信任型产品,您怎么看呢?

肖董:关于经验和信任只是表象。深层次来看:第一,一个顾客吃保健品连续半年或者一年一定是要有效果的。我个人觉得,所有保健品一定会在三个月内见效。如果三个月不见效,没有消费者有耐心会继续坚持下去的。所以顾客最大的体验就是看保健品有没有效果,能感知到保健品的效果是顾客选择的第一个因素。这种效果慢可能在三个月,快可能在一个月。这是非常重要的,能做到这样的公司需要行业经验,我们是有这种经验的。

第二,生产同样产品的厂家有很多,我们要选择最优的厂家。我们怎么知道哪个厂家是好的呢? 我们有二十多年的保健品从业经验,我自己也是出身于产品研发这一技术领域的,所以对此了解还是非常透彻的。还有我们的合作厂家对我们也是非常信任。

最后,我们希望把产品零售价格降下来,把价值让渡给顾客。我有一个说法,什么时候应该降价? 当顾客比以前更喜欢你的产品,愿意再次购买,销售量上升时,那就应该降价了。这样在给顾客带来价值的同时也能够保证了公司的快速扩张。

编辑部:您是如何想到创立江苏享佳健康的? 之前是否也在保健品行业工作呢?

肖董:说到创业动机,也算是机缘巧合吧。在创立享佳健康之前,我也做过好几份工作。大学刚毕业的时候先是做了2年老师;读完3年的研究生,我又去了纪检委做水产等农副产品的外贸生意。在发现自己确实不适合这份工作之后,1991年,我又再次辞职去了当时被誉为"中国第一村"的天津大邱庄发展。1993年,我回到南京,正好遇上了江苏省纺织厅刚刚成立了南京中脉科技发展有限公司,致力于提供高科技的健康类产品,于是我就去了南京中脉,主要负责产品的生产、研发和销售。直到1998年至2000年的这段时间里,公司遇上了改制的问题,于是我和朋友商量后决定入股公司。而后因为一些原因,尽管我离开了中脉科技,但是这段期间的创业历程,使我对整个保健品行业的掌控能力大大增强。

编辑部:您工作中的创新想法或者说管理经验的来源有哪些? 在南大MBA的读书经历对于您的事业发展有怎样的影响?

肖董：关于管理的体验来源体现在三个阶段：

第一个阶段是初始阶段。在读 MBA 之前主要就是实践，瞄准行业中的标杆企业和竞争对手学习。他们做第一我就做第二，然后找准时机超越他们，在某些方面做到极致，就很有可能做第一了。我认为这是非常有效的。

第二个阶段就是读 MBA 的过程中一边工作一边学习，会对工作进行理性的思考和梳理。这个阶段大概有两三年的时间，这段时间对于思想的提升也是飞快的。以前总觉得事情做得很大不知道原因在哪里，不断反思之后就会知道事情做大的原因在哪里。通过学习会有对照，也会对失败进行总结以及深刻的反省。

第三个阶段就是读完 MBA 之后，再做很多事情时，我就学会了聚焦。我经常跟员工讲，我们永远要清楚我们做的事情不可能那么多，我们做的事情要少、要精、要聚焦度高。比如我们招聘基层员工一开始不需要招太高学历的人，我们招大专生和本科生，发现大专生最稳定，但是本科生一旦做的好了就很容易成为主管。所以招聘人才就是要找准适合企业的员工。

在我看来，有一点管理经验的人，特别是任职于管理岗位的人，亲身体验到挫败之事再去学习就会很有感悟。企业主管在个人职场成长中进行 MBA 学习应该是很好的一次尝试，我已经把几位核心干部送到南大读 MBA 了。

编辑部：您刚刚提到要找准适合企业的员工。对于销售型的企业来说，员工是很重要的。享佳健康是如何激励员工的？

肖董：对于消费者，我们坚持把"顾客至上"做到极致，同时在公司内部我们也强调把"员工至上"做到极致，必须重视员工价值的首要条件是要增加员工的收入。从公司成立的第一天起，公司里收入最高的不是我，也不是经理层，而是公司的销售人员。

第二是要让员工开心。我们的企业文化就是员工是天，我们的员工在公司里最大。从办公环境来说，我们配有六部电梯方便员工去餐厅用餐，空间大小设计注重员工的舒服度等等细节上。我们还有许多办法让员工开心，例如把员工的工作照、生活照都布置在公司内，时刻看到员工形象也就时刻把员工放在公司的心中。因此我们的员工流失率非常低，这个行业的员工流失率大约是 25％，而我们的员工流失率维持在 3％左右。

第三是我们在员工招聘的时候很注意地域性。尽量在公司周边招聘员工，方便他们上班。我们这个行业是人才驱动，不是技术和资本驱动。没有稳定的干部就没有稳定的员工，没有稳定的员工就没有稳定的企业发展。

编辑部：您平时主要忙于什么工作，或者说您在公司中担任着怎样的角色？

肖董：我现在的工作重心主要是处理三件事情。

第一件事情就是制定公司未来 3～5 年，乃至更长时间的发展方向。比如说我买房买地，从目前来看是用不到的，但是 3 年以后也许就会大有用途。

第二件事情就是制作健康管理软件。现在还没有人做，但我预测未来肯定是有很大需求和市场的。

第三件事情就是保持良好的外部公共关系。包括处理与大型供应商的关系，与媒体的关系,与政府的关系等各方面。

编辑部: 您刚也提到了供应商,那您如何看待销售型企业和供应商的关系呢?

肖董: 我刚才有提到顾客价值和员工价值对于公司的发展很重要,而我们选择的战略合作伙伴也要有价值,这个战略合作伙伴就是供应商。像我们销售类的企业,供应商支持你,你就会做得很好,供应商不支持你,你就会陷入困境。

在选择供应商时一定要慎重。尽量选择实力强、有成熟产品和讲究诚信的供应商。供应商提供的产品,我们也要选择那些没有出现过问题并且效果很好的产品去销售。

第二是要让供应商有足够的利润空间,与供应商一起成长。供应商提供的产品报价越低,我们促销就越多,销量上升,赚取的利润我们会和供应商共享。所以我们能和供应商保持长期稳定的关系,很少有供应商主动放弃和我们合作。甚至于我们的关系好到可以在双方经营有资金困难时,可以先把资金垫付给对方,相互支持。这也是我们资金没有困难的一个原因。

编辑部: 对于想要创业的 MBA 后辈学员们,您有何建议吗?

肖董: 对于想创业的学员来说,首先要有好的商业机会。现在的商业机会是很多的,但是好的商业机会还是非常少的。我做了很多年实业,看到很多的失败都是因为商业机会不好所导致的。

其次,要有好的团队。如果一个团队中的成员们能够各司其职,那就是非常完美的。团队成员们最好是能够相处一段时间的,能够彼此熟悉的,这样还能减少磨合时间,并能够相互支持。

再次,要有好的创业心态。创业很可能会面临失败,我们需要给自己设置一个能承受的底线,既要设定最高目标也要设定最低目标。这个底线大家都可的话,在创业的时候心态就会平衡,即使创业失败也不会影响到正常生活。

我的成长,来自我的选择

王知非[*]

对于很多创业者来说,能够选择将个人特长和能力融入到自己热爱的事业中,在小有所成后回味一番,绝对是人生一大幸事。

选择读书,确定新方向

大学毕业后,我被分配到江苏省某政府部门担任一名普通的公职人员。按部就班的日子,生活确实安逸,可日复一日缺乏创意的重复性工作,难免意志有所被消磨,一度我甚至用"食之无味,弃之可惜"来形容我当时的感觉。

2003 年,在我感觉发展到达"瓶颈"期时,我选择报读了南京大学商学院的 MBA 课程,想通过系统的工商管理学习来发现作为理科生的我的其他潜在价值。而这段难忘的三年读书经历,也让我在专业管理知识的学习、思维模式的转变、人际关系网络的建设和自我行为的完善与提高这四方面受益良多。

MBA 课程的学习,并没有为我得到一张漂亮的文凭,也没有帮我赢得一份晋升加薪的职位。相反的,却促成了我辞去公务员的工作,转而投身企业的坚定决心。我当时的想法是,既然都自认公务员的工作不适合自己,不如以快乐的心态去选择自己想要走的道路。于是,MBA 的课程还没念完,我就去了一家投资公司做了 7 个月的投资顾问,而后到了苏州吴中集团的战略投资部又工作了 8 个月,由于工作表现还不错,我被集团委派到南京的苏威尔科技有限公司担任总经理一职。

选择创业,偶然中的必然

苏威尔科技有限公司是 2011 年由吴中集团和南京师范大学集合各自优势合资组建的公司,一直从事现代中小学教育装备与实验室课程研发的业务领域。公司的前一任总经理由于长期从事教学工作而忽略实际运营,再加上我之前的工作并无经营性企业的全面管理实战经验,所以刚接手时,工作一直很辛苦,经营情况却并不理想。更甚者说,苏威尔一路跌跌撞撞地挨到 2008 年至 2009 年,全球性的金融危机大爆发,终于让苏威尔撑不住了,陷入了外销彻底崩盘的窘况,也让吴中集团确定转让或清盘苏威尔。

当集团总部正式通知结束苏威尔的通告出来后,我大可选择回集团总部继续工作,但

---

[*] 王知非,南京大学商学院 MBA 教育中心 2003 级校友,2011 年曾获得南京大学首批 MBA 创业明星奖。

当时我已经在苏威尔工作了两年多时间,而且这是我第一次在实战中掌控企业管理的各个环节和经营全过程,因此对公司更增添了一份特殊的情感,对一起奋斗的员工们好似也平添了一份责任感,不想就此草草结束。

经过我和团队伙伴们的多番商议,均认为这个行业还是有很好的市场前景的。2010年,深思熟虑后,我决定入驻苏威尔,正式走上了我的创业之路,10年虽然不算长的工作经历中,我也完成了由公务员到职业经理人,再到企业所有者的角色大转变。

选择市场,关注长远发展

对于前两年苏威尔的经营管理所历经的种种辛酸苦辣,在我反复的思考和总结后,终于认识到,当年我作为经营管理零经验的"空降兵",尽管思想活跃,满怀激情的要在苏威尔大干一场,但是稀里糊涂的却什么都觉得很新鲜、什么产品都觉得可以研发、什么产品也都觉得可以卖好,完全没考虑过我要做什么,苏威尔又有什么资源和核心竞争力。作为企业的领导人,不是盲目地到处找市场,关注行业未来,精挑市场,苏威尔才能走的更远。

国家经济的快速发展,人民素质的日益提高,都必将依赖于教育事业的全面普及。在我国制定的"科教兴国"战略中,现行的 9 年义务教育法更是明确了教育是基础的核心思想。这么一个巨大的市场前景给苏威尔的产品,即"为中学的理科实验室提供高端的实验教学设备",提供了很好的销售平台。此外,公司的 10 年运营经验,也使我们的产品具备了从研发、生产、销售再到售后的一条龙式服务能力。我们能够研发合适的产品,也熟悉行业的运作,更是了解目标客户的需求。我相信,"专注于在行业内做到更深、更强、更精"这个目标,苏威尔未来一定可以做到。

如今,苏威尔遵循着这个目标前行,去年做到了圆满完成销售计划,今年的最终销售额更有可能远远超过当初的预计。我选择以苏威尔开启创业之路,就必须让它在激烈的市场竞争中首先活下来,其次谈成长,再者谈健康和长期发展。

选择坚持,心怀感恩

任何创业者第一天创业的梦想都是最美丽的。在创业的过程中,不论将来的结果成败与否,都要面对各种各样的压力,所以创业者又是很累的。《乔布斯传》很多人看过,我也颇赞同他的观点,创业者必须做自己喜欢做的事情,才能专注,才能坚持。

回想 2008 年时,半路出家的我刚接手苏威尔,就遭遇了经济危机的爆发。在面对公司的外销订单骤减,办公场所的两次迁移和近半数员工的相继离职等等问题时,我曾沮丧,但从没放弃。这些年陪伴我最多时光的就是"坚持"二字。我相信付出就有回报,也坚信我的认真、员工的努力和产品的优势,一定可以带给苏威尔转机,也许今天没有,明天也没有,但会有那么一天的到来,我愿意耐心地等待。如果没有这份坚持,苏威尔今天可能已经不存在了,更别提美好的发展前景了。

苏威尔的发展也记录了我从国企员工到民企老板的转变过程。作为一个企业的领导者,不仅仅是对自己和家人有交代,更是承担着对员工、股东、客户和社会的责任。因此,对于他们，我一直怀揣一颗感恩的心。

首先，感谢我的前雇主"吴中集团"。要不是他们委派我接管苏威尔，给了我一个非常重要的锻炼机会，也许我不会有创业的打算。

其次，感谢苏威尔的股东和员工。那些自始至终坚定地跟着公司，相信我的团队们，他们吃过苦，受过罪，从没有业绩、备受指责、没有希望等等痛苦的日子中走出并坚持到如今的销售倍增、辛苦加班、新市场开拓等等新局面，他们是苏威尔不可或缺的核心力量。

再者，感谢和苏威尔合作的客户。这些话虽说听着有讨好之嫌，但却是我真诚的肺腑之言。苏威尔和我一直都是以诚信做业务的宗旨，致力于提供给客户最适合的而非最贵的产品，而客户回馈给我们的是市场机会、正当利润和长期互信。他们给予苏威尔很大的帮助，既是公司得以快速发展的源源动力，也是公司保障员工和股东权益的坚实基础。

我相信，有了这颗感恩的心，你才会真诚地对待别人，懂得在工作中采取换位思考，学会用发展的眼光看待事情。你对待别人的真诚友善，也必将换得别人对你的信任支持！

一条道,走下去

谈平原[*]

　　"人力资源"一词与我结下不解之缘。大学本科的专业是人力资源管理。毕业后,先是任职中国东方航空江苏有限公司人力资源部办事员、副主管、主管、副部长,后至东航下属控股公司——苏鹰人才开发公司任总经理,从事的也是人力资源方面的工作。2008 年自己接下苏鹰单独创业,公司的主营业务还是人力资源服务。对我而言,这可以算得上是一条道路,走到现在,也会走向未来……

三次选择,同一道路

　　人生的岔路口上总是面临着诸多选择,有些选择可能会决定你的一生。进入大学选择什么专业可谓是其一。大学的专业决定你的一生这个说法可能太过绝对,但是如果能够选择一个适合自己的专业,我想总是会对你的未来产生很大影响。拿我自己来说,大学选择学习人力资源专业便是如此。大学毕业找工作,我又一次面临选择,最终选择去东航从事人力资源管理工作。

　　第三次选择是这次的创业了。2008 年,根据国家有关法律法规,苏鹰进行了改制,实行了管理层收购后,脱下了国有身份。我也算是开启了自己的创业之旅。虽看似顺理成章,但我之前没有想过这个事,当这个事突然摆我面前,自己还是进行了一番抉择。是否创业这个问题让我思考良久,最终还是决定踏上创业征程。有一点要特别提及的是,决定创业后,我不需要考虑挑选哪个行业的问题,因为我当时管理苏鹰已有 4 年了。虽然是在国有体制内,但自己投入了很多心血和情感,看着这个公司一点点发展成长,就像是自己培养的一个孩子,到最后需要分别时非常不舍,我很想把这个"孩子"继续带下去。苏鹰的主营业务就是人力资源服务,人力资源已经与我紧密联系在一起,选择它毫无疑问,也是驾轻就熟的一件事了。

　　现在想想,自己虽面临着一次次选择,但是都是围绕着人力资源这个中心,这也许真的就是一种缘分。

创业风雨路,阳光总在风雨后

　　说到创业,过程当然不是一帆风顺的。仅从自我的情况来看,就经历了很多变化。首

---

　　* 谈平原,南京大学商学院 MBA 教育中心 2004 级校友,2011 年曾获得首批南京大学 MBA 创业明星奖。

先是社会角色的变化：以前是国企，还是央企的一名中层干部，在社会中会受到一定尊重；现在是在完全私有的民营企业，在社会认知中，恭维一些被称作是"民营企业家"，通俗一些被称作是"老板"，谦卑一些那就是"个体户"，所以我自己的心态必须跟着角色的转变而进行巨大调整。

其次是工作压力的变化。以前在央企，我更多面临的是发展的压力；现在，我要面临的却是生存的压力，公司能不能活下去给我的压力是前所未有的。

第三是肩负责任的变化。以前，我更多的是要对公司负责、对工作负责、对自己负责；现在，更是增加了要对跟随自己的全体员工负责，想着如何给予他们更好的生活，让他们得到更好的发展。

第四是家庭环境的变化。以前全家为自己的工作和发展，总体感到比较高兴；现在我下海了，前途未卜，他们对公司和行业又不了解，着实为我担忧，全家极力反对，所以我面临着很大的家庭压力。

至于发展过程的各种波折与艰辛，应该是不胜枚举。比如，刚改制出来创业后，原来的骨干员工队伍，就发生了一些动荡。原来公司是国有单位，很多人比较看重这个的，现在改制变成私有企业，就有相当一部分人离开企业。再比如，原有的有些客户要求与国有单位合作，他们在得知我们改制变私有单位时，就终止了合作，等等。

阳光总在风雨后，好在我们这么多年走了过来，在无数的波折中实现不断的成长，一路保持健康前行！公司目前的经营情况非常良好，从国有体制脱离后，每年保持近50%的增长，由小到大，从弱到强，规模不断扩大，管理品质逐步提升，经济效益稳步增长，综合实力日趋上升。公司主营业务范围不断扩大，从招聘猎头、人力资源外包，到教育培训、管理咨询。公司业务链不停延伸，目前已形成一条有苏鹰特色的人力资源服务产业链。同时，公司加大加快了分公司的建设和集团化发展的步伐，先后在南京、常州、武进、泗洪、仪征、溧水等地开设多家分公司，并全资并购两家同行公司，实现强强联合。公司先后荣获"全国创业之星"、"中国人力资源服务 AA 级信用单位"、"江苏省就业促进会副会长单位"、"江苏省人力资源 10 强企业"、"江苏省青年就业创业见习基地"等荣誉称号。

回想起来，我们应当感谢这些挫折与困难。正是它们，让我们变得更加坚强，让我们拥有更强的斗志与竞争力，让我们更好适应市场，从而在市场中一步步稳步前行，走向高地。

经历这一过程后，我体会颇多：一是任何时候，学习不能放松，MBA 就是其中一种很好的方式；二是坚持规范经营，走稳健发展道路，不图一时之利，不要为了走捷径甚至罔顾法规；三是不能小富即安，看着眼前，不思进取，守旧摊子；四是要有博大的胸怀，无论是碰到委屈，还是需要与人分享，都要能淡定与舍得；五是如果没有一颗坚强、越挫越勇的心，最好不要创业。

此外，需要特别强调的是要有创业精神。南京市委书记杨卫泽在南京市第十四届人民代表大会第五次会议闭幕会上重提以敢于创业为核心的新时期南京精神，我也非常认同和赞许。创业精神，在当前我国就业压力大、经济结构转型、南京争创全面率先的大背景下，显得十分必要和及时。创业精神其实反映出来的是一个民族的创新精神和追求卓越、挑战自我、实现自我的价值观。

未来，展翅翱翔

苏鹰，"蘇"体现着鱼米之乡自然和谐之灵，同时融入江苏文化博大精深之韵；鹰是世界上寿命最长的鸟类，在空中展翅翱翔，非常有气势。我们全体苏鹰人始终坚定围绕"促进人与组织协同发展"的企业使命，秉持"让客户得到超凡价值、让员工得到持续发展、让股东得到长效回报、让社会得到永久关爱"的企业宗旨，勇敢追随"创一流国际企业、创百年民族品牌"的企业愿景，通过明确具体的三步走战略"卓越苏鹰"、"社会苏鹰"、"百年苏鹰"，立志让苏鹰成为全中国最令人尊敬的人力资源服务专家。

面对未来，我们已准备好，展翅翱翔……

创业，在构建环境友好型社会中进行

薛龙国 [*]

总结我的两次创业经历，一次是"破坏"环境，一次是"保护"环境。前者惨淡收场，后者前景宽广。我想，能够促进环境友好型社会建设的创业才是具有旺盛生命力的，这就是事物的发展规律吧。

创业促进环境保护，在环境友好型社会中成长

1993年底，我开始了人生中的第一次创业，当时在连云港搞化工厂，最终落得惨淡收场。

2009年我开始第二次创业，也就是创办了现在的江苏绿威环保科技有限公司。它是一家以城市综合污泥处理处置为核心业务的高科技企业，主营业务是污泥处理。

公司根据不同客户的需求和污泥特性，为其量身订做最优化的污泥处置方案，提供污泥处置项目的规划设计、建设运营、资金技术等全方位的支持与合作，借此，客户可实现城市综合污泥的减量化、无害化和资源化综合利用。公司目前有100多名员工，预计三年之内可同期运行约八个项目。

公司已建成投产的项目有：昆山市新昆热电厂污泥处置BOT项目一期，日处理含水80％的城市综合污泥100吨。项目运行近9个月，情况良好，各项指标均达到设计要求。昆山市政府对该项目评价良好，已被列入太湖治理重点工程。在建设中的二期项目可日处理污泥200吨以及吴淞江污水50吨，将取得更大的环保和经济效益。此外，公司在昆山新昆热电厂已建成一条日处理120吨污泥（含水率80％）的生产线，自动化程度高，运行简便稳定。第二条生产线将于2012年底建成投产，届时日处理污泥200吨，年处理污泥量达10万吨。

公司取得的成果是建立在本公司的污泥干化技术基础上的。公司成立后，我们和上海交通大学、复旦大学合作，研发处理污泥的新技术，2010年公司开始运用新技术。新技术采用的是污泥干化后焚烧的方法，通过化学加机械方式，经破壁、调理、挤压等过程，用很少的电能将85％的污泥压到60％以下，然后送入锅炉燃烧。目前，昆山项目采用本公司的技术，完全能够做到污泥处理"减量化，无害化，稳定化，资源化"。

污泥干化技术的主要原理是：1. 破壁。污泥的水分主要是细胞水，含在细胞壁内，自然晾晒和低温加热是无法将水分干化的，必须对其进行破壁使细胞水能顺利流出细胞体。

---

* 薛龙国，南京大学商学院MBA教育中心1997级校友，现担任江苏绿威环保科技有限公司总经理。

2. 调理。调理主要是把污泥的分子排列结构进行重新调整，使其排列序，便于污泥在受到挤压时水分能顺利流出。3. 压滤。采用大功率板框压滤机，很自然将水分挤出。由于公司在配置调理试剂时，特意关注后期热电锅炉焚烧问题，所以干化后的污泥不含氯化物，且 PH 值也接近中性，热值在 800 大卡左右，适合燃烧而且焚烧时不会对锅炉造成伤害。自然风干几天后，含水率可以降至 50％以下，热值大于 1 000 大卡。

公司取得的成果和国家的政策也是分不开的。大气、水等资源一直是国家重视、老百姓关注的。而水污染目前很严重，有人居住的城镇，都需要建立污水处理厂。之前只重视水处理，结果水处理好，污泥不治理，又融入水中，带来了二次污染。"十一五"末期，国家开始重视污泥处理相关问题。从 2007 年到现在，个人认为我们还是处在一个摸索阶段，本行业还没有统一的规范标准，但是它的思路是越来越清晰的。污泥处理这一块只是环保产业中一个很小的细分市场，但它却是很重要的。可以这么说，没有污泥处理，水是永远搞不干净的。

"十二五"期间，国家拿出 500 亿、600 亿投到污泥处理建设中，甚至是每个市、每个县都必须建立污泥处理厂，污泥处理必须做到减量化、资源化、无害化。2011 年年底，我们刚建成一个污泥处理厂。污泥处理厂的收入来自政府的补贴，也可从污泥加工产生热质，然后把它卖给电厂这方面获得收入，但是一半以上的收入是来自于政府补贴。目前，我们每年可以处理 10 万吨污泥，但是全国每年有 3 000 万吨污泥需要处理，所以我们公司的市场前景是非常大的。现在是项目推广期，苏南比苏北更关注，沿海比内地更关注，发达地区比中部、西部地区更关注。

对创业时机选择的思考

许多大学生一毕业就选择直接创业，我觉得最好还是不要这样做，因为这个时候想要创业成功还是缺乏许多条件的。中国的企业不是那么简单运作的，牵扯到方方面面，光凭想象，很难成事。我之前的创业经历某种程度上说明了这一点。

那时候的我很不安分，在工作了一年半的时候便开始创业。从 1993 年年底开始的三年时间里，我在连云港搞化工厂，最终落得惨淡收场。现在回想起来，当时 20 多岁的我仅有热情、激情，却没有资源，创业成功的条件不是很充分，因而成功的概率是很小的。从这次失败的创业经历中，我学会一个道理：跟现实世界打交道的企业，必须要面对现实。所以说，想要创业成功，我们需要 3～5 年的人生历练，在历练中培养坚强的性格，提高承受压力的能力。

举个通俗的例子，我们在打掼蛋的时候，如果打算出张单牌，一定是在有把握把牌再收回来的条件下才出手，若是把握很小，那宁愿不出。创业也是这个道理，如果没有一定的把握收回成本就冒冒失失经营企业，那就是在烧钱啊！此外，对于股份合作制企业来说，创业者还必须学会忍耐忍让，学会吃亏，制度必须要透明。这样看来，方方面面都成熟了，创业成功就离你不远了。

冲破束缚，做回自己

李　文 *

　　我的创业开始于 2006 年，之前在外贸行业有着 15 年的从业经历，其中有 13 年是呆在同一家国有外贸企业。在一个行业里做了 15 年，从最底层的业务员做到国企董事。随着业务的不断发展，国有体制下的固有弊端越来越明显。虽然企业也进行了改革，但是改革的不彻底性又加剧了国有企业内部的各种矛盾。在转轨过程中，国有外贸企业产权不清、责权不明，企业经营管理者和职工缺乏生产积极性和竞争意识。企业内部还存在历史遗留的制度性问题，如机构庞大、负担重、人员素质低、管理混乱等。在这种条件下，我的思想也在渐渐发生变化。虽然自己曾有过创业的想法，但是可能是因为只是在一个行业、特别是一个企业待的时间太久了，产生了一种惯性，某种意义上讲，一种惰性，这种惰性把自己最初的创业的念头一直深深掩盖住。虽然从行业经验上来看，我的创业条件早就具备，但是一直没有狠下心来离开自己待了那么久的单位。但是随着职位的不断升迁，我意识到国有企业的弊端对自己的影响越来越大，我甚至感觉到自己被牢牢的束缚着。在那段时间里，是留还是离的选择题一直困扰着我，让我很是纠结，经过一番思想斗争，我决定冲破束缚，放手一搏，做回自己。因此我最终选择了离开，独立创业。

　　在创业初期，我虽然有着丰富的工作经验及行业积淀，但还是遇到了创业过程中的各种波折。最主要的原因在于自己思想观念上的不适应。在之前的企业里，我学到的经验是通过做大规模来实现企业盈利。国有外贸企业相互之间进行资产重组，主要采取强强联合的方式，多数是采取简单合并或行政推动形式，在这一过程中，企业往往盲目追求"大而全"的发展方式。企业在经营过程中非常看重生产规模，认为规模大效益就好。这是很正常的现象，因为我国还是遵循传统的贸易模式，外贸优势是通过庞大的规模取得的。

　　一直以来，我国的对外贸易都是采取"粗放型"增长方式，依赖于低人力成本竞争，缺乏自主知识产权、核心技术和营销网络，也就是说，我国企业目前在国际价值链中处于低端，服装贸易行业就是很好的例子。我国纺织服装业惊人的产量和出口量背后藏着"大而不强"的阴影。世界名牌 Hugo Boss 精美衬衣的 60% 以上的利润给了销售渠道商，30%归了品牌商，而中国耗费大量资源、辛苦劳作的制造商拿到的只有区区 10%。而在竞争激烈的代工市场，有些国内制造商为了打压竞争对手、拿到订单，不惜开出总售价 8% 左右的"超低价"。由于出口价格压到接近于成本，所以国内出口企业从整个生产链条上赚取的利润少得可怜。

　　这种大规模的偏好和传统的贸易模式也植入我的观念之中，对规模的偏好、对传统贸

---

　　* 本文作者系南京某知名外贸公司总经理。因个人原因，李文系作者发表文章至笔名。

易模式的偏执给我的事业带来很大的不利影响,以至于公司低收益业务量居高不下,创业后的第一个春节资金链差点断掉。这也是我创业中的一个很大的教训。

经历创业初期的波折与教训后,我意识到转变对外贸易模式的重要性。正如政府提倡的那样,我们要提高对外贸易的质量和效益,扩大具有自主知识产权、自主品牌的商品出口,大力发展服务贸易,不断提高层次和水平。在整个贸易行业处于转型的时期,我对未来很是看好,目前公司的发展也很平稳。

对公司未来的规划,我希望逐步将业务中心转移到国内,即通常所说的"出口转内销"。在经济危机的影响下,国际市场消费大大减少,国外市场上产品销售压力加大。与之相反的是国内的消费能力不断增强,消费需求旺盛。我准备把公司的产品销售从国外市场改为国内市场,通过转内销的方式来获得产品销售,获得在经济危机的环境中顺利生存。此外,将准备出口的产品销往国内市场,可以消化库存,还可以通过促销等手段尽快实现资金回笼,加大企业的利润度和资金周转率,这对于企业的长期发展也是非常有利的。通过这样一个转向的机会,还可以拓展产品在本国国内销售渠道,增加企业和品牌的知名度,增加市场机会。我对此次市场方向的调整充满信心,也有决心努力执行下去。

经过此番创业过程,我个人觉得是否选择创业,因人而异。但是如果真的有志创业,我建议宜早不宜迟。我说的早不是说让大学刚毕业毫无经验的学生立即投入创业活动之中,而是想说不可以工作很久再去创业。拿我自己来说,在一个行业工作 10 年会将一个人的思维固化,因而容易墨守成规。我 10 多年的工作经验给我创业带来了好处,但是也有着很大的弊端,而这一弊端有可能变成致命的弱点。正如之前所说的那样对大规模和传统贸易模式的偏好给我的事业带来很大的不利影响,如果稍不小心就有可能把企业搞垮。所以说,创业的时机要选好,坚持适度原则,有相关的行业经验但又没有固化的思维模式是最好的创业时间点。在此基础上再加上对创业的决心和激情,我想成功就离有志于创业的人不远了。

传统制造业的创业之路

刘新东[*]

　　我的创业生涯始于 2003 年,成立了常州市新墅机床数控设备有限公司,之前我在常州外事旅游汽车服务有限公司下辖的汽车 4S 店从事汽车销售、售后服务工作的。我的创业属于被动型创业。为什么这么说呢? 因为家里本身有个小企业,需要有人接班把他继续干下去,也是因为家里企业本身有一定的基础,我就选择继续机床装备这个行业做下去了。说起创业的成长过程,应该是逐步发展的,中间遇到过一些波折,但总体上是一直向前向上发展的。举两个例子吧,一个是刚进入企业时,整个企业管理属于家族作坊式的管理,制度缺失,流程缺失。这严重制约企业进一步发展! 对此,我进行了规范化建设,这触动了某些人的利益,甚至是家族成员的利益,导致当时的人心很是不稳,家属成员闹分离。当时,我们当断则断,迅速将不利企业发展的部分尽快地分离了出去,有效地巩固了企业的核心业务和核心力量,使企业发展重回正轨! 另一个是 2005 年我们新投资了混凝土输送缸项目,但由于技术不过关,最终未能成功,损失 300 多万元! 2008 年,我们新投资了汽车 4S 店项目(欧宝汽车销售),整体经营情况尚可,尽管离收回投资尚有差距,但土地增值部分已相当可观,也算是我们不小的收获吧。

　　目前企业发展面临着重大的机遇和挑战! 众所周知,目前我国制造业大多集中在低水平层次上,增值能力有限,附加值较低,以劳动密集型产业居多,高技术产业严重不足。中国多数行业的核心技术与装备基本依赖国外,大部分产品没有自主知识产权,基本停留在仿制的低层次阶段;绝大部分制造业企业技术开发能力和创新能力薄弱,缺乏技术创新的机制和优秀人才,尚未成为技术创新的主体,原创性技术和产品甚少,自主开发能力薄弱。我们的企业现阶段也存在同样的问题,如何摆脱过去低水平制造的传统工艺和对人工的过度依赖,实现产品制造水平和技术性能的大幅跃升,是当前转型升级的重要课题! 因此,我们提出了 2013 年是"二次创业"的开局之年! 2013 年也是公司发展史上的转折之年! 如果转型升级成功,企业必将华丽转身,再次登上发展的快车道。

　　要实现企业的华丽转身当然也离不开人才对企业所带来的重要作用。我们对公司人才的未来期许体现在心态不浮躁,敬业,术有专攻,能学习,讲诚信几个方面上。首先社会上很多人心态都有些浮躁,这对工作有不好的影响,所以我们希望本公司的人才能够做到心态不浮不躁,踏踏实实兢兢业业的工作。其次我们希望公司的人才在博学广识的基础上,有很强的学习新知识的能力,能顾较快接受新事物,掌握新技术新知识,并且在具体的某一个工作岗位上能够有自己的专长,做到术业有专攻。最后我们希望公司的人才讲诚

---

　　* 刘新东,常州市新墅机床数控设备有限公司总经理,南京大学商学院中荷教育中心早期学员。

信,拥有诚实和正直的品质。

　　说到我的创业心得和对后来者的一些经验,我有些体会在此分享。首先中国的创业环境并不好,传统的低附加值、缺乏自主品牌与技术含量的制造业企业,面临资源紧张、成本上升和融资困难等问题,迫切需要寻找新的发展路径。其次像上文提到的那样,中国社会很浮躁,大多数创业者心态也很浮躁,我们要想通过创业成就一番事业就必须把心沉下。最后在当下中国社会环境中,我认为要拓展"创业"所涵盖的范畴,正确诠释"创业"的指向! 不要片面地认为只有办企业,当老板才是"创业",那么只有柳传志是"创业",难道杨元庆就没有"创业"吗? 以及联想团队中千千万万比杨元庆职位低的专家、工程师都没有创业吗? 一个博士研究生,开个奶茶店一年挣20万,难道就是"创业"的成功吗? 因此,在当下中国极为浮躁的社会环境中,给"创业"以准确的定义极为重要! 我认为,能"术有专攻","干一行爱一行,行行出状元",你的才华能为企业、社会的发展带来影响,作出贡献,就是"创业"的成功! 而这个过程就是你"创业"的过程!

　　此外,中国企业与外国企业比,为什么缺少核心技术,就是我们严重缺乏"术有专攻"的人才! 这是我们长久以来的教育、舆论、社会氛围造成的! 针对南京市委书记杨卫泽提出的以敢于创业为核心的新时期南京精神,个人觉得作为政府,在提出"创业"口号的同时,更要赋予"创业"正确的诠释! 让人们在正确的舆论氛围中,由浮躁回归平静,这样中国企业才有希望,中国经济才能持续!

我的创业梦,在于做与不做

李宇坤[*]

我出生于一个普通的双职工家庭,父母都是老实本分的南京国企职员。在中国的传统教育中长大,南京人的老观念总是告诉着我,做生意开公司的人都是读书不行的人才会去做的事情,奸诈狡猾的商界人并没有出类拔萃的人,家里的长辈自我儿时起也就灌输着坚持做一个安分守己的打工一族是最为明智的选择。因此大学毕业之后,我算是找到了一份人人羡慕的高收入又相对清闲的外企行政文职的工作,主要负责公司内勤和行政方面的工作,没有了业务和绩效的压力,虽然让人感觉很轻松,但是心里总是感觉空荡荡的漂浮在半空中。

于是利用空闲时间,我决定读书去充实一下自己的个人生活,没想到这也开启了我创业之路的大门。2009 年,很幸运的进入到我一直梦寐以求的南京大学商学院开始了我为期三年的 MBA 读书生涯,也是在这里,通过授课教授的传道,共同读书同学的解惑,使得我安于平静现状的那颗心渐渐的开始蠢蠢欲动起来了。

2010 年的 5 月,同班同学大军准备辞职入股一家因为资金和能力都出现了断裂的咨询公司,在这个时候,我也非常荣幸的收到他的邀请,询问我是否有兴趣一起创业。因为自己内心对于创业还是有无限的冲动,无奈从小一直被家庭所营造的环境所压抑,当有人主动靠近我那颗被搅乱了的心时,我内心那颗人情的小宇宙瞬间爆发出来。尽管家人再三的劝阻我,但我毅然决定挥洒青春,想要体验一下不同的人生。

经过了一系列的收购、重整、规划等等繁琐复杂的前期准备工作之后,我和大军共同创业的启智咨询公司在 2010 年末正式创立了。公司的主营业务也是非常的明确,就是为中外企业提供战略规划咨询服务,服务的最终目标是为企业客户提供决策方案,同时也协助他们提供实施的解决方案。

由于是提供的咨询服务,创业之初,没有具体的产品和案例可供参考,公司的前进脚步比我和大军预想的进展要缓慢很多。由于我们两个人都是首次创业,因此经验的缺乏也是大大阻碍了公司的前行,尤其是像我们咨询的这个行业,不做推广,不提高公司的知名度,根本就没有企业客户来咨询,更不要提发展的迹象了。于是我们首先想到了在商学院 MBA 这个平台进行宣传,这个想法也是得到了中心老师的认可和支持,在各级 MBA 同学和朋友的信任之下,我们有了第一批的咨询客户。为了维系好这些客户,我们的关注点也不是注重回报,而是放眼在积极的开拓市场,建立稳定的客户群体和管理团队。

---

* 李宇坤,南京大学商学院 MBA 中心 2009 级学员,创业故事为真实的。因个人原因,作者姓名、文中出现的姓名和公司名均系虚构。

在这样的一种状态之下，再加上第一批客户的好口碑相传，2012年6月开始，启智咨询公司的业务量开始快速上升，这一年也可谓是启智大丰收的一年，到2012年年末的时候，统计的数据显示仅仅半年的业务量比去年一年都要多很多。发展的速度跟第一年相比较，发生了天翻地覆的变法，速度之快亦是超出了我跟大军的预测。

进入了2013年，也是启智创立进入到了第三个年头，也算是创业初期的末尾阶段，目前的业务发展还是非常的理想，但是我们深知此时也是企业的市场声誉很发展空间的重要时刻，因此我们也特别注重公司的诚信问题。不守诚信，或可赢一时之利，但必然失长久之利。

对于创业的经验，因为目前还算顺利，公司也是处于刚刚起步阶段，而我也总是爱忘记曾经的困难，所以谈不上什么经验。在这里也是浅谈两点我自己的感受吧！

第一，就是觉得人们应该在思想上有所转变，固定的工作不是唯一出路，也不要被自己臆想的一些困难吓退。只要做就比不做强，如果不做就永远没有经验可谈。

第二，当今社会是一个知识爆炸的社会，知识更新越来越快，尤其是在我们咨询行业中这一点尤为明显。所以，作为创业者必须随着创业需要不断地学习，树立终身学习的观念。将知识盘活，才可以达到积累财富的目的。

做自己就是最大的创业

侯 军[*]

大家都喜欢听创业传奇,其实创业失败的概率是很高的,创业也不是适合所有人的生活方式。

2006年我创办了自己的管理咨询公司,说是管理咨询,其实业务主要以英语培训为主,当时市场很混乱,经营压力很大。

为了解决人员流失造成的业务管理和客户服务中断的问题,2007年底我打算采用一套销售管理和课程管理系统,类似于一个企业培训行业的 ERP+CRM,但是市面上没有理想的软件可用,我决定自己做。但我毕竟不是计算机专业出身,编写代码这种事并不是我的专长。这个系统耗费了我整整2个月时间,熬过了一个又一个不眠之夜,连大年夜都耗在屏幕前面,调试了无数个版本,3台破旧不堪的二手电脑都在我的摧残中崩溃。系统投入使用后,提高了业务管理的效率,降低了业务活动成本。后来我比较市面的同类软件,感觉都没有自己设计的好用。所谓无知者无畏,从经营企业的角度来说凡事都自己来肯定有点缺心眼,不过有时候不折腾就不知道自己的能量有多大。

那时每次接到项目,总是不顾一切代价要找最好的培训老师,要"深度定制",完全不顾成本和效率,以为这样就能服务好客户、提高客户满意度。实际上,英语培训在大部分企业根本不是核心的培训项目,甚至有些半福利的性质,有时就是走个形式,随时可以推迟或取消。这在很大程度上决定了我的想法注定是一厢情愿,客户或许很满意,或许没有不满意,但对于扩大业务规模、推动企业发展根本无济于事。

当时为了确保公司的师资稳定,我还邀请一个外籍教师成为公司股东。没想到中外文化差异太大,再加上他专长于教学,对经营管理并不在行,我也缺乏合伙经验,两个人在观念上存在很多冲突,天天为一些鸡毛蒜皮的事反复沟通解释,再加上一些错误的投资项目导致两人分歧不断,公司就在这个不死不活的状态下苟延残喘,那段期间我们两个人都快变成精神病了。最后大家协商结束了合作,我退还了他的全部投资,同时承担了所有经营亏损和债务,算是给这段经历画上了句号。

这个公司的经营是不成功的,但是积累了一些经验教训,对我后面的创业提供了一些借鉴。对于行业的判断、合作伙伴的选择、产品和服务的模式、现金流的平衡需要创业的人认真思考。

2012年在读 MBA 期间,我作为共同创始人,创办了一家医疗技术公司,从事骨科产品的研发、设计、生产和销售,虽然有理想情怀和宏伟蓝图,但是目前现在这个公司还在起

---

[*] 侯军,南京大学商学院 MBA 教育中心 2010 级学员。

步阶段,还有很长的路要走。目前产品开发初见端倪,团队成员都齐心协力总过,公司的运营已经进入轨道,企业在逐渐地在形成自己的核心竞争能力。考虑到公司的长远持续发展,准备下半年引进战略投资者。MBA 的课堂给我提供了很多凝练经验和创想发展的空间,课堂上和同学们的互动交流也是绝不可少的创业养料。不过经营过企业的人都明白,照搬书本知识来创业的想法无异于纸上谈兵,商业理论要经过自己的消化、吸收和实践。创业在本质上更类似于摸着石头过河,没有谁能献上金科玉律,企业发展才是硬道理。

创业这个概念的背后是企业家精神,能够把冒险当乐趣的人更适合创业。能够为社会或消费者创造一点实际的价值,创业才有意思。如果不能实现自己的抱负、无法发挥自己的个性与创造力、也不能产生独特价值,勉强创业意义不大。

创业就是安身立命。找到最适合的方式发现你自己,成为你自己,这就是最大的创业。

兴趣是最好的创业动机

德 川 *

大学毕业之后,我顺利的在中兴通讯找到了一份软件工程师的工作。虽然算不上是"铁饭碗",但是在"毕业即失业"的这个大环境中,我的生活还是过得相对稳定,但也是比较枯燥无味的。直到 2007 年底的时候,我的同学老王打来电话,想创立自己的游戏软件开发公司,也是邀请我一同下海创业。

其实在读大学期间,因为自己本身也比较喜欢玩网络游戏,平日闲暇寒暑假期间,我就有跟同学帮游戏公司做一些软件方面的测试和应用,也在比如点卡、服务器等各个方面做点小生意。在我看来,那都不算是真正的创业。在评估过老王的提议之后,我觉得网络游戏还是很有发展前景的,先不说有一大批 FANS 的支持和喜爱,最主要是首期的投资也不大,如果创立成功自然是最好。万一不成功的话,最多也就是再去公司当打工仔。抱着这样的心态,2008 年,我从中兴辞职,和老王以及另外一名合伙人创立了现在的这个游戏软件开发公司。员工就是我们 3 人,外加 1 名兼职各项后勤和行政工作的秘书。

刚创业的那段时间,尽管很辛苦,但是工作激情一直很高,每天都加班加点,工作和日常生活几乎都以办公室为中心。直到我们开发出第一个真正的产品之前,这样的日子持续了有近半年之久。好在我们也够幸运,在自荐推广产品的时候,被腾讯公司看中,签下了合作协议,并注资我们持续开发 QQ 网页类游戏模块。

自从得到了腾讯的注资之后,公司的业务也渐渐开始在不断扩大,员工也从 4 人一下子增加到了 15 人。当时我的感觉就是终于不再是小作坊式运营,有点小公司的架构出来了。不过随之而来的问题就是员工多了,管理问题就摆在眼前了。外出洽谈业务之时,也经常出现手忙脚乱和丢三落四的现象。究其原因就是,我跟老王都是学技术出身,对于管理知识和公司运营可谓是一窍不通。长此下去,对于公司的发展是没有任何好处的。于是我在业余时间,又拿起了书本,2010 年我通过考核成为了南京大学 MBA 的一名学员。

在三年的时间里,随着我在课堂上不断累积到的知识,以及将理论运用到公司管理的实践中次数的增加,公司的发展也是越来越好,先后开发出来的网页类游戏软件达到 12 个,公司的员工也突破了 40 人。现在的公司也是分门别类的成立了设计部、销售部、售后服务部和行政人事部等部门。在 MBA 读书,除了是学习到我之前都没接触过的管理知识,同时也是培养了一种思考问题的方法,此外,结交了很多师长同学也是成为我的无形财富,在制定公司决策的时候都有很深刻的影响。

尽管公司的发展可谓顺风顺水,但是我同时也在思考这样一个问题,就是如何平衡游

---

* 德川,南京大学商学院 MBA 中心 2010 级学员,创业故事为真实的。因个人原因,作者真实姓名在此隐去。

戏成瘾和玩家沉迷之间的关系。这也是现在游戏行业所必须正视的一个问题,并不是我们这一家小游戏设计开发公司所能解决的。但是未来,我还是想和团队成员们设计出既能够带给玩家们快乐和满足,但又不至于使每个人都沉迷于其中的游戏软件。

尽管我的创业生涯仅仅只有 5 年的时间,但是看到现在很多的大学生一毕业或者还没毕业,就心心念念的想着创业。我个人觉得这些想法并不成熟,创业也不是一蹴而就,随随便便就能成功的。对于像我们这种 IT 行业的创立,尽管初始阶段资金并不是最重要的环节,但是公司必须有核心的技术和创新的理念,才能够吸引到其他大公司的投资,而想要做到这一点,不是刚毕业的大学生在短期之内就能修炼而成的。我认为还是先到大公司锻炼几年,多学习业务知识,对于你将来想要创业的这个行业吃透还是很有必要的。

其次,随着电子商务的不断发展,越来越多的新兴行业就此诞生。只要有心有毅力有梦想,睁大眼睛,机会随处都有。

每当看到有那么多的玩家在玩我们开发出来的产品时,那种快乐感是作为一个打工者所体会不到的;每当看到有那么多的员工在为我的梦想设计产品时,那种感动亦是作为一个打工者所感受不到的。我想这也是为什么我选择创业的最大原因吧!

什么是寿险公司需要的人才

倪　晓*

近几年来,寿险行业快速发展,保险主体也不断增多,对于保险人才的需求也持续加大。

对于寿险公司而言,大部分是总公司、省级分公司、地/市级中心支公司和县支公司四级架构。而从寿险公司运作的功能上看,可简单分为四类,一是产品设计、精算、投资等;二是寿险公司后台特有的一些职能,如核保、理赔、保全、客户服务、回访和咨诉等。三是共同资源部门,如人力资源、行政、财务、市场企划、IT 等;四是销售支持部门,主要是各业务渠道的管理部门,负责对业务团队进行指导并督导其完成任务指标。

目前,寿险公司的发展趋势是"管理集中、服务分散",各项管理职能逐步显示出集权之势。产品设计、精算、投资等职能由总公司直接掌控;两核、财务、人力资源等职能实行省级分公司集中;市、县两级支公司的主要工作就是拓展业务。

因此,一家寿险公司所需要的专业人才必须多方面的。即使现在很多高校已经开设了保险专业,一定程度上为寿险公司提供了部分专业人才的来源渠道,但在实际工作中,应聘者的专业背景并不是寿险 HR 经理们最看重的方面。因为,仅仅依靠学校保险专业的书本理论很难涵盖以上所有的专业知识。即便涉及,也可能是浅尝辄止,寿险 HR 经理们更关注人才在实际工作中的锻炼和成长。

对于保险行业的从业者而言,发展的路径大体有两条,销售管理和后台的专业工作。做销售管理,必须直接对业务发展负责。每年、每个季度都有指标考核,承担的压力可想而知,但做得出色,发展的道路就是各级公司的高管。压力大,责任大,但发展空间也大。后台的专业工作,已经形成了规范的操作流程和体系,因此也相对比较稳定。

管理欲望强烈,市场拓展能力强,能够承受较大压力,最好还有较好的社会资源,这样的员工适合向销售管理的方向发展;而性格细致稳定,有一定专业技能的员工,则适合从事后台的专业工作。

对于保险公司的员工而言,有几种特质是职场中所必需的。

一是具备一定的文化底蕴和专业技能。一般来说,文字写作基础,口头表达能力、计算机操作水平,相对吻合的专业背景都必不可少,比如,两核人员最好有医学或法律知识的专业背景。

二是具备持续学习和快速成长的能力。保险行业有句俗话,"教你所做,做你所学"。前文已说过,保险公司并不过分注重员工的专业背景,但岗位中的不断学习和实践能力则

---

* 倪晓,南京大学商学院 MBA 教育中心 2000 届校友,目前担任人保寿险江苏省分公司归监察部总经理一职。

被认为是非常重要的。

三是具备服务意识。我们有一句话,"上级服务下级,后台服务一线,员工服务客户"。这里的客户既包括外部客户,也包括内部客户。每个员工都要自觉地将自己放在服务者的位置,并能够充分地从被服务者的角度考虑问题,提供及时而周到的服务。

四是具备协调和沟通的能力。寿险公司的员工,除了极少数岗位外,都是需要和人直接交流沟通的。邮件、电话、会议等沟通形式是最为普遍的,同时,由于公司销售部门和后台部门的分离,大家的责任不同,中间必然导致相当多的意见分歧,所以协调和沟通尤为重要。在实际工作中,我们也不欢迎那些处理问题教条而刻板的员工。

五是具备主动和积极的工作态度。保险公司层级多,部门多,经营场所分散,相对来说更需要员工主动和积极的投入工作,再加上有些工作牵涉到多个部门,难免会出现推诿现象。所以,寿险公司普遍实行"首问负责制"。不论是否属于你的职责范围,只要这个问题到你这了,你就必须负责解决。

六是具备合规意识。近几年,从监管部门、行业协会到各公司,都非常强调合规经营。合规指的是保险公司及其员工和营销员的保险经营管理行为应当符合法律法规、监管机构规定、行业自律规则、公司内部管理制度以及诚实守信的道德准则,从而在根本上保证保险公司的安全稳健经营。现在尤其强调人人合规、事事合规和时时合规。对于公司经营中的不合规行为,每个员工都有义务给予纠正和抵制。

最后,说说对员工的绩效考核。一般会有两个评价维度,一个是结果导向,一个是行为导向。两个维度都要考虑,但各有侧重。对于可以量化的指标,我们强调结果导向。设立若干项关键指标(KPI),对各项指标的完成情况进行打分,并加权汇总,就是考核结果。例如,对一个地市公司的总经理而言,他的绩效考核方式更偏重于结果导向型。只要他所负责的地市公司完成业务目标、经营效益不错、又没出什么违规问题,那这个总经理就是合格的。但对于一个理赔人员来说,以偏重于行为导向型的考核方式更为合适。主要看他在平时的工作中,是否能够依据理赔条例,认真审核过客户提供的资料,公正地进行事后实地勘察,合理地评估出客户的损失,并给出恰如其分和具备充分说服力的理赔意见。总体而言,销售管理系列看重结果导向。后台部门更看重行为导向。

职场转弯:如何让自己的人生换种风景

2009 年,自南京大学商学院营销专业念完硕士学位后,我入职广东一家汽车制造公司从事车型企划与品牌研究的工作,2010 年,跳槽去了江苏省一家工程咨询单位从事工程前期咨询与规划咨询。目前工作刚满三年,虽谈不上有所成就,但三年工作,特别是期间的转行经历让我有所感悟。在此分享,希望能对读者有所帮助。

转弯前:给自己一个转行理由

从 2009 年 7 月怀着对中国自主汽车品牌的梦想开始自己人生中的第一份工作,到 2010 年 4 月正式离职,转行决策虽显突然,但经过深思熟虑,除了生活上的原因,还有其他三个因素:

首先,是无法适应刀光剑影的办公室斗争,各种派系之间明争暗斗更是让人无法安心工作;

其次,是"谋人在先、做事在后"的组织文化让我对公司的发展前景丧失信心;

最后,是预测行业前景并不乐观。2009 年,正是中国汽车行业逆势爆发的时期,我当时判断爆炸式增长过后的销量停滞甚至倒退必将使一批车企遭到市场淘汰,技术、品质与品牌均不占优的自主品牌必将首当其冲。

转弯中:做好充足的转行准备

从我决定转行到离职,再到新单位的入职,总共经历了 3 个月左右的时间。期间我为新的工作主要作了四方面的准备:

首先,是通过行业协会与重点企业的网站对工程咨询这一陌生的行业进行初步了解;

其次,是通过朋友、网络以及准同事对新的工作单位进行深入了解,重点是可能即将从事的岗位及相应的工作内容;

再者,是针对即将承担的工作职责恶补相关专业知识。在我正式入职前,我利用空闲时间阅览了工程管理、城市规划、产业规划、环境保护等专业的相关书籍;

最后,是针对转行可能面临的各种压力与挑战作充分的心理准备。这些压力与挑战包括亲人的反对、朋友的不解、新环境的工作强度以及经济收入的暂时缩水等等。

---

* 刘平,南京大学商学院市场营销专业 2006 级硕士研究生,现从事工程前期咨询与规划咨询的工作。

转弯后:全力投入适应新环境

一般情况下,转行的过渡期从几个月到两年不等。我的过渡期经历了半年左右,期间主要从四个方面来适应新的环境:

首先,是认真对待每一份工作任务。进入新的组织之初,不论是领导和同事都会根据你的工作成果来判断你的工作能力,因此认真并且尽全力对待每份工作内容尤为重要,大到对整个项目的担当,小到文字排版以及会务中端茶倒水的细节。同时,不要太计较工作量的多与少,工作越多学习机会也越多;

其次,是积极观察并融入新的组织文化。一个组织的文化往往决定于组织领导人所提倡并践行的价值观。我所在的部门领导经常强调乐于助人与团结协作,因此在新的工作环境中我要求自己从细节做起,主动协助同事做一些力所能及的事,并得到了他们的认可。同时,自己在工作中遇到难题时,也能得到同事的指导与帮助;

再者,是充分利用自己的专业背景与之前的工作经验。例如,我分别运用自己的专业基础与工作经验完成了一个行业的研究项目与一个制造企业的规划项目;

最后,是及时总结每一项工作任务的经验与教训,不断优化自己的工作方式方法。

最后,祝福准备转行的校友们能顺利转行,也希望上述经历对刚走上工作岗位或即将参加工作的学弟学妹们能有所启发。

过于倚重从业经验，人才选聘的误区

郭鸿杰[*]

人才是企业之本，也是企业未来发展的最重要的核心资源之一。企业都希望能将行业中的精英网罗名下，因此在引进人才时普遍考虑的一个重要问题，那就是"从业经验"，是否能够进来即用，担当大责？从业经验成为企业招聘时评价是否是"人才"的关键因素。因为从业经验，企业人事主管时常感叹"天下无马"，无法找到理想人选，而一大批富有潜质的求职者却因此而被拒之门外。对于刚出校门的应届毕业生而言，从业经验更是求职途中的拦路虎，"几乎所有的单位都要求应聘者有相关工作经验，像我们这样没有工作经验的应届毕业生求职机会实在太少了。"一些高校毕业生十分无奈。据了解，每年被"工作经验"挡在求职门外的高校应届毕业生不在少数。经过几年大学学习，他们满怀憧憬地想在职场上一展身手，但大多数单位招聘广告上的"相关工作经验"使他们中不少人望而生怯。

"从业经验"真的如此重要吗？事实上，对于企业当中的绝大多数岗位，给予新人规范化的培训和合理的职业生涯规划，由此而促进员工快速成长，短时间内即能独立的承担工作职责，其效用甚至胜于之前的所谓"经验"。笔者单位近年来引进数十名年轻从事技术、营销工作，其中大部分是新出校门缺乏"从业经验"的学生，公司经过合适的职业引导，一定阶段后工作业绩并不亚于原来的从业人员，成为企业的业务骨干。

要想不用依赖从业经验而是依赖培训给公司带来良好的收益和长远的发展，就要认识到培训的重要性，系统的职业培训是员工成长的关键环节。

培训要讲究系统性。培训是为了提高员工技能、素质、观念，进而提高业绩水平的活动。如果培训操作不当，不但达不到提高员工素质的基本要求，而且极大地浪费人力资源、时间、金钱等。因此，培训需要系统性的工作来保证效果。这可以通过调研、制定培训计划和考评三个基本步骤来完成。调研主要是找出公司管理者与员工想要开展哪些方面的培训、存在哪些问题以及该选择哪种类型的培训形式。例如员工对业务流程不太熟悉，那么我们就可以选择内部培训而不需请外面的老师来做培训。通过调研活动，公司会了解到目前最需要给员工培训哪些方面的知识，据此制定有针对性的培训计划来保证培训的计划性和组织性。在培训进行的过程中，还需要观察学习者的反应，并对学习者的效果进行考评。例如通过考试来检验学习者的技能性培训的效果。这样可以使培训达到预期的目标，也可以为以后培训工作的有效开展提供经验。

系统的培训是员工成长的关键环节。系统的培训是提升员工技术、能力水准，是让员

---

* 郭鸿杰，南京麒麟床具有限公司总经理。

工能够胜任工作的有效途径。培训的一个主要方面就是岗位培训,其中岗位规范、专业知识和专业能力的要求被视为岗位培训的重要目标。岗位人员上岗后也需要不断地进步、提高,参加更高层次的技术升级和职务晋升等方面的培训,使各自的专业知识、技术能力达到岗位规范的高一层标准,以适应未来岗位的需要。总的来看,系统培训对员工的成长可以表现在以下三个方面:一是可以改善员工的工作方法,提高员工的工作能力,使员工快速成长为企业的人才;二是可以调整在发展中人与岗位、职责与要求之间的差距或矛盾,实现员工与岗位之间的良性互动与成长;三是可以提高员工积极性,让员工更快融入企业的氛围之中,并让员工很好地融入企业的组织文化之中。

培训要想达到满意的效果不仅需要系统性,还需要注意许多的细节问题以及培训的具体内容。

新员工因缺乏经验而富有强烈的求知欲望,要予以正面引导。公司新进的员工由于没有工作经验尤其是在本公司的工作经验,以及对本公司的具体情况了解甚少,因而像是一张白纸一样。在这种情况下,公司要给他们正面的引导,客观真实的向新员工介绍公司的具体情况,而不应该将主观的想法甚至是不好的言论灌输给新员工。同时将公司的价值观念及企业文化积极传授给新员工,让他们尽快产生认同进而融入企业的环境之中。

培训主要内容包括企业文化、岗位职责和业务流程三部分。企业文化本身包括了理念文化、制度文化、行为文化和物质文化等四个方面的内容,是公司员工长期积累并得到公司认可的价值观和行为体系,将企业文化知识传授给新员工可以使新进员工对公司的各个方面都有一个比较全面的了解,也可以使他们快速融入公司。具体内容包括:① 公司如何对待员工的主要思想与配套措施,如有哪些福利措施、个人在公司的发展前景等。② 公司的文化愿景、战略及核心价值观是什么。③ 讲述发生在企业的有名的故事与案例。④ 司员工的行为准则有哪些等等。

岗位职责是指一个岗位所要求的需要去完成的工作内容以及应当承担的责任范围。岗位,是组织为完成某项任务而确立的,由工种、职务、职称和等级内容组成。职责,是职务与责任的统一,由授权范围和相应的责任两部分组成。岗位职责培训要让员工自己明白岗位的工作性质,明白岗位工作的压力不应该是来自他人监督产生的压力,而应该是员工发自内心自觉自愿产生压力,这种压力便可以转变为主动工作的强大动力。这可以通过推动员工参与设定岗位目标,并努力激励他实现这个目标的方式来实现。例如,此岗位的目标设定、准备实施、实施后的评定工作都由此岗位员工承担,让员工认识到这个岗位中所发生的任何问题都是由自己着手解决的,他的上司仅仅只是起辅助他的作用,他的岗位工作是为他自己做的,而不是为他上司或者老板做的,这个岗位是他个人展现能力和人生价值的舞台。员工必须在本职岗位的工作中主动发挥自我解决、自我判断、独立解决问题的能力,以求工作成果的绩效实现最大化。因此,公司的培训如果能让员工认识到岗位职责的具体内容及注意的问题,并且能够让员工发挥工作的积极性,就能称之为成功的岗位职责培训。

业务流程是为达到特定的价值目标而由不同的人分别共同完成的一系列活动。活动之间不仅有严格的先后顺序限定,而且活动的内容、方式、责任等也都必须有明确的安排和界定,以使不同活动在不同岗位角色之间进行转手交接成为可能。活动与活动之间在时间和空间上的转移可以有较大的跨度。在进行业务流程的培训过程中，要让每个员工都能查看到这些业务流程，让每个员工都能充分理解公司业务流程的框架和内容、流程的业务意义和目的，即让员工对业务流程有整体的概念和深刻的理解。

在以上的培训内容中，需要注意的是首先企业要具有清晰的职责说明和业务流程，这是员工快速熟悉业务的关键；其次培训是人力资源部门的重要职责，不可随意安排态度消极、心胸狭隘的老员工去带新徒弟来完成培训；最后主管进行业务培训既需要点明晰，更要言传身带，不主张单纯依赖员工的悟性，靠员工自悟而成长的培训是非常低效率的。

除了培训，为员工设计职业生涯规划也是让员工认同企业发展方向，形成公司归属感的有效方式。职业生涯规划是指个人发展和企业相结合，对决定员工职业生涯的主客观因素进行分析、总结和测定，并通过设计、规划、执行、评估和反馈，使每位员工的职业生涯目标与公司发展的战略目标相一致。职业生涯规划包括两个方面：一方面是员工的职业生涯发展自我规划管理，员工是自己的主人，自我规划管理是职业发展成功的关键；另一方面是公司协助员工规划其生涯发展，并为员工提供必要的教育、培训、轮岗等发展的机会，促进员工职业生涯目标的实现。通过职业生涯规划，公司可以充分挖掘内部的人力资源，实现公司人力资源需求和员工个人职业生涯需求之间的平衡，最大限度地发掘本公司的人才，使员工发展与公司发展保持一致。

通过对员工的系统培训以及职业生涯规划的设计实施，从业经验在公司中的作用也许就不那么重要了，这也是公司能够形成人力资源优势及核心竞争力的所在。

我们更倾向的求职者

迷 雾*

如今这个时候,正是毕业生们开始寻找工作的大淘沙季节,想想几年前的我本科就读的也是人力资源专业,毕业之后从事本行业的工作4年多,现在也是负责公司的招聘工作。而对于求职的重要环节——面试,我也是从自身和公司的不同角度谈谈我更能接受的一些求职面试方法和态度,希望可以对即将毕业的学子们(特别是应届毕业生)有所借鉴。

一、怎样面试是大家最关心的,但面试之后的处理也提得很多,而且众说纷纭

1. 面试礼仪

根据相应的职位搭配穿着,比如管理类的岗位倾向于正式服装,技术和支持类职位对着装要求不高,但尽量要保持整洁,这同时是对自己的重视,也是更加注重用人单位。

许多求职者只留意应聘面试时的礼仪,而忽略了应聘后的善后工作。面试结束并不意味着求职过程就完了,也不意味着求职者就可以袖手以待录用通知的到来,有些事你还得干。

2. 感谢信

面试后表示感谢是十分重要的,因为这不仅是礼貌之举,也会使主考官在作决定之时对你有印象。据调查,十个求职者往往有九个人不回感谢信或进行其他感谢方式。

为了加深招聘人员对你的印象,增加求职成功的可能性———在面试后两天内,你最好给招聘人员打个电话或写封信表示谢意。感谢电话要简短,最好不要超过5分钟。感谢信要简洁,最好不超过一页。开头应提及你的姓名及简单情况。然后提及面试时间,并对招聘人员表示感谢。中间部分要重申你对该公司、该职位的兴趣,增加些对求职成功有用的事实内容,尽量修正你可能留给招聘人员的不良印象。结尾可以表示你对自己的素质能符合公司要求的信心,主动提供更多的材料,或表示能有机会为公司的发展壮大做出贡献。

开始如果是通过电子邮件与你约见,那你面试回来后要立即用 E-mail 发送感谢信。如果你面试的是一家正规的、传统的公司,请用传统寄信方式寄出感谢信。

---

* 迷雾,南京大学商学院 MBA 教育中心 2010 级学员,迷雾系作者发表文章之笔名。

3. 不要过早打听面试结果

在一般情况下，考官小组每天面试结束后，都要进行讨论和投票，然后送至人事部门汇总，最后确定录用人选，期间可能要等 3～5 天。求职者在这段时间内一定要耐心，不要过早打听面试结果。如果两星期之内没有接到任何回音，可以给主试人打个电话，这个电话可以表现出你的兴趣和热情。还可以从他的口气中听出是否有希望。如果你在打听情况时觉察出自己有希望中选，但最后决定尚未作出，在一两个星期后再打一次电话或邮件催催。哪怕他们已经暗示你可能落选了，你还应该给他们寄封信，这样做的原因是：你觉得有必要重新强调一下自己的优点；你又发现了一些新的理由、成绩或经验，有必要让他们知道。

二、怎样谈待遇

与用人单位协商薪酬的时候，你必须注意几点：除非用人单位已经十分明确表态要用你，否则不要讨论薪酬；切勿盲目主动提出希望得到的薪酬数目，这样等于找一个理由让别人拒绝你；尽可能从言谈中了解，用人单位给你的薪酬是固定的还是有协商余地的；面试前设法了解该行业薪酬福利和职位空缺情况，甚至可以到其他同类公司询问职位空缺情况和大概的薪酬标准，使自己心中有数。

事实上，面试中的薪资谈判是个专业且复杂的问题，它涉及许许多多的专业问题。我们为求职者专门开发了面试辅导服务流程，可以帮助你解决面试中的相关问题。

三、拿到 OFFER，对于要马上签协议都比较犹豫，担心后面有更好的机会

由此也很关心违约金的问题，如需要不需要支付？跟一般在职人员的违约金有否区别？

拿到 OFFER 后，若你对目前的 OFFER 很满意，那你就应尽快签下协议。有资料和现象表明，经由人才市场正规渠道进入企业，尤其是与用人单位签了聘用协议的大学毕业生，往往有协议规定期限未到就不辞而别擅自走人的情况发生。

应聘大学毕业生在协议内容与实际工作条件、环境、待遇等有些出入甚至差别较大时想另换雇主，本来并不过分。但是，协议是带有强制性质的法律文书，双方都有全面履行的责任和义务。为了保证就业协议的法律效应，国家专门规定了违约金处罚等相关条款。除了有服务期约定外，一般提前一定时间通知用人单位离职都没什么问题。但我们认为，求职关心违约金问题，这本身就包含着对未来的不确定性。假若你对自己的未来有强烈的方向性，而你即将加入其中的单位又是你职业规划确定性的一步，就不会在签协议时犹豫不决和关心违约金问题了。

四、第一份工作是不是非要去大公司不可？怎么判断大公司和小公司所能提供的职业前景的不同

我们做的回答是：你职业前景和公司大小没太大的关系，而是和你自己的职业能力紧密相连的。大公司拥有强大的资本和完善的管理体系，可以为员工带来丰厚的收入与培训体制。而小公司则带来的"机遇"可能包括学习机会更多、工作气氛更融洽、发展空间更大、更多创业激情等。当然，它们也有各自的缺点。所以，对于求职者来说，出发点不应该是公司的大小或者公司类型（如外企或国企等），而是找到自己的优势与市场潜在机遇之间的契合点，找准职业定位。

总之，求职面试是一个系统的工程，既要充分的展示自身的优点，也需要将个人素质和能力很好的结合所需职业要求。

职业回顾有感

雷 典[*]

给母校刊物写文字，就是拿来给同学点评，老师指正。当年写毕业论文是不得已，毕业至今也实在没有积累出什么奇思妙想。思前想后，本人的职业经历算是原创，向老师同学们汇报陈述，算是真实案例。

本人每隔 3 年左右，就有种盘整和突破事业发展的冲动。

回忆小学 1～3 年级，4～5 年级，初中 3 年，高中 3 年，大学 3 年，好像从童年时代，我的生活空间都被 3 分成了若干阶段。所以，40 多年走来，总觉得 3 年就需要有点大变化，才感觉内心踏实。

对职业的认知是从 1991 年大学毕业，当时觉得自己在学校学习这么多年，可以到工作中大展拳脚了。国有企业工作 3 年多，深深体会到职业环境与自己的憧憬有太多的不同。当时在一家省级国企做办公室秘书、信息员，就是开会做做纪要，每个月出一期全省本系统的内刊。有些新奇和收获，但更多的感受是无望。太多的同志们隐忍地接受着什么，对未来没太高的渴望。憋过第四年，跳槽了。

当时提倡计划经济走向市场经济，我的思想也在开放搞活浪潮中涌动。经常在报纸上看招聘广告，终于在某月某日某时下决心，拿着报纸就去应聘了。第一次应聘的单位通知录用，我就义无反顾从国企辞职了。第二年国企就搞就分房，至今还有些同事因为分房没有离开过。现在想起来，当年实在草率盲目。倒不是少了套房子，其实对自己想要的是什么完全没能力搞清楚。就这么瞎打瞎撞，走上了市场营销岗位，准确地讲就是推销员，好听点是营销经理。这个创业公司两个营销经理，一个是国企下岗人员，一个就是我这国企下海人员。白天打电话联系客户拜访，晚上去餐厅酒吧搞促销活动，真是忙得一头劲。渐渐发现投资方实在是没什么实力，看不到未来，快两年时再一次辞职了。

读书吧，惶惑中感觉文凭像救命稻草。1997 年南京大学招考 MBA，猛攻近 100 个晚上，居然考上。南大的近三年学习，确实是人生的一次大转折。在南京大学开阔了眼界，增长了知识，结交了朋友，认识了许多一生景仰的老师。当时是一边晚上读书学习，一边白天在一家不到 10 人的咨询公司上班。两条线齐头并进忙忙碌碌，今天回忆起来都倍感可贵。读书，读书，好大的乐趣。

毕业半年，孩子也出生了，我的职业生涯感觉亦如初出茅庐，重新起航。2001 年走进一德，是偶然。介绍我进入一德的 MBA 同学离开了，我却一直留下来。在一德 13 年，也同样经历 3 年一变化的职业发展阶梯。

---

* 雷典，一德集团副总经理，南京大学商学院 MBA 教育中心 1997 级校友。

刚开始给做总经理助理、总裁办主任。现在想想当时实在是公司太小,否则我的性格和能力无论如何也不能做好主任。前三年,咨询的思想还在延续,整天想着推进企业变革,推进组织调整。今天回忆起来,MBA 们基于知识的想象力远远大于实践影响力,自己大有空谈误国之嫌。好在企业实在小,折腾出错误的空间也有限。转眼三年后,我又一次顺应命运到了扬州,出任扬州咨询项目负责人。在扬州的两年多,让我躁动不安的心慢慢静下来,至今我对这个精致的古城都报以很深的感恩和敬意。在扬州担当的是一项国企改制招商业务,经常方案报审没有回应。等等,等等再等等。当时南京也没什么需要我做的事,所以项目一搁浅我就去书店看书,或在城市各处走走。运河,杨柳,瘦西湖,古香古色的建筑,慢慢行走的路人,喝茶吃包子的本地人,无不给我全新的视角和感受。

这段经历让我明白:心静下来,脚下更踏实,路可以走得更远。

扬州回宁后,我再次实现公司内部转岗,从事起 HR 管理工作。HR 工作三年收获很大,终于有机会专门来研究人力资源管理。世界上最有趣的工作莫过于将人作为资源来配置和发展。从事心理学的朋友告诉我,发展心理学有很强能量。我的基于职业发展的人力资源配置也是一项正能量很强大的工作。人们把理想聚在一起,实现理想的力量就愈发强大。

我的职业生涯注定是不断发展型模式。三年后,我再一次扩大自己的职业领域,兼任起行政管理。行政管理与人事管理是不同的领域,目前正在突破行政管理工作的瓶颈,阻力越大,斗志越强。行政管理让我学到了更多的方面,以前熟悉人,不熟悉车,熟悉找到人,不熟悉办公用品购置,物业管理。

今年又有如此多不熟悉的领域可以变得熟悉,想起来就让我倍感鼓舞。我是一个在职场上喜欢不断去创造新体验的人,从不理解变得熟悉,其中的过程也让我倍感乐趣。可能天生就是个喜欢挑战的人。

40 岁后开始明白,要让迎接挑战的过程变得更加有创造力,需要有坚强的精神,良好的品性,沉稳的内心。对我而言,沉稳的内心是做好事情的核心法宝,这和 40 岁以前认识真是大不相同。在困难面前还会挣扎,还是有许多事不如意,最后支撑往前走的源动力来自沉稳的内心。这和青年时代的躁动心境已经有了本质的不同。心沉下来,呼吸也慢下来,无名火不在,情绪起伏不在,可以低下头来俯视一下自己的状态,不会掉入当下状态出不来。大喜与大悲都是内心掉进去出不来的结果。无论是什么环境,自己身处何种状态,回归到内心沉静的力量会让我们发现周围的美,自己也很自在。

看看周围四十多岁内心还在挣扎的人实在不少,许多放不下,患得患失。我常和同事们说,心静下来就会看到周围人运动的速度和姿态。想去影响他们,才知道如何与他们形成契合,合作效果当然事半功倍。就如练武术的人得讲究心法。

再有三年,我当去追求心中无剑的状态。现在积极地度过每一天,憧憬着更高境界的到来。难怪古人说,人生就是修炼。路漫漫其修远兮,我将上下求索。

独乐乐不如众乐乐,将自己职场与心智发展的素描拿出来与大家分享,请同学和老师们一笑了之。

我的职场我做主

袁 帅[*]

好久没回顾工作的情况了,从 08 年读 MBA 到现在,也算是经历了些事情。回头看看,想想乔布斯的话,把自己走过的路,能连成一条线。

几年前考研的失败,花了家里很多钱跑到国外学习了两年,毕业后我就直接回上海工作。从零开始,网上投简历,面试,一步一步走过来。没有太多的酸甜苦辣的故事,更多的体会是明确自己的目标,不断地学习保持一个乐观的心态。

2007—2008 年,我成了一个普通的电话销售。虽然对外的头衔很高,但自己把自己还是定位一个普通的电话销售。日常工作就是打电话去国外销售产品,中间有 2 次去美国参加展会。后来的体会就是:很多行业,电话,电子邮件的沟通,是你迈入职业生涯的一个必修课。刚刚毕业的学生千万不要小看这个。不要惧怕电话,杰克韦尔奇说过,优秀的销售人员,敢于随时拿起电话就打给客户。

2010 中,我顺利从南大 MBA 毕业,并换了一份工作,跳到一家在纳斯达克上市的美国生物公司,负责市场销售,完成了两个任务:

首先是我完成了一个启动中国区亚品牌的商业计划书,我从产品的概念,市场竞争分析,产品生产,市场销售,到财务预算等等环节都参与其中。老板拿着这份计划书书,成功从美国董事会拿了一笔钱,启动了我们中国区第一个亚品牌。

第二件事,我谈下了公司的第一批直销客户,成功地与全球最大的四家药厂,诺华,GSK,罗氏,阿斯利康谈下了合同。具体的谈判的过程就不多说了,有顺利的,有很周折的,但结果都是好的。那时看着诺华的在张江新建的几栋实验室,看着 GSK 在中国的不断扩张,我知道我在公司的发展是乐观的。自己正在努力的成为公司不可或缺的一员。

拿到南大 MBA 毕业证书,并确定离职的那天,心情一波三折,第一封是 HR 发的确定 last day 的邮件,我突然感觉到极其的悲伤,之后又收到公司部门被卖的邮件,我又长吁一口气,尽管如此,回想离职过程,老大找我谈了 N 次,然后上海的 head 找我谈了 2 次,site manager 找我谈过两次,甚至全球的 head 也找我谈了一次,收到第一封邮件的时候,感觉到这个决定无比的失落,反省了下,觉得离职的决定确实下的太仓促,然后思考了以后的离职流程,供大家参考。

在离职不离职的问题上,最先的落脚点应该是不离职,毕竟每个公司都有自己的问题,能在自己公司实现的尽量不要通过换公司解决,毕竟自己在公司干的时间越长,credit 积累得越多。举个例子,在自己的公司,每次过年可以肆意预支年假,而在新的公司肯定

---

* 袁帅,南京大学商学院 MBA 教育中心 2008 级学员,因个人原因,袁帅系作者发表文章之笔名。

是不行的,所以其实有些东西可以通过和自己老板谈判拿到的,譬如不超过 20％的涨幅之类的。因此当下一家给的好处并不是足够吸引人,我觉得加薪少于 35％的,机会和发展也并没有啥特别亮点,当然与住处的距离等也要考虑。

(1) 先和自己的老板谈,并不急于给新公司一个答复,任何谈判的结果都要 dead line 再公布,否则显得自己太容易被搞定,而且不到 dead line,自己总是有机会的,可以先拖拖对方,个人不建议损人品的先答应再反悔,毕竟工作时间久了,发现圈子里的人品信誉还是很重要的。

(2) 如果老板给的条件并不比新公司低多少,我觉得工资涨完大概收入＜10％,是可以继续接受的,但是自己在公司,credit 已经兑换成实际利益,所以离职也是迟早的,大概半年一年,有机会也是要走的,这个时候就没必要谈了。

(3) 如果老板给的条件比新公司少了很多,这个时候可以离职,说明自己在公司的信用并不值钱。关于谈判,这个是和全球 head 学的,一般先称赞一句对方,然后再表明下自己不关心什么,譬如贵公司前景很好啥的,你可以说,自己在有问题的公司,有时候更能发挥自己长处,有战争才能出英雄之类的,再表现自己关心什么,譬如工资,除了自己最关心的一个点,其他点凡是对方谈过的,都要在后边强调那不是自己关心的。

没有抱怨,没有失落。明白一个道理,生活中的变化的好坏,取决你自己的行动。套用我现在老板的一句话,The best way to predict your future is to create it by yourself.

我想应该是几年的工作经历,加上自己对自己的了解,在大的经济不是很好的情况下,待遇还不错,8 万美元一年。平平稳稳的过了美国生物公司的试用期,几次通过了大老板,小老板的考试,自己正在努力的成为公司不可或缺的一员。

也想鼓励一下我们学生物医学,植物微生物,生化分子生物学的这帮朋友们,如果这是你们的兴趣,是你们的热情所在,不要轻易放弃。坚持去做让你有激情,让你保持热情的工作。我没有机会去读 PhD,只读到硕士,但我过去的几年工作和你们的同行接触很多,我尊重你们,也很敬佩你们。

我想我和很多同学和朋友比,我唯一比较幸运的就是,我在毕业后,有了工作的经验的情况下,家庭的支持让我读完了 MBA。并且通过在南大 MBA 的学习,毕业前就决定了以后会坚持在 healthcare, life sciences 行业发展,因为这是一个让我有热情,让我保持持续学习心态的行业。

走出职场晋升的认识误区

韩 勇*

　　吴君约我晚上到 Costa Coffee 聊聊,没说什么事,其实他不说我也很清楚,最近分行组织部门总经理助理竞聘,吴君又一次铩羽而归,肯定很不舒服。

　　果不其然,见面就看到吴君一脸郁闷,刚坐下来还没点单,吴君就直呼这次竞聘给人"暗算"了,他这次好不容易一路杀过笔试和演讲答辩关,可是却输在了民主测评上,虽然领导对他很满意,但员工评价不高,让一个晚他五年进行的后生给"差额"了。吴君说他这些年工作一直很努力,加班加点是常事,负责的工作多次受到总行表扬;在部门内也算得上业务专家了,总行多次请他去编写业务管理制度和培训教材,而且还利用业余时间攻读了 MBA。但再次与晋升失之交臂,吴君实在想不出原因何在,看着同年进行的同事好些晋升到部门负责人或高级专业职务,而自己两次竞聘总经理助理都以失败告终,看来只有跳槽之路可选了。

　　从吴君的困惑,可以看出他对晋升存在着一些认识误区。

　　一、晋升不等于管理职务提升。企业为了用好各方面的人才,一般都会设置管理和技术两条晋升通道。选择好一条适合自己的晋升通道对职业生涯发展能起到推动作用。而且一般企业在管理职务和技术职务之间会设置对应关系,使两方面人才能够横向流动,培养复合型人才。吴君目前属于业务能力比较突出的专业人才,可以先选择晋升高级专业职务,在高级专业职务岗位上加强锻炼、提升组织协调和领导能力,等待转任管理职务的机会。如果经过事实证明,吴君不适合管理岗位,他也可以继续走技术路线,在专业上不断发展,一样能实现个人价值。

　　二、业绩好不意味着必须晋升。大多数人认为晋升是对员工以往业绩的褒奖,认为只要业绩优异,晋升就在眼前。这种观点其实并不完全正确。企业给员工晋升职务,有对员工褒奖的因素,但企业更关注的是员工在新的职位上能否为企业做出更大贡献。目前业绩优异只是表明员工将来做出好业绩的可能性更大而已,只是参考,起决定作用往往是员工通过目前工作展现出的潜力。吴君取得的工作业绩主要在体现在专业上,而总经理助理职位更需要的是管理能力,要想争取到这个职位,吴君必须通过工作证明自己的管理能力与专业能力一样优秀。

　　三、领导认可不是晋升的全部。在晋升中上司的赏识与信任显然十分关键,但处理好与同级、下属的关系,增强合作系数也是必备要素。在团队中与同级关系处理好了,工作起来就会左右逢源、轻松自如;与下属关系处理好了,就会展现出更强的领导力。如果只

---

　　* 韩勇,中国建设银行股份有限公司南京新街口支行行长,南京大学商学院 MBA 中心 2010 级学员。

唯领导是从,而不愿与同事合作,尽管才能优秀、业绩突出,结果也只能是晋升之路越走越窄。吴君"暗算"之说不无可能,但更要在自身上找原因,否则即使晋升到总经理助理,也会干得很累。

四、"跳槽"不一定是晋升捷径。有些人在遇到晋升瓶颈时,首先想到的是"跳槽",通过转换环境来实现进一步发展。不可否认,不少人确实通过"跳槽"实现了职业发展,但更多的人是跳来跳去,还是原地踏步。分析那些因"跳槽"而成功的人,可以看到他们大都有专业的岗位胜任力、勤奋的工作态度和优秀的领导力,"跳槽"带给他们的只是机会。事实上,没有以上的准备,无论机会来自内部还是外部,都不一定能抓住。

因此,要获得晋升,最为重要的还是从自身做起,明确职业方向,持续勤奋努力,不断总结修正,这时再加上一点点运气,晋升就是水到渠成的事情。

术业有专攻

李 吉*

从毕业到现在,工作也有六年时间,由于当时学校所学的专业是地质学,作为传统观念眼中的艰苦行业,同时毕业的一些同学有些选择了转行,从事金融、销售等行业,有些则走上创业道路,而我认为既然学了必然有用到的时候,因此进了一家从事地质的单位。

由于我所学的专业对口,可以在专业领域一展所长,在工作中保持一颗谦卑的心态,对于领导分配的任务总是任劳任怨按时保量完成,对于困难的任务也总是愿意承担下来决不退缩退位,做到高调做事低调做人,因此也赢得了领导的赞赏和同事的好评。

工作中也需要耐心,我主要负责的是工民建地质灾害评估的申报,所做的虽然是技术工作,但也承担这对外服务性质,由于很多时候客户对我们工作不甚了解,常常致电抱怨进度问题,这时候总是耐心的和客户进行沟通交流,并讲解地灾工作的流程和所需要的时间手续,而不仅仅是三两句进行敷衍,有时候难免有点心浮气躁,因此需要合理地调整心态,也许只是一杯凉茶而已。地灾工作开展很大程度依赖于客户提供的初始资料,有一次涉及到某个保密项目,客户敏感于资料的外泄一些相关资料不愿意公开,给我的工作开展造成了很大的阻碍。纵观分析以后,我从客户角度分析进行说服,并承诺所涉及的资料用后不存档,项目成果绝不外泄,持续交涉数小时后成功拿得资料,顺利完成了项目。

地质灾害危险性评估工作是对建设项目用地选址进行潜在的地质灾害进行预测评价,由于政策性等因素决定了工作内容是相当的繁琐。每年我完成大大小小的地质灾害评估报告近百份,很多时候同一时间有几个项目同时进行,稍有不注意多个项目之间内容很可能会相互混淆产生错乱,因此需要对项目进行分类管理。工作初期也有这方面的困扰,且数次出过这类差错,但工作多年以后,养成了处处留心的习惯,告诫自己同样的错误一定要在下一次避免,因此时时记录会出错的环节注意检查,按照项目地区进行分门别类,按照合同工期截止日期统筹安排时间,制定每天的工作内容计划,下班前校检完成情况,如果没能完成当日计划则加班完善,做到日事日毕。由于有了科学的思想进行工作日程规划,效用自然是事半功倍。

看到比自己晚来的同事,想到刚毕业时候的自己,于是我对于新入职的同事也耐心地解答工作中遇到的问题,工作需要对江苏省基础地质比较了解,并掌握最新的地质环境评价资料,既要脚踏实地又要求与时俱进,对于自己拿捏不准的及时翻阅相关资料求证,或虚心求教于更有经验的前辈然,然后给予新同事技术上的解答,同时自己也学习了知识。

虽然我从学校毕业脱离了系统的学习,但是老话讲的好,活到老学到老,在工作进行

* 李吉,工程师,现就职于江苏南京地质工程勘察院,南京大学地质工程在职硕士研究生。

中渐渐发现很多知识不够用,因此意识到加强基础理论学习的重要性。在部门领导的建议和鼓励下,复习考试并通过了南京大学地质工程在职硕士班的入学资格考试,进行了进修学习,学习地下空间工程、岩石成矿构造等地质专业课程。

除了工作,业余生活对于工会事务总是热心参与,组织了登山、智力问答、为单位献策等活动。平时由于工作繁忙,我利用夜间和周末时间,通过新闻的角度观察身边事,撰写了多篇通讯文稿,刊登在了江苏地矿局网站和中国地矿报上。连续多年获得单位和所属局机关的创先争优征文优秀作品奖、信息宣传工作先进折、文明职工、优秀共青团员、先进工作者等多个荣誉称号。

目前,我还是以专业知识的学习为主,但是越来越让我感觉到工作中涉及到的管理理论和知识渐渐超出我的负荷。尽管自己业余也是有翻阅相关的书籍,但是系统化的梳理和整理还没有找到头绪。在朋友的建议下,我的下一步职业规划是考入南大 MBA 再深造。

吴宗宪说过,有一夜成名的演员、歌手,没有一夜成名的主持人。奥斯卡有终生成就奖,却没有最佳新人奖。既然选择走上了地质专业的道路,就做好了坚持到底的决心,如果要做拔地而起的高楼,想要傲立于人前,那就打好基础的每一根桩,浇灌好结构的每一块梁。

视频案例教学在管理学课程教学中的应用探析

赵曙明　于静静

本文首先对视频案例教学中存在的问题进行了分析,进而对西方有关视频案例教学的相关研究进行了文献梳理,对视频案例教学的相关概念、视频案例在教学过程中的作用及视频案例在教学中的应用进行了讨论,最后针对管理学课程教学提出几点启示和建议。

1. 视频案例教学中存在的问题

纵观视频案例在国内管理学教学中的应用现状,目前主要存在两大问题。

(1)视频案例资源缺乏,质量欠缺。

国内许多管理类专业在视频案例的制作与设计等方面相当滞后,缺乏对企业管理过程的专业性审视和洞察;案例设计缺乏统一性、系统性和全面性;大多数案例采用"拿来主义",对我国企业的适用性较差等等。

(2)视频案例教学中师生互动不足。

教师与个别学生谈论得过多,而其他大部分学生没有积极参与讨论;部分教师只单向地对自己的想法进行陈述而忽略了学生的思想等。学生对视频案例的讨论通常仅停留在浅层次;部分学生对视频案例教学的适应性较差等。

2. 理论分析

(1)视频案例教学相关概念的界定。

Merseth 将案例教学法定义为教师和学生使用案例,以团体和小组讨论、角色扮演和撰写案例等方式来增进成员之间的对话,引发参与者反思,增强实际练习的经验以及引导学生使用某种特别的思考方式的教学方法。国内学者鲍建生认为视频案例是指超媒体环境的课堂教学视频案例。

(2)视频案例教学在教学过程中的作用。

Koc 认为关于视频案例的在线讨论有助于教师加强理论与实践的联系;Harrington 认为案例教学使得学生能够在复杂而真实的情境中识别问题和困难;Lundeberg 和 Fawver 对案例教学可以提高学习者案例问题的识别、多视角考虑问题等方面的能力进行了总结。

(3)视频案例在教学中的应用。

在当前的教学实践中,大部分教师使用以文本为基础的案例,而在教师计划中使用视频案例进行教学活动正呈上升趋势。目前的视频案例教学研究的实践性应用研究主要集中在对职前教师在职业发展及教师培训计划研究方面。

3. 视频案例教学的应用启示

(1)视频案例的构建应遵循分段和有序的原则。

学习者在一个给定的时间段可以在心智上有效地组织和处理语言(文本或音频)和图像(视频或图形),但在下一个给定时间段前需要有一定的间隔时间以刷新他们的心智资源。有序原则是建立在认知灵活性理论的基础之上。

Spiro 等提出了认知灵活性理论,重点解释了如何通过多维理解的深化促进知识的灵活迁移应用。

(2) 视频案例教学应注意教师、学生之间的互动。

互动在学习中是非常重要的元素,Bonk 和 Cunningham 认为心智模式嵌于社会交往中,在社会交往过程中,学习者能够共享、相互讨论观点,从而使得他们能够从不同的视角来看问题。这种观点表明,教师可以在教学中为学生提供互相交流的机会,教师在教学过程中把握整体方向,从而掌舵该堂课。

(3) 视频案例教学应注意教师与学生的身体距离。

Mottet 等认为教和学是一种固有的交流过程,教师与学生之间既存在言语行为,同时也存在非言语行为。非言语行为的一个重要概念是直接性,直接性是指能够提高人与人之间身体和心理上亲近性的行为。教师可以通过与学生保持不同的身体距离来进行有效的课堂交流。

(4) 视频作为一种媒介不能单独使用,应与其他媒介结合使用。每一种媒介都有其优缺点,媒介的混合使用有益于学生不同能力的发挥。视频案例教学对于不同类型的学生具有不同的教学效果,视频案例教学媒介应与文本、实践操作等教学方式结合使用。

(节选自《管理案例研究与评论》)

授课是相声、独角戏吗？

徐奇志[*]

去年为一家国企的客户做管理培训，课程开始前，这个项目的负责人对我说："徐老师，我希望培训时能经常听到学员的笑声，最好您能经常'抖包袱'，就像'让子弹飞'一样，有'尿点'；培训结束后，客户希望学员的变化能让领导'眼前一亮'。"

听到这个负责人的话，MY GOD，我的眼前没有一亮，却是"眼前一黑"。我在怀疑，这是在做培训吗？这是让我在唱"独角戏"、讲"单口相声"，而这位可爱的培训负责人显然是让学员来听相声的啊。

然而，这位培训负责人的要求却让我开始反思我们国家中小学、以及大学的教育，在我的印象中，大部分都是老师口若悬河地讲、学生安安静静地听；然后问学生有什么问题，自然，大部分学生没有问题。课程也就结束了……自然老师讲课是否风趣、幽默，讲的是否有意思就成了学生评价老师的重要指标。而这种教学方式和评价作风也延续到了培训行业。

我从事组织发展、人才管理这个行业多年，我曾经的一个老板是欧洲来的严肃先生。我从他身上学到了很多。特别是在管理课程的设计和授课时，一直指导我工作的两个重要原则就是：

——在经验中学

——在学习过程中创造学员的积极参与与互动讨论，在做中学

为什么是这两个原则呢？我记得我参加这位严肃先生的第一次课程，叫做 TTT，即训练培训师。在一开场，就探讨了这两个重要的原则。

Paul 老师首先谈到第一个原则，在经验中学。他问大家渴不渴？由于是冬天，教室里开足了暖气（当然，我严重怀疑是他事前有意做的），因此空气很燥热，大家都喊渴，于是他让助手给每人一小杯水，要求大家一口气喝完。又问大家爽吗？大家都喊"爽"。紧接着问大家，要不要再来一杯，大家都说好。于是，又来了一杯。他接着问大家，爽吗？大家稀稀拉拉的说，还"OK"啦；再问大家是否需要再来一杯？有的人说"OK"，有的人说"NO"。他问大家，为什么第一杯大家感觉，"Fantastic"；第二杯，"So, so"；第三杯，"That's enough"。这让大家导出"边际效用递减"规律。于是，Paul 老师又问大家，这是怎样的学习过程？先是体验、实践，共同分析、归纳，理论提炼得到"边际效用递减"的理论。这种学习过程叫做归纳，他总结，我们的教学就要遵循学生的自然学习过程——归纳。

＊ 徐奇志，施耐德电器(中国)有限公司管理学院研究员，南京大学商学院 MBA 中心 1997 级(秋)学员。

Paul老师又探讨了第二个原则,他说如果我们的学员有这方面的经验当然好,但如果他们没有经验怎么办? 那我们作为培训师就要给学员创造经验,包含通过参与活动获得自我的体验,互动讨论从他人那里获取经验。他谈到了学习打扑克牌,他问如果一个朋友不会打扑克牌,你会怎么建议他学习呢? 自然是先观察别人怎么做,包括了解规则;然后上场打两圈,有了个人的一些体验;打了几圈后,你是否会发现几个牌友在互相回顾、探讨前面几圈哪张牌该出,哪张不该出? 然后总结出来一些规律,最后用到下面几圈的比赛中? 由于大家在大学里都有打牌的经验,大家点头称,"是"。Paul老师总结,这就是在做中学。

Paul老师强调,这两个原则要融入到我们的教学设计和授课中去,时刻以学员为中心,为他们创造体验、创造经验,创造参与与互动的环节,即使总结理论也应该是由学生来讨论总结,而不是由老师直接告诉学生。这就是引导式教学,它符合学员的学习过程,而教导、训导的教学方式则违背了学员的学习过程。

几年下来,我谨记Paul老师,这两个原则甚至深入到了我的骨髓中,无论是教学设计还是授课中,我时刻用这两个原则提醒自己,让原则指导我的每一次课程设计,让原则指导我的每一次授课。

明朝思想家王阳明曾提出"知行合一",是指客体应顺应主体,知是指科学知识,行是指人的实践,知与行得合一,既不是以知来吞并行,认为知便是行,也不是以行来吞并知,认为行便是知。认识事物的道理与在现实中运用此道理是密不可分的。

然而遗憾的是,古代先哲把认识论和实践论的命题过多的放在了道德修养、道德实践方面。以至于后人在提到"知行合一"这个命题时,也仅仅想到的是道德与行为的统一。事实上,知行合一这个理论可以应用到我们任何一方面,包括我们的教学和培训。

在企业里,而大部分情况下,我们的员工不需要高深的理论来支撑。因为企业运营问题的解决和业绩的不断改善,是由"员工和管理者"来完成的,而"员工和管理者"要达成这个目标,需要运用正确的工作方式,做出正确的工作行为。工作行为是我们看得见的东西,但隐藏在行为表面下的却是要具备相应的技能。而技能的改善,是通过行为的改变来达成的。这是一个循环。

我常听一些朋友说起,优秀企业和其他企业最大的不同,是因为员工下意识工作方式和工作行为的不同,这些下意识行为是企业期望看到的正确工作方式和工作行为。这些行为不是一朝一夕形成的,有环境、同事的影响,有上级经理日常的辅导,也有健全的行为训练课程。

而我们设计的管理或者个人技能方面的课程,重点是创造学员某一方面的体验,在做中学,在思考中学,在行动中学,在反馈和自我反馈中学。不是"抖包袱",讲"相声",唱"独角戏"。

"教练式"、"小组式"案例教学方法与
传统教学方法的对比分析

——兼谈面向案例教学法初步构想

于笑丰　茅　宁[*]

2011 年 12 月 24 日—25 日两天,我们一行三人参加了在北京师范大学管理学院举行的第九届"中国管理案例开发与案例教学与研讨班"。主讲老师是加拿大西安大略大学毅伟商学院教授陈时奋(Shih-FenChen)。在短短 2 天的时间里,陈教授向我们全面展示了他所采用的案例教学方法,涵盖了教学准备、教学实施与教学评估的各个关键环节。陈教授在授课方面可谓功力深厚,语速和语调的控制、课堂纪律的控制、课堂气氛的调节、提问次序与时间的掌握、化解学生的刁钻问题,每个方面陈教授都拿捏得很有分寸,让我们亲身感受了案例教学的魅力。然而,我们也发现陈教授讲课方式中存在一些局限。因此我们开始思考这样的问题,陈教授的方法是否适合用于国内 MBA 的教学? 是否还有其他更合适的案例教学方法? 经过调查我们发现,陈教授所倡导的"教练式"以及毅伟商学院另外一位教授路易丝·A·林德斯(Louise A. Mauffette-Leenders)采用的以"小组讨论"为核心的教学方式是两种具有代表性的案例授课方法。我们对两种授课方法的关键环节、优缺点及适用对象等做了对比分析,在此基础上,结合传统授课方法的优点及国内MBA 学员现状,探讨了"面向案例"的教学思路。

一、"教练式"案例教学法

张骁、徐小林和刘海建三位老师也参加过陈教授的培训,并且先后发表了各自的感受和经历。正如他们所说,陈教授主张教师在案例教学中的角色是教练,要像德国牧羊犬一样能够把一群羊引导至羊圈中,而不是像边界守护犬一样严禁羊群越过羊圈。这种"教练式"案例教学的核心思想是在教师的指引下,尽可能发挥学生的主观能动性,让学生自己形成观点、寻找答案,并最终理解案例背后的理论和知识点,而教师的指引也只是在必要的时候才提供。

"教练式"案例教学方式包含两个主要环节:课前预习和授课,这种授课方式对学生的课前预习及学生的综合素质有较高的要求。授课时教师会以一些由浅入深的提问逐步引导学生参与讨论,由于提问是随机的,任何一个同学随时都可能被问及案例相关的任何问题。如果学生没有事先预习案例内容,则很难回答老师的提问。假如大多数学生都没有

---

* 于笑丰,南京大学商学院电子商务系副教授;茅宁,南京大学商学院工商管理系教授,博士生导师。

课前预习,那授课将变成老师一个人的独角戏,或者变成老师与少数做过课前预习同学的"小型话剧",其他同学则成了观众。此外,尽管同学事先做了较多的预习功课,但如果学生因为自身知识和能力的限制,即便在老师的引导下也迟迟不能答对要点,或者学生根本就不和老师积极配合,消极回答或者拒绝回答老师的提问,授课效果也会大打折扣。毅伟商学院的学生很重视成绩,成绩高低对他们的就业有很大影响。由于案例教学的授课环节有助教根据学生回答问题的准确性和主动性为其打分,并且每次课堂成绩的分数汇总占期末总成绩很大一部分,再加上北美学生本身就很开放、喜欢表现,因此大家通常都会积极预习并积极参与课堂问答和讨论。陈教授说毅伟商学院的 MBA 学员们大多具有较高的综合素质和实践经验,因此连续多人都无法答对要点,非要老师点破迷津的局面并不多见。

二、"小组式"案例教学法

路易丝·A·林德斯教授把案例学习划分为三个阶段,即个人准备、小组讨论和班级讨论。充分的个人准备是案例学习的基础,也是接下来的小组、班级讨论学习的根本前提。她认为个人准备是个苦力活,因为案例可能冗长繁杂,有无特定的问题还是未知数,而且多数情况下没有标准答案。另外,案例的开放性、其中提供的过多或过少的信息以及自身对某议题、某行业、某产品缺少经验,都会带来很大的思维紊乱、挫败感甚至焦虑情绪。因此,学生有效利用自己有限的独立准备时间就显得举足轻重。为了帮助学生有效做好课前准备,她为学生提供了几种可重复操作的个人案例准备工具,比如长链循环流程、短链循环流程以及案例准备构架图等。个人准备阶段结束之后进入小组讨论阶段,这也是在课前完成的。林德斯教授建议 3—5 人为一组,小组成员们在课前聚在一起针对案例集体讨论,并完成小组课堂展示材料和发言方案。课堂授课环节一般也是由教师以开放式或者简单的问题引导开始,然后以各小组为单位回答问题,即每个小组至少要有一名成员代表本组参与讨论。课堂讨论最后以教师总结、学生自愿或者教师指定学生总结案例关键点结束。

林德斯提出的这种案例教学法是以小组讨论为核心的,需要小组的所有成员都积极参加小组讨论,每个成员都在个人准备允许的时间范围内尽最大努力提前做好准备,并且每个成员都愿意分享他们的主要观点和看法。如果小组成员无法面对面进行言语沟通,或者有的组员不积极准备,都将影响小组讨论的效果。

三、"教练式"、"小组式"案例教学法与传统教学法对比

从授课开展的过程而言,"教练式"案例教学法划分为课前预习和课堂授课两个环节,而"小组式"教学法分为个人准备、小组讨论和班级讨论三个阶段。二者最主要的区别在于课前预习和课堂讨论环节的参与单位不同,前者完全以个人为单位,而后者则是在个人充分准备基础上的小组为单位。正因为如此,两种方法体现出各自的优势和不足。

"教练式"教学方法的优势在于能够督促所有学生都要做好课前预习,否则可能会造

成在课堂上被老师提问却一问三不知的窘境,既尴尬又影响成绩。这种方法的局限性在于缺乏对学生交流能力和团队合作能力的锻炼。此外,由于个人知识、经验和能力的限制,可能会导致连续提问却多人都无法找到需要的答案,造成课程进度的延误。

"小组式"教学方法的优势在于能够汇集众人的智慧,从而使学生能够针对案例中的现象或者问题设计出更优的解决方案,正所谓"三个臭皮匠顶一个诸葛亮"。这种方法的局限性在于导致出现了"搭便车"现象,即某些学员不参与小组讨论,也不参与课堂的问答,而是依赖组内其他人的课堂问答表现来巧取成绩。

与传统的课堂授课法相比,"教练式"与"小组式"这两种案例教学法,提高了学生的参与度,使学生由被动变主动,课堂气氛更加活跃。但是这两种方法对理论和知识点的讲解都是通过"自下而上"的构建过程,在学生不断解答教师提问的过程中逐步形成观点和揭示理论,课堂效率明显偏低。尤其是对于基础较好的同学,他们可能很快就识别出埋在案例背后的知识点,剩下的课堂时间对他们而言无疑是浪费。

四、面向案例教学方法探讨

就目前国内 MBA 学员的学习时间、学习习惯、个人素质等方面的现状而言,完全照搬"教练式"与"小组式"案例教学法并不可取。首先,国内 MBA 学员多数都是在职学习,能在繁忙的工作中之余坚持上课已实属不易,再能抽出大量时间预习案例的学员更是少之又少。其次,MBA 学员之间多数都是上课的时候才见面,想以小组形式做课前的分组讨论,并且要求每位学员都积极参与讨论,也很难实现。实际教学中有些老师已经采用过小组讨论的研讨方式,但发现学员之间已经达成一种默契,每次上课时一个小组只有一个人事先预习,也只有这一个人负责发言,小组其他成员全部搭便车,而下一次则换一个同学预习和发言,即所谓"轮流坐庄",根本达不到"小组式"案例教学的应有效果。此外,国内学生多年以来已经养成了被灌输知识的习惯,虽然对传统填鸭式教学方式偶尔也有抱怨,但是真正要求他们课上积极回答问题、主动参与讨论,他们则又会消极抗拒,不情愿表达自己的观点。最后,国内 MBA 学员的个人能力和经验水平参差不齐,如果一味通过提问的方式引导学生寻找答案和知识点,很可能事倍功半、浪费时间。

"教练式"与"小组式"案例教学法的开展是"自底向上"构建知识的过程,其优点是把学生由"被动灌输"转为"主动获取",使学生在积极参与思考和讨论的过程中提高知识的吸收率和能力的转换率,其局限在于教学效率低。传统教学法的开展是"自顶向下"的传授知识的过程,其优点是教学效率高,每节课可以讲很多概念和原理,缺点在于学生被动接受灌输、缺乏能动性、知识吸收并转换为能力的程度不高。

因此,在目前的 MBA 教学中采用全案例教学法可能并不合适。把上述两种案例教学法与传统案例教学法结合起来可能更适合于目前国内的 MBA 教学,我们暂且称这种方法为面向案例的教学方法(case oriented teaching)。该方法把课堂授课环节一分为二,上半部分时间用来讲授理论和知识点,下半部分时间由教师引导学生展开案例讨论,而案例则是围绕当次课的关键理论或知识点精选出来的。在引导学生由浅入深地回答问题之前,由教师把案例的主要背景和情节向学生介绍。在讨论的过程中,教师可以鼓励学生主动地回答问题，或者随机指定学员回答，也可以让学生组成临时小组讨论，但是任何一个小组成员都可能被提问。如此一来，不仅能降低学生课前预习的负担，也能有效防止某些学生搭便车。讨论结束之后由老师总结或者同学总结相关知识要点及体会。之所以把这种方式称为面向案例的教学方法，是因为这种方式是"自上而下"地把关键理论和知识点"投影"到案例上，而不是"自底向上"地构建理论和知识点。

上诉思考也仅仅是我们的初步构想，具体操作过程还有待完善，教学效果也需等待检验。

双元能力促进企业服务敏捷性

——海底捞公司发展历程案例研究

郑晓明　丁　玲　欧阳桃花

本研究基于双元能力的理论视角,以海底捞公司发展历程为案例研究对象,系统研究促进企业服务敏捷性形成的特征、过程与原因。

1. 理论分析框架

本文核心在基于对海底捞公司一系列事件的分析,推导出利用双元能力获得企业服务敏捷性的过程模型。基于现有文献和海底捞案例,对企业层次的双元能力促进服务敏捷性设定两个维度:

(1)授权与控制。授权是指领导者为员工和下属提供更多的自主权和柔性,以达到组织目标的过程。控制是指为达到某种目标所采取的一系列方法与措施,以消除管理各环节引起不合格或不满意效果的因素。

(2)整合能力,指一个组织所具有的将其内部和外部不同能力整合起来的能力。如果企业在这两个维度同时进化,即达到服务敏捷性的最佳状态。

2. 案例研究方法与数据来源

采用案例研究方法,探讨企业服务敏捷性"是什么",企业各阶段"怎样"通过双元能力达到企业服务敏捷性;由于海底捞发展历程是复杂多面的现象,相关因素还未完全找到,所以从案例到理论的"分析性归纳"的原理可能更适合检测文中涉及的现象。

数据来源于三方面:第一,自2010年7月—2011年8月,作者团队对海底捞各部门人员进行了全面的实地访谈与问卷调研。第二,自2010年5月至今,主要作者参加海底捞公司经营会议,对海底捞的管理有着深刻的认识。第三,作者进行了大量中高层访谈,收集了大量海底捞公司的内刊、资料及公司的管理制度等资料。

3. 案例讨论

在海底捞内部,解决二元矛盾、冲突、困境的"双元能力"经历了四个不同阶段,呈现不同的特征,从而促进了服务敏捷性的不断演化。

阶段一:CEO的双元能力促进服务敏捷性。

在创业初期,隐含的矛盾是有限资源向顾客和员工分配的冲突,CEO有此"双元能力"。为满足顾客需求,致力于提供优质的服务和提高产品品质;为满足员工需求,尽力提供家人般关怀和解决员工的经济困难。在这种模式下,企业服务敏捷性体现在:财务业绩快速增长,CEO形成了"快速感知—响应"顾客和员工需求的能力。

阶段二:高层、经理的双元能力促进服务敏捷性。

在企业裂变的环境压力下,高层、经理具有解决企业内部矛盾的"双元能力"。高层采取直营模式复制企业，形成对经理充分授权与规范化的双元能力；经理复制前期 CEO 关注顾客和员工模式。在这种模式下，企业服务敏捷性体现在：企业在西安、北京、上海等地取得成功；企业复制能力迅速广泛实施，高层授权与规范化充分发挥了经理的能动性。

阶段三：高层、经理、员工的双元能力促进服务敏捷性。

在企业规范化运营与发展的环境压力下，高层、经理、员工具有化解企业内部二元矛盾的"双元能力"。高层有着对经理、员工充分授权与规范化的双元能力；经理复制前期关注顾客与员工方面的双元能力，这促进了企业拓店；员工具有解决提升服务与产品品质冲突的双元能力。在这种模式下，企业服务敏捷性体现在：企业不断复制优秀店面的能力，在全国各大中城市的经营均取得了成功；企业员工具有了"快速感知—响应"顾客的能力，经理迅速复制企业，高层能够规范企业运营、降低成本。

阶段四：双元能力精英平台促进服务敏捷性。

在同行模仿与扩张导致人力资源匮乏的内外部环境压力下，企业高层、店经理、员工同时具有化解企业内部二元矛盾的"双元能力"。高层从使全员学习和创新方面授权与规范化与具有同时关注店面与外卖经营的双元能力两方面提升双元能力；店经理在店面经营上利用精英平台获得帮助，复制了优秀店经理同时关注顾客与员工的双元能力；员工提升了同时关注服务与产品品质的双元能力。在此模式下，企业服务敏捷性体现在：组织结构由层级向扁平化的变革；业务在向外卖经营扩展；员工具有了"快速感知—响应"顾客的能力，店经理迅速复制企业，高层推动业务模式扩展。

（节选自《管理世界》）

中移动 4G 加速

潘奋图

王建宙担任董事长期间极度重视 4G 却未能化解监管部门的顾虑,将梦想变为现实的是继任者奚国华

相比中国联通及中国电信,中国移动堪称 3G 市场上最大的失败者。但在 4G 时代,这个全球用户规模最大的移动通讯运营商极可能实现翻盘。

最近,工信部部长苗圩表示,4G 牌照将于明年发放。在运营商中,抢先领跑的就是中国移动。今年下半年开始,中国移动全面启动 4G 网络建设。其中包括,2013 年将开始在国内 100 个城市进行 TD-LTE 设备采购,中国移动计划在明年建成 TD-LTE 基站规模超过 20 万个,投资总额将达到约 1 800 亿元。

但在一年多前,中国移动原董事长、"理想主义者"王建宙就梦想着这一切。他计划要在 4G 市场的博弈中夺得先机,甚至要跨过 3G 直接进入 4G 时代。结果王建宙的积极,只换来政府部门冷冰冰的回应。

今年初,王建宙"功成身退",奚国华接任其董事长位置。中国移动的 4G 梦想在奚国华手里终于得到迅速兑现,中国移动 4G 的试验、布网、招标如火如荼地展开。但让外界不解的是,在王建宙时代,中国移动 4G 这步棋,为什么下得早,步子却不大? 而奚国华又如何扭转局面?

TD 变局

"王建宙是一位跨国企业 CEO,在中国移动内部倡导 KPI 文化,在外部则强调业绩和利润。"一位长期研究电信产业的分析师表示,作为上市公司负责人,王建宙的成绩有目共睹。

王建宙掌托下的中国移动,自 2004 年至 2011 年,营业额由 1 924 亿元增长至 5 280 亿元,净利润由 420 亿元增长至 1 259 亿元。但中国移动空前强大引起了社会上对其高额利润、垄断的质疑。相关部门也似乎开始有意识地防止中国移动"一家独大"。

2011 年 7 月,中国移动人事大变动,奚国华从工信部副部长的位置上空降到中国移动任党组书记,而王建宙则保留董事长的位置,逐步退居到后台。进入中国移动前,任工信部副部长的奚国华谈到电信市场时,多次重申过他对 TD 的信心,他是一个 TD-SCDMA 的坚定支持者,虽然 4G 也在推进,但他对外更强调 3G 战略地位。

今年 3 月,王建宙正式宣布退休,奚国华接过中国移动董事长的位置,TD-SCDMA 被进一步肯定。在奚国华眼里,3G 是不可能跨越的。他表示:"因为真正 TD-LTE 的成熟,可能还要两年左右的时间。"4G产业链没有成熟,2G无法承担数据业务的发展,"在市场上,不能有两年的空白。有两年的空白,你这个市场早就给竞争者占去了。"所以中国移动需要3G去"打市场"。

从官到商,奚国华深谙国家战略的意图,他似乎更懂得将企业的发展与其结合起来,为中国移动争取到了更多的政策空间。

"与前任相比,奚国华显得更加务实。"战国策咨询首席分析师杨群表示,现在国内正处于2G向3G的规模转移期,大举切入4G会导致很多压力。因为相关部门担心,4G将导致3G的生命周期缩短,"2009年3G才发牌照,2011年4G就商用,那么中国移动这两年在3G投入的2千多亿巨额就等于白费了。"

不过,奚国华并没有止步于3G,更没有否定王建宙的4G大布局,而是希望通过3G建设为中国移动在未来的4G博弈中增加砝码,在强调3G的前提下,奚国华甚至要让中国移动的4G战略加速。

务实布局

4G对中国移动来说是无法回避的。8月份,联通和电信在3G用户市场份额占比分别为33.1%和29.4%,较7月份略有上升,而移动则下滑至37.5%;中国移动的3G用户渗透率为10.4%,而联通、电信3G用户渗透率则分别高达28.2%、37.8%。另外,奚国华入主后,虽然中国移动在3G终端的劣势得到很大程度的改善,但诸如iPhone等一些明星机型仍没有TD制式。

"中国移动4G势在必行,但可能需要更多的策略。"艾媒咨询分析师张毅表示,除了保护投资的考虑外,监管部门还有一层担心,TD-SCDMA与TD-LTE两张网一起运营,中国移动是否会和当年联通GSM与CDMA一样陷入巨大内耗之中?

但这个在王建宙时代的技术难题,目前已经得到了解决。按奚国华的表述是"三个一",即"更换一块基带板、做一次软件升级、增加一对光纤"即可将3G基站平滑过渡为4G,并向下兼容。据设备厂商透露,TD-SCDMA站点升级至TD-LTE,平均在一个小时内即可完成。

中国移动继续大举投资建设3G网络,在4G时代,"不但不会造成网络基础设施的浪费,还可大大节约建网投资,缩短施工周期。一旦条件成熟,即可将TD网迅速全面升级为3G/4G双模网络。"电信专家李进良称。

显然,奚国华选择了由3G切入4G,而非直接跨入4G的路线,不仅是出于市场的考虑。消除了各种担忧后,中国移动获得了政策的大力支持。工信部部长苗圩最近表态即为最佳佐证。

有中国移动内部人士对奚国华的评价是"务实且不失强势与雄心"。早在2009年,在工信部任职时,他就提出了TD-SCDMA要在中国市场"三分天下有其一",现在,他提出要让TD-LTE在全球市场上实现"三分天下有其一"。

不管电信、联通是否加入,现在4G已不是中国移动一家在"单打独斗",目前日本软银、Sprint等海外运营商已经宣布将建设TD-LTE的制式网络。不过,将TD-LTE普及化进而推动 TD-LTE 发展的策略在王建宙时代就已经开始,奚国华只是延续了王建宙的工作。

事实上,中国移动两任管理者都将 TD-LTE 看作中国移动"未来的希望",如果"理想主义者"王建宙将中国移动推上了 4G 轨道,并指明了方向,那么奚国华则为 4G 清除了种种路障,并踩下了油门。

(节选自《环球企业家》)

O2O 模式：传统企业的新蓝海

孙大伟

O2O 是指通过网络推广把线上的消费者带到现实的商店中去在线支付，购买线下的商品和服务，再到线下去提货和享受服务。

可以说，O2O 适合那些需要面对面"亲自"接受的体验型产品与服务，特别适合不能在网络全面完成、又必须到店消费的服务。例如，亲自下馆子、亲自健身、亲自看剧场演出、亲自美容美发、亲自定制产品等。这正是 O2O 发挥优势的舞台。同时，对那些资金捉襟见肘、市场网络极其有限、品牌毫无知名度的小微企业，O2O 模式更是提供一种快速成名、成长的捷径。

O2O 的挑战

O2O 是电子商务的下一座"金矿"，但是这并不意味着人人都能淘得到的金子。运作 O2O 电商模式的传统企业首先要迈过线上消费者访问"流量"这道坎。没有线上的流量，就难于让消费者记住你的品牌，自然就没了销量。而如何提高服务体验、培育海量用户成为 O2O 模式成功又一关键点。O2O 平台通过在线的方式吸引消费者，但真正消费的服务或者产品必须由消费者去线下体验，这就对线下服务提出很高的要求。在线支付、线下体验，很容易造成"付款前是上帝，付款后什么都不是"的窘境。

O2O 模式网上销售也面临保真信誉这一道坎。当前伪劣产品泛滥，作为消费者，最关心的就是质量的优劣、产品的真假，而体验式服务没有好的口碑和信誉也很难获得规模化的发展。

仓储物流也是 O2O 运营的一大掣肘。不过，不管是线上线下资源的整合、提高服务体验水平还是改善运营仓储物流、保障服务信誉等，这一切需要有很强的信息系统后台支撑，遗憾的是多数国内企业信息化建设都比较薄弱，这制约 O2O 模式的发展。

O2O 的路径

1. 强化宣传，塑造网络品牌

文宣是奠定任何品牌的支点。新任福建七匹狼实业股份有限公司电子商务总监钟涛明确了七匹狼电子商务的战略规划目标在于"O2O 联动"。首先要实现的就是"品牌的电子商务化"，利用 O2O 强化企业在互联网上的品牌，以此带动线下销售。

2. 营造良好线上体验

O2O线上要吸引流量,培育消费者网上购物习惯,可以通过信息方式,给消费者提供良好的用户体验。埃沃寰球定制有限公司最近推出了男装定制客户端,用户只需拿出手机拍照即可完成尺寸测量,然后通过手机下单给公司定制系统;会员还可以获得上门面对面的服务,设计师会拿着iPad上门提供咨询服务,根据个性化需求生成的效果图可适时让用户看到,直至用户满意下单,最后到店里取货。这种体验式服务顾客深感满意。前品尚品宅配力推O2O模式也是一个非常成功的线上体验,实现线上线下完美结合。

3. 用差异化营销,突破渠道撞车

对于传统企业来说,实施O2O电商模式容易造成线下实体店渠道与线上电子商务渠道的冲突,因此为了避免同质性的矛盾及新旧渠道的撞车,采用了差异化营销是O2O模式成功的一个重要手段。

4. 企业线下资源要丰富成规模

O2O模式要求企业线下资源要丰富,网店要足够多,可以覆盖广泛地域,这样才能够让消费者实现就近消费,并享受完善的售后服务。一般来说,在全国拥有零售店、加盟店、直营店、特许店的大型企业尤其是流通型大型企业采用O2O模式较有优势。

5. 全面加强O2O模式创新力

纵观目前国内O2O的运营状况,普遍凸显创新能力不足。O2O盈利模式相对不清晰,营销模式大同小异,仅仅锁定低价路线,竞争力不太强。从激情到平淡的团购网站就是典型的案例。而国外在O2O的经营模式上就相对多元化,而且在赢利模式上也非常灵活,通过挖掘多种多样的增值业务提高O2O的经营魅力,而不只是在商言商。如美国化妆品商AMLE. PLI除了在网上提供打折、赠品等优惠外,还提供24小时在线顾客购物挫折的免费心理关怀咨询,线下实体店则提供12小时美容指导培训的免费服务,这使AMLE. PLI网上流量每天高达50万人次,全美数百家实体店生意也火红。

因此在经营思路上,国内O2O经营者应发挥自身的优势,做出更多的"花样儿",线上客户咨询、线下免费体验等环节都有文章可做,可挖掘多种多样的增值业务。另外,利用移动互联网等新技术手段拓展业务、重视移动互联网终端渠道也越来越变得必不可少,和拥有巨大用户群体的手机应用提供商进行合作也非常有效,学习苹果成为App软件应用服务商已成为包括传统企业、电商等在内商家吸引流量、拓展市场的主要形式。目前不仅淘宝、当当、凡客、麦考林等电商都已布局了移动客户端战略,许多传统企业如沃尔玛、徐福记、统一等不仅都已上线了WAP版本,还推出了移动客户端应用,直接占领用户手机界面。所有一切,关键是看O2O经营者和商家是否有足够的创新意识与毅力去进行探索。

6. 建立完善信息化管理系统,推进物流配送服务

对于拥有海量注册用户的商家来说,建立、完善信息化管理系统是O2O模式成功运用、有效管理线上线下商务活动的基石。而采用基于客户管理的CRM客户关系管理软件是整个信息系统的核心。比如采用定制的客户关系管理软件CRM,一方面可线上掌握和管理庞大的顾客信息,一方面可管理线下产品的全流通信息,全面提高企业物流仓储服务效力。

　　不管传统企业还是电商企业，都应努力制定科学完整的战略计划，根据营销环境的变化，将网络营销和实体店铺进行整合营销，实现线上线下完美结合，齐头并进全面推进企业的 O2O 模式地又快又好地发展。

（节选自《销售与市场》评论版本）

"双簧战"：聚美优品 VS 乐蜂网

徐铱璟

作为国内化妆品垂直 B2C 电商的前两位领先者,聚美优品和乐蜂网的明争暗斗由来已久。今年,2 月 27 日零点乐蜂网启动"桃花节"促销活动,聚美优品紧接着在 3 月 1 日启动 3 周年大庆促销活动,这场营销大战进入价格战的白热化阶段。

那么这场营销大战的胜负结果如何?据乐蜂网公布的数据,其"桃花节"当天销售1.22亿元,成交 57 万单。而聚美优品则对外宣称,3 周年庆 3 天累积销售额达到 10 亿元,订单数超过 200 万单。尽管综合来看,聚美和乐蜂两家还没有竞争出明显的领先一方,但这场营销战无疑使得化妆品垂直 B2C 的行业格局变得更加明朗,排在后面的已经很难与第一集团竞争。

两虎相争,不伤反赢

纵观化妆品垂直电商行业格局,聚美优品、乐蜂网、米奇网、天天网都自称是行业之最,但从知名度、销售额、会员数量等方面综合看,只有聚美和乐蜂真正有实力竞争第一把交椅。经过 2013 年开春营销战役后,两强格局已经确立。日前,陈欧在采访中称聚美优品 2012 年销售额为 25 亿元,已经盈利,预计今年销售额为 60 亿～100 亿元,利润超过10亿元。

预计未来几年,化妆品网购仍将保持较快增长,到 2015 年化妆品网购交易规模有望超过 1 200 亿元,化妆品网购行业前景看好。从整体市场格局看,以淘宝为代表的 C2C 占了 6 成的市场份额,而 B2C 的 4 成里面天猫一家占了 40%多,同时京东、当当网和亚马逊也都有一定的份额。因此,乐蜂网和聚美优品尽管在垂直 B2C 领域的领先优势十分明显,但在整个化妆品 B2C 市场中占据的比例并不高,在整个化妆品网络渠道占有的比例更小。

目前,化妆品品类的线上渠道并没有得到品牌厂商尤其是国际高端品牌的真正重视,和线下渠道相比,线上渠道销售所占比重很小,相应的议价权也比较小。这场营销大战最积极的影响是让化妆品线上销售渠道引起了品牌商和消费者的更多关注,有利于将这块蛋糕做大。

品牌商 OR 渠道商

尽管聚美优品和乐蜂网都想尽快摆脱对方成为具有明显优势的"美林盟主",表面看似水火不容，但实则二者品牌定位、商业模式、运营理念、发展路径完全不同。

从商业模式看，乐蜂网采取的是"自有品牌＋达人经济＋社会化导购"模式，形成产业链闭环，主要借助自有品牌这一高毛利商品盈利；聚美优品则是团购起家转型为垂直 B2C，以品牌代理为主，以限时特卖的形式吸引消费者，主要出售市场上 20％ 最畅销的化妆品。

相较而言，乐蜂网的优势在于黏性较高，社区模式及达人经济为其累积了相对忠诚的用户群，用户访问次数和深度优于对手；而且自有品牌市场培育的较早，毛利率较高，议价能力较强；同时依托于东方风行的传统媒体资源，受众覆盖面广，传播能力强。乐蜂网最初借鉴了台湾购物网站 Payeasy 与美容达人牛尔的成功合作模式，与明星达人合作推出自有品牌，根据不同达人粉丝群的特点进行品牌定位。但乐蜂网 CEO 王立成曾表示，乐蜂要做的不是社区也不是电商，而是正在探索一种基于电商平台的品牌商模式，乐蜂网只是一个窗口，是为女性提供时尚解决方案的一个"电子商务和社区化的综合平台"。未来希望效仿美国的"家政女皇"玛莎斯图尔特，借助达人经济的杠杆效应，结合全媒体整合传播效应，发展自有品牌和商品零售业务。

而聚美优品的优势是用户基数大、流量相对较大；品类丰富，目前聚美的品类已扩充至母婴、服装和奢侈品零售；品牌商资源相对较多，在 3 周年庆活动中，很多品牌商通过自己的官方微博进行宣传。聚美优品在营销推广方面能力比较强，CEO 营销、情感营销做得有声有色。聚美优品市场部由陈欧亲自负责，没有与任何一家广告公司合作，营销方案完全由自己策划制定，正是这个只有六七个人的年轻团队创造了风靡网络的"聚美体"，以创新、富有正能量的广告词和视频巧妙迎合目标用户群的口味。而陈欧在各类电视招聘及综艺节目上频繁露脸，也起到了广告作用，省下一笔推广费用。

对于未来发展模式，陈欧表示，聚美要做渠道商，未来聚美会和更多品牌商合作，而不是打造自有品牌，"聚美的价值还是在于推荐"。目前聚美优品分为商城和开放平台两部分，其中商城销售的化妆品主要是品牌授权或与品牌直接合作；开放平台销售鞋、箱子等非标准化产品，要求入驻的商家至少拥有天猫旗舰店。另一方面，聚美优品与品牌商联合研发品牌，具体合作模式为：品牌商开发聚美优品专属产品，聚美优品买断，承诺销量。

由此看来，尽管二者在渠道、推广、品牌商以及消费者等资源等方面存在不可避免的竞争，但发展思路迥异，因而并非无法共存。而且，相较于二者之间的竞争，恐怕来自于综合类平台电商的竞争压力和扩展线上线下渠道的挑战是双方共同面临的。虎嗅网作者胡蔷薇认为，在目前电商领域前景未明的整体格局下，垂直电商与其彼此间争得头破血流，不如花更多的精力探索模式、保存实力、扩大市场，共同在与巨头的竞争中保住市场份额。

此外，线下渠道以及移动端都可能是未来聚美优品与乐蜂网短兵相接的战场。

目前，乐蜂网和聚美优品都有在线下布局的计划或行动。乐蜂网的自有品牌已入驻屈臣氏、家乐福等渠道，未来还将在三、四线城市开实体连锁店，对线上渠道形成补充。而聚美优品则打算开线下旗舰店，打造自己的品牌门店。网购市场主要集中在一、二线城市，开拓三、四线城市市场需要依靠线下渠道，如何拓展线下渠道对双方都是一个挑战。

随着智能手机和平板电脑的普及，移动互联网时代已经到来。此次营销大战期间，聚美和乐蜂的客户端都不断变换花样推送促销信息，美妆买手网和 UC 第三方平台也推送天天网等美妆比价信息。在移动端抢占先机也将对双方未来的战局走向起到关键的作用。

（节选自《新营销》）

实践出真知

触摸营销 4.0 的价值链轮廓

史贤龙

营销 4.0 的核心驱动力是云技术以及云技术改变的商业结构、市场结构、媒体结构、营销模式，而云营销是营销 4.0 的最大驱动引擎。我们已能描述营销 4.0 的价值链的基本轮廓：

电子商务市场的崛起。2011 年国内网上交易额 5 万亿元（含 B2B），占 GDP 的比重约为 13％，网络零售（B2C、C2C 电商）交易额约 8 000 亿元，占社会消费品零售总额的比重不足 5％，显示出巨大的增长潜力。比数字更重要的是电商的支持系统：网上订单、支付、物流、结算等商业体系已经成熟。

媒体预算的结构性变化。社会化媒体的崛起，使传统电视、纸媒、户外甚至互联网门户都受到了冲击，以新浪微博为代表的社交化媒体的影响力与商业价值已经显露，并且正在改变着企业媒体费用的投放结构。

一云多屏、无缝链接的终端世界。从互联网上的微博到手机，以及即将到来的家庭终端（智能电视）甚至未来的车载电视、显示屏媒体，都将被无缝连接在多个不同的云系统（iOS、Andriod 等）内。

云生活方式初见端倪。在中国一部分进入云生活时代的城市及人群里，传统媒体广告不再是他们作出购买决策的主要信息来源，取而代之的是"云端"（一个虚拟却真实的网络社交圈）里的用户对商品的评价。

社会化媒体及新营销方法勃兴。社会化营销正在对传统营销方法进行一场"路径革命"：从传统的围绕知名度的叫卖创意、单向控制的媒体，向营销 4.0 时代以美誉度为核心的创意、口碑积累的双向互动模式转变。简单地说，靠垄断传统媒体资源、拼实力的传播时代面临着瓦解，而依靠创意、互动、口碑的社交化媒体传播新驱动力正在崛起。

云消费的商业化路径形成闭环。最具颠覆性的是消费方式的变化：社交化媒体创造的关注度（流量），可以通过与电商的无缝连接马上变成购买力（转化率），而不是传统媒体下看完广告、留下记忆、再到终端前形成购买行为的 AIDA 模式（注意—兴趣—决策—行动）。

云技术、云平台及云基础设施逐渐成熟。所有的互联网大公司都在以各种方式涉足云产业，如阿里云、盛大云、华为云、百度云，各种云系统层出不穷。这些云基础设施与技术是对云应用、云创新产品的巨大支撑与驱动。

营销 4.0 价值链的形成和壮大，不仅是营销方法的革命，更是商业环境、企业模式、产品价值、渠道结构、消费形态以及品牌成长路径的革命，并会让新商业生态系统、新营销体系以及更多前所未有的精彩营销实践与创新思想"拔地而起"。

（节选自《销售与市场管理版》）

阿联酋航空:以服务成就传奇

李阿倩

总部位于迪拜的阿联酋航空公司(Emirates Airline,以下简称阿航)是全球发展最快的航空公司之一。究竟是什么让阿航成就如此传奇? 近日,记者采访了阿联酋航空中国区副总裁李旬先生。

高投入带来高回报

阿航成立之初,只有租来的一架波音 737 及一架空中客车 A300 B4。自运营第三年起,阿航即连年盈利,迅速加入全球顶级航空公司的行列。李旬认为,除了迪拜的地理优势和天空开放政策之外,最重要的因素就是阿航顾客至上的经营理念。

众所周知,阿航是空客 A380 最大的用户。李旬说,"目前,阿航投入运营的 A380 共21 架,机上的设施是业内独创的,比如为头等舱和公务舱特设的机上酒廊,提供各种免费酒水和点心;头等舱还有两个淋浴间;机上开通了空中无线网络服务;另外,我们的机上娱乐系统参加国际航空界评比屡获大奖,有近 1 400 个频道。我们希望能用产品和服务给所有乘客最好的飞行体验和旅行经历。"

将多元化进行到底

今年 7 月,阿航开通了在欧洲的第 33 和 34 个目的地,每日一班飞往西班牙巴塞罗那和葡萄牙里斯本的新航线。至此,阿航全球航线网络已覆盖 74 个国家 125 个目的地。

李旬表示:"新航线的陆续开通充分反映了市场对我们服务的迫切需求。未来,阿航将继续致力于为乘客提供飞往世界各地的便捷航线服务。"

伴随着全球化航线格局的形成,阿航在管理上也采取了相应的国际化策略,其员工来自 120 多个国家。李旬笑着说,"因为我们的乘客是多元化的。比如从伦敦到悉尼,中国乘客遇上中国空乘,就会觉得非常亲切。"

与此同时,阿航正式推出名为"你好未来"全新全球品牌平台,旨在将其全球航空公司形象重新定位为全球交流及价值体验的推动者,从而实现其从旅游品牌到国际化生活方式品牌的完美蜕变。

以服务开拓中国市场

由于中国经济的高速发展和财富人群的迅速增长,中国目前是全球发展最快的出境旅游国家。

"对于中国乘客而言,中文服务是第一位的,所以阿航近年在不断地增加中国空乘人数,机上娱乐系统也增加了多部中文电影。我们还计划在迪拜机场设立中文服务。"李旬说,"另外,我们也逐步改进机上餐食,努力在中国人比较集中的航班上,提供更适合中国人口味的餐食。"

对于阿航去年在中国市场的业务发展情况,李旬用"非常健康"四个字来总结,他说,虽然有些不利因素,包括国际际金融环境和政局的变化,但是我们整体销售额和客货运人数、吨位,与前年同期相比,都有双位数增长。

为了巩固和开拓中国市场,今年阿航还将采取很多推广措施。其中值得一提的赞助项目是7月27日举行的"圣殿杯",阿森纳将与曼城在鸟巢上演巅峰对决。另外,电影大片《富春山居图》将于9月在全国上映。由于这部电影主要在迪拜拍摄,在阿航飞机上也有很多镜头,阿航希望能借此机会进行大规模的品牌推广。

(节选自《21世纪营销》)

在微博上卖 smart

刘乃嘉

奔驰 smart 在中国上市仅短短的四年,但是每一年都会推出特别版的车型,并配有创新的营销计划。这种独特的产品营销策略,不但可以体现出其品牌和产品的个性,更重要的是可以有效地锁定其目标客户。2012 年奔驰 smart 在中国全年销量达 15 680 辆,同比增长达到 50%。中国在全球 smart 的市场排名第三位。

2013 年奔驰推出 2013smart 新年特别版,仅在中国市场限量供应 666 台。他们选择了新浪微博做开年促销"秀",1 月 18 日上午 10 点开始抢车活动,在第一个 10 分钟内就卖掉了 100 辆车。这种全新的做法,利用社交媒体对年轻人的影响力,有效地把握了年轻客户的生活方式,直接拉近了品牌以及产品和客户的距离。而事实也证明了奔驰在互联网营销的突破再一次取得成功。根据 MEC 尚扬媒介提供的数据显示:"活动开始 3 秒钟售出第一辆车,由手机用户拔得头筹。平均 1 分钟被抢购 3.25 辆车,平均每辆车的抢购时间仅为 18 秒,这是有史以来奔驰线上销售数量最大的一次电子商务合作。"

卖汽车也可以很刺激

此次营销,smart 首先是通过微博预热,借用微博线上活动限时限量抢购活动造势、线下采用经销商跟进微博客户的方式,除了限量车型本身外,还推出了 smart"重磅 style"金融政策方案和 smart"重磅 style 融资租赁方案",这种线上线下整合营销传播方式极大地提高了奔驰的关注度。

之所以说奔驰公司的营销策略很刺激,是因为它采用了抢购的方式来激发参与者的兴趣和欲望,眼看着屏幕上抢购的车辆一台台减少,用户很快会被屏幕上变化的数字所刺激,因为仅有 666 台,特价 128 888 元。这次刺激还不够,在抢购成功并支付 1 999 元的定金后,还有各种好礼等着消费者。例如 2013 年 2 月 24 日前签订购车合同并开具发票的客户,将有机会参加抽奖。

奔驰 smart 让消费者在微博平台上,真正实现了从刺激的抢购、分享微博、再到产品销售的全程体验。

微博售车或将成为新趋势

2013smart 微博"新年特别版车型"活动的推出,对于个性时尚为主打的 smart 来说,无疑是一种不错的营销策略,特别版车型对于 smart 那些潜在的年轻消费者,也拥有强大的吸引力。正如奔驰中国副总裁毛京波女士所说的那样，"此次与新浪微博携手，不仅仅是一次汽车营销的创新之举，还是 smart 借助新浪微博与消费者进行沟通的一次全新尝试。"

在与淘宝以及京东的成功联袂后，这次奔驰创新式的数字媒体营销方式开创了汽车行业借助微博营销的新潮流。尽管从微博预定抢车到消费者进店签下购车合同有很长的一段路要走，线上线下的结合和成交也面临着很多挑战，但是从趋势来看，我们可以想象未来汽车企业在微博的营销与企业销量挂钩的前景。

（节选自《成功营销》）

"房灾"红利

陈晓平

整合全国闲散地产资源,山屿海张开怀抱,等待即将爆发的"银发经济"。

3月前后,山屿海度假创始总裁熊雄去了趟广西巴马瑶族自治县,回来对那的空气赞不绝口,"睡得特别踏实,平时自己小有失眠,在巴马症状一扫而光。"

每年,熊雄都会往返于全国各处的旅游度假胜地,他不是骨灰级的"驴友",游历的真正用心不是名山大川,而是沿途的交通条件、餐饮设施以及当地房地产市场。这名浙商的头脑中,正酝酿着一个大计划——希望整合全国旅游名胜地闲散的地产资源,扩充其所构建的高端"候鸟式"度假网络,服务购买力日增的富裕老年群体。

掘金"候鸟"

熊雄创立的"山屿海度假"成立于2008年,核心业务是为了满足老年群体的"候鸟式"度假需求(比如,"冬居海南、夏住威海、春秋天目山"),为高端用户提供住处和本地服务。

熊雄早在2006年就关注"银发经济",曾专门系统研究过中国高端老年消费群体的规模。何谓"高端"? 熊雄的解释是"夫妻两人退休金等各项收入 每月超过1万元",该群体职业分布主要集中于企业管理层、大学教授、医生、公务员等,而且其子女往往是社会的优势群体,具备一定经济实力,没有"被啃老"之虞。据熊雄估计,现在该群体的人员规模超过100万,其中大量存在旅游度假需求。

"候鸟式度假的群体一定是高端用户,为什么? 必须坐飞机,夫妻双方乐意自费双飞往返的,一定得具备相当的购买力。"熊雄说。目前,山屿海会员规模超过1千名,主要分布在以上海为中心的长三角地区。

就山屿海而言,全国性度假网络的规模非常重要——选择范围越广,会员购买的驱动力越强。然而,若是自建,沉淀资金非常巨大。单个房间的投入成本高达30万元,如果一律采用自建模式复制,资金的需求量将是"不可承受之重"。然而,若是与传统度假村或旅游酒店采用协议合作的模式,租金太过昂贵,且控制力不强——在旺季的时候山屿海往往拿不到房。

中国旅游度假地区进行的大规模地产开发,为熊雄轻资产扩张创造了条件。

以山东威海为例,熊雄用"房子成灾"来形容当地楼市,早年积淀了大量的空置房,"很多北京人花18万元买了套房,自己平时没多少天可住,就资金回报率来说,投资金额的利息住在五星级酒店更划算。"在威海当地,山屿海通过房地产商找到业主,获取房源 的价格非常低廉——在距离海滩不足 1 公里的社区,一个 55 平方米自带厨房的一居室,1 年租金不到万元;在海南文昌高龙湾基地,山屿海成功托管 300 余套房源,经营成本每间房价仅为 40 元/晚。

旅游地产开发热正在全国上演,相比房价,其租金价格往往低得可怜。根据熊雄的测算,空置房大量存在的地区,预付 1 年租金,加上简单装修和基本设施的配置,单个房间的投入在 1.5 万元以内,以 40 个房间计算,大概 60 万元即能完成一个区域的布点。

轻资产运营

扩充资本和品牌能力建设,成为山屿海当下业务扩张的重心。

山屿海的收入来源主要来自会员卡销售,以事先锁定一部分客源,同时缓解自身运营在现金流方面的压力。

对于购买者而言,预付会费的好处在于实惠。以山屿海海南文昌基地的"白金海岸度假酒店"为例,会员一晚支付的点数为 180 点(此为旺季价格),售价 2 万元的 VIP 卡 1 年享受 3 300 点的权益,大体相当于 2 000 元能住 18 个晚上左右,折合每晚 100 多元,目前各旅行网站提供的市场价普遍在 250 元左右。此外,部分度假地区旺季房源不好预定,会员在房源方面享有优先保障。

预付卡的模式,会员是否有权退卡以及承诺的服务能否满足至关重要。

关于退卡,熊雄表示,其公司政策规定,凡在购卡后的一周内,会员可以无条件全额退卡;若在此后,会员依然可随时退卡,但需收取余额的 30% 作为手续费。据介绍,目前会员主动提交退卡申请的事例极少。

熊雄坦承,当前同行业公司良莠不齐,山屿海亟待提升品牌力,"山屿海属于民营企业草根创业,如果缺乏资金和品牌支撑,获取业主和会员信任的难度成倍放大,成为公司资源整合的一大障碍。"

解决之道就是"广结善缘",熊雄是亚布力中国企业家论坛的一名积极会员,前不久,又刚被上海财经大学全球 EMBA 项目录取,他特别希望到国外走走,考察海外"候鸟式"养老的成功模式,同时学习些必要的"财技"——他正积极谋划引进战略投资者并已筹划上市事宜。

这家提倡"中国旅居度假慢生活"的公司还在路上。

（节选自《21 世纪商业评论》）

第三届"百篇优秀管理案例"
评选颁奖仪式隆重举行

2012 年 12 月 4 日,第三届"百篇优秀管理案例"评选颁奖仪式在第四届全国 MBA 教育指导委员会第十次全体会议暨 MBA 培养学校管理学院院长联席会议上顺利举行。国务院学位办、第四届全国 MBA 教育指导委员会、辽宁省政府有关领导以及来自全国 MBA 培养学校管理学院的近 600 名专家学者参加了此次盛会。全国 MBA 教育指导委员会秘书长全允桓教授主持会议开幕式。

案例作为管理学科非常重要的方法,现已纳入评估学校工商管理教育办学质量的重要指标。由全国 MBA 教育指导委员会、中国管理案例共享中心组织的全国"百篇优秀管理案例"评选活动始于 2010 年,每年评选一次,面向全国 236 所 MBA 培养院校。

本次评选活动历时 4 个月,从发布评选通知、院校推荐、初审及收稿确认、遴选函审专家、函审规划、发出函审匿名稿、汇总函审结果及组织专家会审,最终从 94 所 MBA 培养院校选送的 439 篇案例中确定 98 篇案例入围第三届"百篇优秀管理案例"。

而继 2011 年我院 4 篇案例入选第二届全国"百篇优秀管理案例"、并列第二名后,2012 年我院又有 5 篇案例入选第三届全国"百篇优秀管理案例",与北京航天航空大学、大连理工大学、东北财经大学和郑州大学并列第一名。

在随后召开的"中国管理案例共享中心工作报告"报告中,苏敬勤教授首先介绍了中国管理案例共享中心 2012 年日常工作情况,汇报了新开展的工作成效及进度,其中着重强调了 2012 年召集案例中心主任成功召开了两次联谊会,中国管理现代化研究会案例研究专业委员会也已顺利成立,"中国管理案例中心联盟"将在明年年初的会议上探讨成立议程及各项事宜,香港、台湾地区知名院校申请加入共享中心。同时,苏敬勤教授详细总结了第三届百优案例评选活动情况,大会受邀嘉宾向获奖作者代表及获得最佳组织奖的 40 所院校(投稿 5 篇以上院校)颁发了荣誉奖牌。

专题报告中,共有八个分会场,以"MBA 教学案例开发与案例教学实施与推广"的主题的报告会在第二分会场召开,全国工商管理硕士(MBA)教育指导委员会委员、案例建设分委员会召集人、南京大学商学院名誉院长赵曙明教授与苏敬勤教授为此会场的召集人,苏教授主持了本场报告。我院院长助理韩顺平教授,以"MBA 教学案例开发及案例教学实施与推广"为题,向参会者作了报告。

我院获得第三届全国"百篇优秀管理案例"的教师名单及案例名称(按照姓氏拼音排序)为:

陈冬华　家业何以"长青"?:天通股份的传承之路

陈志斌　财务管理新天地:SWD 集团价值创造型财务管理模式的案例分析

第四届中国管理案例共享国际论坛
在海南大学隆重举行

  2013年1月18至20日,由全国MBA指导委员会、中国管理案例共享中心、大连理工大学管理与经济部联合主办,由海南大学经济与管理学院承办的第四届中国管理案例共享国际论坛在海南大学隆重举行。我院名誉院长赵曙明教授、管理学院院长刘洪教授、案例中心主任史有春教授、工商管理系刘海建副教授和电子商务系李小琳副教授出席了会议。

  1月18日上午首先召开了中国管理案例中心联盟成立大会,会上选举清华大学、南京大学、南开大学、大连理工大学、北京航空航天大学等20所高校为管理案例中心联盟常务理事单位,举行各种层次的管理案例大赛、案例教学交流评比等,都是管理案例中心联盟的工作重点。19日上午,第四届中国管理案例共享国际论坛正式召开,国家自然科学基金委员会冯芷艳处长,中国管理现代化研究会副理事长、全国MBA教指委案例分委员会召集人、南京大学商学院名誉院长赵曙明教授分别致辞。大会公布了中国管理现代化研究会管理案例专业委员会的选举结果,大连理工大学的苏敬勤教授当选为主任,我院刘洪教授和史有春教授当选为管理案例专业委员会委员,史有春同时担任副秘书长,我院赵曙明教授还被推举为管理案例专业委员会的名誉委员,中国管理现代化研究会的石谷山主任到会宣读了贺信。在随后的日程中,我院刘海建副教授在分论坛上以论文宣讲的形式和来自全国各高校的著名学者做了交流,史有春也发表了题为"案例教学到底要给学员带来什么"的讲话。

全国 MBA 培养院校《市场营销》
师资教学研讨会顺利召开

研讨会会务组

2013 年 6 月 22 日，受全国 MBA 教育指导委员会委托，由南京大学商学院主办的 MBA 培养院校《市场营销》师资教学研讨会在南京大学仙林校区杜厦图书馆学术报告厅举行。研讨会汇聚了来自全国 181 所 MBA 培养院校的 260 余位从事 MBA《市场营销》以及相关课程的教师。全国 MBA 教指委委员、南京大学商学院名誉院长赵曙明教授首先代表全国 MBA 教育指导委员会和南京大学商学院致辞，感谢 MBA 教指委对本次研讨会的关心和支持，及长期以来对 MBA 课程的师资培训的重视和资源投入，让教师们通过多种渠道了解国内外最新科研成果和教学模式，肯定本次研讨会在交流市场营销领域研究的最新成果、分享 MBA 市场营销课程教学的经验基础上，及对提高市场营销的研究和教学水平，以及推动工商管理学科的发展的积极作用，特别感谢同为教指委委员的贾建民教授为内地的 MBA 教育和市场营销师资水平提升作出的贡献，和对南京大学召开本次研讨会的充分信任。作为教育指导委员会案例建设分委员会的召集人，赵曙明教授也鼓励营销学老师们更多地投入到案例开发中，为 MBA 教育贡献更多更好的案例。

在整个研讨会日程中，来自于美国加州大学洛杉矶分校的张实教授、美国芝加哥大学的奚恺元（Chris Hsee）教授、北京大学的彭泗清教授、香港中文大学的贾建民教授、复旦大学的蒋青云教授、南京大学的陶向南副教授、华东理工大学的景奉杰教授、西安交通大学的庄贵军教授均在大会上介绍了各自的研究成果及授课经验，内容精彩而充实，与会教师们对演讲嘉宾们的分享表现出了浓厚的兴趣，纷纷对各个主题演讲提出了自己的看法和问题，与演讲嘉宾们产生了热烈的互动和交流。演讲主题主要分为两个模块：理论对《市场营销》教学的指导，以及实践对丰富教学体验的重要性。

我院案例中心主任史有春教授则通过他对市场营销理论扩散与应用的调查，在 153 位从事营销活动的中高层管理人员的反馈意见基础上，多个经典的市场营销理论扩散的程度、途径、管理人员对营销理论知识点的依赖程度及其所为人熟知的比例，提出基本理论框架下的案例教学应成为主流教学方式的观点，但同时强调不能过于热衷于讲解具体理论，而是通过不同的教学方式和内容，突出各种教学方式的优点，从而帮助学员实现重要的学习目标，他也提出了有效实行主流教学方式的必要条件，特别是对案例的选择、开发和积极鼓励学生参与到案例研讨中，对未来营销理论和案例教学的方法和培养方式提出了独到的建议。

研讨会接近尾声时，全国 MBA 教指委委员、西南交通大学管理学院院长、香港中文大学市场营销系主任贾建民教授对研讨会的成果和收获做出了总结，感谢各位嘉宾的精彩演讲,鼓励在座与会教师继续积极参与到《市场营销》课程的建设和发展中,为营销学科教学的发展贡献更多的力量。

至此,全国 MBA 培养院校《市场营销》师资教学研讨会结束了为期一天的丰富日程和多个重要嘉宾的演讲,圆满落幕。

2013 年房地产品牌高峰论坛

——暨 2012 年南京优秀房地产品牌颁奖典礼隆重举行

2013 年 3 月 26 日下午,由南京大学商学院、东南大学经济管理学院和金陵晚报地产研究院联合主办的 2013 年房地产品牌高峰论坛暨 2012 年南京优秀房地产品牌颁奖典礼,在商学院安中楼隆重举行。南京大学商学院副院长、管理学院院长刘洪教授,东南大学经济管理学院副院长李东教授,南京大学商学院案例中心主任史有春教授,金陵晚报副总编辑夏爱宇女士,金陵晚报房产建材部总监梁建恕先生,南京万科置业有限公司总经理付凯先生,绿城房产建设管理有限公司执行总裁张洪云女士,南京 30 多家获奖房企的老总和营销负责人,以及搜房网、新浪乐居、365 地产家居网、金陵晚报等媒体记者,和各系学生共同出席了此次论坛。

南京大学商学院副院长、管理学院院长刘洪教授首先代表南京大学商学院对出席此次论坛的各位嘉宾表示欢迎。刘院长认为,房地产是当今社会的热门话题,也因为房价的居高不下受到了众人的责难。作为提供住房产品的房地产开发商来说,品牌的宣传方式、传播理念和价值传递,除了具有重要的现实意义之外,也是有非常重要的学术价值。而房地产企业在努力提升地产品牌价值的同时,也应为降低房价做出社会贡献。

随后,金陵晚报副总编辑夏爱宇女士的发言中也是坚信此次论坛将会是引领南京地产走向品牌时代的新步伐,同时向获得荣誉的企业表示祝贺。作为本次活动的主讲嘉宾之一,东南大学经济管理学院副院长李东教授指出中国的房地产企业把包括品牌在内的全面提升作为发展战略已经刻不容缓。在他看来,首先,一个企业的品牌建设必须一把手亲自关注;其次,一个房地产企业的品牌建设要走内外结合的道路;与此同时,品牌建设是一个物性的资源,需要长线的耕耘和维护。

在主题演讲的环节中,南京大学商学院案例中心主任史有春教授则是进一步和到场嘉宾讨论了以下三个问题:

第一,房地产企业是否有必要打造优秀品牌?有许多因素决定着企业是否以及在多大程度上有必要打造优秀品牌。如果一个行业的产品供不应求或高度垄断,那么这个行业或这个企业就没有多大必要、或是不会努力打造优秀品牌。但是,现今房地产行业的供给关系已经开始逐步逆转,各个房地产企业所开发的楼盘的差异化程度也越来越大,这就使得消费者在购房的时候,处于比较有利的地位,品牌建设意识也就逐渐增强,使得许多房地产企业越来越重视企业的品牌建设。

第二,房地产企业应该打造怎样的优秀品牌?史教授提出了四个指标来作为提升房地产品牌价值的依据。这四个指标分别是:认知、尊重、相关性、差异化。通俗来说,认知就是我们平时所说的知名度;尊重也就是我们平时所说的美誉度;相关性是指品牌是否能够和消费者接近；差异化，就是品牌和其他品牌不同的程度到底如何，以及它被感知到的领先性和发展的势头。在这四个指标当中，知名度和美誉度反映了品牌的当前定位和经营价值。后面的相关性以及有活力的差异化反映了品牌的实力，以及未来的经营价值。根据以上的指标，史教授进一步对获奖企业进行了点评。

第三，入围优秀房地产品牌是如何打造的？要让自己的品牌被消费者"感知优秀"，房地产企业必须做到"五好"，即谋划好、做得好、说得好，卖得好、服务好，同时还要依靠优秀企业文化、强大企业能力和卓有成效的价值链活动作为支撑。

最后，史教授也说明，南京大学商学院和东南大学经济管理学院等高校积极促成举办此次 2012 年南京优秀房地产品牌的评选活动，也是为了激励先进，总结经验，提高竞争层次，共建美好社会。

颁奖仪式结束之后，南京万科置业有限公司总经理付凯和绿城房产建设管理有限公司执行总裁张洪云也是代表获奖房地产商发言，分别讲述了万科和绿城是如何炼成消费者心目中的优秀品牌的。

我院师生从"两岸商管联盟高峰论剑大赛"载誉归来*

许广利

5月的台湾,温暖湿润,气候宜人。

5月4日至5日,由台湾中央大学、清华大学、交通大学、政治大学等14所著名高校和中国内地南京大学、清华大学、复旦大学等6所高校共同参加的2013 EMBA"两岸商管联盟高峰论剑大赛"在台湾举行,参赛规模为历届之最,各路高手如云。南京大学EMBA2012-1班、2012-2班两个班联合派出5名参赛队员与台湾中央大学组成的联队——中央玄武队,在强手如林的参赛队伍中脱颖而出,勇夺中华组冠军,喜获华山奖,实现了我校EMBA学生在海内外重大商管比赛中奖牌零的突破。

自2005年以来,台湾多所高校商学院已成功举办了多届"商管联盟高峰论剑大赛",2012年开始邀请中国内地的高校参加,我校商学院今年首次参赛。大赛参赛队员均为在读的EMBA学生,旨在实现学以致用、互相交流的目的。

此次比赛由院党委书记陈传明教授带队,副院长沈坤荣教授担任评委,院长助理韩顺平教授、校研究生院招生办陈谦主任、EMBA教育中心徐宁主任、EMBA教育中心主任助理孙万红老师、校研究生院招生办赵仁玲老师等一同出访,给予参赛同学极大的精神鼓励和良好的后勤准备。

此次大赛,由经验丰富的案例中心主任史有春教授担任指导导师,由EMBA2012-1班张珍凤、李佳鹏、曾宇山和EMBA2012-2班丁宏权、许广利共5名同学组成参赛队伍,围绕台湾积体电路制造公司(简称"台积电")的案例分析论证。

赛前,EMBA教育中心教学与研究部门特别联系台积电位于上海松江工厂的高层管理者提供信息,史有春教授亲自带队实地参观考察,详细了解产品晶圆体、晶片的有关生产工艺流程、设计、销售、服务和行业竞争问题。

在赛场上,双方队员以饱满的热情,必胜的信念,不凡的精气神,精细明确的分工,果敢正确的策略,在比赛过程中发挥出色,配合默契,像是经过长久磨合的一个成熟团队。整个陈述、答问过程一气呵成,如行云流水,展现了中央玄武队高水平的商管专业素养、团结进取的合作精神和从容不迫、唯我独尊的王者气势,给现场所有的评委和观众留下了深刻的印象。最终,中央玄武队荣获冠军,获得华山奖。

此行台湾,学院领导还与台湾及香港有关高校就下一步的院际合作、加强学术交流、师生互访等方面进行了沟通。同时,我院EMBA学生在此次大赛上取得的巨大成功,对未来我们举办、参加全国商学院案例大赛,对增进两岸三地高校间的合作交流具有重要的

---

* 许广利,南京大学商学院EMBA2012-2班学员。

指导意义和实践价值。案例分析大赛在 EMBA、MBA 教育中具有不可或缺的重要作用。一方面,案例分析是理论与实践的一个交汇点,能很好反映分析者对理论与实践问题的把握程度和分析能力,是各门课程学习情况的一种重要检验方式和试验场;另一方面,目前急需改变人们对 MBA、EMBA 的一些不良刻板印象。案例大赛应该成为 EMBA、MBA 教学的一种重要组成部分。

有 Sense 的案例研究法

——记案例研究与教学沙龙活动之四

  2012 年 11 月 20 日下午，南京大学商学院案例中心的沙龙活动又继续在安中楼 508 教室起航，北京大学光华管理学院战略管理学系系主任、国际经营与管理研究所副所长、前案例中心主任周长辉教授作为特邀演讲嘉宾带来了主题为"有 Sense 的研究：对实证与质性方法的体会与反思"的讲座，吸引了包括我院刘春林教授、陈冬华教授、贾良定教授、杨东涛教授、蒋春燕教授等 60 多位师生前来聆听。

  讲座于下午 14 时正式开始，由我院案例中心主任史有春教授主持。史教授首先代表我院案例中心对周教授的到来表示感谢。

  此次沙龙活动，周教授主要阐述了实证与质性方法的概念，列举了古往今来大量的代表人物及其观点，并表述了自己对于实证与质性方法的体会与反思。紧接着，就将这个议题带入到如何与案例研究进行融会贯通。周教授认为在案例开发前，首先必须要思考的是我们为什么要做案例研究，简单可以概括为四点：第一，为自己的教学获得给养；第二，为自己的研究得到启发；第三，为自己的晋职多一发表；第四，为学术文献做一点贡献。周教授的观点则是如果目标是前两项的话，就坚决的 DO IT，如果是为了晋职，千万要 DON'T DO IT，而为了最后一点则是 NOT EASY 的。

  周教授进一步的结合自身的案例开发经验，从以下几个方面解析了关于案例研究难在何处的原因，主要是由以下质性所展现出来的，分别是数据的开放性、信息的多元性、背景的复杂性、理论的不确定性、发现的直觉性和方法的独占性构成了案例研究难的几大方面，而对于开发完成的案例呢，则更是有可能出现难以教授、难以复制、难以评审、难以发表的四大尴尬结果。因此对于想要尝试案例

  讲座的最后阶段，周教授还将禅修之道和案例研究方法的相似之处做了一个综合性的陈述：不便说，不能仿，不可验，不足证，不易信。

图书在版编目(CIP)数据

南大案例研究精粹. 第 2 辑 / 史有春主编. — 南京
: 南京大学出版社，2013.11
　　ISBN 978 - 7 - 305 - 12258 - 3

　　Ⅰ. ①南…　Ⅱ. ①史…　Ⅲ. ①商业管理—案例　Ⅳ.
①F712

中国版本图书馆 CIP 数据核字(2013)第 241870 号

出版发行　南京大学出版社
社　　址　南京市汉口路 22 号　　　　邮　编　210093
网　　址　http://www.NjupCo.com
出 版 人　左　健

书　　名　**南大案例研究精粹(第 2 辑)**
主　　编　史有春
责任编辑　府剑萍　　　　　　　　编辑热线　025 - 83592193

照　　排　南京南琳图文制作有限公司
印　　刷　常州市武进第三印刷有限公司
开　　本　787×1092　1/16　印张 20　字数 450 千
版　　次　2013 年 11 月第 1 版　2013 年 11 月第 1 次印刷
ISBN 978 - 7 - 305 - 12258 - 3
定　　价　56.00 元

发行热线　025 - 83594756　83686452
电子邮箱　Press@NjupCo.com
　　　　　Sales@NjupCo.com(市场部)